上海市哲学社会科学创新研究基地——上海交通大学新媒体与社会研究中心 主办
上海市人民政府决策咨询研究基地——谢 耘 耕 工 作 室
（中文社会科学引文索引（CSSCI）来源集刊）

New Media and Society (No.22)

新媒体与社会

（第二十二辑）

谢耘耕 陈 虹 主 编

潘 玉 宋 雪 副主编

社会科学文献出版社
SOCIAL SCIENCES ACADEMIC PRESS (CHINA)

卷首语

 进入新时代，社会面临着传统与非传统双重叠加的风险。特别是2003年"非典"、"7·21"北京特大暴雨、上海外滩踩踏、"6·1"东方之星客轮倾覆、"8·12"天津滨海新区爆炸等一系列重大城市突发事件的发生，为社会安全发展与运行带来新的挑战，我国城市风险应对与应急管理也面临着新的命题，为社会风险治理体系提出新的要求。媒体作为灾情传播的渠道，在其中发挥举足轻重的作用，特别是在当前错综复杂的社交媒体传播情境中，如何通过多种媒介形态进行灾难信息沟通，减少社会不稳定因素，从而使灾难损失降到最低，变得尤为重要。本辑"专题策划"聚焦国内外重大城市突发事件传播与风险治理，以"山东问题疫苗"事件为例，探讨风险信息在网络中传播扩散的路径；以九寨沟地震的具体谣言为研究资料，对其快速辟谣过程进行探析；以2017年湖南洪灾报道为例，从报道模式角度分析灾难报道引起舆论争议的原因；以飓风"厄玛"与"玛丽亚"为个案，梳理灾难中美国媒体报道的框架分布；以索马里干旱事件为研究个例，基于话语分析方法理解媒介赋予"气候难民"议题独特的认知内涵；以哥伦比亚泥石流为例，从视觉语法的视角探索新闻图片在灾难报道中的建构作用。

 当前，人工智能浪潮方兴未艾，在很多领域展示出巨大应用前景。随着人工智能技术的不断发展，它引发的伦理争议也不断出现，这些争论围绕着伦理、应用等维度展开。本辑"学术沙龙"聚焦于人工智能领域，以百度司南的运营案例为分析对象，探寻新媒介形态下传播伦理的学理性建构；通过一系列案例探索算法技术的不足与盲区，讨论智能时代的数据伦理以及困境；综合分析人工智能给广告内容生产、精准投放、消费者身份识别等领域带来的革命性变化及影响；考察在未来人工智能的介入下数字化剪辑师的表现；探讨人工智能对新闻业产生的影响。媒介技术的不断推陈出新，不仅产生了多样的新媒体形态，也重塑着整个新闻业和信息传播生态，更为社会媒介素养的提升与传媒教育带来新的要求。本辑"学术沙龙"还从媒介新形态以及媒介素养的角度，通过考察新浪微博中传者－受者在相近话语等级上的对应性，探讨社交媒体"话语分层"现象；基于网络生态系统，探讨网络群落的沟通机制和网络生态的群落共治路径；以网络视频新闻直播、UGC 新闻为研究对象，分别就其发展模式、演进轨迹、研究现状进行深入剖析与探讨。就媒介素养议题，分别就大学生的阅读素养、新闻专业学生与新闻从业者的记者角色认同等议题进行调查研究。

新媒体对社会的渗透与影响日益突出，改变了传统传播方式与传播格局，呈现新的传播景观，并彰显出强大的社会功能。本辑"个案研究"关注典型事件与议题，基于"行为戏剧主义"理论框架，探讨 1997 年美国克林顿政府就"塔斯基吉梅毒实验"精心建构的道歉话语及其原则；基于视觉符号视角，考察中西方媒体关于中国气候变化议题报道的视觉表征策略和核心视觉符号的象征性意义；以 2016 年里约奥运会为研究对象，考察奥运赛事报道中的国家形象塑造。"他山之石"通过学习国外经验，力求服务于我国学术发展。梳理 2015 至 2017 年美国舆论学领域的重要期刊文献及其呈现出的热点议题，解读美国舆论学研究进程。

"揆古察今，深谋远虑"。人们用历史这面镜子对照古今中外的是非曲直，《新媒体与社会》辑刊坚持在经典理论思考与实践探索的基础上，不断省思、照亮未来、砥砺前行，力求在思想上有所建树，在方法上有所创新，为多学科思想对话提供契机与交流平台。

目 录 Contents

观点荟萃

在互联网发展和媒介融合的语境下，新闻教育应当从培养理念、专业方向、课程设置等各方面进行调整，将业界前沿中最新的报道方式和媒介技术引入人才培养中，在课程设置上，打破新闻传播学科内部、新闻学与其他学科之间的壁垒，实行以学科整合为核心的课程设置思路。

——陈昌凤（清华大学新闻与传播学院教授、常务副院长，

新闻研究中心主任，中国新闻史学会会长）

传统的新闻业或新闻学在今天面临着颠覆与挑战。当前，新闻日益呈现出"网状"、去中心化的传播特点和模式。在新媒体时代，任何机构、社交媒体和个人都可以在网络中成为传播的节点，改变了传统媒体时代"一对多"的传播模式，出现了"多对多"的传播模式。在此基础上，今天的新闻业或新闻学，或许应该称为"用户新闻学"。用户评论、用户转发、用户点睛、用户创作、用户核实等都是对新闻的创造性使用，单一的报道变成开放的新闻包裹，无限延展、交叉震荡、多层嵌套。

——刘鹏（上海报业集团新闻研究所所长、《新闻记者》杂志主编）

当下的媒体格局正发生着深刻变革，整个社会表达进入了"人人都有麦克风、个个都是通讯社"的自媒体新时代，传统的舆论格局发生了根本性转变，虚拟现实空间与线下空间的界限不断模糊，社会话语表达在经过系列网络治理后呈现出更加多元与极化的现象。当前社会传播呈现出接力传播、关系传播和情感传播的特点。只有把握住社交网络主导的话语时代的传播特点与趋势，同时在舆论引导中将内容叙述的逻辑重心转向以人为中心，提高从简单地对一种意见的引导转向多个社会意见之间以达成社会共识的能力，才能实现有效的社会表达，从而实现有效的舆论引导。

——喻国明（北京师范大学新闻传播学院执行院长）

纵览 2017 年互联网发展状况，有四大特点。一是新起点、新心态，我们从未如此清晰地知道自己的群体目标，知道中国在 2035 年将变成什么样子；二是新智能、新焦虑，我们从未如此清晰地知道人工智能将彻底改变我们的生活，也从未如此清晰地表达出自己的职业焦虑感；三是新世代、新消费，我们的不同世代不同社群之间，从未如此具有实际和媒介形象上的差异；四是新力量、新生态，我们面临有史以来最为复杂的互联网环境，互联网对我们的生活影响正在变得前所未有的广泛。

——沈阳（清华大学新闻与传播学院教授）

互联网的一些技术特点已使互联网所衍生出的一些媒介迅速成为民有、民治、民享的媒体。这些新形式的媒体给人际传播和大众传播所带来的变化，将成为新传播理论产生的源泉。因而，传播学者需要关注的不仅仅是互联网基础设施的建设和发展，更应该是互联网作为传播媒介的本质以及以互联网为媒介的传播行为对人类社会，特别是人际和大众传播行为和方式的影响。

——郝晓鸣（新加坡南洋理工大学教授，《亚洲传播学报》主编）

媒体融合已经不是一个新的概念和现象，从中央到地方，媒体融合已经上升到了国家战略，是所有媒体面临的重要课题和严峻挑战。具体而言，媒体深度融合面临十大挑战，包括技术、人才、架构、路程、内容、形式、渠道、用户、机制、经营等。

——韦路（浙江大学传媒与国际文化学院教授、院长）

所谓新型主流媒体的"新"，相对于传统主流媒体而言，不仅是传播形态的新，而且更重要的是，需要在发展正面宣传报道这一传统强项能力的同时，协调均衡地提升社会冲突事件中的危机沟通与化解能力。

——朱春阳（复旦大学新闻学院教授）

当前的中国传媒业比其他任何国家、历史上任何时期都要复杂和特殊。基于"六度空间版图"，中国传媒业新业态、新生态应该从政治、技术、市场、内容、平台与规制等维度进行概括和解读。政治对中国传媒业来说是刚性规定，着力打造"新型"主流媒体至关重要；技术进化推动中国传媒业态变化，技术活性赢得更多时间、空间；媒体泛市场化，最大限度扩展受众需求。此外，内容生产日益呈现出社交化、移动化、智能化的特点；媒体的平台化与平台的媒体化趋势也越来越显著；在新业态、新生态下，我们需要重新认识并探索中国传媒业的管理与规制。

——张涛甫（复旦大学新闻学院执行院长、教育部长江学者特聘教授）

专题策划

社会化媒体中风险信息的传播路径研究

——以"山东问题疫苗"事件为例

何　地

摘　要　在互联网时代，风险信息的扩散方式发生了革命性的变化，社交网站对受众风险认知的影响越来越强烈。本研究以2016年3月的"山东问题疫苗"事件为例，运用社会网络分析法，结合同心圆理论对该社交网站（新浪微博）中节点间关系、传播路径进行全面、精确的量化分析，研究风险信息在网络中传播扩散的路径。研究结果发现，事件中的风险信息传播网络是基于权威信源和关键行动者的动态网络结构；权威信源掌控发布渠道，关键行动者在风险信息传播过程中充当意见领袖，他们共同作用使风险信息更快地传至普通行动者。

关键词　社会网络分析　社会化媒体　风险信息　传播路径　同心圆理论

Research on the Transmission Path of Risk Information in Social Media

—the Case of Vaccine Incident in Shandong

He Di

Abstract　In the social media era, the process of the spread of risk information has undergone tremendous changes, and the impact of social media use on public risk perception has become increasingly strong. In this study, the "Shandong Vaccine" incident, which was shocked by the country in 2016, was taken as an example, and the social network analysis method was used to carry out a comprehensive and accurate quantitative analysis of the various relationships in the social network. The final results show that the risk information dissemination network in the event is based on the dynamic network structure of the authoritative sources and the key actors, the source has the important information source, the key actors in the risk information diffusion process as the opinion leader, makes the risk information in the dissemination amplified, can be faster to spread to ordinary actors.

Keyword　Social Network Analysis; Social Media; Risk Information; Ransmission; Concentric Circles Theory

一　引言

在移动互联网时代，社交媒体改变了公众的传播行为，越来越多的人选择它们来传递信息，因而许多的风险信息先从社交媒体爆发，然后才在传统媒体中传播扩散。"山东问题疫苗"事件发生之后，各种信息立即在社交媒体中产生、汇聚，并通过不同的路径扩散，从而对公众的风险认知产生了巨大的影响。在社会化媒体研究中，同心圆理论（Concentric Circles Theory）由布瑞德（Breindl）于1992年提出，其大致解释了主流媒体、互联网和个体间的信息扩散关系，但并未在社交媒体出现后对"互联网"圈层中的信息扩散路径做细致的研究。本文在此基础上对该理论进行细化和延伸，从微观视角入手对"互联网"圈层中的信息传播路径进行考察。基于以上现实背景和理论背景，我们研究社交媒体中风险信息的传播路径既可以为政府更好地进行网络治理提供参考和依据，也丰富了同心圆理论，具有很强的现实意义和理论意义。

二　研究综述

笔者通过文献梳理，分别从研究视角、议题、方法和理论等方面进行述评。

从研究视角看，社会化媒体中风险信息传播的研究视角在宏观、中观和微观层面均有涉及，其中观和微观层面的研究居多。首先，中观层面主要研究的是群体或组织机构，如马尔（Mare）[1]、图菲斯（Tufekci）[2]和巴伦苏埃拉（Valenzuela）[3]等人研究了社交媒体中的风险信息对抗议运动的影响，而劳乔（Lovejoy）和萨克斯顿（Saxton）[4]则研究了 Twitter 中信息传播对非营利组织运营效果的影响。布里奥内斯（Briones）[5]等研究了社交媒体中信息传播对美国红十字会的影响，而拉里萨（Larissa）、佩特拉（Petra）[6]等则对 2010 年之后经历社会媒体危机的三个跨国利润组织进行研究。其次，是微观层面的研究，该类研究主要聚焦于个体风险信息的传播，如崔波、马志浩[7]等探讨了风险信息的讨论频率和个体态度对个体感知风险信息的影响。此外，祖尼加（Zuniga）[8]等还研究了社交媒体如何通过信息促进民主进程和创造个人的社会资本。最后，关于宏观层面的研究主要集中在研究信息传播中形成的网络结构及其特征，少数研究在研究过程中采用社会网络分析法对网络结构进行分析。[9]

从研究议题看，在该类研究中主要存在三个议题。（1）社交媒体中影响风险信息传播的因素；（2）社交媒体中风险信息传播的机制；（3）社交媒体中的风险沟通策略。关于社交媒体中影响风险信息传播因素的研究中，弗瑞伯格（Freberg）[10]等通过建立使用价值模型来研究影响风险信息传播的因素，如沟通速度（Communicate Quickly）、可信度（Credible）、准确性（Accurate）、简单程度（Simple）、沟通广度（Communicate Broadly）。陈宁（Chewning）[11]等则从技术的视角入手分析了新的信息通信技术因素对风险信息传播的影响。范（Van）[12]等探究了信源和可信度在危机时期的重要性及其对风险信息传播的影响。关于社交媒体中风险信息传播的机制的研究中，李敏智[13]等、王立山[14]等研究了群体突发性事件中信息的传播机制，而郑爱国[15]、纪诗奇[16]等学者研究了复杂网络环境下舆情演化机理研究。关于社交媒体中的风险沟通策略的研究中，刘（Liu）[17]等在研究中探讨了公众应对危机时的沟通策略。布鲁梅特（Brummette）[18]等基于危机综合反映模型研究了使用社交媒体作为应对情绪和不可控危机的策略。格雷厄姆（Graham）[19]等也在研究中分析了社交媒体在地方政府危机沟通中的作用，也有学者基于社会媒介危机沟通模型探讨了社交媒体在危机管理中的作用。

从研究方法和理论看，关于社交媒体中影响风险信息传播因素的研究中，主要研究方法有内容分析、实验法，语义网分析也有涉及。相关理论有危机情境沟通理论（SCCT）、社会媒介危机沟通理论模型（SMCC），其中后者在危机情境沟通理论的基础上做了修正。社会媒介危机沟通理论模型探讨了媒介内容、公众和组织之间的关系，其中组织的研究内容包括危机源、危机类型、基础设施、信息策略和信息形式，媒介内容包括社交媒体和传统媒体，公众包括社交媒体粉丝、社交媒体不活跃用户和意见领袖。关于社交媒体中的风险沟通策略研究，主要研究方法有实验法、深度访谈法和内容分析法。涉及理论有危机情境沟通理论、综合危机反映模型（Integrated Crisis Mapping Model）。

综上所述，现有研究有以下几方面的局限性。第一，在研究视角的选取上，主要研究都集中在中观或微观视角，本文的研究视角既从宏观上关注风险信息在传播中形成的整体网络结构，又从微观中分析形成的网络结构的个体特征，并探讨风险信息的传播路径。第二，在研究议题上，本文在常规议题外，结合社交媒体时代互联网的特征，关注社会化媒体中风险信息的传播路径问题，并结合社会网络分析法对其进行精确的定量研究，丰富、细化了该领域的相关议题。第三，在研究理论的选取上，同心圆理论由布瑞德在1992年提出，该理论大致解释了主流媒体、互联网和个体间的信息扩散关系，但并未对"互联网"圈层中的信息扩散路径做细致的研究，本文在此基础上对该理论进行细化和延伸，从微观视角对"互联网"圈层中的信息传播路径进行考察，丰富和拓展了该理论，第四，在研究方法的选取上，多数的研究采用定量的研究方法，但是针对不同的研究问题和对象，对方法和理论的采用各有侧重。在研究社交媒体的使用问题上，研究者多采用内容分析，而在探讨社交媒体对社会运动组织的影响问题时，多采用参与式观察，或者参与式观察与内容分析相结合的方法，当然访谈法在此类问题中也是常见的研究方法。在研究社交媒体对公众风险认知策略的影响问题时，研究者所采用的研究方法比较多样，如内容分析、个案研究、问卷调查等。本研究采用了社会网络分析。社会网络分析是研究一组行动者关系的研究方法，他们的关系模式反映出的现象或数据是网络分析的焦点。从社会网络的角度出发，人在社会环境中的相互作用可以表达为基于关系的一种模式或规则，而基于这种关系的有规律的模式反映了社会结构。因此，社会网络分析关注的焦点是关系和关系的模式，采用的方式和方法从概念上有别于传统的统计分析和数据处理方法，相较于传

统的方法社会网络分析法更直观、可视化效果更好，能让研究者更清晰地
掌握风险信息在网络中的传播路径，因而本文用其对社会化媒体中风险信
息的传播路径进行研究。第五，在数据获取上，刘（Liu）等人对中国社
会运动的研究由于数据获取时受到政策和时效性的制约，对结果的客观性
也会产生一定影响。本文为避免此种因素的干扰，在事件发生后的第二天
（即 2016 年 3 月 19 日），开始逐日对新浪微博数据进行抓取，尽可能减小
组织和个人删帖所带来的影响。

三　研究数据和方法

本文的数据来源于新浪微博。该事件自 2016 年 3 月 18 日在微博出现
以后，关注度和话题量不断上升，并于 2016 年 3 月 24 日达到顶峰，随后
开始回落，截至 2016 年 4 月 1 日，每日新增微博数对于研究可以忽略不
计。所以基于此次事件的演变过程，本文选取 2016 年 3 月 18 日至 4 月 1
日共计 14 天作为研究的时间区间，以"山东问题疫苗""山东疫苗""问
题疫苗"作为关键词在新浪微博抓取数据，去重后共获得 1587 条数据，
其中有效数据 1275 条。

在研究方法上，本文选取全新的视角，使用社会网络分析法分析了人
际关系和社会网络结构，并基于同心圆理论对网络结构和现象进行了解
释。社会网络分析是研究一组行动者的关系的研究方法，他们的关系模式
反映出的现象或数据是网络分析的焦点。社会网络理论自怀特的"机会
链"理论产生以来，格兰诺维特（Granovetter）的"弱连带优势理论"、
博特（Burt）的"结构洞"理论、林南（Lin）的"社会资本"理论以及
奎科哈特（Krackhardt）对情感网络的分析都对该理论进行了丰富。而同
心圆理论则是由布瑞德（Breindl）在 1992 年提出的，该理论大致解释了
主流媒体、互联网和个体间的信息扩散关系，但并未对"互联网"圈层中
的信息扩散路径做细致的研究。本文在此基础上对该理论进行细化和延
伸，从微观视角对"互联网"圈层中的信息传播路径进行考察，丰富和拓
展了该理论。

此外，研究使用 Gephi 0.9.1①、NodeXL② 等软件对搜集的数据进行分析并做可视化处理，以此为基础结合同心圆理论对网络进行分析和解释。一方面，笔者运用宏观视角来分析整个"山东问题疫苗"事件在网络中的发展和变化。其中包含一系列指标，诸如顶点、边、连通区域等。另一方面，在微观视角下使用 PageRank③ 和中介中心性指标对单个行动者进行研究，最后结合同心圆理论对网络中风险信息的传播进行分析探讨。

四　研究结果

研究结果由三个部分组成，以下分别进行叙述。同时，在不同视角下传播路径中的节点也是本研究中需要重点关注的对象。

（一）宏观视角下的传播网络

在"山东问题疫苗"事件的微博网络中，《郑州日报》的官方微博账号最先对此事进行了报道，随着事件不断被曝光逐渐在微博引爆，并通过各种政府微博账号、媒体微博账号以及大 V 等的关注和转发形成舆论网络。

本文通过对搜集到的微博数据进行可视化处理，得出了此次山东问题疫苗事件主要的信息传播网络（见图 1）。从图中我们可以看出，《郑州日报》虽然在微博中发文最早，但是传播范围小影响力低，而官方媒体（如中央电视台、《中国日报》等）、门户网站（新浪网、腾讯网等）以及有影响力的自媒体则在信息传播路径中起到重要的扩散作用。从宏观传播路径上看，风险信息通常由政府发布，大多数情况下并不是直接抵达普通受众，而是需要经过中介传播者进行二次扩散。权威信源发布信息后，风险信息在网络中经由哪些中介传播者，他们的传播能力如何，本文随后会进

---

① Gephi 是一款开源免费跨平台基于 JVM 的复杂网络分析软件，其主要用于各种网络和复杂系统、动态和分层图的交互可视化与探测开源工具。

② NodeXL（Network Overview, Discovery and Explorationadd – in for Excel）与微软办公软件 Excel 深度整合，使用者可以在 Excel 工作表中对社会网络的基础性数据（如边的信息）进行添加和编辑，之后只需要点击一个按钮就可以完成分析，并获得可视化图示。

③ PageRank 为 NodeXL 软件中自带的计算功能指标，其代表节点反映在整个网络中的重要程度，其值越大，代表该节点在网络中的位置越重要，即更多的信息通过该节点输入和输出。

行探讨。

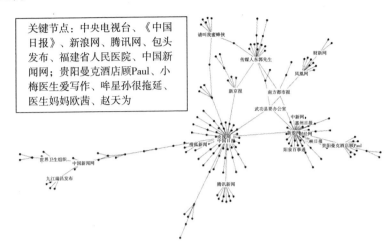

关键节点：中央电视台、《中国日报》、新浪网、腾讯网、包头发布、福建省人民医院、中国新闻网；贵阳曼克酒店顾Paul、小梅医生爱写作、哞星孙很拖延、医生妈妈欧茜、赵天为

图1 "山东问题疫苗"事件信息传播网络①

我们再以时间作为线索来关注整个时间网络的发展变化。从图1我们得出了风险信息在整个事件网络中传播所经过的重要节点，结合图2可以进一步分析重要节点的部分特性。从图2中可以发现，经过数天的发酵，事件在2016年3月24号达到高潮。通过分析数据中微博的发布时间，研究发现用户发布微博的时间主要集中在早8点至12点的时间段内，其间发布微博的行动者更容易在传播路径中成为重要节点，其转发数和点赞数越

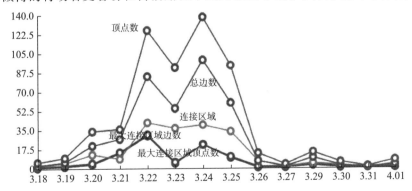

图2 基于关键词网络的变化趋势②

---

① 注释：2016年3月18日至4月1日基于事件关键词的新浪微博抓取数据。
② 2016年3月18日至4月1日基于事件关键词的新浪微博抓取数据。

高，意味风险信息经由该节点更容易被传播出去。结合原始数据发现，在事件的不同时期用户对其关注点各不相同。事件初期，关于"山东问题疫苗"事件的案情受到用户的关注和转发，关注点主要涉及基本案情的梳理，但是随着事件的不断发展，用户关注的焦点逐渐发生转移，容易被讨论和转发的内容为对事件的深层次分析和反思。

在上图的基础上进一步分析其他指标（见图3），疫苗事件初期，因为行动者不多，所以节点之间的长度平均值比较大。但是随着事件的不断发酵，参与的行动者越来越多，节点数和连通区域不断增加，所以节点之间的长度平均值迅速缩小，这表明行动者之间的联系越来越紧密。通过分析相关原始微博数据内容，研究发现事件后期讨论的话题中关于疫苗事件的深度评论和反省话题不断增多。图3中网络的图密度指标大体平稳，波动不大。在25日达到最高值（27日、31日由于微博数偏少，故图密度值不具有代表性），数值表明此时的网络节点间的联系最紧密。

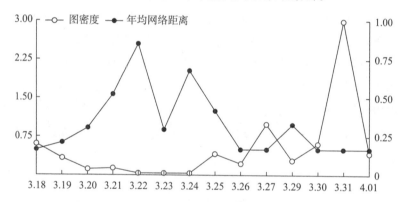

图3　基于关键词网络的平均网格距离和图密度变化①

（二）微观视角下的传播网络

该视角下探讨的是风险信息传播网络中的单个行动者。基于单日所发布微博数（见图2）和网络的平均网格距离（见图3）②的综合考虑，研究

---

① 2016年3月18日至4月1日基于事件关键词的新浪微博抓取数据。
② 平均网格距离为NodeXL软件中自带的计算功能指标，其代表信息从网络中的某节点传播至另一节点所经过的平均距离，其值越小，代表信息在网络中两点间传播的距离越短，更有利于信息的传播扩散。

选取 3 月 22 日的数据，利用 NodeXL 进行数据处理，结果如图 4 所示。研究发现此次事件中的关键节点为央视新闻、新浪网，它们在图中的位置最靠右上角，面积也最大，这意味着它们是整个网络中最重要的节点，同时也是代表权威的信源，在传播路径中的位置十分重要。

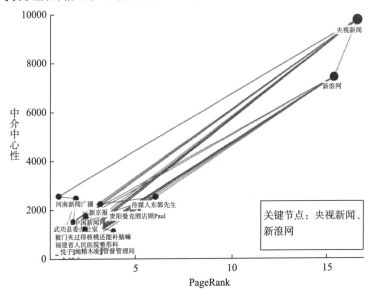

图 4　基于"山东问题疫苗"事件的网络顶点属性①

然而在该事件的网络中，不同类型的节点在传播路径中所起的作用各不相同，其节点属性往往对传播路径的影响至关重要，所以本文在此基础上将此次事件网络中所涉及的节点进一步分类研究。我们将节点分为两大类，即机构或组织用户、个人用户。其中机构或组织用户包括政府机构、媒体机构（报纸、电视、广播、网站）、企业公司、公益慈善组织；个人用户包括草根名人、娱乐、体育明星、专家、学者、媒体人、企业管理者和普通用户，并结合他们在传播路径中的位置和作用来研究其顶点属性。笔者按照 PageRank指标将这些重要节点进行筛选，每大类选取排名靠前的 5 位进行分析。

1. 机构或组织用户

如表 1 所示，PageRank 值最高的新浪微博机构或组织用户为各大电视媒体的官方微博（如@ 央视新闻）、门户网站（如@ 新浪网、@ 中国新闻

---

① 2016 年 3 月 22 日基于事件关键词的新浪微博抓取数据。

网）、政府机构的官方微博（如@包头发布）以及纸媒的官方微博等。

表 1 基于 3 月 22 日机构或组织用户中最具传播力的行动者

新浪微博 ID	PageRank	中介中心性
央视新闻	6.6	930.0
新浪网	4.0	429.0
包头发布	2.9	10.0
福建省人民医院	2.5	229.0
中国新闻网	2.0	267.0

通过 NodeXL 的可视化处理（如图 5 所示）并结合原始微博数据，研究发现，相较于个人用户而言，组织或机构用户发布和转发的内容更加全面、信度更高，但是深层次的评论并不多。如@包头发布的微博："#权威发布#【山东问题疫苗未流入我市】近日，山东省济南市 25 种儿童、成人用二类疫苗……市民可放心接种。"[20]但因其自身权威性，不论是 PageRank 值还是中介中心性都远高于个人用户，所以在该事件网络信息传播路径中的地位和作用十分重要，除对风险信息传播起到促进和引导作用外，还在提供事件信息和避免谣言产生等方面起到了不可或缺的作用。

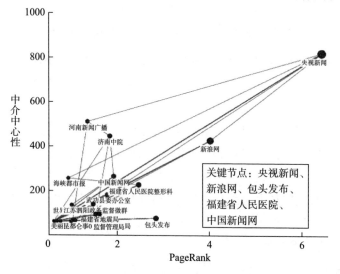

图 5 机构或组织用户的顶点属性①

① 2016 年 3 月 22 日基于事件关键词的新浪微博抓取数据。

2. 个人用户

在表 2 中，在该事件网络中以 PageRank 排名最具影响的新浪微博个人用户为医生、普通职员等，其中"小梅医生爱写作"为医生，他在 23 日的微博中结合转发的文章反思此次山东问题疫苗事件。"贵阳曼克酒店顾Paul"则为酒店的普通员工。通过 UCINET 的可视化处理，研究发现，个体行动者关注的焦点为事件的成因以及对结果的反思，而官方关注的焦点通常为对事件信息的公开是否及时和广泛，其更加注重社会的稳定。但是就此次事件而言，个人用户发挥的作用远不及机构或组织用户，在信息传播路径中的地位比较低，影响力较小（见图 6）。

表 2　基于 3 月 22 日个人用户中最具传播力的行动者

新浪微博 ID	PageRank	中介中心性
贵阳曼克酒店顾 Paul	4.7	36.0
小梅医生爱写作	2.4	6.0
哞星孙很拖延	1.9	3.0
医生妈妈欧茜	1.9	3.0
赵天为	1.9	3.0

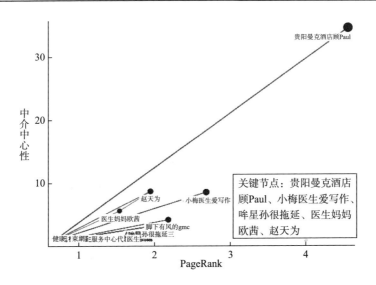

图 6　个人用户的顶点属性①

——————

① 2016 年 3 月 22 日基于事件关键词的新浪微博抓取数据。

五　同心圆理论视角下网络信息的扩散路径

　　基于以上研究结果，本文采用同心圆理论来解释信息在社会化媒体中的传播路径。同心圆理论（Concentric Circles Theory）是由布瑞德（Bre-indl）于1992年提出的，该理论大致解释了主流媒体、互联网和个体间的信息扩散关系（见图7），但该理论并未对"互联网"圈层中的信息扩散路径做细致的研究，本文在此基础上对该理论进行细化和延伸，从微观视角对"互联网"圈层中的信息传播路径进行考察，在社交媒体时代的新环境下丰富和拓展了该理论。

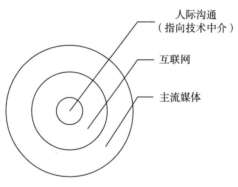

图7　同心圆理论示意

　　本文着重关注风险信息在"互联网（Internet）"圈层中的传播路径，研究探讨发现，在形成的信息网络中，少数权威主流媒体是信源，掌握了信息发布的最初渠道。风险信息在网络中的扩散路径主要是从少数具有影响力的信源发布权威信息，如在山东问题疫苗事件中信源为国家级广播电视媒体、各地政府机构等官方机构或组织，然后依赖拥有影响力的组织或机构用户和个人在传播路径中充当中介行动者，如医院、意见领袖（大V）等在权威信源和普通公众间起到中介行动者的作用，其在风险信息传播路径中的作用十分重要。除此之外，网络中的个人用户在某种程度上发挥了意见领袖的作用，在信源和普通行动者、中介行动者和普通行动者之间搭起了桥梁，扩大了风险信息的传播途径和影响力。此次事件中，虽然个人用户所起到的作用不能忽略，但与官方组织或机构用户在风险信息扩散中的作用相比差别显著。

在社交媒体时代，个体在社会化媒体平台中对媒介的使用变得越来越频繁，其对风险信息的搜索、选择和处理水平都有一定的提高，所以风险信息在不同圈层中的传播路径并不是一成不变的，风险信息的传播路径受到不同圈层的共同形塑。在大多数事件中，风险信息经由权威信源首先传达至中介传播者，再由中介传播者进一步扩散到普通民众，但在少数突发性事件中，普通行动者也借助时空的便利条件（如身处事发现场），第一时间发出信息，成为事件爆发初期的重要信源，但是此种信息的真实性有待分辨，且传播路径和深度往往不尽如人意。正是因为风险信息在传播路径中的这种不确定性，就要求政府相关部门在研判风险时，首先要了解和尊重信息的传播规律，要"疏"不要"堵"。其次是及时利用有影响力的权威媒体和网络中的意见领袖在第一时间发出和传递准确的信息，从而促进准确、正面的信息在不同圈层间顺畅流动，避免和杜绝负面和风险信息（如谣言）的发生和传播途径。

（作者单位：武汉大学新闻与传播学院）

［本文为国家科技支撑计划项目"村镇区域综合防灾减灾系统研究及示范"（2014BAL05B07）的阶段性成果。］

注释

［1］ Mare, A., A complicated but symbiotic affair: The relationship between mainstream media and social media in the coverage of social protests in southern Africa [J]. *Ecquid novi-african journalism studies*, 2013, 34 (1): 83 – 98.

［2］ Tufekci, Z. and C. Wilson, Social Media and the Decision to Participate in Political Protest: Observations From Tahrir Square [J]. *Journal Of Communication*, 2012. 62 (2): 363 – 379.

［3］ Valenzuela, S., A. Arriagada and A. Scherman, Facebook, Twitter, and Youth Engagement: A Quasi-experimental Study of Social Media Use and Protest Behavior Using Propensity Score Matching [J]. *International Journal of Communication*, 2014 (8): 2046 – 2070.

［4］ Lovejoy, K. and G. D. Saxton, Information, Community, and Action: How Nonprofit

Organizations Use Social Media ［J］. *Journal of computer-mediated communication*, 2012, 17 （3）: 337 – 353.

［5］ Briones, R. L., et al., Keeping up with the digital age: How the American Red Cross uses social media to build relationships ［J］. *Public Relations Review*, 2011, 37 （1）: 37 – 43.

［6］ Ott, L. and P. Theunissen, Reputations at risk: Engagement during social media crises ［J］. *Public Relations Review*, 2015, 41 （1）: 97 – 102.

［7］ 崔波，马志浩. 人际传播对风险感知的影响：以转基因食品为个案 ［J］. 新闻与传播研究，2013 （09）: 5 – 20.

［8］ de Zuniga, H. G., Social Media Use for News and Individuals'Social Capital, Civic Engagement and Political Participation ［J］. *Journal of computer-mediated communication*, 2012, 17 （3）: 319 – 336.

［9］ 何地. 基于风险社会放大框架下的社交媒体使用对公众风险感知的影响研究 ［J］. 新闻界，2016 （18）: 45 – 52.

［10］ Freberg, K., et al., Using value modeling to evaluate social media messages: The case of Hurricane Irene ［J］. *Public Relations Review*, 2013, 39 （3）: 185 – 192.

［11］ Chewning, L. V., Multiple voices and multiple media: Co-constructing BP's crisis response ［J］. *Public Relations Review*, 2015, 41 （1）: 72 – 79.

［12］ Van Zoonen, W. and T. van der Meer, The Importance of Source and Credibility Perception in Times of Crisis: Crisis Communication in a Socially Mediated Era ［J］. *Journal of Public Relations Research*, 2015, 27 （5）: 371 – 388.

［13］ 李敏智. 突发公共卫生事件风险感知与信息传播——以 2009 年甲型 H1N1 流感为例 ［J］. 新闻与传播研究，2012 （11）: 30 – 32.

［14］ 王立山. 风险型群体突发事件的风险信息传播研究 ［D］. 燕山大学硕士学位论文，2015.

［15］ 郑爱国. 基于复杂传染机制的在线社会网络信息传播模型研究 ［D］. 大连理工大学硕士学位论文，2015.

［16］ 纪诗奇. 复杂网络环境下舆情演化机理研究 ［D］. 北京工业大学硕士学位论文，2014.

［17］ Liu, B. F. and S. Kim, How organizations framed the 2009 H1N1 pandemic via social and traditional media: Implications for U. S. health communicators ［J］. *Public Relations Review*, 2011, 37 （3）: 233 – 244.

［18］ Brummette, J. & H. Fussell Sisco, Using Twitter as a means of coping with emotions and uncontrollable crises ［J］. *Public Relations Review*, 2015, 41 （1）: 89 – 96.

［19］ Graham，M. W. ，E. J. Avery & S. Park，The role of social media in local government crisis communications ［J］. *Public Relations Review*，2015，41 （3）：386 – 394.

［20］ 微博账号"@包头发布"所发布微博原文 ［EB/OL］. （2016 – 03 – 23）

社交媒体时代灾后谣言传播中的快速辟谣研究

——以九寨沟地震为例

何智蓓

摘　要　九寨沟地震是一场典型的发生在社交媒体时代的大地震，其谣言传播和辟谣过程呈现出独特的表征。当前，社交媒体时代具有后真相的特征，即人们越来越不关心真相，而只关心立场、态度和情绪，携带恐惧情绪的地震谣言极易被传播，更加容易给社会造成恐慌。九寨沟地震发生后社交媒体上虽然出现了大量谣言，但均被快速遏制，呈现出与社交媒体时代后真相语境不符的现象，个中原因值得我们研究。本文从九寨沟地震的具体谣言出发，对其快速辟谣过程进行探析，正是政府对于信息的及时披露从源头上控制了谣言的散布，把控了舆论全局，为媒体的报道和公众的主动参与提供了良好环境，媒体采用的多种报道方式也是对政府官方报道进行的碎片化补充，而公众的主动参与也是对政府和媒体辟谣的一种促进。这种良性的合力助推机制不仅使此次九寨沟地震中的谣言得到了快速控制，而且对以后的突发事件谣言快速应对也是一个良好的经验借鉴。

关键词　社交媒体　灾后谣言传播　快速辟谣　九寨沟地震

Research on Rapidly Dispelling Rumors of Post-disaster Rumors Spread in Social Media Era

—Taking *Jiuzhaigou Earthquake* as an Example

He Zhili

Abstract　*Jiuzhaigou Earthquake* is a typical earthquake in the era of social media, and its rumor propagation and refutation process present unique characteristics. At present, the social media era has the posttruth characteristic, which means that people don't care about the truth anymore, but only care about the position, attitude and emotion. The earthquake rumors, which carry the atmosphere of terror, are vulnerable to spread into panics. After Jiuzhaigou earthquake, there were a large number of rumors, but those rumours were all refuted quickly, presenting a phenomenon which was not suit the post-truth characteristic in the social media era. It's worth analyzing the phenomenon. In this paper, starting from the specific rumors of *Jiuzhaigou Earthquake*, the process of rapidly dispelling rumors is analyzed. It is the timely disclosure of information from government that controls the rumors, holding the whole public opinion environment, providing a good background for the media and the active participation of the public. Media using a variety of ways to report is also the fragmental supplement to those official reports, and the active participation of the public is the promotion for the refutation of the government and the media. This kind of positive resultant-action mechanism not only makes the rumors in *Jiuzhaigou Earthquake* were quickly refuted, but also provided a good experience for the future rumors refutation.

Keyword Social Media; Post-disaster Rumors Spread; Rapidly Dispelling Rumors; *Jiuzhaigou Earthquake*

一　研究问题的提出

与汶川、玉树、雅安地震相同,发生于 2017 年 8 月 8 日的九寨沟地震,是地震级数超过里氏 7 级的大地震。由于地震级数高、影响范围大,这四次地震都产生了大量的地震谣言,但由于九寨沟地震发生在 2017 年,其所处的媒体环境不同于汶川、玉树、雅安地震时期,所以具备与前三次地震不同的媒体时代特征。距离九寨沟地震最近的一次大地震雅安地震发生在 2013 年,虽然当时微博的影响力已经很大,微信也有了初步发展,但是与 2017 年的媒体环境还是有很大差别的。2017 年全民进入移动互联网时代,社交媒体发展成熟,多元化、多样性、差异性、去中心化、碎片化、不确定性等成为社交媒体的传播特征。人工智能、大数据、机器人写作等新技术也成为当前时代的一大特点。社交媒体的传播特征在这一次地震谣言传播中得到淋漓尽致的展现。

还应引起我们注意的是，当下社交媒体时代呈现"后真相"的特点，情绪与态度成为主导，《经济学人》（*The Economist*）杂志几乎将"社交媒体时代"等同于"后真相时代"。[1]2016 年 11 月，牛津词典公布"年度英文词汇"为"后真相"（Post-truth），并将其定义为："诉诸情感及个人信念，较客观事实更能影响民意。"[2]我国学术界的相关讨论中，也认为社交媒体、大数据等技术与权力的介入，使得谎话、流言、绯闻以真相的幌子在网络上肆意流传，"后真相"造成社会的"深层次危机"。[3]

而地震谣言由于其天生的灾难性、类别众多、极易触及人们的情绪痛点、容易造成大面积恐慌等特点，成为社交媒体时代"后真相"语境下情绪操控真相的典型代表。然而，2017 年 8 月 8 日发生的九寨沟地震中却出现了"谣言没有跑过真相"的特殊情况，这与"后真相"语境似乎不符。九寨沟地震谣言何以被快速遏制？政府、媒体、公众如何合力助推整个快速辟谣过程？本文将对其快速辟谣现象进行探析，具体从对政府信息发布过程、媒体报道内容及其技术运用、公众为提升自净能力所做的努力三个方面进行考察，分析出三者合力快速辟谣的互动过程。

二 已有研究述评

（一）社交媒体与"后真相"时代

1. 社交媒体是"后真相"的助推力

有学者认为社交媒体成为"后真相"的推动力，[4]因为社交媒体聚合了相同观点、兴趣的人们，形成了网络社群（network community）。已有研究对于网络社群的内涵和外延都进行了梳理总结，认为网络社群不仅是一种新的群体形态，也是网络社会的一种新型组织方式。人们通过社交媒体的使用，生存在各种社群之中。网络社群以兴趣、观点、情感、价值观等为共同规范和连接纽带，和社群化传播互为条件。[5]总的来说，社交媒体的信息生产者利用算法机制精准地生产和推送信息，这不仅满足了用户个性化、社群化的信息兴趣和需求，而且还加固了社群。社群化传播很可能使社群成员生活在信息孤岛之中，强化其各种认识甚至偏见，成为加剧

"后真相"的推动力。

而对于"后真相"与新闻生产的关系角度，有学者认为新闻信息生产线带上"后真相"色彩。[3]从新闻源的角度来看，社交平台提供的碎片化信息已成为新闻从业者的新闻源，但海量信息意味着真相和事实被掩埋，谣言和假信息被传播。其中，谣言和假信息的传播离不开或抵触或愤怒或不满的"情绪"。社交媒体、自媒体的大量涌现，一方面为真相提供自我辩证的机会，另一方面因为把关人缺失、媒体人素养参差不齐等，成为"情绪"的聚集地和虚假新闻、谣言成长的温床，而时效性、快捷性等特性扩散了媒介环境的情绪特征。

社交媒体与"后真相"时代关系这个议题已经有较多学者进行过研究，得出的结论基本一致，参与研究的多数学者认为社交媒体是"后真相"的助推力。这也对笔者的研究提供了基本的研究背景保证。

（二）谣言与地震谣言

美国心理学家高尔顿·乌伊拉德·奥尔波特（Gordon Willard Allport）认为"谣言"特指未经证实却广为流传的对现实世界的假想，或人们在议论过程中产生的即兴新闻。[6]菲斯克（Fiske）对谣言进行分类，指出受众只会选择与其自身利益相关的谣言进行传播，从而降低谣言带来的不确定感，进而维护自身的心理平衡。[7]从传播媒介的角度出发，谣言的发展大致经历了人际传播、大众传播和新媒介传播三个阶段。赵越认为，在信息技术并不发达的年代，人际传播成为学者定义谣言的主要传播方式。科技高速发展的今天，口对口的传播已经不再是谣言传播的唯一途径，伴随各种新媒体的出现与互联网的普及，网络谣言俨然成为新的传播模式，为国内外学者带来新的研究课题。[8]

已有研究指出，地震谣言是指传播于社会且没有可靠事实依据的有关地震即将发生的信息，是对未来某时间的一种不可证实的估计，它总是试图代替真实事件，通常以一种不确定的方式流传于一定的群体。[9]有学者对网络地震谣言进行深入研究，发现在我国以青年学生和城市打工者为地震谣言的主要发布者，其制造动机则是出于关心和娱乐。[10]在辟谣时间、辟谣方式、辟谣内容等方面对现阶段政府应对方式和效果进行分析，并从谣言源、谣言流、谣言受众三个角度解释了我国政府网络谣言应对的困境，最后为政府有效应对网络谣言提出建议。有学者提出采用微博这一新型传播方式辟谣。[11]陈万怀认为网络谣言产生的根源在于公众安全感的缺失，政府应该着力增加公众在社会生活中的安全感和信任感才能实现对网络谣言的有效应对。[12]

以上学者从谣言、地震谣言、网络谣言、网络地震谣言几个方面进行研究，范围逐渐缩小。着重分析网络谣言的传播模式以及其产生原因，略微提及了辟谣方式，不过并不系统。

此外，有学者就 2001 年出现在昆明的地震谣言和 1980 年出现在闽南的地震谣言进行社会调查，指出辟谣时效在消除地震谣言不利社会影响中的地位举足轻重。同时，调查显示在地震多发区和非地震区，个体对地震的认知和心理承受能力是有差别的，而且这一差异与辟谣时效间有必然的联系。地震多发区的民众对地震的认知度较高，这一方面不容易传播地震谣言，另一方面即使地震谣言产生后，政府辟谣难度也相对较小，公众对辟谣信息也更能接受。

就国内研究现状来看，有众多学者对谣言和地震谣言加以研究，并多通过案例或定性的方法对谣言的危害进行精辟的描述，而对如何防范和治理谣言的研究尚处于起步阶段，还不成熟。学者的研究多集中于谣言的产生和发展扩散等议题，而对辟谣的研究还较少，在现今社交媒体环境下，对于地震谣言辟谣的研究还较少，基于此，笔者将结合九寨沟地震的例子对灾害谣言传播及快速辟谣现象进行探析。

三 九寨沟地震快速辟谣现象探析

九寨沟地震是继汶川、玉树、雅安三次强震之后的又一次级数超过里氏 7 级的强震。在前三次地震中，有大量的谣言产生，但这三次地震辟谣状况并不乐观。地震谣言造成了极大的社会恐慌，扰乱了社会秩序，严重影响了人民群众的日常生活。由于这四次地震都是近年来地震级数大于里氏 7 级的大地震，具有一定的可比性。

（一）地震谣言的快速辟谣机制形成

以九寨沟地震快速辟谣为背景，笔者从历史维度上梳理了汶川、玉树、雅安三次里氏 7 级以上强震发生后的谣言传播情况和辟谣情况。与九寨沟地震进行对比，可看出其共性和区别。

表 1　自汶川地震以来我国发生的里氏 7 级以上地震情况

名称	时间	级数	震中烈度	伤亡人数
汶川地震	2008 年 5 月 12 日	里氏 8.0 级	11 度	69227 人遇难，374643 人受伤，17923 人失踪
玉树地震	2010 年 4 月 14 日	里氏 7.1 级	9 度	共 2698 人遇难，已确认身份 2687 人，其中学生 199 人
雅安芦山地震	2013 年 4 月 20 日	里氏 7 级	9 度	196 人遇难，11470 人受伤，21 人失踪
九寨沟地震	2017 年 8 月 8 日	里氏 7 级	9 度	25 人死亡（其中 24 名遇难者身份已确认），525 人受伤，6 人失联

2008 年 5 月 12 日汶川地震发生后，共计产生了 11 起地震谣言，按类型可分为预报谣言、灾情谣言、灵异谣言、问责谣言。[13] 而纵观整个辟谣过程，直到临时指挥部建立，才开始对外传播地震灾情的做法，为谣言产生创造了一定的条件。信息不够公开、不够透明、对社会关注及社会力量不予理睬、不能有效进行决策等问题对谣言的迅速传播起到了助推作用。而且 2008 年主要信息发布的渠道是电视、门户网站，信息传播速度不及当前社交媒体时代，也是辟谣困难的一大原因。

2010 年 4 月 14 日，玉树地震发生以后，各地谣言风起。一则 6 月 13 日将会发生地震的地震谣言在南京、陕西、北京和广东流传。实际流传地区远不止媒体所报道的，据笔者掌握的资料，6 月 13 日地震谣言还在以其他的方式存在和传播。同时媒体的辟谣反而引起了更多的不同版本的谣言加入，使得玉树地震谣言作为一个小小的话语系统越来越丰富。当时媒体对下面两种谣言现象有所忽略。一是 4 月份将发生地震的谣言，其中比较突出的有 4·15 地震谣言和 4 月 25 ~ 28 日有地震的谣言；二是由玉树地震发生时间邻近汶川地震两周年纪念日所引发的一系列 5 月份有地震的谣言，其中流传最广泛的是 5·19 地震谣言。在辟谣方式上，政府选择召开新闻发布会以及在电视媒介上播报辟谣新闻的方式。

2013 年 4 月 20 日雅安地震最早出现的谣言全是灾难图片，文字说明往往只有"祈祷雅安""芦山县，倒塌的楼房"等极简略的字眼。谣言图片一经发布就被大量转发，引起了较为严重的社会恐慌。但是因为当时微博已经较为普及，有微博网民指出是汶川地震或日本地震的旧图，中国国际救援队官方微博也及时辟谣："请大家核实图片真伪后再发送，此时乱发图片造成恐慌者，良知全无。提示大家自重！"而政府也及时召开新闻发布会，针对雅安地震出现的谣言进行及时合理的辟谣。[14]

总体来说在汶川地震和玉树地震中，整个辟谣情况相对滞后，往往在谣言发生后一天政府才会发布辟谣信息，并且辟谣方式以政府网站发布信息和其他网络新闻为主，缺乏对谣言传播渠道的差别分析以及针对性选择辟谣渠道，辟谣信息覆盖率低，达不到辟谣效果。整个辟谣过程缺乏预警机制，重视力度不够；辟谣渠道选择不合理，辟谣信息覆盖率低；辟谣时间间隔较长，信息披露"真空期"明显等。

而在雅安地震中，我国政府对地震谣言的应对能力有所提升，这主要体现在政府辟谣时效缩短、辟谣内容科学易懂以及辟谣方式选取多样，辟谣效果也较理想。但是需要注意的是，我国政府辟谣的问题仍然存在。

九寨沟地震同样是级数超过里氏 7 级的大地震，因其地震级数高以及影响范围大而产生了大量地震谣言，如表 2 所示。

表 2   九寨沟地震中出现的谣言与基本辟谣方式

谣言类型	内容	传播平台	发布时间	辟谣主体和方式	辟谣时效（谣言出现的时间与辟谣时间之差）
震情预测谣言	九寨沟地震前现"黑鸟乱飞"异象，是地震的前兆。（视频）	微信群	8月8日	阿坝网警查实，该视频是 2017 年 1 月 20 日拍自美国的视频	当天晚上 22：50 即发微博辟谣；小于 2 小时
	据@中国地震台网速报 测定，今天（2017 年 8 月 8 日）21 时 19 分，四川阿坝州九寨沟县附件发生 6.5 级左右地震，21 时 48 分，地震级别升为 7.0 级。西安城区西南方向今日傍晚突然出现地震	微博	8月8日	中国科学院大气物理研究所的专业人士@大脸撑在小胸 在微博写文回应，"地震云学说"从未被主流科学界所接纳。所谓的"地震云"，以高积云或层积云居多，因为这两种云容易形成波状、絮状、透光、放射状、荚状等"怪异"	24 小时

谣言类型	内容	传播平台	发布时间	辟谣主体和方式	辟谣时效（谣言出现的时间与辟谣时间之差）
震情预测谣言	云，图片摄于西安曲江雁展路。（图）（资料来源：微博@中国地震台网速报）	微博	8月8日	的样子；再加上有时在傍晚或早晨，染上了晚霞或朝霞的颜色，就更被疑为"天有异象"了。与地震无关。	24小时
震情现状谣言	震区酒店房屋已歪斜（图）	微信群	8月8日	四川地震局采用反向图片搜索引擎TinEye识别出这张图片来自2016年台湾高雄地震，图片中的大楼是台南市新化京城银行，发生约75度的倾斜。	24小时
	中国地震局四川分局消息：2017年08月09日03时会发生余震，波及西安、兰州、西宁等地（资料来源：百度）。	微信群	8月8日	四川省地震局辟谣称从未发布过这个消息，而且也不存在"中国地震局四川分局"。	<24小时
钱财相关谣言	8日晚间，有不法分子以"地震局救援中心"为名发布短信，让大家将赈灾善款捐至某银行账户，并谎称"将会双倍返还爱心救助金"。	短信	8月8日	8月9日上午，中国移动发布微博提醒手机用户，收到此类信息切勿轻信，不信谣、不传谣。如有陌生人要求汇款时要提高警惕，一定要仔细甄别，防止上当受骗。	<24小时
	合肥有位母亲在九寨沟遇难，她的女儿代为母亲前往开福寺超度说，她的妈妈得到保险理赔金300万元。	微信朋友圈	8月9日	合肥网警迅速查清两名发帖人董某（女，42岁，某保险公司员工）、金某（女，53岁，某保险公司员工）有关情况，并通报属地公安机关查处。	<24小时

续表

谣言类型	内容	传播平台	发布时间	辟谣主体和方式	辟谣时效（谣言出现的时间与辟谣时间之差）
钱财相关谣言	地质学家李四光早就预测到了中国有四个地方会发生地震，唐山、汶川、玉树都应验了，还有一个地方没有发生，就是在×××……（资料来源：微博）	微博	8月8日	省地质科学研究所教授级高工谭秋明进行辟谣，称李四光曾对中国几个大地震带的地震危险性进行过预测，但是并没有预测过'四大地震'，以当时的水平，也不可能精确到汶川、玉树地震。	24小时

　　从上表可以看出，微博、微信群和微信朋友圈是此次地震谣言的主要发源地，同时短信也没有退出历史舞台，但社交媒体微博和微信已经成了此次地震谣言传播的首要载体。自2009年微博崛起以及2011年微信上线以来，它们便成为地震谣言的主要传播平台，由于微博公开传播具有裂变性，微信强关系传播具有强影响力，地震谣言通常会难以被控制。微博和微信的共同特点是谣言传播成本低、影响范围广、所需时间更短、危害更大。它们的传播模式往往呈网状和漩涡型复式传播，突破了时间和空间的限制，可控性较差。九寨沟地震产生了大量谣言，按类型分包括震情预测谣言、震情现状谣言、钱财相关谣言、无中生有谣言，这些谣言类型以前均出现过。

　　震情预测谣言以九寨沟地震前现"黑鸟乱飞"异象是地震的前兆和地震云预示地震为代表。其中，九寨沟地震前现"黑鸟乱飞"异象是地震的前兆这条谣言最初于地震发生当日即8月8日出现在某微信群中，引起了较大规模传播和转发，后来不仅在微信群平台，甚至连其他社交媒体比如微博上都有传播，不过此次谣言很快得到了遏制，阿坝网警查实，该视频是2017年1月20日拍自美国的视频，当天晚上22：50即发微博辟谣；辟谣时效小于2小时。地震云预示地震这条谣言属于屡禁不止的伪科学谣言，不止这次九寨沟地震，之前的地震中这种类型的谣言也很常见，不过此次地震云谣言仅在出现的第二天就被中国科学院大气物理研究所的专业人士"@大脸撑在小胸"在微博写文回应，表示"地震云学说"从未被主流科学界所接纳。微博的兴盛方便了在相关专业领域有话语权的公众自发参与辟谣。

震情现状谣言均出现在微信群。第一条谣言以震区酒店房屋已歪斜的图片呈现，由于图片的生动性引起了大量转发，不过，仅仅在第二天四川地震局就进行辟谣，声称其采用反向图片搜索引擎 TinEye 识别出这张图片来自 2016 年台湾高雄地震，图片中的大楼是台南市新化京城银行，发生约 75 度的倾斜。是完全的谣言。第二条震情现状谣言是有人在微信群发布消息称"中国地震局四川分局消息：2017 年 8 月 9 日 3 时会发生余震，波及西安、兰州、西宁等地"。四川省地震局在第二天就辟谣称从未发布过这个消息，而且该谣言的主体都是错误的，因为根本不存在"中国地震局四川分局"。针对这两条震情现状谣言，政府均迅速给予回应。

钱财相关谣言有侵犯公众财产的可能，后果较为严重。有大量群众反映在 8 日晚间收到群发短信，有不法分子以"地震局救援中心"为名发布短信，让大家将赈灾善款捐至某银行账户，并谎称"将会双倍返还爱心救助金"。这条谣言传播范围较大，同时也引起了相关部门的重视。8 月 9 日上午，中国移动发布微博提醒手机用户，收到此类信息切勿轻信，不信谣、不传谣。如有陌生人要求汇款时更要提高警惕，一定要仔细甄别，防止上当受骗。微信朋友圈有谣言称合肥有位母亲在九寨沟遇难，她的女儿代为母亲前往开福寺超度说，她的妈妈得到保险理赔金 300 万元。合肥网警迅速查清两名发帖人董某（女，42 岁，某保险公司员工）、金某（女，53 岁，某保险公司员工）有关情况，并通报属地公安机关查处。

无中生有谣言出现在微博，这条谣言属于之前的地震都出现过的。8 月 8 日，造谣者声称"地质学家李四光早就预测到了中国有四个地方会发生地震，唐山、汶川、玉树都应验了，还有一个地方没有发生，就是在×××……"基于此，省地质科学研究所教授级高工谭秋明进行辟谣，称李四光曾对中国几个大地震带的地震危险性进行过预测，但是并没有预测过"四大地震"，以当时的水平，也不可能精确到汶川、玉树地震。

总体来说，这次地震谣言类型众多且都得到了较广泛的传播，但是这些谣言均被快速辟谣，相关的辟谣主体从政府到公众，包括四川省地震局、阿坝网警、省地质科学研究所教授级高工、合肥网警、中国移动、中国科学院大气物理研究所等。该次地震中，谣言传播的生命周期缩短了。

谣言传播扩散的周期本来是由滋生期、蔓延期、消弭期三个阶段组成，但是在这一次的谣言传播扩散的周期中，滋生期之后就是消弭期，没有蔓延期这个阶段。针对不同类型的谣言，有不同的辟谣主体进行辟谣，比如会引起公众大规模恐慌的震情现状谣言就必须由政府及时进行辟谣，而另一些诸如地震云之类的震情预测谣言正好是中国科学院大气物理研究所研究的范围，出于专业性，该所的专业人士对此谣言进行了辟谣。基于此，笔者在下文中将具体对政府、媒体、公众参与辟谣的情况进行具体分析和考察，分析三者在九寨沟地震中的具体作用和互动机制。

（二）多主体参与辟谣

1. 政府信息公开迅速透明，危机公关及时准确

奥尔波特认为，在一个社会中，"谣言的流通量（R）与问题的重要性（i）和涉及该问题的证据模糊度（a）之乘积成正比"即 R = i×a（谣言流通量＝问题的重要性×证据的模糊度）。从公式中可以看出谣言的产生与谣言涉及事件的重要程度与模糊程度有关，即越是重要的事件，越是不确定的事件，越能够形成强烈的谣言。[15]九寨沟地震因其地震级数高，波及范围大引起了全国人民的关注，地震是与公众生活密切相关的重要事件，而在这次地震中，政府信息公开的透明度和信息披露及时权威降低了事件的模糊度，从源头上有效地避免了谣言的产生和发展传播，减少了谣言流通量。

首先，仅仅距地震发生不到一个小时，新华社于8月8日22：04发布《四川阿坝州九寨沟县发生7.0级地震》，"据中国地震台网中心网站消息，四川阿坝州九寨沟县，北京时间8月8日21时19分，发生7.0级地震。"[16]其次，央视网于8月9日9时58分发布《习近平对四川九寨沟7.0级地震作出重要指示》视频新闻，称"国家主席习近平对四川九寨沟7.0级地震作出重要指示，要求迅速组织力量救灾，全力以赴抢救伤员，最大限度减少人员伤亡。李克强就抗震救灾工作作出批示，要求国家减灾委、国务院救灾指挥部即派联合工作组赶赴灾区，指导帮助地方做好抗震救灾"。[17]

"@中国地震台网速报""@四川省地震局"等权威地震发布平台反应迅速，第一时间发布信息，为广大网友了解灾情、遏制谣言传播起到了良好的导向作用。8月8日21时24分，地震发生后5分钟，"@中国地震台网速报"和"@四川省地震局"同时发出第一条微博，并在随后一个小时

内，各自连续发布 15 条地震信息，正式测定九寨沟县发生 7.0 级地震，震源深度 20 千米。

四川省抗震救灾指挥部于 8 月 9 日 17 时举行新闻发布会，"四川省地震局副局长、新闻发言人吕志勇通报了此次地震目前所调查了解的震情灾情、应急处置工作情况，以及相关地震地质构造背景等方面的情况，同时就网络上出现的地震谣言事件作出了澄清"。表示要继续加强隐患排查，防范次生灾害，加强余震监测，统筹信息发布。中国地震局现场指挥部新闻发言人、四川省地震局副局长雷建成，以及中国地震局地质研究所研究员李志强、中国地震局工程力学研究所研究员林均岐就"《四川九寨沟 7.0 级地震烈度图》的地震灾害调查和烈度评定工作及震害情况向媒体进行了解读"。做到了信息发布及时准确。《人民日报》的官方微博对此次新闻发布会进行了微博直播，共计有 33 万人次观看。新闻发布会是一种传统的政府信息发布方式，在传统的政务工作中发挥积极的作用。

政府扮演的是单一的讲述者角色，公众则是被动的倾听者，这种单方信息传播模式赋予了政府的主导地位，公众在信息获取中处于劣势。但在九寨沟地震中，新闻发布会采取微博直播的方式，此举顺应了公众对微博认知度和使用频率高于政府网站的客观现实。同时，此举加大了民主参与的力度，打破了政府在信息传递中的垄断地位。在此过程中，政府做到了和公众及时沟通，打破了新闻发布会单一回应的渠道。

另外，各地地震局官方微博也在此次地震中成为发布辟谣信息的有力通道，发挥了重要作用。四川省地震局的官方微博"@四川省地震局"从九寨沟地震发生以来，共计发布《8 月 8 日九寨沟 7.0 级地震现场指挥部工作简报》17 期，对辟谣信息、救灾情况、会议议程、指挥部工作、阶段任务安排进行通报，对地震灾害调查和烈度评定工作等进行解读，全面向社会反映了其应对地震灾害的及时性和有效性。

针对已经出现的谣言，如"中国地震局四川分局消息：2017 年 08 月 09 日 03 时会发生余震，波及西安、兰州、西宁等地"。四川省地震局作为辟谣主体，及时在其官方微博上发布辟谣信息。在辟谣渠道的选择上，多选取权威的政务微博和党媒微博；在辟谣内容的撰写上，还是使用严肃语言提高权威性；在对辟谣时效的把控上，我国政府应对公共危机事件的能力日益提升，对地震谣言的敏感度越来越高，在应对上渐渐实现了由"慢反应"向"快反应"的过渡，并针对网络地震谣言设立了预警机制，对地震谣言实行第一手监控，争取做到地震谣言即出现即消灭。从中可以看出政府危机公关能力的提升。

同时，对一些严重的危害公共安全和侵犯公众财产的谣言介入刑事责任追究范围，进行严厉打击。8月8日晚，有不法分子以"地震局救援中心"为名发布短信，让大家将赈灾善款捐至某银行账户，并谎称"将会双倍返还爱心救助金"。有不少群众上当，造成了一定的财产损失。四川当地网警迅速查清两名发帖人李某（男，35岁）、张某（男，28岁）有关情况，并通报属地公安机关查处。在处罚中，可以看到政府对肃清谣言的坚决态度。

2. 媒体的全方位报道和新技术的应用

（1）媒体通过网站和两微一端等多种渠道发布信息

九寨沟地震发生后，媒体反应迅速，包括新华社、人民网、《南方都市报》与四川当地的媒体以及多家市场化媒体，都在第一时间参与报道。对具体灾情、地震级数、救灾阶段、政府行动、辟谣进展都及时进行报道。不同媒体的及时报道避免了信息真空，并吸取之前汶川、玉树、雅安地震的经验，在应急上反应主动迅速，公开透明。

在整个过程中，微博发挥了非常大的作用。微博是社会化媒体，其传播是基于"关注"与"被关注"的信任链，依赖人与人之间的社交网络完成。微博既是谣言传播的平台也是辟谣行动的主力。微博辟谣的优点在于微博发布成本低，比传统媒体速度快，更大的优势还在于微博可以与网友即时互动，针对疑问，迅速回复应答。笔者对九寨沟地震发生后微博上的媒体报道进行抽帖检测，选取了转发、评论与点赞数较高的10条微博进行深入分析，如表3所示。

表3 九寨沟地震后转发、评论与点赞数较高的10条微博汇总

	发布账号	内容	时间	转发	评论	点赞
1	@人民日报	【#四川九寨沟地震#7.0级地震余震不断转发提醒安全】中国地震台网正式测定：08月08日21时19分在四川阿坝州九寨沟县（北纬33.20度，东经103.82度）发	8月8日 22：00	2340148	40216	58256

	发布账号	内容	时间	转发	评论	点赞
1	@人民日报	生7.0级地震，震源深度20千米。已发生两次余震。请附近地区民众注意安全！据悉，甘肃陇南、兰州、天水、平凉等多地有震感。愿平安！（资料来源：微博@人民日报）	8月8日 22：00			
2	@央视新闻	【#四川九寨沟7.0级地震#】@中国地震台网速报 正式测定：8月8日21时19分在四川阿坝州九寨沟县（北纬33.20度，东经103.82度）发生7.0级地震，震源深度20千米。另据央视记者消息，甘肃陇南、兰州、天水、平凉多地有震感。（资料来源：微博@央视新闻）	8月8日 21：40	533908	47632	43076
3	@中国新闻网	【#四川省九寨沟县地震# 最新消息［话筒］】①据九寨沟宣传部消息，地震发生后，九寨沟县城出现停电情况，中国移动手机信号中断；②据@成都市公安消防支队：成都消防在都江堰基地集结，连夜赶往灾区；③四川省卫计委已经从阿坝州、绵阳市以及九寨沟周边县紧急抽调医疗救援力量赶赴地震灾区；④四川大学华西医院和省医院也正在组建医疗应急救援队伍，将在一个小时之内出发。愿平安！（图）（资料来源：微博@中国新闻网）	8月8日 22：35	24148	14516	21129
4	@华西都市报	#四川阿坝地震#【泪目！九寨沟地震前后对比：昔日美景变伤痕累累】地震发生后，被誉为"童话世界"的九寨沟变得伤痕累累。九寨沟管理局9日发布灾情通报称，景区内道路、房屋不同程度受损、山体有垮塌；火花海出现长50米、深约12米、宽20米的决口，景点受损严重。目前救援仍在进行中。祈福，加油！（资料来源：微博@华西都市报）	8月9日 17：18	33664	31342	80415

续表

	发布账号	内容	时间	转发	评论	点赞
5	@环球网	#四川九寨沟地震#【防灾急救知识，请迅速转发扩散！】今晚21时许，四川阿坝州九寨沟县发生7.0级地震。地震到来时如何躲避？遇到灾害时如何进行自救？施救时有哪些注意事项？截图↓↓关乎生命，多一次转发可能就多挽救一条生命！转发扩散！（资料来源：微博@环球网）	8月8日22：40	8586	6527	8592
6	@头条新闻	#九寨沟地震#【武汉一家人自驾游 父亲遇难前砸碎车窗推出孩子】早前，武汉一家四口前往九寨沟自驾游。记者了解到，地震当晚，当他们的车行至神仙池酒店附近时，被巨石砸住，孩子的母亲当场被落石砸中身亡。而孩子的父亲，则在临死前砸碎了车窗，并将正在上六年级的孩子推了出去。（资料来源：微博@头条新闻）	8月9日11：43	8257	5744	23694
7	@头条新闻	#四川九寨沟7级地震#【警惕！已有骗子借地震实施短信诈骗】九寨沟地震辟谣：目前已发现有不法分子蒙蔽良心，欲借地震灾情骗取老百姓的钱财。提醒：不要轻信来源不明的信息，尤其是涉及财物方面的信息，一定要仔细甄别，防止上当受骗！（图）（资料来源：微博@头条新闻）	8月9日01：57	1052	1783	3231
8	@澎湃新闻	【辟谣：九寨沟县地震部分谣言网上流传，请大家不信谣不传谣】九寨沟地震发生至现在网络上已经有部分流言发布，新浪四川旅游频道通过微博发布了辟谣消息。记者看到，辟谣微博中有一张疑似高雄地震的图在记者的朋友圈也有不少人发布。请大家不要轻易传播未经核实的消息。（资料来源：微博@澎湃新闻）	8月8日23：51	2147	1246	1379

	发布账号	内容	时间	转发	评论	点赞
9	@人民日报	#四川九寨沟地震#【最新消息汇总：已造成13人死亡　紧急呼吁为救援让出生命通道！】①截至8月9日9时25分，地震已造成13人死亡、175人受伤（28人重伤）。②中国地震局决定启动Ⅲ级应急响应。③九寨沟景区今起暂时关闭，3.5万滞留游客今日将疏散完毕。④前往景区道路拥堵，紧急呼吁过往车辆让出生命通道！（图）（资料来源：微博@人民日报）	8月9日10∶01	72563	6769	22709
10	@人民日报	【扩散！#四川九寨沟地震#最全应急电话】九寨沟景区24小时值守应急电话、机票退改签客服电话、景区退票方式……最全应急电话↓↓转发提醒！@人民网（资料来源：微博@人民日报）	8月9日12∶52	6356	703	2706

　　从这10条评论转发点赞量最大的微博内容来看，主要集中在官方发布震级、发布余震信息、通报救援力量的集结、辟谣与普法、普及急救知识、公布遇难人数、通报启动Ⅲ级应急响应、汇总应急电话等，信息全面且透明。而在其中，用于直接辟谣的微博有2条，体现媒体参与积极辟谣，同时这2条微博的转发量较大，体现出辟谣的有效性。其中，"@头条新闻"发布辟谣微博，内容如下："#四川九寨沟7级地震#【警惕！已有骗子借地震实施短信诈骗】九寨沟地震辟谣：目前已发现有不法分子蒙蔽良心，欲借地震灾情骗取老百姓的钱财。提醒：不要轻信来源不明的信息，尤其是涉及财物方面的信息，一定要仔细甄别，防止上当受骗！"并配有该短信的截图。其辟谣采取重点强调的表达方式，语气较为坚决和客观。笔者发现该条微博评论中的公众态度较为一致，主要是在谴责骗子发国难财的可耻以及响应辟谣微博的号召表示自己绝对不会上当。

　　此外，"@澎湃新闻"也发布辟谣微博："【辟谣：九寨沟县地震部分谣言网上流传，请大家不信谣不传谣】九寨沟地震发生至今在网络上已经有部分流言发布，新浪四川旅游频道通过微博发布了辟谣消息。记者看到，辟谣微博中有一张疑似高雄地震的图在记者的朋友圈中也有不少人发布。请大家不要轻易传播未经核实的消息。"并配有谣言图片即震区酒店房屋歪斜图。该条微博评论中的公众态度也是对造谣者持批判态度。

总体来说，辟谣微博的作用非常明显，不仅使谣言得到了及时的控制，同时也在特殊时期给了网友一个宣泄的出口。

在这一次九寨沟地震中，微博的作用是巨大的，党媒微博以及政务微博发布信息及时有效，由"@央视新闻"发起的新浪微博话题"#四川九寨沟7.0级地震#"，阅读量达17.8亿，讨论225.5万。影响力巨大可见一斑。

（2）采用新技术

在对九寨沟地震的媒体报道中很能体现当下传播的新特点，即新技术的应用。无人机、新闻机器人和数据分析、数据可视化等各种新的报道设备与方式，让本次灾难的报道做到了专业和丰富，同时也提升了媒体辟谣的效率。

技术对报道和救灾的影响。在万物皆媒、算法主导的移动互联网时代，技术冲击着新闻报道也重构着新闻报道。在此次九寨沟地震的新闻报道中，无人机、新闻机器人和数据分析、数据可视化等各种新的报道设备与方式都参与其中，使这次新闻报道做到了专业和丰富。

在九寨沟8月8日21时19分发生地震后仅仅过了25秒，中国地震台网新闻机器人就自动编写并发布了第一篇有关九寨沟地震的新闻稿件。该稿件除了540字的消息，还配有4张图片。内容包括速报参数、震中地形、热力人口、周边村镇、周边县区、历史地震、震中简介、震中天气8大项。迅速准确、专业性强，充分体现了AI对于当下新闻报道的影响。

九寨沟地震同时还使用了无人机对新闻进行报道。地震发生后，四川测绘地理信息局连夜组织专业测绘技术人员携带无人机和通信设备、测量设备等奔赴灾区，无人机很快成功获取灾区漳扎镇附近高分辨率影像，分辨率最高达到0.16米。这批影像资料被紧急送至国家和四川有关救灾部门，用于指挥决策和抢险救灾。

技术对辟谣的推动。"精准辟谣"功能是"今日头条"在2017年推出的全新的确保网络新闻真实性的功能，这一功能通过"机器算法+用户反馈"的方式，高效识别虚假信息。一旦有数目较多的用户举报同一篇内容为虚假信息或谣言时，或者在某篇内容的评论区中密集出现"假新闻"

"谣言"等类似的关键词时，其机器便可自动识别，将其提交至审核团队，进行高优先级的复审。在对谣言和虚假信息进行甄别之后，运营团队将立刻停止对该信息的推送，并对该信息的发布者进行处罚。信息平台还会通过虚假信息的阅读记录，将阅读过此信息的用户识别出来，进行定向辟谣，避免了辟谣时可能的次生传播。机器通过收集分析各类用户反馈识别虚假信息的准确率能达到60%，结合人工复审可进一步提升到90%。[18]

在九寨沟地震中"今日头条""精准辟谣"功能发挥了非常大的作用，在余震谣言——中国地震局四川分局消息：2017年08月09日03时会发生余震，波及西安、兰州、西宁等地的传播中，该功能对评论进行及时自动识别，甄别出其谣言属性，避免了谣言的传播。在此条谣言发布以后，有大量的群众在"今日头条"平台上举报该条消息是谣言，今日头条采取"机器算法＋用户反馈"的方式，识别出了该条信息是一条谣言。进行甄别和复审之后，停止了对该信息的推送。"今日头条"采取技术对谣言进行了及时准确的辟谣。

技术对对话机制的促进。"今日头条"的一款产品"悟空问答"促成了九寨沟地震中对话机制的形成，其利用算法推荐"新闻"系统，利用自己的流量优势和技术优势，在第一时间开通头条寻人平台，公布寻人信息。通过在寻人平台上发布信息、利用技术手段参与协助救援，安抚受难者；同时，受灾民众、专业救援人员与围观民众可以做到直接对话。这一项机制由于其透明性，可以有效防范谣言的产生。

3. 公众主动参与辟谣，提升信息自净能力

（1）公众理性提升

公众经历了汶川、玉树、雅安三次大地震，相关地震知识得到普及，加上移动互联网时代信息的频密交互，使公众在灾情谣言面前有了更多的"定力"。公众能积极参与和监督公权力的运行，自觉维护公共利益，面对微博中海量的信息，能有选择地甄别谣言和真相，慎用手中的转发键，这便是微博用户公民意识的觉醒。而微博用户公民意识的觉醒和信息素养的提升也加强了微博的"自净"能力，在面对谣言时，微博用户变得更加理智，不易轻信和传播谣言。

（2）公众参与地震预警系统的开发

公众积极参与地震预警系统的开发，预警系统的建立使公众在地震来临时有了预判能力，从源头上遏制谣言的产生和传播。王暾博士和他的团队成都高新减灾研究所就是一个例子。

王暾博士和他的团队成都高新减灾研究所研发了 ICL 地震预警系统，在九寨沟地震中，成都提前 71 秒发出地震预警，就是得益于王暾团队研发的 ICL 地震预警系统。ICL 地震预警系统是王暾博士领导的成都高新减灾研究所开发的通过技术创新而实现的软硬件一体化的、具有自主知识产权的地震预警系统。[19]该系统是在地震高危区域布设相对密集的地震预警监测台网，监测仪将监测到的地震关键信息发送至地震预警中心进行分析和处理，然后地震预警中心发布预警信息，用户接收预警信息并进行避险和紧急处置，以达到减少人员伤亡和次生灾害的目的。与无预警系统相比（见图1），地震预警系统（见图2）可以在地震灾难到来前给出警告，缩短反应时间、判断时间、决策时间，减少人员伤亡。[20]

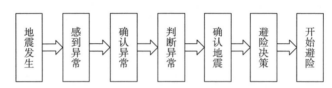

图 1　没有预警系统时人们的反应过程

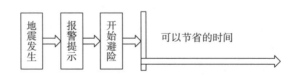

图 2　有预警系统之后人们的反应过程

（3）网络生态的自我净化，寻求公众辟谣的"无影灯效应"

无影灯效应，即众多灯光从不同角度、不同方向照射，使阴影无处藏身。公众从各个角度追逼可疑信息，取长补短，就可以使真相大白，使谣言无处藏身。[21]在社交媒体时代，网络的无影灯效更加凸显，网民会像拼图游戏一般构建"社会真实"，社会真实会呈现出马克思所说的"有机运动"，信息真空会在最短时间内被用户生产的碎片化信息及时填充。[22]

微博因其开放性成为用户生产的碎片化信息的重要载体，微博给了所有人编码和解码的机会，其快速、实时等特性使得公众可以随时随地获取或传播信息，且实时上传的信息更加真实，满足了人们的知情权。2017

年，微博呈现出更加民主和多样的特点。在九寨沟地震中，公众通过发布文字微博或者图片微博对灾区情况实时播报，呈现受灾画面，通报交通阻断、传递爱心、转发救援信息、监督地方政府和媒体的作为、组织捐款以及辟谣活动，科普九寨沟县所在位置与人口密度，预测受灾严重程度，发布应急电话，搭建地震寻人服务平台……与官方发布的信息相比虽然更加碎片化，但却十分丰富和全面翔实。作为"私人构成的公共领域"，微博消解了传统媒体的话语霸权，微博上的意见领袖、企业微博、商业账号、草根账号群体联动，做到了多主体、全方位的应急救援与信息发布。

在由公众发布信息生产内容的过程中，信息相互补充和纠正，微博的自净能力也得到了提升。微博的自净能力指当微博中出现不实信息和危害他人利益、社会公共利益的信息时，微博可以通过用户生产内容的相互补充、纠错、印证和延伸的结构性关系，自发地接近事实真相。[23]也正因这些碎片化信息的出现，信息真空会被最快填上，谣言也会刚出生就被"截杀"，九寨沟地震中的舆情基本没偏离正确的方向，迄今也未衍生因谣言而起的舆情事件。

谣言并不可怕，只要网络足够开放和独立，就会形成一种公共利益和正义价值来与之博弈的强大力量，网络自组织、原生态的发展才能更加有利于网络生态的自我净化。

四　总结

九寨沟地震震级大、影响大，谣言数量也较大。面对大量谣言（震情预测谣言、震情现状谣言、捐助渠道谣言、无中生有预测谣言），政府、媒体、公众都积极应对，正是三者的合力助推，确保了九寨沟灾后谣言能够得到快速遏制。

首先，在政府层面，做到了信息公开快速透明，危机公关及时准确，政府信息公开的透明度和信息披露及时权威降低了事件的模糊性，从源头上有效避免了谣言的产生和发展传播，减少了谣言的流通量。仅仅距离地震发生不到一个小时，新华社8月8日22时发布《四川阿坝州九寨沟县发生7.0级地震》："据中国地震台网中心网站消息，四川阿坝州九寨沟县，北京时间8月8日21时19分，发生7.0级地震。""@中国地震台网速报""@四川省地震局"等权威地震发布平台反应迅速，第一时间发布信息，为广大网友了解灾情、遏制谣言传播起到了良好的导向作用。四川省抗震救灾指挥部在地震发生的第二天就举行新闻发布会对灾情进行通报。同时，相关部门做到了及时介入，阿坝地方网警、公安部迅速依法查处散播谣言信息的网民，及时普及防骗知识。

其次，在媒体层面，通过网站和两微一端等多种渠道发布信息，同时专业的报道队伍、对话机制以及新的报道设备与方式，让此次灾难的报道做到了专业和丰富。对具体灾情、地震级数、救灾阶段、政府行动、辟谣进展都及时进行报道。不同媒体的及时报道避免信息真空，在此次九寨沟地震的新闻报道中，运用了无人机、新闻机器人和数据分析、数据可视化系统等各种新的报道设备与方式，做到了专业和丰富。在九寨沟8月8日21时19分发生地震后仅仅过了25秒，中国地震台网新闻机器人就自动编写并发布了第一篇有关九寨沟地震的新闻稿件。官方信息发布渠道的通畅、碎片化信息及时填补灾情信息真空都使整个震后舆论场保持稳定。

再次，公众主动参与辟谣，提升信息自净能力。公众能积极参与和监督公权力的运行，自觉维护公共利益，面对微博中海量的信息，能有选择性地甄别谣言和真相，公众积极参与地震预警系统的开发，预警系统的建立使公众在地震来临时有了预判能力，从源头上遏制了谣言的产生和传播。

政府、媒体、公众三者并不是孤立行动的，三者合力助推了此次九寨沟地震辟谣行动。正是政府对于信息的及时披露从源头上控制了谣言的散布，把控了舆论全局，为媒体的报道和公众的主动参与提供了良好的环境。媒体采用的多种报道方式也是对政府官方报道进行的碎片化补充，而公众主动参与也是对政府和媒体辟谣的一种促进。这种良性的合力助推机制是在当下社交媒体时代形成的，不仅使此次九寨沟地震中的谣言得到了快速消解，对以后的突发事件有效辟谣也是一个良好的经验借鉴。

（作者单位：华东师范大学传播学院）

注释

［1］ Art of the lie. Economist. Economist ［EB/OL］. http：//www. economist. com/news/
briefing/217.

［2］ "Post-truth" declared word of the year by Oxford Dictionaries ［N］. BBC NEWS.
2016 – 11 – 16.

［3］ 刘少君. 虚假新闻在"后真相"情境下的传播及规避分析 ［J］. 新闻研究导
刊，2017，8（14）：49 – 50.

［4］ 张华. "后真相"时代的中国新闻业 ［J］. 新闻大学，2017（03）：28 – 33 +
61 + 147 – 148.

［5］ 肖珺，庞航宇. 微博自净功能与辟谣模式选择研究 ［J］. 现代传播（中国传
媒大学学报），2012，34（08）：138 – 139.

［6］ 〔美〕奥尔波特. 谣言心理学 ［M］. 刘水平等译. 沈阳：辽宁教育出版
社，2003.

［7］ Fiske, S. T. & Taylor, S. E.. *Social cognition* ［M］. New York：McGraw-Hill, 1991.

［8］ 赵越. 谣言传播与控制纵横谈 ［D］. 辽宁大学硕士学位论文，2005：3 – 18.

［9］ 叶树明，沈士耕，严斌. 地震谣言与误传的形成发展及其抑制传播对策 ［J］.
防灾减灾工程学报，1992（1）：34 – 39.

［10］ 王国华，汪娟，方付建. 基于案例分析的网络谣言事件政府应对研究 ［J］.
情报杂志，2011（10）：72 – 76.

［11］ 周诗妮. 微博辟谣：公共突发事件中网络谣言治理的新模式——以日本
"3·11"地震事件为例 ［J］. 东南传播，2011（4）：9 – 11.

［12］ 陈万怀. 传播学视角下网络谣言的认知与消解 ［J］. 新闻界，2008（6）：50 – 51.

［13］ 俞旻骁. 谁为谣言插上翅膀？——汶川地震后谣言传播现象探析 ［J］. 新闻
记者，2008（07）：48 – 51.

［14］ 施爱东. 2013 雅安地震谣言探究 ［J］. 民族艺术，2013（5）：48 – 61.

［15］ Allport Gordon W. *The Psychology of Rumor* ［M］. New York：Henry Holt, 1947.

［16］ 四川阿坝州九寨沟县发生 7.0 级地震 ［EB/OL］. 新华社.（2017 – 08 – 08）.
http：//news. xinhuanet. com/local/2017 – 08/08/c_1121452186. htm。

［17］ 习近平对四川九寨沟 7.0 级地震作出重要指示 ［EB/OL］. 央视网.（2017 –
08 – 09）. http：//xuexi. cctv. com/2017/08/09/ARTIH2gMMKraURFhmBSnq7dm1
70809. shtml.

［18］郭全中，胡洁．智能传播平台的构建——以今日头条为例［J］．新闻爱好者，2016（6）：4 - 8.

［19］闽南网．阿坝州九寨沟地震预警提前 71 秒 ICL 地震预警系统是什么如何做到［EB/OL］. http：//www. mnw. cn/news/digi/1811852. html.

［20］媒体称中国规划 5 年投入 20 亿元建地震预警系统［EB/OL］. 中国新闻网.（2013 - 04 - 22）. http：//www. chinanews. com/gn/2013/04 - 22/4753796. shtml.

［21］蔡静．流言：阴影中的社会传播［D］. 复旦大学博士学位论文，2006.

［22］吕艺．对业务性失实应有辩证认识——马克思"报刊有机运动"理论当代意义之探讨［J］. 新闻与写作，2015（8）：35 - 38.

［23］肖珺，庞航宇．微博自净功能与辟谣模式选择研究［J］. 现代传播，2012（8）：138 - 139.

灾难新闻报道模式分析

——以 2017 年湖南洪灾为例

杨锐楠

摘 要 本文以 2017 年湖南洪灾报道为例，对其报道模式进行了分析，试图从报道模式角度分析本次灾难事件报道引发舆论争议的原因。研究认为，在主题安排上，与 1998 年特大洪水报道进行比较后发现，本次灾难报道的主题选择具有一定的模式化特点；在报道框架上，事件事实报道数量大，结构单一；其中，事件事实类框架下的内容在信息传达上也缺乏针对性。

关键词 灾难报道 报道模式 湖南洪灾

An Analysis of the Pattern of Disaster News Reports

—A Case Study of Hunan Flooding of 2017

Yang Ruinan

Abstract Reported in 2017, Hunan flooding as an example of the model are analyzed, from the analysis model of Angle this disaster events reported causes controversy. Studies suggest that arrangement of the theme, in comparing with 1998 flooding reported and found the topic selection of this disaster report has a certain style characteristic; On the frames, large number of events reported facts, single structure; The event under the framework of factual content also lack pertinence in the information transmission.

Keyword Disaster News; Reporting Pattern; Hunan Flooding

一　引言

2017 年 7 月湖南普降大雨，其间最高水位线甚至超过 1998 年特大洪水，形成特大洪涝灾害。新闻媒体对事件进行了持续性的报道，报道内容包括了灾前预警、受灾情况、抗洪救援、灾后重建等。但与之相对的是，微博等社交媒体平台上出现了大量不满的声音，甚至说这次事件"不见媒体报道"。这样的矛盾表明了此次灾难事件中存在对话缺失的问题，本文主要从媒体报道模式方面来分析在报道中存在的造成对话缺失的原因。

现在关于新闻报道模式的研究主要分为两类。第一类侧重于专题类型的报道模式研究，第二类侧重于探究新媒体环境下新闻报道模式所面临的挑战。前者关于灾难报道模式的主题分析中，孙发友将我国灾难新闻报道分为 20 世纪 80 年代之前的"人本位"和 20 世纪 80 年代的"事本位"两个阶段。[1]王海燕等人将研究报道模式确定为研究报道主题及其呈现形式，并将新闻报道模式划分为监督模式、喉舌模式、干预模式、客观模式、公民模式、服务模式、煽情模式[2]七种。第二类新闻报道模式的研究中，关注的是新媒体环境对于报道模式的挑战，吕振坤认为传统媒体与新媒体的互动合力导致了当下的灾难新闻呈现。[3]王宇明认为社交网络的兴起，从新闻采集方式、反馈方式、呈现方式三个层面对新闻报道模式形成挑战。[4]

灾难报道的研究主要是媒体报道文本呈现以及沟通效果两个方面。媒体报道文本呈现研究结合个案从话语、修辞、风险沟通等方面进行探究。王文用内容分析和文本分析的方法，结合修辞策略的相关理论，从修辞学角度对《人民日报》的灾难报道进行了具体分析；[5]唐英和曹新伟则采用个案分析的方法基于风险沟通理论探析传播过程中官方和民间场域沟通的特点。[6]但在媒体报道方面缺少从新闻模式的角度对媒体报道形成的问题进行探究的研究，因此本文试图从媒体报道模式方面来分析在报道中存在的造成对话性缺失的问题。

二　研究设计与方法

以"湖南洪灾"为关键词在百度指数上进行搜索，确认事件的高峰节点，选择 2017 年 6 月 21 日到 2017 年 8 月 19 日之间，截至 2018 年 1 月 6 日，在百度新闻中通过高级搜索以"湖南洪灾"为关键词得到的 770 条新闻，以等距抽样的方法抽取其中 300 条作为研究样本，进行文本分析。

分析包括主题和报道框架两个方面，结合 2017 年湖南洪灾的报道内容，本文将报道主题分为灾前预警、灾难情况呈现、抗灾救援、表彰致敬、归因评价、灾后重建 6 个主题，当一篇报道中出现多个主题时，以报道中占主要篇幅的主题为第一主题。其中有 4 篇报道不在这个分类之内，归入其他类。在模式的分析中，这里将报道框架分为事件事实、事件解释、归因归责、建议对策、其他 5 种类型。通过对主题和框架的报道文章数量进行统计，呈现报道的主要内容及侧重点。

为了分析 2017 年湖南洪灾报道中报道主题安排的特点，本文将其与 1998 年的特大洪水报道进行对比。1998 年特大洪水与本次灾害事件类型一致，水情危急程度相近，灾难发生地也有重合，并且具有一定的时间间隔，更能够体现报道在主题安排上的特点。当时主要通过电视和报纸进行报道，而电视资料的获取具有难度，并且《人民日报》对于 1998 年特大洪水的报道基本能够呈现整个事件的报道情况，因此对于 1998 年特大洪水的报道研究，选择以《人民日报》为对象。

1998 年特大洪水是从 6 月 12 日起鄱阳湖水系受暴雨侵袭至 9 月 28 日政府宣布抗洪全面胜利共历时 3 个多月。通过在《人民日报》数据库中以"洪水"为关键词进行全文检索发现，《人民日报》中关于 1998 年特大洪水灾害的报道在 1998 年 6 月 12 日至 9 月 30 日之间共有 813 篇，本文利用等距抽样的方法，从中抽出 300 篇作为研究样本，并进行文本分析。

三　报道模式分析

新闻报道模式指的是新闻所呈现的主题及其表现形式。在对 2017 年湖南洪灾报道模式的分析中，通过分析报道主题及报道框架两个方面，来呈现报道中内容选择的侧重情况，并通过将其与 1998 年特大洪水报道进行对比分析其内容选取；并将报道框架分为事件事实、事件解释、归因归责、建议对策、其他 5 种类型，分析其报道框架结构特点。

（一）报道主题分析

1. 对 1998 年特大洪水的报道主题分析

在针对 1998 年特大洪水的报道的分析中，本文根据报道内容，将报道主题分为以下 6 个：灾前预警、受灾情况、抗灾援救、表彰致敬、归因评价、灾后重建。其中抗灾援救又具体分为领导慰问指示、政府组织有力应对得当、军人奋战、党员带头、群众获救、各方支援、专家参与几个方面。当一篇报道中出现多个主题时，以报道中占主要篇幅的主题为第一主题。

表 1 对 1998 年特大洪水的报道主题统计

报道主题	灾前预警	受灾情况	抗灾救援	表彰致敬	归因评价	灾后重建	总计
报道数量	5	6	201	36	17	35	300
比例（%）	1.7	2.0	67.0	12.0	5.7	11.7	100.0

从表 1 可以看出，对于灾前预警和灾难情况的报道是最少的，仅占报道总量的 1.7% 和 2.0%，而对于抗灾救援和表彰致敬两个主题的报道比重超过了 70%，抗灾救援和表彰致敬两个主题是报道的重点。

（1）灾前预警不足

从报道主题的数量上可以看出灾前预警的不足，除了在报道时间上不够及时外，灾前预警在数量上比重也很小，仅占总量的 1.7%。呈现灾难状况的报道仅有 6 篇，数量极少，其中包括 4 篇国家防总发布的关于当前汛情的报道和一篇政府公布受损情况及伤亡人数的报道。在这些报道中，呈现洪水情况时使用汛情代替灾情，国家防总发布的 4 篇汛情通知都只显示了水情的具体数据，包括流速峰值等，但是没有对数据的具体解释，没有提示这样的水情隐含着多大的风险，大水形成了怎样的破坏。

（2）突出救援成果

抗灾救援报道是此次报道的重点，占报道主题的 67.0%，可以将这一主题再进行细化，分为领导慰问指示、政府组织有力应对得当、军人奋战、党员带头、群众受益、各方支援、专家参与几个方面。在关于 1998 年特大洪水的报道中，领导慰问指示的比重最大，一共 64 篇，占抗灾救援主题的 35.2%，同时政府组织有力、军人奋战和党员带头也占有较大比例。

关于领导视察慰问的报道主要体现的是领导对灾情的重视和关心,除了其中两篇通讯类报道之外,消息类报道对领导视察慰问的呈现都比较概括,内容包括领导关心群众状况,对救援工作做出指导,安排救灾工作,但是没有报道安排的具体工作内容、关心群众的具体表现、应对灾难的具体安排等信息,只是通过报道领导考察慰问这一行为来体现领导对事件的关心和重视。

(3)表彰致敬主题强化集体主义

在表彰和致敬主题中,《人民日报》对参与救援的主要力量都有致敬文章,包括军人、党员、医生、军属、团员、新闻工作者,其中对军人的致敬最多,共有16篇。以《向英雄的人民子弟兵致敬》[7]为例,这篇评论在第一段直接表达敬意,"我们向奋战在抗洪抢险第一线的人民解放军、武警部队指战员致以亲切的问候和崇高的敬意!"开头用了"我们",评论中通过这个词将评论文章的立场和态度默认为大多数人的立场和态度,强化了集体感;"那是因为你们英雄的人民子弟兵在用血汗和生命捍卫人民群众生命财产的安全"第二段称呼人民军队为"你们",并进行称赞;第三段中"我们欣慰地看到,我们的军队不仅保持了战争年代的光荣传统",又将"你们"转换成"我们的军队",人民军队的优秀被转化为了我们集体的优秀,我们对军人的称赞和致敬实际上也就变成了自己对自己的称赞和致敬,这使得我们愿意对其表达敬意,同时这样的自豪感也能巩固团结。

(4)归因评价突出权威性

归因评价主要有三个方面的报道内容。第一方面是国外对我国抗灾情况的称赞,第二方面是对灾难原因的解释,第三方面是对抗灾成就和抗灾精神的总结。对于本次灾难被归因为上游自然环境遭到破坏,而对于本次事件的评价,《人民日报》发表了任仲评的文章《论九八抗洪精神》[8],对于灾难事件就较为容易出现争议的两个领域,都有相关报道给出确定的解释和评价。

通过对主题的分析,我们能够发现1998年特大洪水报道中,通过对抗灾救援过程中的领导慰问指示、政府组织有力应对得当、军人奋战、党员带头、群众获救、各方支援、专家参与几个方面进行大量的报道,结合表彰致敬、归因评价、灾后重建几个主题,对灾难成因和灾难评价给出定论，在报道中呈现出了领导重视、政府可靠、军人和党员奋不顾身、群众得到有效保护、科学救援、团结一心的抗击洪水的氛围。

2. 对 2017 年湖南洪灾的报道主题的分析

结合 2017 年湖南洪灾的报道内容，本文将报道主题分为灾前预警、灾难情况呈现、抗灾救援、表彰致敬、归因评价、灾后重建 6 个主题，当一篇报道中出现多个主题时，以报道中占主要篇幅的主题为第一主题。其中有 4 篇报道不在这个分类之内，归入其他类。

表 2　对 2017 年湖南洪灾的报道主题统计

报道主题	灾前预警	灾难情况	抗灾救援	表彰致敬	归因评价	灾后重建	其他	总计
报道数量	30	64	97	13	21	71	4	300
比例（%）	10.0	21.3	32.3	4.3	7.0	23.7	1.3	100.0

通过统计可以看出，有关 2017 年的洪灾报道中，占比例最大的是抗灾救援主题，共 97 篇，占报道总量的 32.3%，其次是灾后重建主题，共 71 篇，占报道总量的 23.7%。通过与 1998 年的报道相比较我们可以发现，在 2017 年湖南洪灾的报道中，抗灾救援的主题依旧占最大比重，但是比重明显下降，表彰致敬类的报道明显减少，灾难情况呈现的报道明显增加，灾后重建类报道成为第二大类主题。

（1）灾前预警不足

与 1998 年的报道相比，灾前预警数量有了明显的增加，比重上升到了 10.0%，2017 年湖南洪灾的报道相较于 1998 年有了更强的时效性，从内容上说，也增加了防灾减灾的科普报道，但是对两次灾害最早的相关报道都是来自政府部门的防汛通知，通知内容都是对政府相关部门要如何做好应对汛情准备的相关要求，这样的信息虽然也起到了告知受众"将有洪灾发生"的作用，但是不够直接和具体，对于帮助受众获得信息，及时防灾自救没有明显的作用。湖南洪灾发生后，微博上出现了"灾前没有通知"的声音，也是对这样的灾情预警的效果的反馈。

（2）受灾信息不能满足受众需要

对于灾难情况报道的争议在灾难发生后就一直存在，2017 年 6 月 30日到 7 月 2 日之间微博上有大量指责媒体不关注的声音。一方面，受灾情况的报道数量确实少于抗灾主题的报道，但是，另一方面，灾难情况的相关报道在数量和比重上都比 1998 年的特大洪水灾害中的报道有了提高。结合不同的媒介环境相比较，1998 年时传统媒介是主要的信息来源，而现在社交媒体环境下信息数量呈爆炸式增长，同样数量的信息不一定得到相同数量的关注度，因此，受灾情况报道数量的增加不等于受灾情况信息传播效果增加。从发布渠道上看，抽出的 300 篇报道中有 101 篇来自红网，作为一个湖南省的地方新闻网站，红网所受到的关注度限制了其信息的传播效果，因此，尽管灾难发生前后都对灾情有持续报道，但是依旧没有满足受众的需要。

（3）强调抗灾成就

抗灾援救依旧是报道主题中占比最大的部分，按照主要内容分类，可以分为领导慰问指示、政府组织有力应对、军人奋战、党员带头、群众受益、各方支援几个方面的内容，与 1998 年的报道相比及仅仅减少了专家参与这一个方面，在 97 篇抗灾救援报道中，领导慰问指示有 15 篇、政府组织有力方面有 9 篇，军人奋战方面有 31 篇，党员带头方面有 13 篇，群众受益方面有 22 篇，各方支援方面有 7 篇。在占最主要部分的报道上，湖南洪灾的报道与 1998 年的报道模式没有大的变化。

通过对 1998 年特大洪水报道和 2017 年湖南洪灾报道的分析可以看出，湖南洪灾的相关报道在时效性和主题倾向上都有所优化，但是从总体上看，两次洪灾报道，报道主题类型一致，用 1998 年的主题分类几乎完全适用于 2017 年的报道，并且灾后救援主题，特别是其中领导慰问、党员带头和政府组织有力几个方面依旧占较大比重，这两次报道采用了几乎相同的报道主题。在新的媒介环境下，传统宣传和报道模式会引起反感和解构行为，同时，对受众来说，常年近似的报道模式和内容会降低报道的信息价值，对于实现与受众的对话形成阻碍。

（二）报道框架

在模式的分析中，除了对报道主题进行研究，还需要分析报道框架。在这里将报道框架分为事件事实、事件解释、归因归责、建议对策、其他 5 种类型，其中，事件事实主要是指对事件进行呈现，客观呈现信息；事件解释是指运用背景信息分析一个新闻事件发生的原因、意义、影响或预示发展趋势；归因归责不同于事件解释中的原因分析，在本次灾难事件中的归因归责只要是指对灾难性质的判定，即对灾难是天灾还是人祸的性质判断；建议对策包括了报道发挥的监督作用、事件的反思。

1. 报道框架呈现

在所选择的 300 份样本中统计结果如表 3 所示。

表 3 　2017 年湖南洪灾报道中的报道框架统计

主题	事件事实	事件解释	归责归因	建议对策	其他	总计
数量	244	22	10	15	8	300
比例（%）	81.3	7.3	3.3	5.0	2.7	100.0

根据统计可以看出，事件事实框架在本次事件的报道中比重最大，占总量的 81.3%，共 244 篇，是报道框架类型中的主体；其次是事件解释框架，占全部报道的 7.3%，共 22 篇；而数量较少的是归因归责框架，仅有 10 篇，占总数的 3.3%。从报道框架的比例分布上我们可以看出，事件事实占的比例大，其他应该发挥相应沟通效果的报道框架比例极小，报道框架结构相对单一，这样的框架在面对受众多样化的需求时会降低沟通效果。例如，在报道中归因归责数量最少，而在微博平台上，对于灾难中人为因素的讨论在灾情发生后，特别是 7 月 2 日之后就成了主要话题，如"@五岳散人"（五岳散人，1972 年生人，真名姚博，满族，无党派，自由撰稿人，时评家，微博粉丝 2276173 人）就批评城市规划的不足，"在看不见的方面，比如不在街面儿上的阴沟下水道，以及各种服务与人性化设计、流程，中国与世界最先进的国家，整整差了一代人。"认为城市中的下水道排水能力问题是灾难成因的重要方面。这两者之间的矛盾表现出在框架选取上，本次报道忽视了受众关心的热点问题，这样的缺失也使得受众获得信息不足，形成更多争议。

2. 事件事实框架的报道内容分析

尽管媒体对此次事件的相关事实信息进行了大量报道，但是就具体的报道内容而言，这次事件中的报道信息针对性不强，不够直接清晰。鉴于微博平台上对事件报道表达的不满中，认为"不见媒体对事件做任何报道"的观点十分普遍，在此以 2017 年湖南洪灾报道中对灾前预警主题的报道为例进行内容分析。

在抽出的 300 篇样本报道中，灾前预警报道一共有 30 篇，其中最早的为 2017 年 5 月 6 日的报道，《湖南今年要警惕发生"姊妹型"洪水》，在灾情发展阶段最早为 2017 年 6 月 30 日的预警报道《湖南省水文局继续发布洪水橙色预警》，在到达最高水位之前的预警报道为 2017 年 7 月 1 日的《紧急！紧急！"长江 2017 年第一号洪水"正在形成……》，三篇报道可以作为划分此次灾难预警报道三个阶段的分界。

（1）最早的预警报道

在报道内容上，《湖南今年要警惕发生"姊妹型"洪水》，讲的是湖南省防指召开会议要求相关部门做好防范准备，从报道里只能通过政府为抗灾做了准备而间接得知"今年可能有洪灾"这一信息，更多与受众直接相关的信息，例如，报道中提及湖南今年将会面临"气候总体偏差、水情工情复杂、安全风险较大等不利局面"，[9] 但是具体方面，包括水情怎么样复杂、安全风险具体如何这些真正与受众息息相关的内容却没有被重点报道，对风险的提示被包含在了会议报道下，预警信息传递不直接。报道重点在于说明政府部门已经做出了工作安排，因此报道内容对灾害的针对性不强。

（2）灾情发展阶段的预警报道

在《湖南省水文局继续发布洪水橙色预警》的报道中，对于灾情的预警只是简单呈现了水文局发布的水情数据，没有相应的解释，例如，其中报道"预计 6 月 30 日 23 时，沅水干流桃源站洪峰水位达 42.3～42.7 米（接近警戒水位 42.5 米）"。[10] 对于普通受众而言，"橙色预警"的危险程度如何不一定人人清楚，需要相应的解释，而这篇报道没有对危险做出明显的提示，而简单的数据呈现难以让受众了解水情的具体情况，更难以帮助处于受灾区域的受众形成危险意识，提前做出准备，这样的信息传递对受众而言缺乏针对性和信息价值。

（3）最高水位之前的预警报道

在《紧急！紧急！"长江 2017 年第一号洪水"正在形成……》中，简单概述了截至 7 月 1 日的水情信息，气象台的天气预报和哪些水系会达到警戒值，但是信息含量十分有限，只是简单地转述了气象信息，并没有相应的解读和具体提示。

三篇报道都存在着针对性不强的问题，没有结合受众的需要主动梳理出重要的信息加以提示。在第一篇报道中，报道会议本身和领导活动才是报道的主题，而真正具有信息价值的灾情风险却不是，灾情信息没有从受众需求的角度来有针对性地呈现；在后两篇报道中，面对水情这样抽象而具有相应的专业性的信息，报道并没有结合受众需要给出必要的说明和解释，在灾难发生早期，处于受灾区域的民众无法通过这些信息意识到这次灾害与常年发生的灾害什么不同，以至于忽视了早期提醒，甚至认为这次灾害没见报道，这也与信息的缺乏针对性有关。

四 总结

本文通过以 2017 年湖南洪灾报道为例对其报道模式进行了分析，试图从报道模式角度分析此次灾难事件报道引起争议的原因，并提出建议。关于 2017 年湖南洪灾报道模式的分析，本文主要从主题和框架两个角度来进行探究。

在主题安排上，与 1998 年特大洪水报道进行比较后发现，本次灾难报道的主题选择具有一定的模式化特点。从总体上看两次洪灾报道，报道主题类型一致，并且灾后救援依旧是占有最大比重的主题，在这个主题中所报道的主要方面基本没有变化，两次报道采用了几乎相同的报道模式。具体而言，灾前预警依旧缺少"受灾"中心意识，信息传播效果不好；在灾情呈现上，没有及时回应受众关心的信息，由于新媒体环境的影响，媒体报道在归因解释上的权威性下降，同时在这个主题上回应质疑的报道的数量较少，这也是本次事件报道引起争议的原因之一。

在报道框架上，事件事实报道数量大，结构单一，其中事件事实类框架下的内容在信息传达上也缺乏针对性。事件事实主要是对事件进行呈现，客观呈现信息，本次报道中使用的报道框架中事件事实框架占最主要的部分，对事件信息进行呈现，但是在微博上引起争议的归因归责和事件解释两个方面都没有得到应有比重的关注，报道框架结构单一，并且忽视了受众的需求。

在主题选择和框架选择两个方面，此次报道都表现出对受众主体性的忽视，在选择报道主题时依旧沿用常年使用的主题安排，而不及时根据受众需求进行调整；在框架选取时在对受众关心的话题不做关注，传递具体内容时也不考虑受众需要进行相应调整，这样的忽视会形成对话缺失。

根据分析结果，对于媒体在灾难报道中的报道模式调整提出以下建议。首先，在报道主题的选择上，应该降低对抗灾救援主题的报道比重，增加受灾情况主题的比重。在抗灾救援主题中，领导慰问指示、政府组织有力、军人奋战、党员带头、群众受益、各方支援几个方面在呈现上，领导慰问指示方面的报道应该降低比重，军人奋战、党员带头方面的报道要改进报道的方式如使用更加故事化的叙事方法，增加细节、减轻宣传色彩。在灾难情况的报道中，结合新媒体环境，受灾情况的报道应该更加具有针对性和及时性，采用多样的信息源，及时回应受众的信息需求。

其次，在报道框架的选择上，应该增加归因归责和事件解释两个框架的比重，不仅仅呈现灾情事实，还应该对其成因、发展趋势、影响后果主动进行说明，对引起争议的热点问题及时回应。在内容呈现上要注重信息传递的有效性，主动提取出与受众最为相关的信息进行传递，针对受众需要对专业信息进行必要的解释。

（作者单位：华东师范大学传播学院）

注释

［1］孙发友．从"人本位"到"事本位"——我国灾害报道观念变化分析［J］．现代传播，2001（2）：33 - 37.

［2］王海燕，科林．斯巴克斯，黄熠，吕楠．中国传统媒体新闻报道模式分析［J］．国际新闻界．2017（06）：105 - 123.

［3］吕振坤．传统媒体与新媒体合力下的灾难新闻报道——以2012年北京7·21暴雨灾难新闻为例［D］．复旦大学硕士学位论文，2012.

［4］王宇明．社交媒体与移动GIS融合背景下的新闻报道模式创新［J］．新闻世界，2012（10）：83 - 84.

［5］王文．《人民日报》灾难新闻话语的修辞策略研究［D］．郑州大学硕士学位论文，2017.

［6］唐英，曹新伟．风险沟通理论下突发性灾难事件不同场域传播互动研究——以台风"尼伯特"事件为例［J］．西南民族大学学报（人文社会科学版），2016（12）：174 - 177.

［7］人民日报评论员．向英雄的人民子弟兵致敬［N］．人民日报，1998 - 08 - 01（1）.

［8］任仲平．论九八抗洪精神［N］．人民日报，1998－09－17（1）．

［9］罗雅琪．湖南今年要警惕发生"姊妹型"洪水［EB/OL］．红网湖南频道．（2017－05－06）．http∥hn. rednet. cn/c/2017/05/06/4285923. htm.

［10］张英．湖南省水文局继续发布洪水橙色预警［EB/OL］．红网湖南频道．（2017－06－30）http∶//hn. rednet. cn/c/2017/06/30/4341590. htm.

美国媒体灾难新闻报道的框架分析

——以飓风"厄玛""玛丽亚"为例

宋　雪

摘　要　在社交媒体环境下，碎片化、多元化的信息传播渠道使得灾难事件相关的舆情走势变得更加难以把握。当灾难事件发生时，诸多不确定因素为次生危机的出现埋下隐患。本研究运用框架分析法，以接连发生的两起飓风灾难——"厄玛"和"玛丽亚"为例，梳理灾难中美国媒体报道各阶段的框架分布情况，并从各阶段的主要框架入手，分析美国媒体灾难报道的可借鉴之处。研究结果发现，美国媒体对灾难事件的报道比较注重其全面性，基本涵盖了灾难事件中公众关注的所有焦点；解决方案框架贯穿了灾难报道的始终；媒体报道的主角不仅是政府，而且有非政府组织或个人。这既是对政府行动方略的辅助，又是凝结社会力量、迅速达成抗灾救灾共识的有效力量。

关键词　飓风　框架分析　灾难事件　新闻报道

Frame Analysis Based on the Disaster news Reports of American Media

—Case Studies of Hurricane/*lrma* and *Maria*

Song Xue

Abstract　Under the environment of social media, public sentiment of disaster has been more hard to be controlled with the development of the fragmented and pluralistic channel of information transmission. These uncertain factors store up trouble for Secondary crisis, when a disaster happens. This research uses the framework analysis, with a spate of two – hurricane disaster: Hurricane Irma and

Hurricane Maria as an example, combs the framework of each stage of the disaster reports in the American media. Starting from the main frame of each stage, this research analyzes the experiences of the disaster reports in the American media. The results of the study showed that the reports of the disaster event in the American media is focused on the comprehensive reports, covering the focus of public attention in disasters; Solution framework goes through the disaster reports; The protagonist in the media is not only the government, but also non - government organizations or individuals. This is not only a supplementary to the government's action strategy, but also an effective force to congealed social forces to quickly reach the consensus of disaster relief.

Keyword　Hurricane; Frame Analysis; Disaster; News Reports

一　研究问题的提出

2008 年"5·12 汶川地震""7·23 温州动车事故"、2013 年"雅安地震"等近年来发生的一系列灾难事件，给人民群众造成了严重的伤害。灾难给人类带来了巨大的损失与痛苦，因此，　一直是各领域学者长期关注的议题。

在如今的社交媒体环境下，舆情的生成与演变发生了巨大的变化。碎片化、多元化的信息传播渠道使得灾难事件相关的舆情走势变得更加难以把握。在灾难情境中，混乱的舆论场极易导致谣言滋生与蔓延，官方声音无法顺利传递，最终造成次生危机出现。近年来，我国社交媒体蓬勃发展，既为信息传递创造了更多的可能性，同时也带来了诸多不确定因素，当灾难事件发生时，这些不确定因素就会成为次生危机的隐患。

2017 年 8 月 30 日至 2017 年 9 月 16 日，飓风"厄玛"（Irma）席卷美国东部，随之而来的是飓风"玛丽亚"（Maria），于 2017 年 9 月 16 日至 2017 年 10 月 3 日席卷美国东南部。两次飓风共造成 231 人死亡，1157.95 亿美元的经济损失。接续发生的两次飓风灾难，没有造成大规模危机事件、次生危机事件，这与政府的信息公开、舆论疏导有关。但公众直接接触的信源主要为媒体，公众从媒体中获得政府发布的灾难情况、灾难处理的最新动态，媒体对灾难事件的报道与信息传递方式是至关重要的。考察美国媒体如何进行灾难事件的报道与传播，进而避免次生危机的出现，能够帮助我国媒体在灾难事件报道中进行更合理、更恰当的传播，防止舆论场出现混乱而导致次生危机出现。对美国媒体灾难报道的研究，能够在此方面为我国媒体提供可借鉴的经验。

二　已有研究述评

在国内相关研究中，有关国外媒体灾难事件报道的文献为本研究提供了极有价值的参考。有部分研究考察中外媒体对同一灾难事件报道的异同点，分析各自报道的文体特征、媒介生态与文化因素。这一类对比研究，往往只是简单罗列出双方各自的特点，没有结合实际传播效果进行分析，因而无法为灾难报道提供具体的指导建议。有部分研究总结了国外媒体应对自然灾害报道的五大对策，梳理了社交媒体时代国外灾难报道的理念与机制。从实践领域展示了国外媒体的灾难报道样态，这些为本研究提供了来自实践领域的参考。

在英文文献中，有部分研究梳理了报纸在各个时期的灾难新闻报道趋势，发现在 21 世纪之前的灾难新闻报道并不能完全反映灾难的所有情况及灾难真相，但随着 21 世纪的到来，媒介结构和媒介技术方面发生了巨大的变化，特别是媒介市场和媒介形态的变化使得全球范围内的灾难新闻报道越发受到关注。[1]这些研究反映了灾难报道总体质量的提升，说明了灾难新闻报道的重要性。

有较多的研究以跨国媒体比较的方式来进行。有学者用图片新闻学的框架架构对飓风"卡特里娜"这一个案进行了研究。[2]也有研究对 1997 年 801 航班空难发生后 16 天内美国记者和韩国记者关于空难原因的报道进行了内容分析，发现两国媒体的记者对空难原因的建构大相径庭。研究得出媒体在前期的空难报道中呈现多元化趋势，但接下来在可能的空难原因建构过程中，两国媒体的记者分别受到所在国家的国家利益的影响。[3]有学者通过对一系列中美桥梁垮塌事件的两国媒体呈现的形式进行研究，运用量化研究与个案分析相结合的方法，主要从政治和文化的角度入手，研究发现中国媒体的灾难新闻报道，比如《中国日报》和《上海日报》的报道侧重于灾难描述和灾难造成的后果，而《纽约时报》却关注桥梁的质量问题和政府或相关部门的责任问题。[4]跨国媒体比较的研究方式，倾向于分析不同国家媒体对灾难事件报道的框架，进而找出媒体报道背后的意识形态、价值理念等方面的问题。

又有研究选择了同一国家的两份报纸来分析灾难新闻报道的框架。运用了内容分析的方法研究了非政治新闻中的政治偏见，以《纽约时报》和《华盛顿邮报》对发生在亚美尼亚和苏联的地震为例进行了考察，研究认为这两份报纸在新闻语言和新闻结构安排上更倾向于将同情给予与美国关系友好的国家。[5]无论是跨国媒体比较研究，还是同一国家内部的灾难新闻报道研究，共同关注了报道背后的框架。

现有的报道框架研究均是基于文化或政治视角的解读，尚没有对媒体报道框架与社会影响的探讨。但这些对跨国或是跨媒体的报道框架的探讨，为本研究提供了进一步探索的方向。因此，本研究运用框架分析法，以接连发生的两起飓风灾难——"厄玛"和"玛丽亚"为例，梳理灾难中美国媒体报道各阶段的框架分布情况，并从各阶段的主要框架入手，分析美国媒体灾难报道的可借鉴之处。

三 研究方法与设计

在谷歌新闻（Google News）中，设置新闻来源区域为美国，选择按照时间排序，显示全部新闻。在时间段选取上，因为自 2017 年 8 月 30 日飓风"厄玛"生成，政府、媒体已经开始关注此事，因此本研究将 2017 年 8 月 30 日作为起始点。2017 年 10 月 3 日是稍晚的飓风"玛丽亚"消散的时间，因此将其作为截止时间。本研究选取的时间段为 2017 年 8 月 30 日至 2017 年 10 月 3 日。以此为条件，在 2017 年 11 月 1 日进行搜索，得到 223 条结果，剔除不相关内容与少量非英语新闻，得到 133 条为研究样本。

框架理论是一个适用于研究媒体危机报道的透镜，本研究运用框架理论来分析两次飓风中媒体报道的框架演变。框架的概念起源于戈夫曼（Goffman），他把框架描述为一个谈判、管理和理解框架本身所传递的信息的过程。但框架已经从一个意义如何被个体传播的元素释义发展到在媒体信息的生产过程中也发挥巨大的作用。媒体是意识形态的传播者，意识形态的观念主要通过框架或媒体信息被组织或传达给受众的方式中进行创造和传播。其把框架定义为"新闻和信息是如何被生产、选择和组织成有意义的故事传递给他们的作者和读者的"。有研究者通过强调报道角度或被定义的"新闻焦点"来解释这个选择和组织的过程。"正是这个阐释事件的焦点或透视维度在实际上创造了一个框架"。这一观念在媒体影响社会危机和公共政策的过程中扮演着重要的角色。因此,框架是用来更好地理解媒体危机报道的一个有用的理论工具。[6]

总结提炼这 133 条样本新闻,同时参考 Sumana Chattopadhyay (2013)[6] 的类目建构,共得到事实、损失、威胁、原因、责任、解决方案等框架。参考前人经验的同时,结合了具体研究情况,因此这一框架具有适用性。"事实"框架是指播报飓风发展动态,预报飓风行进路线,通知受影响的赛事、调整机场时间等一系列与飓风灾难相关的事件。"损失"框架抓住了与灾难相关的一系列损失,包括生命、财产、金钱、政府信誉、商务和机会。"威胁"框架是指事件的威胁或相关重现事件或其他从当前的危机形势可能引起的负面影响。"原因"框架捕获当前危机的原因——飓风、政策导致灾难或影响灾难的比例。"责任"框架代表代理/实体/人/组织在灾难发生后的责任承担、救灾努力或负责掌控。"解决方案"框架则是由危机引发的具体问题的解决方案,如拯救生命、提供具体步骤/解决方案/措施来帮助受灾人、受灾地区,或解决其他问题/问题产生的灾难。

样本所涉及的 133 条新闻,涵盖了有线电视新闻网(Cablenewsnetwork)、美国广播公司(American Broadcasting Company)等传统新闻媒体网站以及阿尔斯(Ars Technica)等分类媒体网站。将 133 条新闻根据所涉及的主要框架进行划分,找出两次飓风中媒体报道框架的演变过程,再针对关键文本进行分析,进一步找出媒体是如何通过新闻文本来产生社会影响的。

四 灾难事件中媒体报道框架

媒体在灾难事件的不同阶段,相关新闻报道数量以及报道框架的变化,能够反映媒体报道的方式与策略。因此,本部分将对媒体报道数量走势以及媒体报道框架演变展开分析。

（一）媒体报道数量走势

2017 年 8 月 30 日，飓风"厄玛"生成，美国知名科技博客阿尔斯（Ars Technica）对遭遇飓风"厄玛"侵袭地区的情况做了描绘，并预测这次飓风有可能是美国历史上最严重的一次风暴潮。8 月 30 日至 9 月 5 日，飓风尚未造成较大影响，因此媒体关于飓风的报道数量维持在较低水平，是为初始阶段。9 月 6 日，飓风升级，且威胁范围更大，因此从 9 月 6 日起，媒体报道数量急剧上升。而在 9 月 12 日左右，飓风"厄玛"逐渐消退，媒体报道数量开始降低，故 9 月 6 日至 9 月 12 日为高潮阶段，9 月 13 日至 10 月 3 日为后续阶段。总体来看，媒体报道数量随着飓风"厄玛"灾情严重程度变化而变化。随着灾情加剧，媒体报道的关注点也更加着重于灾难中的救援行动。但在后续的飓风"玛丽亚"来临时，媒体报道数量却没有显著增加。

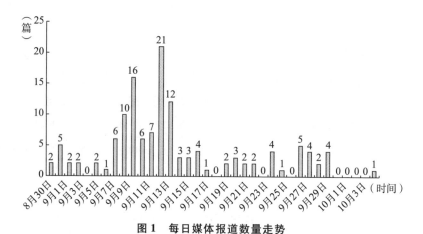

图 1　每日媒体报道数量走势

（二）媒体报道框架分析

在飓风"厄玛"生成的初始阶段，媒体报道对事实、损失、威胁、原因、责任、解决方案框架均有所涉及。其中，解决方案框架的报道数量最多。

在两次飓风形成与发展过程中，媒体报道的集中爆发时间为 9 月 6 日至 9 月 12 日。报道数量的高潮期正值飓风"厄玛"席卷美国东部，飓风造成了重大人员伤亡与财产损失，且飓风尚未消散，危害持续发生，所以这一时期的报道融合了事实、损失、威胁、原因、责任、解决方案等框架。其中，事实和解决方案框架的报道数量最多。

高潮期过后，媒体报道主要为事实、损失、威胁、原因、责任、解决方案这几类框架。其中，解决方案框架的报道数量最多。

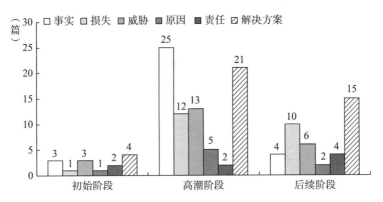

图 2　媒体报道框架演变

1. 初始阶段：以解决方案框架为主，兼顾其他框架

在飓风生成的初始阶段，媒体播报了总统唐纳德·特朗普（Donald Trump）捐款、副总统访问灾区、灾难中的动物救援等议题。这些报道正面报道了政府官员、各职能部门对灾难做出的积极、正面的反应。对政府解决方案的报道，从长远来看，会帮助政府树立积极作为的形象，从受灾阶段来看，会让民众看到政府在努力救援，从而稳定民心。

这一时期的一篇典型报道《迈阿密－戴德因厄玛飓风发布沿海疏散命令》（"Miami – Dade orders coastal evacuation as Hurricane Irma threatens"）[7] 报道了迈阿密－戴德（Miami – Dade）政府的疏散命令，明确、详尽地阐明了政府的命令。该篇报道首先阐明疏散命令涉及的人数与地区，强调该次飓风的严重程度，间接提示撤离的必要性。通过引用市长的发言，"飓风厄玛会持续保持在五级，没有减弱的迹象"，再次提示撤离工作的必要性。其后，具体介绍了疏散区域划分，A 区与 B 区的涵盖范围。随后，该命令也包含了流浪者，提出流浪者需要撤离该区，同时开放避难所。对该区人员的全面覆盖，体现了政府的人性化服务理念。对于没能撤离的人员，政府也开放了避难所，体现了政府疏散工作的详细周道。并再次对迈阿密－戴德（Miami－Dade）地区撤离的必要性进行说明。这是自2005年Wilma以来最强的飓风，附近的其他地区也已经下达疏散命令。

从总体来看，在灾难发生初期，媒体报道虽覆盖事实、损失、威胁、原因、责任、解决方案框架，但以解决方案的报道为主。在这一阶段，以解决方案为框架的报道，多播报政府的抗灾救灾行动，传递政府的命令、政策，解读政府的救灾措施，且报道角度均为积极、正向。在具体的报道中，媒体通过具体、详细地传递政府命令来配合政府的行动，形成辅助关系。同时对政令做出了很好的合理性解释，从而为政令的顺利传达与执行提供了帮助。政府被塑造成提供周到服务的人性化服务者，进而帮助政府塑造了一个良好的形象。

2. 高潮阶段：事实和解决方案框架为主，报道主体兼顾政府与非政府组织或个人

在报道数量的高潮期，以事实和解决方案框架为主。这一阶段的解决方案框架与初期有所不同，其报道主体不再仅以政府为主。涉及议题的有演员克里斯汀·贝尔（Kristen Bell）到避难所为灾民表演节目，碧昂斯（Beyonce）热切呼吁救助；动物园为飓风做好了防范措施等。

《演员为因厄玛飓风被困在佛罗里达州的撤离者表演节目》（"Kristen Bell to the Rescue! Actress Performs for Hurricane Irma Evacuees After Getting Stuck in Florida"）[8]报道了演员克里斯汀·贝尔到避难所慰问演出的消息。开篇对演员克里斯汀·贝尔慰问演出情况做了初步交代。演员克里斯汀·贝尔（Kristen Bell）为孩子们及他们的父母唱歌，所唱歌名为《永远的第一次》（"For the First Time in Forever"），这是冰雪奇缘中的一首插曲。并引用演员克里斯汀·贝尔自身的表述，传递了她的美好祝福与愿望。避难所学校也表达了对演员克里斯汀·贝尔的感谢，媒体用此来传递飓风受灾区互帮互助的氛围。随后，通过援引受助者的话，提及了演员克里斯汀·贝尔为救灾所做的其他事情：救出了两名被卡住的人，为受困者提供住处。报道主要从受助者的角度来描述演员克里斯汀·贝尔为他人提供的帮助，更加具有真实性和感染力。在灾难中，对非政府机构或人员投入救灾的事例进行报道，更能传递温情，鼓动受灾地区人民建立信心，播撒希望，有利于救灾工作和灾后重建的顺利开展。

《撤离》（"Duck and Cover"）为一则图片新闻，配以简单说明"为了躲避飓风，人们开着车离开佛罗里达的基拉戈"（Motorists leaving Key Largo, Florida in anticipation of Hurricane Irma）。这则图片新闻，描述了飓风"厄玛"的预警信息播发过后，人们驾车离开基拉戈（Key Largo）郡。图片描述的重点在于人们撤离时，车辆依然是井然有序的。即便强大的风暴即将到来，良好的秩序依然得到维护。这一基于事实框架的新闻报道，传达出受灾地区的良好秩序，进而起到稳定人心的效果（见图3）。

图3　为了躲避飓风，人们开着车离开佛罗里达的基拉戈[9]

3. 后续阶段：解决方案框架为主，报道主体侧重非政府组织或个人

在媒体报道高潮期之后，报道框架依然以解决方案为主。有碧昂斯通过新歌为飓风筹集善款，汽车制造商为灾民提供折扣等议题。报道的主体以非政府组织或个人为主。

题为《碧昂斯将单曲"我的人"的所得报酬奉献给飓风救援工作》（"Beyonce's new surprise remix of 'Mi Gente' will benefit hurricane relief efforts"）[10]的新闻，报道了多位明星为飓风筹集善款。报道首先介绍了碧昂斯推出了新歌曲，随后提到了她2017年在音乐方面的低产，并解释到这是因为她生了双胞胎。对个人情况的简要介绍后，报道重点提及了碧昂斯用新歌筹集善款。詹妮弗·洛佩兹（Jennifer Lopez）、马克·安东尼（Marc Anthony）建立了名为尤纳（Somos Una Voz）的基金会，来帮助受飓风"玛丽亚"影响的人。雷哈纳（Rihanna）发推文《@总统》，呼吁政府加大对飓风受灾区的救援力度。

多位明星为飓风受灾区募捐、筹建基金、呼吁帮助，用自身的明星效应为整个灾难事件增加关注度。媒体对明星善举的报道，能够最大限度地凝聚人心，达成抗灾救灾共识，对受灾者而言，能够感受到来自社会的温暖，从而促进受灾区良好社会氛围的形成，为顺利度过飓风灾难提供保障。

五 结论与反思

本研究主要运用框架分析法，以接连发生的两起飓风灾难——飓风"厄玛"和飓风"玛丽亚"为例，梳理灾难中媒体报道各阶段的框架分布情况，并从各阶段的主要框架入手，分析美国媒体灾难报道的可借鉴之处。具体地说，本研究使用预先确定的有关框架的概念，把其分成了事实、损失、威胁、原因、责任和解决方案这一些子范畴进行分析。

（一）媒体报道在灾难过程中的角色与作用

在两次飓风灾难报道中，媒体报道从总体上来看，很注重报道的全面性。在灾难发生的任一阶段，媒体报道都涵盖了事实、损失、威胁、原因、责任和解决方案。这些框架基本涵盖了灾难事件中公众关注的所有焦点，能够真实反映事实全貌。

从梳理结果来看，贯穿灾难报道始终的主要框架是解决方案框架。在灾难发生初期，这类框架可以迅速传递政府的政策、命令、行动措施，使受灾地区的人们获知政府行动，对政府放心。在灾难侵袭过程中，解决方案类框架仍占据主导地位，报道来自政府或者非政府机构以及个人的援助，能够以最快的速度在全国范围内形成抗灾救灾的社会氛围，促进达成救灾共识。在报道高潮期过后，解决方案框架依然是主导框架，社会各界的募捐行动是这一时期的主要议题。解决方案框架贯穿灾难报道的始终，既是对政府行动方略的辅助，又是凝结社会力量，迅速达成抗灾救灾共识的有效手段。

在解决方案框架中，媒体报道的主角不仅仅是政府，也有非政府组织或个人。如果仅对政府解决方案进行报道，仅仅将政府的相关行动、命令、政策传递给公众，则无法形成对整个社会的有效动员。在飓风"厄玛"与飓风"玛丽亚"灾难中，媒体报道中的解决方案框架，既包含了政府主体，也包含了非政府组织和个人，如前文提到的尤纳基金会、歌手碧昂斯等。对非政府组织或个人的报道更能够产生切身影响，从而在灾难事件中，迅速有效地进行社会动员。

（二） 对中国媒体灾难报道提供的借鉴意义

在错综复杂的社交媒体环境下，灾难事件的传播变得更为重要。媒体对灾难事件的报道对灾情传播与舆情走势起着举足轻重的作用。飓风"厄玛"与"玛丽亚"是接续发生的两次大灾难，没有给美国社会带来不稳定因素，没有造成大规模社会事件，没有带来次生危机，这与美国媒体在灾难中的报道表现有关。注重灾难报道的全面性，尤其注重解决方案框架，媒体报道的主角不仅仅是政府，也有非政府组织和个人。这些灾难报道经验值得中国媒体借鉴学习。

（作者单位：华东师范大学传播学院）

注释

［1］ Zemp. Natural Disasters From 1910 to 2005 in Newspapers Reporting Once and Today ［C］. 2008 *Annual Meeting*：*Helena International Communication Association*，2008 （1）：1.

［2］ Cooper. A Case Study of Why Local Reporting Matters：Photojournalism Framing of the Response to Hurricane Katrina in Local and National Newspapers ［C］. 2007 *Annual Meeting*：*Mark International Communication Association*，2007 （1）：5.

［3］ Kim，Hun Shik，Lee，Seow Ting. News Framing in Air Disaster Reporting：A Case Study of Korean Air Flight 801 ［C］. Conference Papers-International Communication Association2003 Annual Meeting，CA，2003：1 – 26.

［4］ Xueqin，Elaine He，John P Tiefenbacher. Political and cultural contrasts in reporting about disasters：comparing United States and Chinese newspaper portrayals of bridge collapses ［J］. *GeoJournal*：*Wiesbaden*，2008 （2）：55.

［5］ Keshishian，Flora. Political Bias and Nonpolitical News：A Content Analysis of an Armenian and Iranian Earthquake in the New York Times and the Washington Post ［J］. *Critical Studies in Mass Communication*，2010 （12）：37.

［6］ Sumana Chattopadhyay. "3·11 事件" 框架分析：CNN. com 和 Asahi. com 对 2012 日本灾害新闻报道的比较研究 ［J］. 徐韵琰译 . China Media Report Overseas：Comparative Analysis of News of 2012，Chattopadhyay，2013（9）：38 – 48.

［7］ Miami-Dade orders coastal evacuation as Hurricane Irma threatens ［EB/OL］. （2017 – 09 – 02）. http：//www. miamiherald. com/news/weather/hurricane/article 171484067. html.

［8］ Kristen Bell to the Rescue！Actress Performs for Hurricane Irma Evacuees After Getting Stuck in Florida ［EB/OL］. （2017 – 09 – 08）. https：//www. thestreet. com/ hurricane-irma

［9］ Duck and Cover ［EB/OL］. （2017 – 09 – 7）. http：//www. businessinsider. com/ how-to-prepare-for-a-hurricane – 2017 – 9.

［10］ Beyonce's new surprise remix of "Mi Gente" will benefit hurricane relief efforts ［EB/OL］. （2017 – 09 – 19）. http：//www. etonline. com/beyonce-joins-j-balvin-and-willy-william-mi-gente-remix-benefit-hurricane-earthquake-relief – 88273.

"气候难民"议题的媒体话语分析

——以索马里干旱事件为例

呼延爽文

摘　要　大众媒介是公众获取有关气候变化的主要渠道，对气候新闻的多元建构及塑造的媒介形象都会直接影响到公众的认知水平。"气候难民"问题因其关乎全人类的生存及发展，成为全球各大气候会议的重要议题。大众媒介在呈现"气候难民"的报道时，也促进了新闻传播学界对于气候传播的持续深入研究。本文将以索马里干旱事件为研究个例，从新闻文本的语言特征、报道议题的多维分布、博弈主体的话语架构三个层面进行媒体话语分析，以期探究人道主义危机"气候难民"形象建构，提升公众对"气候难民"议题的多维认知和理性参与意识，助推全球治理行动。

关键词　气候难民　话语分析　索马里干旱

Media Discourse Analysis of Climate Refugees

—A Case Study of Drought in Somalia

Huyan Shuangwen

Abstract　The mass media is the main channel for the public to acquire information about climate change. The multiple construction of climate news and shaping the media image will directly affect the public's cognition level. The issue of "climate refugees" has become an important topic in major climate conferences around the world because of its existence and development concerning all mankind. When presenting the "climate refugees" report, the mass media also promoted the continued study of climate communication by the journalism and communication scholars. This article will take the case of Somalia Drought as a case study. Media discourse analysis will be carried out from the perspective of linguistic features of news texts, the multidimensional distribution of reported topics and the discursive framework of the game main body, with a view to exploring the media of the image construction of "climate refugees" in the humanitarian crisis Discourse characteristics to raise public awareness of multi-dimensional cognitive and rational participation in "climate refugees" issues and boost global governance initiatives.

Keyword　Climate Refugees；Discourse Analysis；Somalia Drought

一　引言

近年来，全球极端气候变化导致部分地区的人们深受生存危机的威胁。世界上第一次"气候难民"的提出，是在 2007 年由于海平面上升太平洋岛国基里巴斯向新西兰申请庇护的法庭上。位于非洲之角的索马里，自 1984 年至今的 30 余年里，数百万人被干旱引发的大面积饥荒、瘟疫等夺去生命，加之国内不断的武装冲突，许多索马里人逃往他国沦为难民。如今，气候变化问题已经超出单纯的气候问题，而上升到国际政治、经济利益、文化价值等诸多层面，融汇交织着各方利益，由此展开的气候谈判更是成为各种力量博弈的舞台。2009 年 12 月联合国在哥本哈根举行的世界气候大会，是各国为解决人类共同面临的气候变化问题而召开的一次重要会议，也是有史以来世界上规模最大的一次气候谈判。事实证明，要达到各国认可并使其具有实际约束力，还需要复杂且艰辛的漫长过程。气候新闻亦因其时空跨度长、全球性、公共性、弱冲突性等报道特征，[1] 成为世界各国关注的焦点。美国耶鲁大学气候传播专家安东尼·莱丝洛威茨（Anthony Leiserowitz）在一项全球性调查中指出，发展中国家的民众认为气候变化对他们的影响很大，而发达国家民众对这个问题的认知程度较低，全世界有 40% 的人从来没听说过气候变化的概念。

除公众认知不足外，"气候难民"亦得不到国际法的认可和保护。联合国 1951 年发布的《关于难民地位的公约》及 1967 年的《议定书》对"难民"的定义是：因有正当理由畏惧由于种族、宗教、国籍、属于某一社会团体或具有某种政治见解的原因留在其本国之外,并且由于此项畏惧而不能或不愿受该国保护的人;或者不具有国籍并由于上述事情留在他以前经常居住国家以外而现在不能或由于上述畏惧不愿返回该国的人。[2]可见,"二战"背景下传统意义的"难民"并不包含环境气候因素,这也正是今天"气候难民"无法受到保护的原因之一。如今,"气候难民"是指由于气候异常变化而引发的环境污染或地质变异等而受到的不利影响,不得不离开本国到别国进行临时或永久居住的人,或者不具有国籍但由于上述境况而不得不临时或永久性迁往其以前经常居住国家以外的人。综上,气候传播领域仍需学界与业界合力推进,提高"气候难民"生存现状的社会能见度,发挥第四监督权力推动未来全球气候治理,在多方争议与博弈中树立"气候难民"的法律地位。

二 已有研究述评

近些年经过国内外气候传播领域学者和专家们的努力,当前的气候传播已经不仅仅是气候变化与传播学的双向对接,而是融入了政治学、经济学、国际关系学、社会学、统计学等多元视角,成为一个新兴的多元互动的研究领域。对于气候传播的研究,欧美发达国家相对起步较早,欧美的气候传播研究可以分为两个方向。一是由心理认知学演变到传播学视角的定量实证研究,包括公众认知和媒介分析两个领域。二是以国际政治视角为主的国际规则及其国内化策略的定性研究,包括政府等传播主体的话语框架分析和国际规范传播策略研究。一些国家已在国家层面制定了气候传播战略。

目前,国际上关于气候传播的研究主要集中在媒体在气候传播中的作用分析上。如研究媒体在气候传播中的角色定位、媒体对气候变化的报道如何影响普通公众的态度、媒体气候报道的缺陷与进步、媒体的气候传播与政府的关系、媒体气候传播面临的困境等。[3]我国目前的气候传播研究更多的还是停留在理论分析与对策探讨层面,社会调查及统计的研究方法运用不足,在公众认知研究领域的调查和技术分析方面才刚刚起步。中国人民大学郑保卫教授对"气候传播"给出如下概念:是将气候变化信息及其相关科学知识为社会与公众所理解和掌握,并通过公众态度和行为的改变，以寻求气候变化问题解决为目标的社会传播活动。[4]简言之，气候传播是一种有关气候变化信息与知识的社会传播活动，它以寻求气候变化问题的解决为行动目标。因此，它既是解决气候变化问题的不可缺少的一种舆论表达方式，也是人们在应对气候变化过程中可以借助的一种无以替代的信息传播手段。基于以上研究，本文以索马里干旱事件的报道为切入点，聚焦媒体话语如何为公众塑造干旱所导致的"气候难民"的认知形象，如何借助建构的认知形象促使公众采取行动解决全球人民正在面对或将来要面对的气候灾难。

三 研究方法与设计

（一）样本来源

2016 年至 2017 年的冬季降雨量锐减，导致索马里干旱再一次成为媒体报道的关注焦点。饥荒、霍乱、麻疹、水污染等干旱带来的后果使得索马里 300 万人——近一半人口流离失所。本文从谷歌搜索与百度新闻搜索中抽取 2016 年 4 月 19 日至 2017 年 11 月 12 日国内外共 113 篇索马里干旱报道（抽取截止日期为 2017 年 11 月 15 日），剔除重复样本 32 个，余下的 81 篇为研究样本。新闻报道来源包括亚洲地区的新华社、《光明日报》、人民网、中央电视台、凤凰网、参考消息网、阿拉伯半岛电视台等；欧洲地区的路透社、《德国每日新闻》、《英国卫报》、《金融时报》、世界红十字会等；非洲地区的《东非人报》、谢贝利新闻（索马里当地重要广播台）等；北美地区的《赫芬顿邮报》、CNN、美国之声、ABC、PBS、世界银行、明尼苏达公共广播新闻、《新闻周刊》、国际难民组织、联合国粮农组织、联合国新闻中心、联合国索马里援助团等共 49 家媒体。

（二）研究方法

话语分析关注的是文本中的语言特征及语言与社会现实之间的关系，是发话人、主题以及受众在社会情境中的互动。在不同话语行为的持续互动过程中，社会现实得以建立、维护、发展和变革。作为话语分析实践类型的新闻话语是构建现实的一种方式，受众通过阅读新闻建构对现实的认识。批评性话语分析代表人物英国兰卡斯特大学（Lancaster University）语言学教授诺曼·费尔克拉夫（Norman Fairclough）发展出一种三维话语分析理论，即要求将话语分析和社会理论结合起来，发展一种既能研究语言变化，又能研究社会和文化变化的多向度话语分析方法。

本文采用费尔克拉夫的三维话语分析理论作为研究方法，其基本思路是从文本、话语实践和社会实践三个层面来解析话语生产及其与社会权力的关系。[5]话语是篇章、弥散的实践和社会实践。任何"话语事件"都可以被同时看作一个文本，一个话语实践的实例，一个社会实践的实例。因此，话语分析的大体框架基本为：文本分析侧重词汇、语法、词频、连贯性和文本结构；话语实践将文本分析和社会实践联系起来；社会实践的话语分析则将话语置于意识形态和权力关系之中。文本内在于话语实践，话语实践内在于社会实践，三者互相影响。

根据三维话语分析理论，本文从新闻文本的语言特征、报道议题的多维分布、博弈主题的话题架构，从微观、中观，再到宏观视角以期探究新闻话语如何描述现实并构建现实，理解大众媒介在气候传播中如何赋予"气候难民"独特的认知内涵。

四 研究结果

（一）新闻文本的语言特征

1. 词汇分析

根据新闻报道的时间线，本文以标题和内容为依据，将索马里干旱事件大致分为三个阶段：灾情扩散期，高发期、消退期。扩散期以 2016 年 12 月 3 日 "5 million people affected by drought in Somalia: Action is needed now"（《五百万人民深受索马里干旱影响：救灾行动需即刻开始》）[6]为代表，文章以热带草原气候和厄尔尼诺现象为原因鞭辟入里，通过灾难辐射范围、目前受灾人数、未来预计旱灾带来的后果三方面论述旱灾的广度、强度和深度，其中三次提到"人均用水量告急"和"儿童营养不良"用以说明灾情的严重状况，并拉开标题中"即刻行动"的序幕。此阶段新闻内容以逐步呈现灾情为主。高发期以 2017 年 3 月 5 日《索马里旱灾粮食短缺：48 小时 110 人因饥荒腹泻丧命》[7]为代表，通过引用联合国儿童基金会、索马里国家总理、美国国际发展处的报道，从"表示"到"声明"，再到"警告"，充分表示灾情的严重性和迫切性并引发关注。同时进行灾难历史梳理，以史为鉴，警醒人们"气候难民"的生存现状。消退期以2017年10月19日"Somalia Starts Drought Impact Needs Assessment, global experts convene in Mogadishu"（《索马里干旱后果需要评估，全球专家在摩加迪沙召开会议》）[8]为代表，以解决方案为关键词贯穿全文，涉及主体有欧盟、世界银行及联合国农业、经济等各领域专家，通过引用5位权威人士的话语来传递事件的正面走向，"确定持久解决方法""减轻干旱的负面影响""国际合作组织和专家致力于帮助""人道主义和发展问题相互依存""提高索马里国家的应对能力和复原力"。从解决方法到解决强度，再回归到国家应对层面，建立长效干旱影响需求评估机制，新闻从报道会议出发，构建当下事件发展走向，从而逐步促进国际社会对"气候难民"的治理及援助。

2. 词频分析

纵览以上三个时期的新闻报道，笔者根据词频进行整合（如表1所示）。扩散期的高频词语有：恶化、警告、糟糕、担心、危机，其中"危机"出现101次；高发期的高频词语有：死亡、冲突、挑战、威胁、营养不良、儿童、灾难、袭击，其中"儿童"一词出现135次；消退期的高频词语有：改变、解决、援助、希望、呼吁、安全、发展，其中"援助"出现164次。从危机到儿童，再到援助，拯救灾难中的儿童，维护人类基本的生存权利成为"气候难民"在报道中的诉求，词义情绪跟随灾情变化进行调整。微观层面从不同信息传播主体在信息传递、互动以及"气候难民"的意义建构中出发，显示其过程中的表现和作用。对于处在人道主义支持边缘的"气候难民"所面对的生存环境、群体境遇和未来挑战，新闻报道的语言特征分析有助于公众建立起"气候难民"的媒介形象。

表1　不同时期"气候难民"议题的词频统计

时期	高频词汇（单位：次）						
扩散期	恶化 33	警告 32	糟糕 11	担心 9	危机 101	霍乱 64	破坏 23
高发期	死亡 115	冲突 78	危险 45	营养不良 123	儿童 135	灾难 78	袭击 92
消退期	改变 6	解决 37	援助 164	希望 18	呼吁 43	安全 62	发展 43

（二）报道议题的多维分布

本部分匹配将文本分析和社会实践联系起来的话语实践，以话语实践中构建的各要素为依据，将样本划分为灾情陈述、措施讨论、援助呼吁三类报道并进行研究。

1. 灾情陈述类分析

灾情陈述类以《赫芬顿邮报》的"Somalia：A Man - made Famine"（《索马里：一场人为的饥荒》）[9]为代表，文章以"饥荒是缺乏治理和直接的人类行动"为论证观点，明确指出干旱背后的问题。一是为主体的政府软弱与不作为，并进行对比：邻国埃塞俄比亚同样经历饥荒，但由于有效救助人们并没有流离失所，而这正体现了"气候难民"定义中"不得不离开本国到别国进行临时或永久居住的人"这一项；二是为阻碍行的客体恐怖组织青年党的限制，导致"世界上最严重的人道主义危机"成为2011年以来最常用的修饰索马里的新闻定语，而救援不畅带来的后果是如下场景的描述：婴儿死亡，动物尸体在街上排队，绝望的游牧民挥动空水罐。话语主体构建多重关系比来处理修辞情境，从"最严重"危机到"绝望"情绪中建构现实场景，这种"场景"是话语主体为其话语行为或话语中所倡导的行为所选择的"容器"，并建立起场景——目的关系比"气候难民"正在处于生存边缘，完成灾情陈述的目的。

2. 措施讨论类分析

措施讨论类以阿拉伯半岛电视台（ALJAZEERA）的"How to tackle repetitive droughts in the Horn of Africa"（《如何应对非洲之角的重复性干旱》）[10]为代表，文章以每年特定时期循环上演的干旱占据头条为新闻背景，以此说明旱灾引发的"气候难民"，报道目前仅在公众短暂的记忆中留下单薄的印象。但对于当地难民来说，如何解决眼前灾难迫在眉睫。一方面以他国为鉴，从邻国的干旱减缓策略及成果并获国际认可间接入手，另一方面从经济、农业、政治、民生等领域进行梳理整合，重点强调"政府与国际组织相互协调""制定长期抗旱计划""政治稳定影响举措成功""为农民广泛公开气候信息"等适用于当地的本土策略。"气候难民"面对的境遇，是要么继续生活在日益恶化的环境中，要么迁徙到一个新的环境去面对保护自己稀缺环境资源的当地人的敌意。因此，报道中不掺杂过多情感渲染，而是提供可行方案与举措，传递出当局和民众的决心和国际援助的信心。

3. 援助呼吁类分析

援助呼吁类以国际难民组织的 "Fleeing drought in Somalia：One family's story" （《以一个家庭的故事看索马里干旱》）[11] 为代表。此类文章大部分聚焦个人，以个人的命途多舛来映衬 "气候难民" 这一群体所面对的不幸。文章以新闻图片作为开头，以新闻特写的细腻手法描述一个躺在床上的女孩等待被医生治疗的过程。其中有服饰、神态、家人等细节，"明亮的" "无精打采" "疲惫与担忧" "虚弱" 等形容词；也有采访父亲时家庭状况的陈述，"所有孩子都生病" "牲畜都死了" "迫切需要食物"。这是时代的缩影，也是数百万索马里 "气候难民" 所处的生存状态。文章末尾呼吁公众广泛提供捐助，为改变其境遇做出一些公益贡献。区别于灾情陈述类的恐怖诉求和措施议论类的理性诉求，援助呼吁类报道更多是从情感诉求出发进一步认识气候变化带来的危机，建立 "气候难民" 鲜活生命力的媒介形象，并唤醒人们心中对自然、气候、环境的认知及人类的同情心。其中的情感迁移是 "同一" 和 "同体" 的共同结果。[12] 社会中的人在共同行动中发展共同的意识、概念、意象、观点、态度等，而这一切成为他们之间 "同体" 的基础。"同体" 原则是社会生活所必需的，个体通过 "同体" 与社会相连，是个体社会化的手段。而话语行为通过构建 "同一" 和 "同体" 发挥在解决人类事务中的实际功用，同时，实际上是在发展和变革原有社会序列。因此 "同一" 和 "同体" 概念就必然把个体行为动机放入社会性意义体系中，话语因构建 "同一" 和 "同体" 而与其受众和社会建立起互动性，"气候难民" 的多维形象是人们产生捐助或关注气候变化行为的必要条件。

（三）博弈主体的话语架构

社会学家吉登斯（Anthony Giddens）认为，如果哪个问题是迫切需要全世界每一个国家都积极参加多边合作的，那就是气候变化。[13] 因此，为应对气候变化，必须将一种长远的视野引入政治。当前全球气候变化问题本身已经突破了单纯的领域界限，成为全球治理的重要内容。气候传播作为其中的关键一环，也是一个多主体、多视角、多层次、多领域的交叉活动,涉及政府、专家学者、媒体、国际组织和社会公众等众多的利益相关方。而不同利益相关方发布的信息共同建构出同一种话语结果,公众在这一融合的信息环境中建构出"气候难民"的观念。因此,将话语置于意识形态和权力关系之中的社会实践,将对"气候难民"意义建构中的话语冲突或现实境遇进行分析,剖析大众媒介、政府和国际组织行为主体在气候传播语境中博弈及其议程设置功能。

在报道中,政府共有三次发声。一是索马里总理海尔(Hassan Ali Khayre)发表声明:此次旱灾为全国灾难。索马里政府将会竭尽全力,并敦促不论在何处的索马里人,致力协助和拯救垂死的索马里人民。[7]二是国家抗旱委员会副主席奥马尔·阿尔泰(Omar Altai)公开表示:一些受旱灾影响最严重的地区是在恐怖组织青年党控制之下。由于持续不断的冲突,造成索马里粮食短缺,造成许多人流离失所,遏制了农业,我们没有和他们沟通的渠道。[14]三是索马里联邦政府人道主义事务和灾害管理部穆罕穆德·努尔(Dahir Mohamed Noor)在一次难民营管理培训中提到,加强工作人员按照国际标准管理难民营的能力,使难民有尊严地活着。[15]

与此同时,非政府组织的话语则将各种旱灾之外的社会干扰因素归咎于索马里当局的执政乏力,"在很大程度上解决饥荒问题的成功,取决于政府是否愿意费些力气进入受灾严重地区"[16];"索马里政府自身对援助的限制,又进一步阻碍了国际社会应对饥荒的能力,造成不必要的难民危机"[9];"当一个国家有一个有效的政府时,干旱就可以得到缓解和控制"[9]。

综上所述,政府在应对"气候难民"时代表国家利益,也是具体的实施者和决策者。而非政府组织则是民意的代表者和表达者,持有人道主义价值追求,代表着国际话语权。两者由于身份与角色的不同,存在认识差异,但不可否认同样具备互动合作的巨大空间。新闻媒体,作为一个有效的对话空间与合作平台,聚焦在人与气候环境的矛盾及其产生的社会问题,关注气候传播中的"气候难民"话语建构,为国际社会达成联合行动治理气候的共识而努力。三者话语主体通过博弈,在应对"气候难民"的行动中实现互利共赢。

五 结语

2017年10月在中国上映的好莱坞电影《全球风暴》,给每个观看影片的观众敲响了警钟。如果人类不对目前的生存环境采取行动，我们每一个人都有可能成为未来的"气候难民"。大众媒介首先通过文本层面不同时期使用气候灾害不同程度的词汇，不断强调"气候难民"所面对的灾害的严重性和迫切性，建立基础认知联想概念；其次通过话语实践层面不同报道主题体现"同一"融入"同体"的社会化互动，以情感诉求和恐怖诉求把个体行为动机放入社会性意义体系中，建立进阶性认知概念，引发人们对"气候难民"的治理有所行动；最后通过社会实践层面大众媒介、政府和国际组织行为三大权力主体以及其背后的意识形态进行对话，从应对策略与联合共识方面让"气候难民"成为一种理念和全球责任。

媒体话语建构的"气候难民"，使气候变化的负面影响深入人心，让普通公众不再对气候变化的理解仅限于一个空泛的概念，而是与自身的生存、生活联系起来，了解气候变化的状况、效果及危害，增强危机意识，进而吸引他们投身到节能减排、低碳生活、减缓气候变化的行动之中，助推全球共治行动。防止"气候难民"的出现，不只是一个国家的责任，而是全人类的责任。

（作者单位：华东师范大学传播学院）

注释

［1］袁瑛. 媒体在气候传播中的角色及气候变化报道经验分享［J］. 新闻研究导刊，2013（11）：26 - 27.

［2］吴娟梅. 国际法视野下气候难民的法律地位及其保护［J］. 潍坊工程职业学院学报，2016（9）：128 - 131.

［3］郑保卫，李玉洁. 论气候变化与气候传播［J］. 国际新闻界，2011（11）：56.

［4］郑保卫. "气候变化"和"气候传播"相关概念解读［J］. 采写编，2017（4）：13 - 14.

［5］胡雯. 费尔克拉夫话语分析观述评［J］. 牡丹江大学学报，2009（6）：63 - 65.

［6］5 million people affected by drought in Somalia：Action is needed now［EB/OL］. ACTED http：//www. acted. org/fr/node/13772.

［7］索马里旱灾粮食短缺：48 小时 110 人因饥荒腹泻丧命［EB/OL］. 澎湃新闻. http：//www. thepaper. cn/newsDetail_forward_1632571.

［8］ Somalia Starts Drought Impact Needs Assessment，global experts convene in Mogadi-shu ［EB/OL］. UNDP. http：//www. so. undp. org/content/somalia/en/home/press-center/pressreleases/2017/10/09/somalia-starts-drought-impact-needs-assessment-global-experts-convene-in-mogadishu-. html.

［9］ Michel Gabaudan. Somalia：A Man-madeFamine ［EB/OL］. HUFFPOST. https：//www. huffingtonpost. com/michel-gabaudan/somalia-a-manmade-famine_b_910809. html.

［10］ Esther Ngumbi. How to tackle repetitive droughts in the Horn of Africa ［EB/OL］. aljazeera. http：//www. aljazeera. com/indepth/opinion/2017/02/tackle-repetitive-droughts-horn-africa－170214090108648. html.

［11］ Fleeing drought in Somalia：One family's story ［EB/OL］. International Rescue Committee. https：//www. rescue. org/article/fleeing-drought-somalia-one-familys-story.

［12］ 张滟. 超越解构：话语行为的社会符号性动机分析 ［J］. 外语学刊，2006 （3）：20－24.

［13］ 郑保卫，李玉洁. 论新闻媒体在气候传播中的角色定位及策略方法——以哥本哈根气候大会报道为例 ［J］. 现代传播（中国传媒大学学报），2010 （11）：33－36.

［14］ Conor Gaffey. Somalia's Drought Raises A Thorny Issue—Talking to Al-Shabab ［EB/OL］. Newsweek. http：//www. newsweek. com/somalia-drought-al-shabaab-famine－573856.

［15］ Tom Weber. Drought，humanitarian crisis continue in Somalia ［EB/OL］. MPR news. https：//www. mprnews. org/story/2017/08/28/the-drought-and-humanitarian-crisis-in-somalia-continues.

［16］ 9 dead，more at a risk as drought ravages Somalia ［EB/OL］. The East African. http：//allafrica. com/stories/201710050003. html.

视觉语法视角下灾难新闻图片的意义建构

——以哥伦比亚泥石流为例

汤一敏

摘 要 随着数字传播技术的发展，图片以其直观形象、冲击力强的特性，在新闻报道中得到了广泛应用。目前许多灾难新闻的报道都呈现出视觉化趋势，受众在第一时间即可直观感受到自然灾害带给人类的巨大冲击。本文从多模态话语分析的角度，以视觉语法为基本分析工具，选取哥伦比亚泥石流报道中富有代表性的图片进行分析和解读，从而揭示图片在新闻语篇中如何产生及其建构意义，为新闻工作者拍摄和报道提供依据。

关键词 视觉语法 灾难新闻图片 哥伦比亚泥石流

The Meaning Construction of Disaster News Pictures from the Perspective of Visual Grammatical

—Taking *Colombia Slide Disaster* as an Example

Tang Yimin

Abstract With the development of digital broadcasting technology, pictures have been widely applied in the news reports due to its strong visual impacts. At present, many disaster news reports have shown a visual trend, and audiences can immediately experience the huge impact brought about by natural disasters. In this paper, from the perspective of multi-modal discourse analysis, taking visual grammar as the basic analysis tool, I select the representative pictures in the reports of *Colombia slide disaster* to analyze and interpret in order to reveal how images make meanings in the news reports. Besides, it can offer some suggestions for journalists and reporters.

Keyword　Visual Grammar；Images of Disaster News Report；*Colombia Slide Disaster*

一　研究缘起

随着人类对自然资源的不断攫取，全球自然灾难频发，风险不断加剧。"灾难是一个发生于特定时空的社会事件，对社会或该社会的某一自足区域造成严重损坏，招致人员及物质损失，以致社会结构瓦解，无法完成重要功能或工作。"[1]灾难可分为自然灾难和社会灾难两类，两者性质有所不同，但对人类社会同样造成了严重的破坏性和挑战性。从新闻传播学的角度来看，灾难性事件具有突发性、异常性、破坏性等特质，具有极大的新闻价值，是各大媒体竞相报道的新闻事件。

学界对于灾难性新闻报道的研究聚焦于以下5个方面：我国灾难新闻报道中存在的问题、中西方灾难报道差异存在的原因、新媒体环境下灾难性新闻的报道特点及原因、灾难新闻报道中的伦理探讨、灾难新闻图片拍摄与报道特点等。随着数字传播技术的发展，图片以其直观形象、冲击力强的特性，在新闻报道中得到了广泛应用，甚至有学者宣称"当代文化正在告别语言学转向，而进入图像转向的新阶段"，目前许多灾难新闻的报道都呈现出视觉化趋势，受众在第一时间即可直观感受到自然灾害带给人类的巨大冲击。[2]图片的选择也往往成为新闻工作者关注的重点话题，因此研究图片在灾难新闻报道中的作用及其建构意义，对于我们来说是很有必要的。

本文选择的研究对象为欧美主流媒体对2017年4月1日发生在哥伦比亚莫科阿市的泥石流的图片报道。当地时间1日凌晨，普图马约省莫科阿河、穆拉托河及桑科亚科河河水暴涨，导致首府莫科阿多个区域发生泥石流，多处房屋和桥梁坍塌，当地交通瘫痪。莫科阿市约有居民4.37万人。泥石流发生于凌晨，当时大多数居民还在睡梦中，许多居民来不及从房屋中逃生。4月13日，哥伦比亚国家灾难风险控制中心发布消息称，该次泥石流遇难者人数已上升至320人。[3]这是哥伦比亚近年伤亡最严重的自然灾害之一。欧美主流媒体都对此做了集中报道，图片资料丰富，基于此，笔者将以视觉语法为视角分析图片在灾难报道中的建构作用。

二 视觉语法理论在新闻图片中的应用

克瑞斯和莱文（Kress & van Leeuwen）于 1996 年出版的《阅读图像：视觉语法设计》影响力巨大，在这本书里两位学者首度开创了一套分析图片的框架，书中写道："对于那些早就在视觉符号历史上建立起来的主要复合结构，我们打算进行一些总结，并且分析她们是怎么被当今的图片制造者用于创建意义的。"克瑞斯和莱文认为一幅图像同时起到三个作用：再现意义、互动意义和构图意义。[4]

首先，图像的"再现意义"分为叙事和概念两大类，其中叙事的再现包括行动、反应、言语和心理过程。概念的再现包括分类、分析和象征过程。李战子指出，叙事再现指图像中参与者被连接起来后相互做某件事，行动过程中最为突出的参与者可以通过尺寸、位置、颜色等判断，当图中由一个或多个图中参与者的眼光方向构成时叫反应过程；图像中的对话泡和思维泡不是直接被再现的，而是通过一个反应者的中介。[5]克瑞斯和莱文认为，概念再现中分类过程是将参与者分为主从的过程，分析过程是分析显性和隐性的过程，象征过程是关于参与者是什么或者意味着什么。

其次，在"互动意义"中，克瑞斯和莱文认为，图像中包含图像的制作者、图像表征的事物、图像的观看者之间的关系，并提示观看者对所再现的事物应持的态度。在此过程中，有接触、距离、视点和情态四大要素。他们将图像的参与者直接看着观看者的过程叫作"索取"，将图像人物的展示叫作"提供"；距离主要包括亲密、非个人、社会距离的展现；通过仰视、俯视、平视等不同视点展现权势；情态与图像的真实度和可信度有关，通过色彩饱和度、色彩、区分度、色彩调谐度、再现、深刻、照明和亮度八大标志反映图像的"现实主义"。

再次，在"构图意义"中，克瑞斯和莱文提出了三种资源：信息值、取景和显著性。信息值是通过元素在构图中的放置实现的即空间位置。在他们看来，左边的信息是已知的，右边的是新的；上方的是"理想的"，下方的是"真实的"；中心与边缘的差异与文化差异相关。取景指的是是否采用取景手段，用于变现图像元素的有无。显著值指元素吸引观看者注意力的不同程度，通过被放置的前景或后景、相对尺寸、色调值对比和鲜明度的不同来实现。

克瑞斯和莱文建立的视觉语法认为，图像并不依赖于文字，因为它本身是有组织的，又是有结构的。他们还认为"视觉结构并不是只对'现实'结构进行复制，恰恰相反，它们生成的现实世界的各种图像，与那些生成、传播和阅读这些图像的社会机构和利益是紧紧联系在一起的"。[4]

视觉语法理论最初被运用于分析杂志封面、海报、摄影图片等，后来由于新媒体技术的发展，图片在灾难性新闻中的运用越来越多，视觉语法理论也被运用于分析新闻图片的作用。

如李嚣以视觉语法为基本分析工具，选取《纽约时报》和《中国日报》两家媒体中对"8·7"甘肃舟曲特大泥石流的相关报道进行解读和对比，从而揭示图像在新闻语篇中如何产生意义，进而验证视觉语法在中外新闻语篇对比分析中的实用性和可操作性。[6]仇宁翔指出西方灾难新闻图片拍摄与报道的五个特点，即注重在第一时间拍摄到灾难；注重纯客观的拍摄；注重对具体的受害者的拍摄；过分注重对受众感官的强烈刺激；注重对人物局部的特写和细节的拍摄。[7]王小慧则以2015年 *China Daily*（中国日报）的一张新闻图片为例揭示图片如何产生意义。[8]

综上所述，现有的文献多集中在灾难新闻报道中存在的问题和应对，少有文献具体分析图片在新闻语篇中如何产生和建构意义。

三　哥伦比亚泥石流报道中的新闻图片分析

（一）样本选择及研究设计

笔者以"Columbia mudslide""Columbia slide disaster"为关键词在Google进行搜索，剔除同质化的新闻报道以及图片之后，选取了最具代表性的33条媒体报道中共计137张新闻图片为研究样本，主要来自路透社、美联社和法新社，且85%的新闻报道都运用了图片。

王晶在《灾难事件图片报道的视觉框架分析——以〈新京报〉与〈纽约邮报〉为例》中，将图片主题分为五类：（1）主题为灾难现场和受灾者的图片，包含人员受困、受伤、行动受阻以及画面主要表现受损的自然环境、公共交通设施、个人房屋财产和逝者家属等；（2）主题为受灾者自救的图片，包含灾民自行逃生、排水、清理淤泥、转移财产、捍卫和重建家园等；（3）主题为外部救援和政府官员的图片，包含志愿者、民间救助队、警务人员、消防人员、武警官兵、政府组织、医院等开展救援与秩序维持工作以及官员发布信息、慰问灾民与救援人员等；（4）主题为重建秩序后的生活的图片，包含临时安置点的生活、受灾者领取生活必需品以及灾民继续开展的正常生活；（5）主题为其他的图片包含，逝者葬礼以及家属提供的逝者生前照片等。[2]

对于选取的137张图片，笔者借鉴王晶的分类，同时契合哥伦比亚泥石流报道情况，将主题分为四大类：（1）主题为灾难现场和受灾者的图片，包含人员受困、受伤、行动受阻以及画面主要表现受损的自然环境、公共交通设施、个人房屋财产和逝者家属等；（2）主题为外部救援和政府官员的图片，包含志愿者、民间救助队、警务人员、消防人员、武警官兵、政府组织、医院等开展救援与秩序维持工作以及官员发布信息、慰问灾民与救援人员等；（3）主题为包含逝者葬礼、家属提供的逝者生前照片、家属悲痛的画面等；（4）其他与上述三类不符的图片。经过统计分析，得出以下结论：“灾难破坏程度”为主题的图片共51.8%，“救援行动”为主题的图片占33.0%，“悲情叙事”为主题的图片占11.6%，其他图片占3.6%。本文基于视觉语法理论框架针对前三类新闻图片进行深入分析。

（二）新闻图片的视角框架分析

1. 以“灾难破坏程度”为主体的新闻图片

视觉语法理论认为，区分叙事再现和概念再现的关键点是图片中是否存在一个矢量，即参与者眼光方向构成，具备这点就是叙事再现，反之则是概念再现。[6]图1呈现的是泥石流发生过后城市遭到了严重的破坏，一名女子眼神哀伤，坐在木板上沉默不语，她旁边的男子站在破烂不堪的大卡车边凝视着周遭的残垣断壁。

从再现意义上来说，这幅新闻图片属于叙事再现。这名女子和旁边的男子就是这幅图的动作者，男子的目光投向的地方虽然在这幅图片中没有展现出来，但是我们从图上倒塌的房屋、破烂的大卡车、碎裂的石块还有

图1　4月2日，莫科阿市泥石流过后，当地民众在废墟之间

（图片来源：法新社）

断裂的树根可以猜到，她所看的地方肯定也是遭受到了同样的毁损，反映了莫科阿市经历了泥石流之后损失重大。再看这名女子的脚，裤管被卷起到膝盖之上，鞋子和袜子上都沾满了泥浆，可以想象到泥石流之后，道路被泥浆堵塞，人们的出行极其不便，更不用说是救援车辆。

从互动意义上看，女子和男子都没有看向镜头，而是人物图像的展示，属于"提供"，但是这样一种"提供"比看向镜头的"索取"更让我们动容，让我们体会到两人心中的哀伤与绝望，深切地感受到这场泥石流对当地居民造成的伤害。记者采取了平视的镜头，图片中的人物与观看者之间并没有产生任何权势的不平等，反而能让我们具有强烈的代入感。情态在图像分析中是指某种图画表达的手段程度，从而影响图像的真实度。此图色彩饱满，属于高情态，因而这幅图是真实事件的再现。

从构图意义上来看，大卡车被放置在了图像的前景处，而且占据了整张图片的二分之一的空间，体现了构图意义中的显著性要素，吸引观看者的更多关注；从信息值要素考虑，这张图传达的信息非常丰富，除了两位受灾者，还有图片左上角的房屋，以及作为背景的泥地、断裂的树木，尤其是毁损严重的大卡车，凸显出哥伦比亚泥石流这场灾难的巨大破坏性。另外，体积庞大的大卡车与两位受灾者形成鲜明对比，也传达了"在大自然面前人类太渺小"这个信息。

2. 以"救援行动"为主题的新闻图片

克瑞斯和莱文认为，在图像中动作者是最突出的参与者，这可以从尺寸、构图位置等方面来判断。[6] 图 2 呈现的是救援行动，这幅图片中一共有十位参与者，其中四位身着制服的是正规的救援人员，另外六位都是当地的普通居民，也是幸存者。救援者正费力地扒开树根和泥土，解救被埋在里面的人。其他人则打着手电筒为他照明，还有人密切注视着他的救援行动。这幅图属于叙事再现，它记录下了救援过程中的画面，救援人员的动作与其他幸存者的互动。

图 2　莫科阿市大雨过后引发泥石流，救援者在碎石之间展开搜救行动

（图片来源：法新社）

这幅图片包含了很多行动过程：救援人员辛苦地扒开树根和泥土，旁边为他照明的两名男子，以及右边焦急关注着救援进展的两名男子，他们都是这幅图片的动作者。同时，它还是目光到物体的一个矢量的反应过程图像：近处的救援者和幸存者目光凝视着这位救援人员，远处的一名男子也将目光投向正在发生的这个事件。正在救援的人是这幅图片的主要参与者，其他人员则是从属参与者。

图片中的各种要素又具有象征属性：这些人身上穿的制服象征了他们是救灾人员；旁边穿着 T 恤的人象征了他们是普通居民。我们来看左下角拿着手电筒的这名男子，他身上穿的并不是制服，则表明他只是一个普通居民，他也参与到了救援行动中，这些具有象征属性的要素在这幅图片中具有显著性和清晰性。这幅图很好地展现了在救援过程中大家齐心协力的场景，为这次灾难添上了一抹温暖的色调。

从互动意义来说，这幅图属于提供类图像，给观看者提供救援队正在解救被困者的场景。这幅图片是略有俯视的感觉，是因为记者所站的位置略高于图片中的参与者，所以基本是平视的视点，观看者与图中人物没有权力高低之分。从互动意义的距离角度分析，整体上是建立在"个人的近距离"之上，因为图片的拍摄在人物的头和肩部，观看者可以比较清楚看到人物要素的表情：担心、急切、紧张、关心等。基于这幅图片是对细节最大程度的再现，可以被认为是高模态，具有较高的真实度和可信度。

分析此图的信息值、取景和显著性，可看出救援场景占了图片的四分之三，传递给观看者的信息量是最大的。打在救援人员身旁的手电筒的亮光，使他最具有显著性，虽然由于角度原因，他所占的画面很小。远处的废墟和人们并没有被完全拍摄到这幅图片里，他们无法生成明显的意义。

3. 以"悲情叙事"为主题的新闻图片

图3展现的是灾难发生后，莫科阿市当地居民在警察局门口排队等候认领尸体。此图属于叙事再现，图片中的参与者众多，而且他们的表情、神态、动作都非常细致地体现在了这张图上。

图3　4月2日，哥伦比亚莫科阿市当地居民在警察局门口

（图片来源：路透社）

　　在队伍的最前面，也就是图片中央的这两名男子，他们的目光都非常专注地看着前方，我们可以想象，前方摆放着众多的尸体，里面可能就有他们的亲人。他们的表情很沉痛，从他们形态来看，年事已高，却还要承受"白发人送黑发人"的痛苦，也凸显出了这次灾难对于当地人民带来的伤害有多沉重。

　　还有比较瞩目的是后面的这名女子，她的脸上交织着焦灼、难过、害怕等复杂情绪，可以看出她内心其实非常不希望看到亲人的尸体，但是现实又是那么残酷。她后面的戴着白色帽子的男子捂着嘴在哭泣，还有一些人没有明显的情绪，显现出麻木的神情，让人不由自主地猜想是不是因为这样的经历遭遇得太多，或者之前悲伤过度，以至于渐渐麻木了。

　　从互动意义上来说，这幅图属于提供类图像，参与者并没有看镜头，给观看者提供一队人在等待认领尸体的画面。这幅图片采用了略俯视的视点，观看者与图中人物没有权力高低之分，而且让每一张面孔的神态和表情展露无遗。从距离角度分析，整体上是建立在"个人的近距离"之上，因为图片的拍摄在人物的头和肩部，观看者可以比较清楚地看到人物要素的表情：悲伤、急切、担忧等。而且，从图中我们还能看出，这个队伍排得很长，照片的画面长度有限，无法拍到队伍的终点。暗示了这样一个信息：那就是这次泥石流导致的死亡人数很多。基于这幅图片是对细节最大限度的再现，可以被认为是高模态，具有较高的真实度和可信度。

　　分析此图的信息值、取景和显著性可以看出，居于画面中央的这些老人，这么长的队伍占据了图片的二分之一，还有左半部分的警察局标识，这些传递给观看者的信息量是最大的。每个人面孔上的情绪成为这张图片最为显著的信息，还有这幅图片的色调，都弥漫出了一种悲伤的情绪。

四　结语

　　从上文的分析得知，在灾难性的新闻报道中，图片在建构意义方面起到了举足轻重的作用。从笔者了解到的资料来看，哥伦比亚这次的泥石流事件很大一部分是人为原因。首先，城市规划存在着问题，莫科阿市的地理位置让它很容易遭受自然灾害，而且早在 2014 年，就有文章对当地人作出警示，如果当初政府就能重视起来采取措施，那么这次灾难是不是就不会发生、不会造成那么多损失和伤亡；其次，当地人滥砍滥伐树木来种植可卡因、生产可卡因，众所周知可卡因能用作麻醉药，但也能制成毒品，利润很可观。当地人默许了这种行为，所以这次的灾难是和当地政府以及居民自身脱不了干系的。但是此次灾难过后，哥伦比亚并未形成大规模的灾难反思和原因追责。

从媒体的角度看，笔者认为最后一类图片更能引起阅读者或观看者的反思，引发社会对灾难原因的追问。但是更多的媒体并没有继续探究灾难发生的原因，第三类图片在这里并没有发挥很大的作用。可能是第三类图片会引发新闻伦理问题，展现人们的悲痛、拍摄下遇难者的残肢断臂，引发二次伤害，也会造成读者的感官不适。

鉴于此，笔者认为媒体要承担起这部分的责任，在每一次的灾难发生后，合理地运用图像来引发原因追问，促使政府革除弊端，更好地推动这个社会的发展。

（作者单位：华东师范大学传播学院）

注释

［1］臧国仁，钟蔚文. 灾难事件与媒体报导：相关研究简述［J］. 新闻学研究（台湾），2000（62）：143.

［2］王晶. 灾难事件图片报道的视觉框架分析——以《新京报》与《纽约邮报》为例［C］//2014 年全球化学术共同体中的传播研究教育国际会议暨青年学者论坛论文集. 中国传媒大学新闻传播学部，2014：11.

［3］CR Thelin. Colombia mudslides kill at least 200 after rivers burst their banks［EB/OL］. http://enterprise2day.com/colombia-mudslides-kill-least-200-rivers-burst-banks/.

［4］Kress & van Leeuwen. Reading images：The grammar of visual design［M］. London Routledge，2006：47 – 48.

［5］李战子. 多模态话语的社会符号学分析［J］. 外语研究，2003（5）：1 – 8.

［6］李鄑. 从视觉语法分析《中国日报》和《纽约时报》对 8·7 甘肃舟曲特大泥石流的报道［J］. 牡丹江大学学报，2011（6）：82 – 84.

［7］仇宁翔. 中西方灾难新闻图片拍摄与报道特点分析［J］. 青年记者，2008（9）：40－41.

［8］王小慧. 中国媒体对非洲报道新闻图片解读——以 2015 年 China Daily 的一张新闻图片为例［J］. 戏剧之家，2016（24）：268－269.

学术沙龙

智能与人性的契合与悖论

——基于对"百度司南"的传播伦理研究

江作苏　张瑞希

摘　要　大数据营销的出现为企业提供了有力的广告决策支持，但大数据产品在寻找智能与人性契合点的同时，也表现出人工智能与人性本身的冲突。百度通过将其用户数据加以开发利用，推出了一款名为百度司南的大数据商业决策工具。百度司南在数据使用、市场营销、广告话语霸权、经济模式等方面都呈现待探讨的伦理问题。本文以百度司南的运营案例为分析对象，通过分析其各个环节的传播伦理倾向，探寻新的媒介形态下传播伦理的学理性建构。

关键词　百度司南　大数据　广告　传播伦理

The Agreement and Paradox between Intelligence and Humanity

—A Study based on the Communication Ethic of "Sinan"

Jiang Zuosu　Zhang Ruixi

Abstract　The emergence of big data marketing provides strong advertising decision support for enterprises, but big data products also find the conflict between artificial intelligence and humanity while finding the common point between them. By developing and utilizing its user data, Baidu has launched a business decision tool called Sinan. There are ethical issues to be explored in Sinan's data usage, such as marketing, advertising discourse hegemony, and economic models. This paper takes Sinan's operation case as an analysis object. We exploring the rational construction of the communication ethics under the new media form by analyzing the ethical tendency of the communication in each link.

Keyword Sinan，Big data，Advertisement，Communication ethic

一　引言

随着互联网技术的发展，大数据成为重要的互联网基础资源，各行各业都在试图挖掘大数据中潜藏的巨大价值。在党的十八届五中全会上，大数据战略正式上升为国家战略。百度作为中文第一大搜索引擎，通过将其用户数据加以开发利用，于2010年推出了一款名为百度司南的大数据商业决策工具。

百度司南是百度大数据部推出的专为满足企业大数据分析需求而设计的工具平台，其包含了司南专业版、司南大众版、司南户外版、百度舆情、百度代言人、百度精算六大前沿数据分析产品（如图1），百度司南旗下的6款产品功能各有侧重（见表1），在商业营销中分别提供从监控预测市场到广告效果评估每一链环的数据支持（见图2）。司南是中国古代辨别

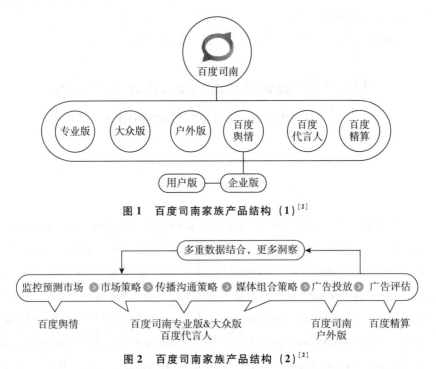

图1　百度司南家族产品结构（1）[2]

图2　百度司南家族产品结构（2）[2]

方向用的一种仪器，百度司南通过大数据为商业营销指明方向。百度司南产品矩阵对应的是商业营销相关大数据从挖掘、使用到效果评估的各个应用方面。百度司南致力于通过对百度搜索数据和其它数据的挖掘，为大中小企业提供方向指引和决策支持。[1]百度司南产品在上市以来与梅赛德斯－奔驰、昌容精准、华扬联众、蓝色光标等多个品牌合作，辅助企业进行产品定位、消费者定位、新品研发等。例如新一代梅赛德斯－奔驰 S 级轿车使用百度司南得到了相关大数据及其分析，成功定位了潜在消费群体，并把握了这类人群的媒体接触习惯，取得了良好的营销效果。

表 1　百度司南 6 大产品功能介绍一览表[1]

百度司南专业版	百度首款大数据商业决策工具，通过挖掘百度搜索数据，为品牌客户提供市场格局研究、消费者洞察、媒体投放规划等营销全方位的大数据分析
百度司南大众版	中小型企业数据分析入门产品，通过提供大数据分析服务，让企业快速了解品牌\产品搜索趋势、企业间竞争关系、目标受众的活跃网站、客户的兴趣偏好、精准人群聚集城市等信息
百度司南户外版	基于大数据处理和地理位置数据挖掘技术，打通人群属性分析能力和人群地理位置分布信息，展现品牌人群户外分布和流动情况，为户外广告资源购买和开店地址选址提供数据支持
百度舆情	依托百度强大的网页内容挖掘与中文语义分析能力，挖掘与分析互联网舆情数据，助力更良性的社会化营销与公关管理
百度代言人	基于百度司南的大数据仓库、全网海量 UGC 语料、明星代言历史，通过科学的方法论与模型，为企业推荐影响力与撬动力兼具的明星
百度精算	百度推出的广告效果精准衡量工具，凭借百度公司的技术实力和搜索大数据优势，致力于为广告主和代理公司提供广告效果全流程衡量、监控、分析服务

大数据营销（Big Data Marketing）的出现，解决了传统营销时代拉斯韦尔模式（5W）广告传播的“三座大山”——对谁（to whom）、通过什么渠道（in which channel）、取得了什么效果（with what effect）。百度司南专业版在这个逻辑基础上，从人群分析、媒体分析、品牌分析等方面为企业提供广告决策支持（见图 3）。这与同期的资讯聚合类客户端等异曲同工，都将信息通过大数据和算法精准推送给不同人群。大数据产品在寻找智能与人性契合点的同时，也表现出人工智能与人性本身的冲突。尤瓦尔·赫拉利（Yuval Noah Harari）认为，虽然人工智能的进步能创造出一个庞大的后人类思维，但是它并不关心人类的生存和价值等问题，大数据技

术进步下隐藏的伦理问题需要得到更多关注。传播即涉伦理，大数据支持下的广告活动作为一种公开的社会传播行为，必须遵循社会伦理规范。虽然媒介形态日新月异，但贯穿其中的伦理并没有太大变化。以伦理作为重要指标考量评判大数据营销，能够满足其发展的内在需要，为其发展前景和潜在危机提供参考。本文以百度司南的运营案例为分析对象，从百度司南数据来源、市场观念、数据售卖、广告投放、效果监测的运营链环分别分析其各个环节的传播伦理倾向，并分析其成因，探寻新的媒介形态下传播伦理的学理性建构。

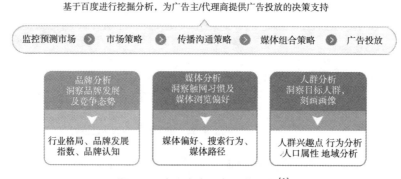

图3　百度司南专业版运营逻辑[1]

二　百度司南的传播伦理倾向

（一）数据伦理：精准真实与经过数字包装的刻板印象

1. 精准便利与隐私边界

数据资源化已成为不可逆的趋势，这也为传统互联网企业打破在移动互联网时代的盈利模式困境提供了新的机遇。百度数据的优势在于其覆盖人群很广，并且是消费者真实行为和需求的表达，由此能够用相对小的成本为品牌提供精准的人群、产品、媒体渠道定位。

但是，就像早期新闻的准确性与隐私性的矛盾一样，精准投放和个人隐私也是一对矛盾。《中国网民权益保护调查报告（2016）》显示，54%的网民认为个人信息泄露严重，84%的网民感受到由于个人信息泄露带来的不良影响。[3]在大数据时代，信息使用行为被客户端俘获及监视的"圆形监狱圈套"无处不在。阿尔钦（Armen Alchian）在 1950 年的《莫测、进化和经济理论》（Uncertainty, Evolution and Economic Theory）一文中提出：不管人的主观上是否有意识地追求最大化，客观上只有那些成功地达到了最大化的人或集体才能在竞争中存活。对数据的收集也是这样。逐利的动机驱使人们在人工智能的助推下不遗余力地攫取信息。

"传感器社会"（Sensor Society）概念认为在数字信息环境下，所有的互动设备和程序应用都可以兼做传感器，用以自动捕捉和记录各类数据。[4]百度司南正是通过百度旗下各类产品对用户数据进行大规模的捕捉、记录和分析得到大数据分析的"原料"，这种广泛的收集导致其用户数据的"元数据化"，即所有的内容、信息和数据，都成为某种能够被机器系统读取的数据。[5]百度司南的作用机理便是将百度产品运行中的各类信息收集并按不同需求输出：司南专业版和大众版输出为企业"定制"的营销相关信息，司南户外版输出人群属性和地理位置分布信息，百度舆情输出互联网舆情数据，百度代言人输出与品牌相关的明星信息，百度精算输出广告效果信息。

2. 数据真实与刻板印象

《2016 年中国网民搜索行为调查报告》显示，截至 2016 年 12 月，搜索服务用户中百度搜索的品牌渗透率为 82.9%，在手机端综合搜索用户中，百度搜索的渗透率更高达 97.3%，百度引擎覆盖了绝大多数的中国网民。[6]百度司南利用其数据优势辅助阿芙精油、玉兰油进行新品研发项目，选定了阿芙的新品代言人形象，并绘制出玉兰油真正的消费者画像，创造了许多大数据营销的成功案例。百度司南的主要数据来源为：搜索数据、广告投放数据、媒体网站的 tracking 数据等，其数据分布范围虽广但有限，与真实情况仍有出入。大数据背后还存在盲点，水军营销、网络公关等常见人为干预会影响数据质量。例如，百度代言人数据模型从数字内容量、好感度、关注度、参与度、成长率五个指标衡量明星的影响力，但这几个指标的人为干预度都很高。很多情况下数据本身不足以说明问题，因为它至少同时支持两种对立的情况，脱离了具体情况的数据价值会大打折扣。[7]

大数据中还或多或少存在着刻板印象。大数据是人类行为的产物，它本身就带有偏见和盲点等人类行为中固有的问题，智能并不能避免数据本身的缺陷。经过数字包装的刻板印象更加不易觉察，其中含有的"隐性歧视"需要人们加以重视。

（二）市场伦理：优化资源配置与数据思维的反作用

1. 精致的庸俗市场观

在信息时代，信息过载和用户注意力稀缺成为一对重要矛盾。百度司南系列产品都作用于如何将不同信息精准引流到相关人群中。百度司南这类大数据营销工具能够缓解矛盾，实现精准营销与优化资源配置，但同时也带来新的问题。大数据能够辅助企业进行精密的价格歧视，其营销公平性存疑。面对同一商品，不同的需求者愿意付出的最高价的不同是觅价者的普遍处境。觅价者往往设法实行"价格歧视"，将面对不同消费群体的同一商品的价格差异化，从而达到利润最大化。[7]实行"价格歧视"的困难在于不容易区分用户，但大数据让用户轻易地被区分开来。从前的价格歧视在科技的包装下演化成了"大数据杀熟"。如爱奇艺的黄金 VIP 视频、抖音短视频等都对苹果和安卓客户端的用户进行了差异定价。艾媒咨询（iiMedia Research）发布的《2018 中国大数据"杀熟"网民态度行为调查报告》显示，77.8%的被调查者认为利用大数据进行差异定价的行为不能接受；73.9%的被调查者不知道互联网服务应用利用大数据进行差异定价的情况。[8]在大数据面前信息不对称的情况正在加剧，消费者处于弱势。

通过百度司南旗下百度代言人产品选出的明星可能会出现"代言人的二次元身份认同失据"问题。从经济学的角度来说，企业请明星做广告是为了预支抵押、自我担保和刺激消费者的消费欲望。司南通过大数据锁定的明星代言人越来越成为"消费符号"的一种，其与产品本身的关系越来越弱，相反给消费者灌输消费理念的目的越来越强，这将导致"消费异化"。

2. 量化分析与质性分析

被誉为"大数据商业应用第一人"的维克托·迈尔·舍恩伯格（Viktor Mayer-Schönberger）在《大数据时代》（Big Data: A Revolution That Will Transform How We Live, Work, and Think）中提出，大数据时代最大的转变就是，放弃对因果关系的渴求，而取而代之关注相关关系，这对人们的思维习惯产生了颠覆性的影响。大数据对品牌传播具有不可替代性，其不仅是数据的集合和工具，更是一种思维方式。百度司南专业版将传统市场调研领域沉淀下来的方法论与大数据的优势结合，通过品牌分析、人群分析及媒体分析辅助昌容精准、新意互动、蓝色光标等众多品牌进行市场营销。对于企业而言，大数据已成为品牌竞争的重要手段。百度司南不仅能帮助品牌传播，更能通过大数据帮助品牌定位。大数据造就了以数据为核心的营销思维，但在市场营销中，量化分析与质性分析缺一不可，过于依赖数据思维容易产生质性分析缺位的问题。大数据的高度量化，可能会造成营销短视的出现。

大数据分析出的大多是"相关"关系，而"因果"关系需要人工推导。在百度司南专业版的目标消费群体媒体偏好分析 CA 图中（见图 4），大数据只能提供直观的相关性呈现，具体将图示相关点进行分类、分析其因果性需要人工判断（见图 5）。通过人工分析解读后可以看出：奥迪 A6L、奔驰 E 级和宝马 5 系的人群媒体偏好有差异。宝马 5 系的人群喜欢 SNS，电商，也喜欢上汽车网站，呈现出年轻，时尚的状态；奔驰 E 级的人群偏好房产和旅游类网站，依然呈现高端、商务化；奥迪 A6L 的人群唯独喜欢小说类网站，且相较其竞品来说，似乎对其他类型网站感兴趣的程度并不高。

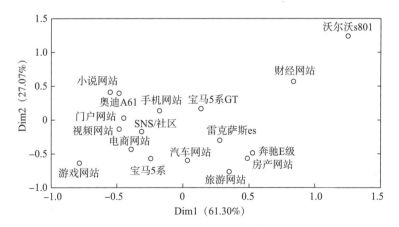

图 4　宝马 5 系等豪华车车型人群与媒体类别的对应分析（1）[9]①

---

①　在 CA 图中，两点之间的距离越近，两者越相似；反之，两点之间的距离越远，两者差异性越大。

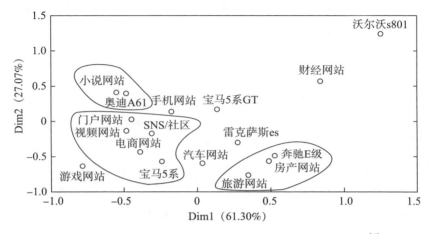

图 5　宝马 5 系等豪华车车型人群与媒体类别的对应分析（2）[9]

（三）广告伦理：广告的个性化推荐与认知思辨性的强化

1. 便利与问题并存的另一种个性化推荐

百度司南致力于将广告呈现给目标人群，由此辅助企业进行精准引流，这其实是大数据时代下和资讯聚合类客户端相似的另一种个性化推荐。这种广告层面上的"个性化推荐"在改写传统品牌广告生产与传播机制的同时，也带来一系列问题。安东尼奥·葛兰西（Antonio Gramsci）提出，在话语影响力的霸权笼罩下，权力变成了权威，强制的慑服变成了无可置疑的服从。当前的智能分发生态助推了数字化的话语影响力的霸权倾向。根据 PageFair 发布的《2017 广告拦截报告》，2016 年 12 月，全球有超过 6 亿部设备使用广告拦截软件。[10] 人们希望控制广告的数量，但大数据的辅助使得"强迫广告"遍布线上线下。百度司南户外版已着手布局未来户外广告监测设备，以实现线下最大化目标人群覆盖。精准推送还容易造成广告的庸俗化、同质化倾向和"信息茧房"的形成，引导人们进入"价值迷失圈套"。人工智能针对不同人群特点进行广告投放，还常常导致一些虚假广告在特定人群中迅速传播，并影响人们的价值判断。百度司南系列产品中的百度舆情产品从声量诊断、情感提炼、人群分析等方面摩画网民情感倾向和舆情受众画像，根据各类网民观点和态度在推广商品的目的下进行有的放矢的传播，这使得网民态度容易被利用和操纵。

2. 对认知思辨性的拟正向作用

精准广告对公众理性判断能力有削弱也有正向作用，虽然精准广告会影响人们的思维方式，助推"单向度的人"的出现，但同时它也解放了人们的部分时间与精力。人们在设计工具中设计了存在方式，无论是内置认知基模的形成，还是外部文字符号的创造，都提高了社会的生产效率，最终帮助了人类的进步。百度司南辅助广告信息精准引流从广义上看也是一种提高效率的便利措施，其对人的认知思辨性有拟正向作用。对此，人们应当在享受技术便利的同时提高媒介素养，防止媒介依赖、媒介滥用和媒介偏执。[11] 广告同时也是语言与符号带来的"温和的暴力"（the gentle violence）的集中显现。广告在意识形态、技术、资本的作用下越来越具有"话语霸权"。面对大数据带来的新的广告传递方式和媒介的商业化，人们应当提高警惕，防止话语霸权的"渗透"。

（四）经济伦理：新型社会关系与经济德性

1. 行为剩余的再利用与人的异化

二次售卖在传播业中具有合理性。商品交易往往会使第三方受损，那在大数据品牌营销下受损的一方是没有充分使用大数据的其他商家，还是数据的提供者？当前百度公司的盈利方式已经成为一种"二次售卖"，即百度先将产品卖给用户，然后再变相将用户的注意力和时间卖给广告商或广告主。百度司南产品的开发更使"二次售卖"升级为"多次售卖"，百度不仅将百度上的广告位，即注意力出售，更通过大数据的开发将用户在线上其他网站以及线下的注意力出售给广告主，可以说百度司南产品在出售接入人们的日常生活实时情景的接口。这种行为剩余再利用和多次售卖模式打破了互联网企业在大数据时代的盈利模式困境，但也存在着不可忽视的风险。根据科斯定律，如果交易费用为零或足够低，这份资源会被推向使用价值最高的用途上。[12] 将行为剩余视为免费原料，那么它就会被无限制地开发利用。哈佛大学商学院教授朔沙娜·祖博夫（Shoshana Zuboff）将这种数据积累逻辑、人工智能和资本"合体"的现状，称之为"监控资本主义"（Surveillance Capitalism）——在大数据和人工智能的协助下，通过对每个人的监控和信息的榨取，实现资本的最大化。[13] 这种将人类行为作为"原材料"的盈利模式会导致人的异化，违背了人类使用技术的初衷。

2. 商业经济与传播伦理相辅相成

英国哲学家边沁（J. Bentham）认为，"幸福"（happiness）或"功利"（utility）是可以衡量的，他推断改进社会的原则应该是谋求"最多数人的最大幸福"。大数据工具同时具有商业属性和公共属性，它既是信息公共基础资源，又是互联网公司的盈利来源，这两种属性的对立虽导致隐私泄露、诱导性消费等问题层出不穷，但其本质上都为"最多数人的最大幸福"服务。互联网企业以服务于公共利益的目的来开发并分享大数据价值往往能够得到很好的社会效果，如百度利用大数据与央视和中国疾病预防控制中心合作，成功预测了清明节全国景区舒适度和中国流感发病情况等。百度司南产品能通过提供大数据辅助政府、企业更好地运行。如百度舆情与内蒙古网信办就"互联网信息内容管理"职责展开合作，并完成"呼格吉勒图冤案"舆情专报，呼格案被写入《2014年中国人权事业的进展白皮书》。[14]百度舆情与人保集团就舆情监测与分析在企业中的应用展开合作，促进了人保集团的进一步发展。

在我国超过95%的网民都使用过百度产品，是百度大数据的提供者。百度公司对公共数据的挖掘和使用使其有维护公共利益的责任。孔子说："邦有道，贫且贱焉，耻也；邦无道，富且贵焉，耻也。"经济与伦理不是"二律背反"，经济与伦理应当是相辅相成、合二为一的。在大数据经济中重新引入价值判断和道德哲学的智慧非常必要。当前大数据使用不当的例子比比皆是，大数据产品中商业属性和公共属性的平衡需要伦理的作用。

三 伦理问题的成因分析

（一）"旧"伦理下的媒介演进

每一个历史时期都会出现新的媒介技术，从而产生新的媒介形态。从报纸、广播、电视到网络媒体，媒介的体外化趋势不断加强，其传播力和影响力也越来越大。托克维尔在《旧制度与大革命》中提出，当代史好像是一道画廊，其中新创作的画不多，很多都是历史的复制品。[15]媒介的演进也是如此。虽然媒介形态日新月异，但贯穿其中的伦理却是人们在无意中一直保留下来的。人们在建筑新媒介的大厦时，采用的是旧的伦理基石。媒介形态从报刊、广播、电视发展到现在涵盖所有数字化媒体形式的新媒体，其伦理内涵变化不大，但技术变化带动伦理问题呈现不同形态并使其影响力扩大。

百度司南通过对百度大数据的挖掘、分析为企业提供消费者行为和主动需求数据。如在百度司南与阿芙精油合作的案例中，阿芙精油利用百度司南人群兴趣点和搜索行为功能，找到了目标受众人群的偏好趋势，成功进行新品研发，并产生了良好的营销效果。从运营逻辑来说，百度司南和同期的腾讯罗盘、阿里指数、头条指数等是同一类型产品，它们都通过对海量数据的分析挖掘与展现，为第三方提供数据分析服务。百度司南存在的伦理问题同样存在于其同类产品中。同时，百度司南通过数据的聚合辅助广告信息分发给其潜在消费者。如百度司南提供的媒体分析报告模块致力于分析潜在消费者的触网习惯和媒体偏好，并通过制定媒体策略来实现广告的精准推送。从大数据的聚合分发逻辑来看，百度司南作为一款辅助广告精准推荐的大数据产品，和同期的资讯聚合类客户端等是相似的媒介形态，其许多伦理倾向都有迹可循。隐私与精准性、公平与歧视、话语霸权与认知思辨、"二次售卖"与"多次售卖"等问题在网络媒体产生之前就从未间断过。

从报纸、广播、电视到现在的新媒体，媒介的演进并没能减少伦理问题的产生。媒介技术的发展与传播伦理的发展虽然会相互影响，但其终究是两条线路，需要分别加以重视。媒介和媒介技术只是工具，工具必然要拥有合适的伦理内核才能发挥其正向作用，媒介发展下的伦理要件缺失会带来许多问题。如与百度司南运营逻辑类似的今日头条因其未落实主体责任，传播不良信息多次被查处。人类的传播史本就是媒介技术发展与人类发展趋于和谐的过程。新的媒介形态要与人类和谐共存，需要人们正确使用媒介，这既需要外部力量的约束也需要内在性的制约，而伦理是作用其中的基础性力量。

（二）脚镣手铐定理的作用

托克维尔认为，不满和革命并不发生在短缺时代，相反除掉脚镣之后，对手铐的不满是超过以往的，这也被称为脚镣手铐定理。媒介形态和媒介制度的进步使人们有了更多的自主权，人们的媒介权利也有更多渠道得以运用，但媒介繁荣的同时人们却更容易看清楚旧伦理带来的各种弊端，这反倒加重了人们对媒介的不满。

当前百度已经建成了包括百度指数、百度司南、百度风云榜、百度数据研究中心和百度统计在内的五大数据体系平台，帮助企业及时获得信息，这是大数据支持下传统营销模式的一次升级。但其竞价排名等问题也常常为人诟病，引起了诸多不满。百度司南这类产品在推进大数据营销和商业发展的同时，也埋下一些隐患。如在百度司南与蓝色光标的合作中，百度司南帮助辅助艾滋病检测的爱卫唾液采集器找到了其目标人群，在大数据下的这类人群的地点分布与人群特征展露无遗。如果竞价排名中的虚假医疗广告使用司南产品进行精准推送，将像"魏则西事件"一样产生严重的社会后果。百度竞价排名问题的本质在于商业利益压倒了社会责任，这导致付费竞价权重过高、虚假信息蔓延。如果大数据营销也以商业利益为重，是否会造成垃圾广告和虚假信息针对薄弱人群投放？

虽然在当前信息越来越公开透明化的态势下，虚假信息、媒介审判、隐私侵犯等伦理缺失问题已经越来越无所遁形，百度产品的潜在风险也被提前预警，但人们心态上的变化使得在媒介问题已经相对减少的情况下，新媒介形态的伦理问题却看似更加突出。

新媒介形态的弱审查机制导致媒介信息鱼龙混杂，媒介本身对人的影响也渐渐引起关注，在技术的助推下人们开始渴望参与"设计"媒体，而媒体会给用户一定程度的自由选择空间来迎合不同用户个性化的需求。大部分新媒介产品都给了使用者"定制"模块和内容的空间。百度司南中有许多模块都可以自定义管理，使用者可以根据自己的需求与习惯自定义数据的时间范围、数据来源范围等。媒体模块的"私人订制化"已成为一种普遍功能。人们成为部分媒介的直接拥有者或使用者，这使人们更加关心媒介的不足。在脚镣手铐定理和受众高度参与感的作用下，人们不禁会放大潜在问题，以防范新事物带来的负面影响。

"采集和传播信息的自由，取决于一个社会的容忍程度。"[16]迈克尔·埃默里（Michael Emery）的这句话，反过来说明社会所持的批判态度与尺度，对于广告这样的信息，更具有不可或缺的作用。因为随着社会发展，人们对于信息的价值性和导向性有了更多的关注，媒介才能在保证发展速度的同时不偏离正轨。百度司南这类新媒介产品对于品牌传播的重要性是无可置疑的，但其创新的信息服务与营收方式也带来新的道德考量。百度司南是百度将其用户数据"元数据化"并加以开发利用的产物，是在百度产品生成的海量数据的"沙子"中"淘金"的工具。这是对大数据资源进行开发利用的一次成功尝试，也是智能与人性的关系微妙变化的一个节点。

（三）智能发展对传播伦理问题的放大

虽然旧的媒介形态不断被推翻，但其伦理基础却在人们心中留存，在这个基础上，许多传播伦理问题在新媒介形态下被不断重新产生并放大，并且在新技术的助推下比以往破坏力更强。大数据技术的发展放大了隐私问题，信息的售卖变得更加难以控制，在高频次的媒体接触下话语霸权也越来越无法避免。技术发展带来的问题造成了人们伦理意识的弱化，人们伦理意识的弱化又反过来放大了技术问题。

百度司南的媒体分析功能意在挖掘目标人群的触网习惯及媒体偏好，从而实现广告精准推送。这一方面可以为其目标人群提供便利，获得与自身需求点更接近的广告信息，但另一方面又助推了广告霸权，剥夺了人们的部分自主选择权。强迫广告已经遍布线上，从某些方面来说人们对它变得麻木，这更使强迫广告的传播肆无忌惮。社会对于像广告这样的信息的容忍程度过高会导致注意力资源浪费、大众文化侵蚀甚至人的异化等一系列问题。智能分发生态下，广告的霸权倾向越来越明显。在大数据技术的助推下，广告不仅会在数量和传播渠道上形成"显性霸权"，也会通过其文化规约力和意识形态影响力形成"隐性霸权"，对人们的心智和行为产生难以磨灭的影响。广告"势能理论"认为，广告信息传播是一个信息单向流动的过程，即由强势的广告主流向弱势的广告对象。[17]百度司南旗下的百度精算产品通过广告的覆盖分析、即时互动分析、延时互动分析多维度衡量广告投放效果，并对广告效果进行全流程的精准监控、衡量、分析。司南户外产品分析线上目标人群的线下位置分布，更着手布局未来户外广告监测设备，以帮助广告主实现在线下广告投放的效益最大化。百度司南辅助选择性广告展示在其目标人群面前，这种渠道上和内容上的双重迎合更容易使人进入"隐性霸权"的"圈套"。

随着智能的发展，新的媒介形态不断带来新的社会问题，传统媒介伦理规范需要及时跟上数字化传播的步伐。百度司南这类产品需要强化社会责任感，不但要保护用户隐私，还要制定相应的广告准入门槛和规则，防止垃圾广告蔓延线上线下，将大数据技术这把双刃剑使用得当。同时，新媒体发展将媒介权力赋予包括商业化公司在内的普通个体，这些个体在有效指引而没有跟进的状态下如何正确使用和发展媒介？媒介伦理的社会化和公民"传受复合"的传播身份呼吁传播伦理的更新。

四　新媒介形态下传播伦理的重塑与建构

（一）"旧"伦理的复兴

追本溯源，回归传统伦理。孔子说："邦有道，贫且贱焉，耻也；邦无道，富且贵焉，耻也。"经济、利益与趋善的德性是相辅相成、合二为一的。传统伦理的弱化与缺失会引发多种问题，在大数据和媒介经济中重新引入价值判断和道德哲学的智慧十分有必要。罗国杰主编的《中国传统道德》的多卷本《规范卷》把中国传统伦理道德规范分为四个部分，分别是基本道德规范、职业道德规范、家庭伦理规范文明礼仪规范。这里讨论的"旧"伦理应当包括以正义、持节、节制为代表的基本道德规范和包括商德、士德在内的媒体开发、拥有和使用者的"职业道德规范"。百度司南产品可融入传统伦理中"正义"的道德标准，以社会责任为先，并用"持节"的道德自制在利益面前"持节秉义"，用"节制"要求自身保持警醒，规范其数据利用限度等。大数据企业应坚持"商德"发展大数据产品，掌握大数据技术者可用"士德"指导行为。

伦理道德作为一种特殊的历史产物，是在人们长期的实践中形成的，有其相对的连续性和稳定性。[18]百度司南系列产品通过辅助广告信息的精准导流，将注意力资源最大化利用，这和古人"取之有道，用之有节"的智慧有相似之处。此外，司南产品利用百度大数据，在几分钟内就能完成传统模式下花费数月得到的调研报告，还节约了商业营销的社会成本。百度司南的媒体分析模块通过对消费者触网习惯、媒体偏好等行为的分析了解人群偏好，并针对性地制订营销策略，其品牌分析模块多维度分析自身情况与竞品情况，传承了"知己知彼"的战略思想。

虽然随着新媒介时代的到来，"旧"伦理需要不断加入新的内涵，但

"旧"伦理中的"精华"部分仍然需要被传承与发展。新媒介形态虽然属于传播伦理研究的新领域，但它是传统媒介形态的更新，其传播伦理也建立在传统传播伦理的基础上。新媒介技术带来的风险和不确定性呼吁"旧"伦理的复兴。

（二）"新"伦理的探寻

随着媒介形态的变化，人体器官不断"体外化"，媒介的信息承载能力和传播能力不断突破人体极限，昔日的媒介伦理制衡被打破。百度司南打破了商业营销的传统模式，助推广告业进入大数据时代的新阶段。在这种情况下，传统媒介伦理需要不断更新才能跟上媒介发展的需求。新媒体时代下，不但内容真实、有偿新闻、隐私侵犯、泛娱乐化等以往的伦理缺失问题被放大，网络暴力、信息污染、强迫广告等新问题也在不断产生。百度司南作为首批"吃螃蟹者"，其运营模式在为大数据资源开发利用提供新思路和案例的同时，也可能会带来隐私泄露、质性分析缺位、广告信息茧房等多种问题。大数据时代的广告伦理需要更新，传统媒体时代的传播伦理在新媒体环境下面临新的挑战。

美国著名媒介伦理学者瓦尔德（Stephen Ward）在谈到新的媒介伦理时强调："新的媒介伦理必须是开放的，不仅仅是职业的伦理，必须是社会的媒介伦理。"传统媒体的媒介伦理主要是约束专业媒体人，较少涉及公众，但当前职业性的传播伦理已经完全无法满足需求，百度司南这类大数据产品也亟待传播伦理的指导。"全民化"媒介拥有和使用呼吁传播伦理的普适性和社会化。探索如何形成规范化、常态化的传播伦理规范，认同与自律是当前的紧要任务。[19]

（三）注意方式方法

美国政治学家塞缪尔·亨廷顿（Samuel Huntington）提出："现代性孕育着稳定，而现代化过程却生着动乱。"媒介变革在性质上是向善的，追求的是人类所共同期待的美好事物，但其变革过程中会无可避免地引起诸多问题与不满，甚至有部分人认为媒介发展带来的弊大于利。但正如《昔日美好的时光—它们恐怖极了！》（*The Good Old Days*：*They Were Terrible*！）一书中描述的那样，一百多年前饮食、医疗、居住的细节让现代人无法接受，"今不如昔"只是小部分人的主观看法。虽然媒介形态和功能一直在进步，但是想一下子就达到理想的媒介状态是不可取的。百度司南是作为互联网巨头的百度公司对大数据开发的一次成功尝试，从传播伦理的视角为其提出一些可能存在的问题和建议，可以促使其越来越规范化。媒介技术与传播伦理的共同进步才能使媒介与人的关系稳步走向"天人合一"的理想状态。建构适应新时代的传播伦理需要注意方式方法。

媒介伦理的社会化呼吁建立适应公众的伦理准则，并使其内化为大众媒介素养的一部分。就百度司南产品来说，就是从开发者到使用者都用伦理准则约束自己的行为。脚镣手铐定理提示我们，要加强对公众心理的关注，树立科学的媒介观念，在大数据时代下媒介形态不断更新的过程中保持积极态度。此外，传播伦理的建构还可以和法律规制的约束有机结合，多维互动构建新时代下普适性的传播伦理。

五　结语

大数据技术的日趋成熟，正带动实体经济的新一轮成长。但正如百度司南中呈现的那样，大数据技术与产品是人类"实然世界"的反映，还不是"应然世界"的指导和先驱。从某种角度来说，传播伦理是应然规范的集合。要避免人工智能及大数据的伦理缺陷可能带来的恶果，互联网企业必须将伦理内核贯穿于产品的始末。政府和社会应当既对其进行有的放矢的监管与约束，又给新生事物一个充分自由发展的空间。谷歌中国人工智慧和机器学习首席科学家李飞飞认为，要让机器"不作恶"，人工智能的开发就需要有人本关怀。这已经超越了单纯计算机科学的领域，而需要心理学、认知科学乃至伦理学的参与。[20]百度司南产品中智能与人性的契合，鼓励科技的继续进步，其伦理悖论呼唤人们正视人工智能对传播伦理的挑战，建设与时代保持同步的传播伦理。

（作者单位：华中师范大学新闻传播学院）
[本文为中央高校基本科研业务费（人文社科类）重大培育项目"新时期媒介理论的伦理内核"（项目编号 CCNU16Z2003）的的阶段性成果。]

注释

[1] 百度营销中心．百度司南产品简介［EB/OL］．http：//yingxiao. baidu. com/prod-
uct/ma/7. html.

[2] 百度百科．百度司南［EB/OL］．https：//baike. baidu. com/item/% E7% 99%
BE% E5% BA% A6% E5% 8F% B8% E5% 8D% 97/2534764？fr = aladdin.

[3] 李媛．大数据时代如何保护网络信息安全［J］．理论导报，2017（06）：21 – 22.

[4] Mark Andrejevic and Mark Burdon. Defining the Sensor Society. Television &New
Media，2015，16（1）：19 – 36.

[5]"国内外新闻与传播前沿问题跟踪研究"课题组，殷乐．大数据实践与研究：
批判性反思与研究推动［J］．新闻与传播研究，2015，22（08）：117 – 125.

[6] 百度文库．2016 年网民搜索行为调查报告［R］．https：//wenku. baidu. com/
view/d8bbea2bf342336c1eb91a37f111f18583d00cbd. html.

[7] 薛兆丰，经济学通识［M］．北京：北京大学出版社，2015：147，445.

[8] 艾媒咨询．2018 中国大数据"杀熟"网民态度行为调查报告［R］．http：//
www. 100ec. cn/detail – – 6447367. html.

[9] 百度司南．百度司南市场营销分析白皮书［EB/OL］．https：//pan. baidu. com/
s/1jGE7L3K.

[10] 199IT. PageFair：2017 年广告拦截报告［R］．http：//www. 199it. com/archives/
590244. html.

[11] 江作苏，廖冬妮．要素性补位：正视媒介素养的缺失与错位［J］．中国出
版，2015（06）：17 – 20.

[12] 薛兆丰．如何纪念科斯［J］．经济资料译丛，2013（04）：36 – 40.

[13] 果壳网．"作恶"的人工智能［EB/OL］．https：//www. guokr. com/article/
442855/.

[14] 百度大数据部．百度舆情专业版产品介绍［EB/OL］．https：//pan. baidu. com/
s/1kUwgxM3.

[15]［法］托克维尔．旧制度与大革命；论美国的民主：托克维尔文集［M］．雅
瑟译．北京：人民日报出版社，2013：46.

[16]［美］迈克尔·埃默里，埃德温·埃默里，南希·L·罗伯茨．美国新闻与
新闻界［M］．展江译．北京：中国人民大学出版社，2014：387.

[17] 杨海军．广告伦理与广告文明缔构［J］．新闻与传播研究，2007（03）：15 –

21 + 94.

［18］ 江作苏，黄欣欣．道德相对主义泛滥下建构跨国网络伦理思考［J］．新媒体
与社会，2017（02）：297 – 311.

［19］ 年度传媒伦理研究课题组，王侠．2017 年传媒伦理问题研究报告［J］．新闻
记者，2018（01）：4 – 20.

［20］ 科学松鼠会．"暴走"的聊天机器人，是人工智能在作恶吗？［EB/OL］．ht-
tp：//www. eefocus. com/component/408393/p2.

算法技术的盲区与智媒时代的数据伦理困境

王　茜

摘　要　在智能媒体时代，数据正成为新闻内容生产与内容研究的重心，大数据正在成为重要的社会资源。在大数据研究和算法技术的研究中，机器学习手段的出现给传播学以及相关学科的研究者以及新闻业从业者带来新的方法，但同时也给传统的内容分析法带来新的挑战。基于算法分析的计算型数据分析法迎合了大数据时代的挑战，快速便捷且分析量大，然而会丢失很多媒介语境中深层的含义，也无法挖掘语言和文字中的丰富性、复杂性以及内涵的微妙之处，对于媒介内容的研究仅仅依赖大数据计算分析会产生偏差。因此大数据与智能媒体时代依然需要计算机自动分析与传统人工的内容分析法相结合的研究方法。本文以大数据为背景，以媒介内容分析为例，讨论如何根据研究需要，利用数据抓取技术与计算机编程，辅助人工混合交叉进行数据分析，通过一系列案例探索算法技术的不足与盲区，并讨论了智能时代的数据伦理以及困境。

关键词　大数据　智能媒介　算法分析

The Blind-spot of Computational Analysis: The Dispute of Big Data Research Methods in the Era of Intelligent Media

Wang Qian

Abstract　The emergence of big data and new technology has brought new research methods to communication scholars. However, massive data sets of communication are challenging the traditional, human-driven approaches to content analysis. Computational methods help scholars tackle the big data base more efficiently and accurately, however, the computer is unable to understand the subtleness and richness of human language. The solution is to combine the computational methods with the manual methods. With a detail case study of the news twitter analysis, the research shows the strength of combing two different content research methods in communication research in the era of big data. The ethics in big data analysis is also discussed in the study.

Keyword Big Data, Intelligence Media, Computational Analysis

一 引言

大数据时代的到来，带来了一场关于生活、工作与思维的变革，而关于大数据的分析，也带来了商业、科技、医疗、政府、教育、经济、人文与社会其他各个方面的变化。2012 年联合国发布的《大数据促发展：挑战与机遇》白皮书中，解释了大数据如何帮助政府更好地响应社会和经济指标变化，例如收入、失业、食品价格等，告知各国政府可通过社交网络和手机短信的"情绪分析"来预测失业率等社会数据。[1]在美国的总统竞选中，奥巴马及其团队就将大数据应用到竞选活动中，通过分析挖掘近两年搜集、存储的海量数据，寻找和锁定潜在的选民，运用数字化策略成功定位，拉拢中间派选民及筹集选举资金。在公共健康领域，研究者们利用社交媒介和网络平台收集人们的健康信息，并将这些大数据背后隐藏的信息反馈给医疗人员，借以帮助人们改变自己与健康相关的行为。

大数据是由数量巨大、结构复杂、类型众多的数据构成的集合，是基于云计算的数据处理与应用模式，通过数据的集成共享，交叉复用形成的智力资源和知识服务能力。[2]大数据的特征对使用其的研究者而言有很大的影响，早在 2001 年，时为麦塔集团的分析员道格（Doug Laney）就曾提出关于大数据的"3V"特征，包括数量（Volume）、速度（Velocity）和种类（Variety），还有另一些学者提出 4V 的概念，即还包括价值（value），另有一说认为 4V 代表的是真实性（Veracity）。大数据这几个显著特点，使得它在合理时间内被截取、管理和处理后，成为有用的可被解读的信息。

大数据的出现，使得用户能够在自己的沟通、分享、浏览、网购或聊天等行为中生产出与自身相关的数据。新的技术手段的发展，使研究者们能够追踪、搜集并且分析这些海量的数据。信息领域产生的这些变化，为社会科学包括传播学的研究带来了新路径与机遇，也带来了以大数据为基础的社会科学研究方法的变革。当然，与这些新型研究方法的兴起随之而来的还包括用户的隐私被侵犯以及研究伦理等很多新问题。在新闻传播相关研究领域，国内外很多学者也在尝试着用大数据来研究网络用户在社交网络中的行为特点，比如说对于新浪大 V 用户的微博评论与转贴的分析，以及对于某些社会热点话题的内容分析等，这种内容分析可以涉及健康传播、网络传播等诸多领域。大数据不仅改变了传统意义上的数据搜集方式，也改变了过去我们所熟悉的数据分析的流程。究竟大数据的出现，会给传播学的研究方法带来哪些新的变化呢？本文将以内容分析法为例，并结合具体的研究，深入探讨大数据给传播学领域的研究方法带来哪些机遇和挑战。

二　智能前时代的数据获取与分析

20 世纪 50 年代，美国学者贝雷尔森（Berelson）发表《传播研究的内容分析》一书，确立了内容分析法的地位。[3] 对于内容分析法的定义，是"一种客观、系统、和定量的方式来描述传播的显性内容的研究手段"。内容分析法是一种对文献内容进行客观系统的定量分析的专门方法，其目的是弄清或测验文献中本质性的事实和趋势，揭示文献所含有的隐性信息内容，并对事物发展作出内容预测。[4] 它是一种半定量型的研究方法，其基本做法是把媒介上的文字、非量化的有交流价值的信息转化为定量的数据，建立起有意义的类目分解交流内容，并以此来分析媒介内容的某些特征。

内容分析法包括两方面的工作：一是如何对内容资料进行分析以取得量化的结果；二是如何根据研究需要，设计选择系统化分析的模式，将各种内容分析的量化结果加以比较并定量地说明与解释研究的结果。在传统内容分析法的研究中，研究者一般需要七个步骤：①设定研究问题或研究假设；②选择内容研究的样本，确保总体的完整性和它的特殊性；③设定类目与分析单元，依据研究假设的需要，制定分类的编码表；④训练编码人员。按预先制定的类目表格，按分析单元进行系统判断，记录各类目所表现的客观事实；⑤进行内容编码分析，按照预先制定的类目表格，系统地判断并记录各类目出现的客观事实和频数；⑥测定信度，确保两个以上参与内容分析的人员对相同类目判断的一致性，信度会直接影响内容分析的结果；⑦编码内容进行分析与解读，对研究结论进行数据比较与分析。这些是传统社会科学时期研究媒介内容的主要研究方法，在数据和算法为主导的时代，这一情形正在发生变化。

因此，在此基础上，提出的研究问题包括：①大数据和人工智能带来什么研究方法与研究路径的新发展？②算法技术为媒介相关的数据获取和数据分析带来了哪些新机遇？③大数据与智能媒介对现有的社会科学和媒介研究带来什么样的研究盲区与伦理困境？

三　大数据带来的机遇与挑战

网络媒体的蓬勃发展带来了新的媒介内容的体系架构，也带来了与新闻传播学相关的新的研究框架。与此同时，越来越多的学者开始转向对网络文本的内容分析。例如，关于微博中的标签研究，及与此相关的社会文化的文本分析等。这样的发展机遇冲击了新闻传播领域内容分析研究法的方方面面。比如有学者总结了内容分析法在网络传播中的样本采集和抽样的问题，另一些研究者对不同类型的微博内容进行分析，包括对健康类微博、科普类微博、政务类微博、纸媒的微博以及学术类微博的内容分析，但大多数研究都使用传统的人工内容分析法。[5]而国外的相关研究则更加立足于社会文化的根基中，例如，有学者曾经对新闻记者发布的 twitter 微博进行内容分析，[6][7]或对新型组织的微博进行分析，[8][9][10]或对外国记者的微博内容进行分析，[11][12]或对公益组织的微博进行内容分析，[13]甚至对无家可归者的微博内容进行分析。[14]在这些研究中，研究者都使用了内容分析法对社交媒介的结构特点及与之相关的社会文化文本进行对比分析。例如，有研究者分析了记者如何使用微博的转发与回复功能来完成新闻生产中"把关人"的作用。[15]

网络时代的蓬勃发展给内容分析法带来很多新的挑战，很多学者开始

对用传统的内容分析法来研究浩瀚的网络媒介内容持怀疑态度。麦克米伦
（McMillan）等在研究中就曾经指出使用传统的内容分析法分析网络内容可
能带来的一系列问题。这些问题包括网络信息的宏大性使得研究者很难获
得具有代表性的研究样本；以及由于网络内容的流动性与变化性会导致在
信度的测定中，编码人员很难使用完全相同的内容进行分析，进而影响到
内容分析法的信度测量。[16]

大数据时代的到来为社会科学的研究分析方法的重生与发展带来了机
遇，研究者可以在更丰富与浩大的内容层面进行数据的抓取与分析。很多
社会科学家已经在利用大数据来研究互联网用户的人际互动，这些网络互
动中潜藏了大量有用数据；而现在完成这些工作再也不用去问卷或者电话
调查成千上万的用户，只需要一些代码就可以解决。

即便是大数据描绘了一幅关于未来数据分析的美好图景，但在实际操
作层面，研究者对大数据的截获也存在一定困难。例如，很多新闻传播学
的研究者都在试图找到截获关于微博数据、网页新闻页面、网络流量等相
关数据的方式，当然研究者可以获得一些部门或企业发布的相关公共数
据。例如，美国政府就将很多相关的公共事业相关的大数据公布出来供学
者们作为二手数据进行研究；但是对绝大多数的社会科学的研究者来说，
得到这些庞大的且具有研究和商业背景的数据并非易事。一方面，很多公
司对自己的数据不完全开放，他们不会提供应用数据接口或者 API；另一
方面，大数据中的隐私问题仍然没有得到解决。虽然许多学者正在试图开
始研究社交媒体，由于用户隐私问题的存在，互联网公司越来越不愿意和
研究者或公司分享这些数据。受制于互联网公司的服务条款，很多研究人
员即使拿到了数据，他们也无法使用。所有这些现状都给大数据时代的内
容分析法带来了新的挑战。

四　算法型数据分析法的优势与局限

如果说大数据为传播学者们提供了海量的可供分析的数据，那么大数
据同时也为传播学的研究者们带来了一系列新的处理和分析数据的工具与
方法。虽然可以不断听到各方提出大数据研究中如何保障被使用者的隐私
不被泄露这样的质疑，大数据却已经给社会科学研究带来了新的技术层面

的创新。正如有学者所言，"我们再也不需要在数据的量与数据的深度之间做出取舍"。[17]这种全新的视野给我们带来了在大数据时代传播学研究的新思路。

在过去的传播学研究中，研究者总是会面临数据过量或者取样过少这样的困扰。例如，在对报纸的内容分析中发现需要分析的新闻篇数过多，对电视进行内容分析时发现电视中有难以计数的节目或广告。而通常来说，研究者采取的对应策略无外乎使用分层抽样或者随机抽样的方式来减少内容分析的文本数量；或者找更多的人员参与到研究的编码与分析工作中。利用计算机直接进行内容分析可以让这一过程变得简单。理论上来说，计算机的分析与处理方式，会帮助研究者解决传统内容分析法中这些关于样本数量或者编码局限性的问题。例如，使用算法分析与系统采集数据的方式，就可以将任意一家新闻机构中全年所有的新闻内容进行分析与归类。这些在传统的内容分析法中以人工的方式是难以想象且不能完成的。

算法技术还可以帮助研究者将庞大的数据分割成我们所需要的精确数据或类别数据，比如研究者需要某个特定时期对某个话题的所有博客讨论贴，或者某类帖子中出现最多的关键词。针对这样一个内容分析研究，在编码过程中，我们就可以利用计算机搜索整个数据库，并使用语句分析与概念图绘制工具等方式来确定最常出现的关键词，最后将这些关键词的频次与关系用视觉化的方式表达出来。例如，在布伦斯（Bruns）等人的研究中，研究者就将网上关于某一政治议题讨论的博客帖子用计算机进行数据处理，并依据结果绘制出一张网络图。[18]

当然对于在内容分析中采用计算编码方式进行分析的方式，也存在很多质疑与讨论。这种研究方法看似快捷，但存在很多弊端，比如说电脑的内容分析一般只能停留在文字的浅表层次，这样对研究者而言，很多文本中深层的含义就会被牺牲掉。而对于使用计算机进行内容分析的方式来说，其最大的不足之处莫过于计算机无法理解人类语言和文字的丰富性、复杂性以及内涵的微妙之处，而这些人工编码的内容分析法却可以做到的。[19]

另一个值得警惕的现象是，在浩瀚的网络中我们所获得的大数据集不是客观的，智能媒介时代，大数据都来源于有关于人类本身以及人类行为，展现的是人类如何生活的一些合集，然而，这不代表整体。这些数据本身也不是中立的，使用者所依赖的算法其实也不能解释它们。在社会科学领域，我们经常看到一些大数据背后解释的人类行为与故事，通常它们是不完整的，不确定的，甚至不具备科学性的。算法和我们通过网络爬取的大数据其实并不如我们所想象的客观，相反带有很强的主观性。

五　人工智能与大数据分析中的盲区

大数据时代需要更多的学科交叉方法，例如，新的内容分析研究方法就立足于计算机科学与社会科学的交叉融合中。因而传播学者需要应用算法技巧与分析方法来研究宏大的网络媒介内容的数据库，这种方法对社交媒体的内容分析而言更不可或缺。我们看到，一方面，传统的人工编码与计数的内容分析方法已经完全不能应付与处理大数据时代的宏大媒介数据；另一方面，如果仅仅对于媒介内容做计算分析的话，会让研究者难以发现研究内容中人类语言中的隐含意义与微妙之处。[20]因此，在大数据时代的内容分析研究中，我们需要结合传统的人工计数与计算机数据处理的双重方式，来帮助我们获得更多的信息分析数据，得到更准确的分析结果。[21]

在传播学研究中，一些学者也意识到这一问题的存在，并试图在研究中结合这两种不同类型的内容分析法，进而做到扬长避短。例如，有学者在研究挪威广播公司全年的网络新闻内容时，就曾经将计算机数据搜集法与人工内容分析法相结合。[22]在该研究中研究者使用 Python 脚本语言，截取了 74430 篇以文本为主的新闻，并将这些新闻下载到本地的服务器上。在第一阶段的研究中，研究者用计算机内容分析的方式，对网页中的超链接、读者评论、视频等网页内容特征进行自动计数；在第二阶段的研究中，研究者对数据库进行分析，从网页上选取了约 2000 篇文章，采用量化分析与人工编码的方式，对其新闻类别、主题链接、工具条内容等进行了内容分析。这些人工分析的方式，在计算机上都是无法识别和完成的。

通过这个研究不难看出，在内容分析中，计算方法的优势在于确保了数据的质量、准确性与范围，但是采用人工的内容分析法，可以确保我们对主题种类鉴别的准确性。[23]在分析媒介内容的内在含义这一层面，大数据时代使用传统的人工内容分析法依然保有自己的优越性。因此，在大数据时代对网络媒介内容进行内容分析，如果研究对象是新媒体的结构特征，我们可以用算法内容分析的方式来完成；然而，如果要研究这些媒介的内容结构特征，或者研究分析那些与社会文化语境相关的媒介内容，则依然需要使用人工的内容分析法。这给我们的启示是，传播学研究者可以使用计算机与人工混合研究的方式，以避免丢失那些与社会文化语境相关的文本内容。

六　数据获取与分析的伦理困境

另一个与伦理相关的主题是，在获得大数据进行科研或者新闻报道的同时，应该如何避免对网络的使用带来隐私泄露与伤害。Facebook 中的数据泄露事件已经给了人们足够的教训与启发，这对于社交媒体以及大数据时代带来的数据伦理与算法道德困境有着重要的启示意义。这个技术景观中最大的变化特征是成本，随着数据库变得越来越大，算法技术不断更新，技术侵入隐私的成本已经大大减少。而与此同时，在数据获得过程中，从主体获得知情同意变得越来越难。例如在社会科学研究伦理中，一个很重要的原则是，如果研究主体是未成年人，父母必须被告知并获得知情同意权，但是大数据数据库中没有知情同意书。在智能媒体时代如何获取未成年人在智能终端或社交媒介上的行动痕迹，而不担心存在侵犯和暴露儿童隐私的风险，是一个具有争议而且亟待解决的伦理问题。

此外，越来越多的人在研究社交媒体社区时，采用了参与式观察，网络民族志，或者数字人类学田野调查的新型研究方法。然而，这里的伦理困境是被很多人忽视的，例如，当社会科学家或新闻工作者在网上观察和研究社区以及社群互动时，他们进行观察以及与他人交谈的事实可能会破坏社区和安全感。观察网络社区的研究人员可能在无意中造成社区中的纠纷和对相应群体的伤害，例如，如果有研究者借助数据分析微信群中多次的抢红包行为，并将个体行为，时间节点与红包金额进行数据可视化呈现，那些只抢红包不发红包的人就自然成为研究中的有趣焦点，作为被研究对象的个体的抢红包行为将会在可视化数据中被匿名呈现出来，他们或许会在有意无意之间感受到自己的隐私被侵犯，以及被贬损与曝光的不良感受，这些在数据收集、分析与呈现中产生的伦理问题也并未被前人研究提及。

当社会科学与新闻结合在一起时，大数据的结果呈现也会形成研究伦理面临的重要挑战。大数据研究对少数族裔人口和社会边缘人群可能产生的影响是不可忽视的，研究者可以使用大数据分析产生最好的误导以及最坏的统计数据。例如，有一些研究者试图从司法判决的材料中收集一些关于犯罪分子的统计资料，他们便可以获得一些关于种族、地域和宗教偏见的重要数据分析结论并形成看似很有逻辑的支持，例如，会得出更多来自某个族裔的人是犯罪分子，或者来自某个地区的人更加具有伤害性，以及某个籍贯的人不可信任等这些不良的结论。

在研究中另一种伦理挑战是在研究者使用他人收集智能媒介数据中，今天手机应用、移动媒介和各种智能媒介都在暴露个人的数据，那么对于使用其他人收集的次级数据库中相关人类行为数据的社会科学家和新闻记者而言，他们是否必须获得第二次知情同意才能进行研究，这个问题仍然是悬而未决的伦理困境。

七 如何弥补数据获取与分析缺陷

网络与数字技术的优势使社交媒体能够吸引足够多学者的参与，并把社交媒介作为其进行公共传播的第二平台。作为新闻传播的重要平台与渠道，微博俨然是全世界记者们搜集信息、发现线人、与不同信源进行快速便捷沟通的一个必备武器。对于记者们而言，他们不用走出办公室甚至不接听电话就能够完成一篇不错的新闻报道。以微博为代表的社交网络已经成为很多记者搜集新闻信息与新闻热点的一个重要来源。作为新闻热线，微博可以给记者们提供实时更新的一手新闻材料；作为新闻编辑的公共空间，它也可以帮助记者核实数据，搜索相关信息等编辑事务。与主流媒体新闻编辑中的新闻"把关人"不同，社交媒体例如微博中对于媒介内容的"把关"与选择在新闻发表之前就已经完成了，并且这种对于新闻内容的选择是由微博信息的发布者通过转发的方式选择完成的。

新闻的信源不仅会影响很多记者的能否获得新闻，同时也为新闻信息的呈现与解读提供相应的框架。[24] 一般来说，新闻记者喜欢援引具有话语权的社会个人、专家或者权威机构发布的信息，以增加其新闻的权威性与可信度，在主流媒体中社会边缘化的声音往往会被忽视。比如曼宁（Manning）2001年在对"绿色和平"和"地球之友"组织的微博研究中发现，那些被边缘化的信源可能会在记者的信源等级中缓慢上升，并慢慢被认定为权威。[25]

微博的特殊性在于它可以保证一种非主流报道的存在，带来社会中的另一种声音。比如在对2011年埃及革命中社交媒体的影响力的研究中，研究者发现由于社交媒介上大量转发的内容而形成了社会的另一种声音。[26]因此对于微博的研究，更需要用内容分析的方式进行，比如通过点击量最高的微博或者转发量最多的微博来评判这些新媒体内容的相关性，而不是传统的内容分析中词频的方式来进行判断。[27]

一种新的新闻产生的方式正在社交网络空间中形成，例如，记者对外界更加多样化与丰富的信源的依赖以及与信源之间的互动。如果研究者想研究以微博为代表的社交网络如何为新闻的生产与重组提供了平台，那他们可以去了解这种互动是基于转发微博，还是在微博上被@以后所获得。[28]在微博上，记者寻找信息来源的过程变得公开且有迹可寻。当记者在转发的微博中标明@的新闻来源，或者援引某个个人或机构发布的信息时，研究者都可以去捕捉新闻记者与信源对象在微博上的互动；而在传统的新闻采集过程中，研究者无法获知这种记者与信源之间的交流过程。

微博平台的特殊性使得研究者可以追踪网络新闻生产的过程，并通过内容分析法去研究记者如何利用微博发现新闻线索并编辑新闻的社会现象。研究者可以去了解网络空间中的新闻信息来源，比如记者的信源，记者援引或转发了哪些个体或者机构的信息。但是，由于网络信息的容量大、变化速度快等特征会导致抓取这些网络内容有一定困难。大数据赋予了新闻传播学的研究者很多新的可操作的研究方法。

我们以2010年底在北非和西亚的阿拉伯国家和相关地区发生的一系列以"民主"和"经济"等为主题的反政府运动"阿拉伯之春"事件为例，在这次运动中，现代移动通讯技术尤其Facebook、Twitter、Youtube等社交媒体发挥了重要作用。刘易斯（Lewis）等学者对"阿拉伯之春"事件期间美国国家电视台记者的微博进行了内容分析的研究，并利用大数据对新闻记者的Twitter微博进行内容分析。这一事件不仅让人们看到传统媒体和新媒体之间的平衡正逐渐向社交媒体和公民记者倾斜；也让很多人看到公民记者能够提供有价值的报道，而越来越多该地区新闻专业人员也开始使用社交媒体与读者进行互动。这是一项针对新闻来源如何在媒介对社会现实建构中发挥作用的研究，同时也是一项在大数据时代如何获取、分解，解释数据以及对数据做计算与人工混合型内容分析的研究范例。[29]

这样的研究为大数据时代传播学的内容分析法提供了一种新的范式与样板，作为研究者，也可以看到完全利用抓取软件进行内容分析天然存在着缺陷与不足。如果完全依赖抓取软件去做内容分析，有可能会丢失掉一些重要的媒介信息或者代码，而如何将人工的内容分析步骤通过软件筛选、编程语言等创新方式融入大数据计算为基础的内容分析研究中，以弥补数据计算型内容分析法的缺陷，并为内容分析法的变革带来新的研究方法上的升华与创新，才是传播学研究者面临的新课题与挑战。

八　结语

综上所述，将算法为基础与人工为基础的内容分析法相结合并运用在新闻与传播领域仍然存在很多挑战，依然有很多值得学者们去探索的空间。从上述讨论中可以看出，采用计算的方式进行内容分析是对传统人工方式的效率提升与范围扩大。这两种方式的结合不仅可以帮助研究者解决在编码过程中可能出现的输入错误，而且可以去处理一个非常庞大的数据量。保留传统人工的方式可以帮助研究者保持对研究的文本内容细微处的敏感度，提高研究的深度。因此，这种两者结合的研究方式，可以最大化大数据中的数据体量，以及发挥计算效率的优势；当然，我们还可以通过计算的方式自动选找关键词，再将搜索到的代表性类目提供给人工的编码者进行研究，这时，人工编码的研究人员可以依据文本的实际解读方式选择接受或者拒绝。另一种具有挑战的可能性是，如果我们能将这种研究方式与编程语言相结合，会有更加强有力的分析力量。

即便在拥有强大的计算工具的前提下，研究者依然不能忽视用传统的人工方法进行内容分析的重要性。即便在对大数据的研究中，也不能忽略对文本内容的隐含意义的敏感度。虽然大数据时代的研究者可能更看重数据中重复出现的规律与漂亮的形式，但这些毕竟只停留在数据的表浅层面。有一些研究者依然停留在数据的表面，或许已经为能够利用端口抓取大数据这样的简易操作程序而欢呼。作为研究者，我们要对数字信息的生产过程中的细微之处保持敏锐的观察。对研究者而言，当大数据被处理简化成一个数据模型以后，其中隐藏的语境意义会更加难以保存。当然，传统的人工方式的内容分析法也存在自身的不足。在两种方法相结合的过程中，研究者需要寻找到这种方法间的平衡，通过计算分析的方式将大数据简化，转换成不需要太多的编码人员就可以进行分析的数据，帮助研究者更加有效与准确地分析出微博内容背后的社会语境含义，并进行人工方式的分析。这也可以看作是大数据时代传统内容分析法的一种重生。

大数据时代，数据的获取变得更加容易，研究者有机会获得几乎所有的数据而非少量的抽样，然而这也带来更多的伦理挑战。大数据中研究的对象是数据的总体而非部分，展示的更多是数据的相关性而非因果关系；研究者也不再关心如何花费高昂的代价去消除数据里面的不确定性，而是考虑如何从海量的数据中获益。[30] 基于这些特点，大数据所呈现的客观性与准确性可能对研究者的方向有一定的误导。一方面，用户或许不能代表所用的被研究对象全体；另一方面，离开了语境，大数据将失去其内在含义。[31]

对传播学者和新闻记者来说，使用大数据进行研究依然需要更多的思考，也带来更多的挑战。在智能媒体时代，数据科学变得越来越重要，传播学研究方法不断革新的过程中，我们要保持批判的心态；在人们为大数据带来的研究方法的划时代变革而欢呼时，研究者却应该保持冷静，并具有一定的大数据媒体素养与伦理意识。大数据时代如何处理社会语境的解析问题，如何避免伦理困境，并将数据分析法进行与时俱进的发展，对于研究者来说依然是一个具有挑战性的议题。

（作者单位：上海交通大学媒体与传播学院）

［本文为上海市哲学社会科学青年课题（项目编号：2017EXW002）"健康传播框架下上海青少年控烟教育与行为改变的实证研究"的阶段性成果，以及教育部青年基金项目（项目编号：13YJCZH205）的阶段性研究成果］

注释

［1］ United Nations, "Big data for development: Challenges and Opportunities", White Papers, 2012.

［2］ Lazer, D., Pentland, A. S., Adamic, L., Aral, S., Barabasi, A. L., Brewer, D., & Gutmann, M., "Life in the network: The coming age of computational social science," Science, Vol. 323, 2009, pp. 721 – 723.

［3］ Berelson, B., Content Analysis in Communication Research, New York: Free Press, 1952.

［4］ Holsti, O. R, Content Analysis for the Social Sciences and Humanities. Reading, MA: Addison-Wesley Publishing Company, 1969.

［5］ 徐硕. 传播学学者在微博中的知识生产现状分析——基于传播学学者新浪微博内容分析 ［J］. 东南传播, 2012（6）: 69 – 71.

［6］ Bruns, A, "Journalists and Twitter: How Australian news organisations adapt to a new medium," Media International Australia incorporating Culture and Policy, Vol. 144, 2012, pp. 97 – 107.

［7］ Herrera, S. & Requejo, J. L, "10 good practices for news organizations using Twitter," Journal of Applied Journalism & Media Studies, Vol. 1, 2012, 79 – 95.

［8］ Blasingame, D, "Gatejumping: Twitter, TV news and the delivery of breaking news," ISOJ Journal: The Official Research Journal of the International Symposium on Online Journalism, Vol. 2, 2011.

［9］ Greer, C. F., & Ferguson, D. A., "Using Twitter for promotion and branding: A content analysis of local television Twitter sites," Journal of Broadcasting & Electronic Media, Vol. 2, 2011, pp. 198 – 214.

［10］ Messner, M., Linke, M., & Eford, A, "Shoveling tweets: An analysis of the microblogging engagement of traditional news organizations," ISOJ Journal: The Official Research. Journal of the International Symposium on Online Journalism, Vol. 1, 2012.

［11］ Bruno, N., "Tweet first, verify later: How real-time information is changing the coverage of worldwide crisis events," Reuters Institute for the Study of Journalism, http://reutersinstitute. politics. ox. ac. uk/fileadmin/documents/Publications/fellows_papers/2010 – 2011/TWEET_FIRST_VERIFY_LATER. pdf, 2011.

［12］Cozma, R. , & Chen, K. -J. , "What's in a tweet? Foreign correspondents' use of social media," Journalism Practice. Advance online publication, 2012.

［13］Waters, R. D. , & Jamal, J. Y. , "Tweet, tweet, tweet: A content analysis of non-profit organizations' Twitter updates," Public Relations Review, Vol. 3, 2011, pp. 321 – 324.

［14］Koepfler, J. A. , & Fleischmann, K. R. , "Studying the values of hard-to-reach populations: Content analysis of tweets by the 21st century homeless," Proceedings of the 2012iConference, iConference '12, New York: ACM, 2012, pp. 48 – 55.

［15］Lasorsa, D. L. , Lewis, S. C. , & Holton, A. , "Normalizing Twitter: Journalism Practice in an Emerging Communication Space," Journalism Studies, Vol. 1, 2012, pp. 19 – 36.

［16］McMillan, S. J. , "The microscope and the moving target: The challenge of applying content analysis to the World Wide Web," Journalism & Mass Communication Quarterly, Vol. 1, 2000, pp. 80 – 98.

［17］Manovich, L. , "Trending: The promises and the challenges of big social data. In M. K. Gold (Ed.) ," Debates in the Digital Humanities, Minneapolis, MN: University of Minnesota Press, 2012, pp. 460 – 475.

［18］Bruns, A. , Burgess, J. , Highfield, T. , Kirchhoff, L. , & Nicolai, T. , "Mapping the Australian Networked Public Sphere," Social Science Computer Review, Vol. 3, 2011, 277 – 287.

［19］Simon, A. F. , "A unified method for analyzing media framing. In R. P. Hart & D. R. Shaw (Eds.) ," Communication in U. S. elections: New agendas, Lanham, MD: Rowman and Littlefield, 2001, pp. 75 – 89.

［20］Conway, M. , "The subjective precision of computers: A methodological comparison with human coding in content analysis," Journalism & Mass Communication Quarterly, Vol. 1, 2006, pp. 186 – 200.

［21］Lewis, S. C. , "The tension between professional control and open participation: Journalism and its boundaries," Information, Communication & Society, Vol. 6, 2012, pp. 836 – 866.

［22］Karlsson, M. , & Strömbäck, J. , "Freezing the flow of online news: Exploring approaches to the study of the liquidity of online news," Journalism Studies, Vol. 1, 2010, pp. 2 – 19.

［23］Sjøvaag, H. , Moe, H. , & Stavelin, "E. Public service news on the web: A large-scale content analysis of the Norwegian Broadcasting Corporation's online news,"

Journalism Studies, Vol. 1, 2012, pp. 90 – 106.

［24］ Sigal, L. V. , Reporters and Officials: The organization and politics of newsmaking. Lexington, MA: D. C. Heath, 1973.

［25］ Manning, P. , News and News Sources: A Critical Introduction. London: Sage, 2001.

［26］ Papacharissi, Z. , & de Fatima Oliveira, M. , "Affective news and networked publics: The rhythms of news storytelling on Egypt," Journal of Communication, Vol. 2, 2012, pp. 266 – 282.

［27］ Poell, T. , & Borra, E. , "Twitter, YouTube, and Flickr as platforms of alternative journalism: The Social Media Account of the 2010 Toronto G20 Protests," Journalism, Vol. 6, 2012, pp. 695 – 713.

［28］ Silverman, C. , "Is this the world's best Twitter account?" Columbia Journalism Review, http://www. cjr. org/behind_the_news/is_this_the_worlds_best_twitter_account. php, 2011.

［29］ Lewis, S. C. , Zamith, R. , & Hermida, A. , "Content Analysis in an Era of Big Data: A Hybrid Approach to Computational and Manual Methods," Journal of Broadcasting & Electronic Media, Vol. 1, 2013, pp. 34 – 52.

［30］〔英〕维克托·迈尔－舍恩伯格、肯尼斯·库克耶. 大数据: 生活、工作与思维的大变革［M］. 盛杨燕、周涛译, 杭州: 浙江人民出版社, 2013。

［31］ Boyd, d. & Crawford, K. , "Critical questions for Big Data: Provocations for a cultural, technological, and scholarly phenomenon," Information, Communication & Society, Vol. 5, 2012, pp. 662 – 679.

人工智能与大数据背景下广告领域的
新发展与挑战

萧　冰

摘　要　随着机器学习、机器视觉、自然语言处理等技术的发展，人工智能迎来爆发式增长，并给媒介内容生产与平台带来颠覆式的变化。而在不远的未来，人工智能也将对广告内容生产、情绪感染与渠道投放领域产生巨大的影响，这个影响是全方位的，从智能市场细分、消费者画像，到内容生产等不同领域，都将留下人工智能的印迹。本文综合分析了人工智能给广告内容生产、精准投放、消费者身份识别等领域带来的革命性变化，从三个不同的角度讨论了人工智能对广告领域的影响，并讨论了人工智能可能引起的广告内容生产与投放中的伦理风险和新挑战。

关键词　人工智能　广告细分　内容生产

The Opportunities and Challenges of Advertising
in the Era of Artificial Intelligence

Xiao Bing

Abstract　With the development of machine learning, machine vision and Natural Language Processing technology, artificial intelligence is booming. In the near future, artificial intelligence will also have a huge impact on the field of advertising marketing. The impact of Artificial Intelligence technology will be omnidirectional from smart market segmentation, consumer portrait to content production, but artificial intelligence can not completely replace human beings in the field of advertising creativity and design. This paper analyzed the revolutionary changes and opportunities brought by artificial intelligence to the field of advertising content production and consumer identification, as well as discussed the possible ethical risks and legal disputes brought by AI technology.

Keyword Artificial Intelligence, Advertising Marketing, content production

一 引言

人工智能技术（Artificial Intelligence）本质上是对人的思维过程的模拟，通常认为由四部分组成：认知、预测、决策和集成解决方案。认知指通过各类传感器、应用程序结合算法收集、解释信息，以此来感知并描述世界，涉及计算机视觉、自然语言处理等技术。预测则是指通过推理来预测目标的行为和结果，此类技术可根据特定人群的大数据来预测他们的行为，从而定向进行精准营销。决策可广泛应用于动态定价、道路规划等，主要关心如何做才能实现目标。集成解决方案则是人工智能与其他技术的结合，如物联网等。在人工智能技术背景下，广告从内容生产到市场细分、营销渠道等将迎来天翻地覆的变化，由传统营销模式走向智能广告营销。

人工智能领域，认知和预测领域的许多技术已经逐步商业化，而决策和集成解决方案技术多处在研发阶段。[1]智能广告营销主要涉及认知、预测与决策三部分，目前在智能广告营销所必须的大数据、计算能力、深度学习方面均已具备一定的技术基础。人工智能技术及应用分为基础支撑、软件算法、行业应用三个层次，各技术领域在国际国内均有若干家有影响力的企业。从底层硬件及技术/平台方面来说，已经形成相当规模，并获得较多的应用与发展。

二 研究背景与研究问题

人工智能技术的发展使广告媒介获得更深层次的加工与开发，能与受众进行良好的交互，而且更适合程序化购买与投放。基于技术和数据进行广告的交易和投放管理的程序化购买市场已经颇具规模，当下社会每天可以产生近 18 万亿 G 数据，而其中真正智能化开发利用的数据仅占总量的 1%。[2] 如此巨大的数据如果被充分利用起来，广告营销将会被人工智能彻底颠覆。著名的沃纳梅克之惑"我知道我的广告费有一半被浪费掉了，但我不知道是哪一半"将被解开，人工智能时代广告主将可以清楚地知道应该花费哪一半。

人工智能与算法技术实现精准广告营销需要在以下方面实现智能化，①基于大数据的广告细分市场智能化分析；②对广告受众身份、需求、喜好等特征的智能化判断；③广告媒介的智能化优选；④广告内容的智能化生产；⑤广告受众与广告内容的良好互动等。本文以广告营销中对人工智能与大数据的案例为分析基础，探讨广告营销领域在人工智能时代面临的新机遇与挑战。

本文的研究将包括以下几方面：①人工智能与算法技术如何协助广告实现精准投放？②人工智能如何提升广告用户的使用体验？③人工智能技术如何改变内容生产领域？④人工智能和大数据给广告营销带来了哪些新的伦理挑战？

三 研究发现

（一）人工智能与算法技术协助广告精准投放

1. 广告用户画像与精准投放

对于广告业的智能化而言，非常重要的一点是基于大数据的智能化市场细分与消费者身份识别。企业不能奢望把自己的产品卖给全人类，于是便需要对市场进行细分，以使广告营销更有针对性、更加有效。细分市场的方法包括事前细分、事后细分、适应性细分等几种类型。事前市场细分按照地理因素、人口因素、社会阶层因素、行为因素和心理特征等事先选定细分标准对市场进行细分。[3]事后细分即在分析前对细分标准以及最终可能得到的细分类群数目都是未知的，研究者问卷后选择消费者的生活形态、价值取向、需求、使用量和使用产品使用行为特征等来划分细分市场。[4]而适应性细分则是运用统计学的联合分析以及计算机模拟方法，对所获得的消费者数据进行适应性调试。[5]

随着大数据技术的蓬勃兴起，适应性细分方法得到了进一步的发展，人工神经网络等技术被应用于市场细分。互联网用户的个人身份特征、购买与消费习惯、出行规律等都可以被平台轻易获得，从而勾画出不同于传统市场细分的分类群体。如高德地图运输部联合研究院通过对不同品牌汽车的出行轨迹进行记录，分析出各类品牌车主的主要工作与娱乐场所。在过去的一项大数据的研究中，研究者对上海居民家庭的籍贯分布特征和人群特征进行研究，研究内容包括用户的籍贯、居住分布、收入水平、人口流动特征等。这些人工智能大数据系统能够通过对用户的属性标签进行分类整理，追踪并记忆消费者活动轨迹，洞察消费者的特征与行为，进而为消费者准确画像，帮助广告主了解潜在消费者在哪些关键节点会被拦截和打动。

2. 消费者身份识别

面部识别技术已经在一些营销场景中得以使用，例如，有学者提出可以在数字广告牌上安装软件和摄像装置，通过人脸识别技术来识别观看者的体貌特征和所观看的广告信息，并进一步利用搜集到的数据信息作为衡量广告投放的效果，从而合理选择广告投放人群和区域。[6]Newswire 报道了一项观众的面部识别技术，可以使用人工智能来控制电视内容和广告播放，当检测到有儿童在场时还可限制成人广告。[7]对消费者身份的识别将使智能营销公司准确知道：谁、什么时间、在哪里、正在接触什么媒介，从而准确地向目标消费者投放广告。有了对消费者的智能市场细分与身份识别，一些互联网营销公司认为营销的核心价值将从"Big Idea"转变为"Big Data"，随着数据量的扩容与算法技术的改进，大数据将重塑整个营销的分析、生产与流程。[8]

然而，也有学者对此存有疑虑。一方面，通过数据计算刻画出来的消费者形象未必能够反映真实的消费者形象，甚至可能南辕北辙。影响消费者行为的因素可能是多方面的，包括环境因素、个人心理、生理情况等，要做到真正的精准营销，不可能仅仅依靠数据追踪和数据挖掘技术。有经验的营销企业可以通过消费者洞察，弥补理性数据计算与感性消费者心理之间的鸿沟。[9]另一方面，就人脸识别技术而言又遇到数据库与隐私安全的双重问题。首先是难以获得大规模人脸识别比对的数据库，即便通过摄像头识别出观看者的体貌特征也无法广泛确认观者的身份信息。其次即便是技术上能够实现，出于自身隐私安全的考虑，大多数人也绝不希望电影中时刻处于监控之下的场景变成现实。

3. 机器视觉识别与程序化广告投放

传统的视频广告在视频播放的前后及中间插播，存在的问题是受众在广告时间段分心做其他事情，对广告没有给予关注，或者觉得视频中的广告打扰了观看，影响观影体验。广告商希望增加广告时长以提高品牌推广度，而受众希望缩短广告时间，两者的愿望是相互冲突的。针对这一矛盾，广告商可通过语音与受众互动，提问与正在播放的广告相关的问题，如果受众能够正确回答问题，则可跳过广告。[10]

在广告插入时间的选择上，在线视频公司正在开发新的技术以识别视频中的人物、物体和内容，这是机器学习研究应用于广告营销的重大新成果。过去视频内容的标签化处理是通过人工进行简单的文字标签化，不过这种文字标签的形式并不精准，同时也难以让视频被充分开发利用。而人工智能技术可以识别视频中的人脸、动作、商标等具象内容，以及一些抽象的事物如日落的景象、婚礼等，识别误差率仅为 3.5%，可以做到比人眼更准确。[11]通过机器视觉识别，可以帮助广告实现精准投放。

不过，实际运营效果能否达到宣称的效果还有待检验。例如，YouTube 公司曾由于在极端视频旁边展示英国政府的广告，遭到英国政府的传唤，并被英国广告主抵制。借助于"程序化广告"的方式销售广告位，在线广告的位置就可以由算法确定，广告会基于用户之前的浏览行为所呈现出来的兴趣、地理位置等数据进行显示。但显然其只考虑到广告受众，而没有考虑到视频内容对广告品牌形象的影响，现在它们不得不允许客户自主选择视频的类型，使之可以控制广告出现的位置。由此看来，在线视频广告的程序化购买还有不少技术之外的新问题需要解决。

（二）人工智能技术提升广告用户体验

1. 智能交互界面与语音识别

在屏幕围绕在人们四周令人难以躲避的同时，自然语言处理技术的发展使智能语音的地位跃升，甚至将成为人与计算机互动的一个主要界面。微软语音与对话研究小组在 Switchboard 语音识别基准测试中，将词错率降低至 5.9%，另一个语音识别的案例是，Google Assistant 展示了它与人无障碍沟通的情景，甚至可以帮人电话预约剪发、订餐，而对方完全意识不到说话的是人工智能设备。这些是人工智能在广告交互界面中被应用的重要场景。

智能语音交互界面的发展使得人们在忙碌时可以将眼睛和双手解放出来，并且可以不依赖于"屏幕"这个交互界面。现在的交互形式主要是依靠"点击"和"触摸"来完成，它极大的限制了用户在交互过程中的位置、姿态、注意力水平等。如，无论是使用台式电脑还是智能手机，屏幕始终要处于视线的前方才能正常交互，造就了低头族与一些长期使用电脑的职业病。另外，屏幕对用户的注意力水平始终有较高的要求，无论是手机屏幕取代电脑屏幕还是多屏融合，其实质就是对视觉注意力的竞争。而语音界面对注意力水平的要求却相对低得多，用户可以完全无视它的存在，甚至将它忘记，这些对于获取广告用户注意力都是一个全新的优势。

人工智能技术在广告声音识别领域的应用中，在广告用户不需要的时候只是静静的等待指令，等待某些词汇将它唤醒。这种用户不必通过触摸或点击来实施交互的行为被广告专家称为"零界面"。除了自然语言交互之外，"零界面"还包括人类的行为和手势，让计算机站在人类的角度学习与人交互的方式。[12]不过当前虽然在语音识别领域取得一定突破，并可以应用在广告领域，然而这一技术依然存在很多挑战，例如，在嘈杂环境中通过远距麦克风实现人类水平的识别、对方言等有限数据的语言识别，以及从语音识别到语音理解的跨越等。这些在广告的用户交互体验装都可以得以应用，并极大提升用户的使用兴趣与交互情感体验度。

2. 原生广告的内容植入提升用户体验

一个在广告行业正在出现的趋势是，互动媒介上常见的 Banner 广告等形态正在逐步让位给原生广告，原生广告指的是一种注重用户体验的互动广告，以用户平常的使用习惯切入，在不破坏用户体验的情况下，为用户提供有价值的信息，它融入了网站和界面本身并成为其中的一部分。原生广告具有六个方面基本特征：①媒介适配性，②内容创意适用性，③对用户体验的打扰程度，④用户自主选择性，⑤内容价值，⑥数据管理能力。[13]

研究发现，原生广告的内容植入和呈现不是以争夺视觉注意力为手段，因此不会破坏平台本身的和谐性，而它提供的有价值的信息又让用户乐于参与其中、乐于分享。它不像通常的网站广告那样会被人一眼就能识别出来并刻意避开，而是从内容到形式都给自己披上了保护衣，用户甚至有可能意识不到自己正在浏览一则广告，或者即使知道也乐意观看。研究表明，世界上第一条网络横幅广告出现时它的点击率是40%，而今天Banner广告的平均点击率已经不足0.2%，任何一种广告形态在新出现的时候都能够起到较好的效果，随着人们对这种广告形态由新鲜好奇到习以为常直至避之不及，广告的效果也会变得越来越差。但至少目前来看，原生广告还处在上升期。在过去的研究中，一些国外知名的媒体实验室使用眼动追踪技术做实验，例如，他们对4770名消费者观看原生广告（native ads）和横幅广告（banner ads）的情况进行评估和比较广告的效果，研究发现：原生广告的查看频率比硬广告高52%，对在线销售意向提升18%，以及分享意愿高13%。[14]

3. 增强与虚拟现实技术提升用户体验

增强现实与虚拟现实从技术上讲具有很大差异性，增强现实技术将计算机生成的虚拟信息层叠加到真实场景中，用户通过信息层实现与现实世界的虚拟互动，增强用户对现实世界的感知能力；而虚拟现实是使用户沉浸到虚拟的世界中，以虚拟替代现实环境。不过二者都具有较强的交互性与构想性，无论是媒介的吸引力还是广告的表现力都能够突破传统媒介的边界。而当它们与人工智能结合在一起，则会构成全新的"体/用"关系，使人机合二为一形成"超媒介"。[15]

增强现实技术出现的时间虽然晚于虚拟现实，但在广告上的应用却更为成熟，主要是报纸媒体常将增强现实技术与纸媒广告融合加以应用。《洛杉矶时报》曾经开发一种增强现实应用程序用于全面报道奥运会新闻，除了能看到新闻故事，还可以看到特定的地产广告。这一技术已经被广泛运用与发展，并提升用户的体验，影响用户的媒介使用情绪等。

增强现实技术应用于广告中具有多方面优势，不但可以拓展现实世界的信息，其新颖的广告形式也有利于延长读者关注广告内容的时间；[16]互动形态的广告优化了用户的购物体验，广告的效果可直接检测。[17]而在应用增强现实进行互动的过程中，利用自然手势直接操作信息层的各类对象，可以使人机交互的过程更加自然，有利于用户主动探索并接受广告信息。增强现实的媒介也不仅限于屏幕或数据眼镜，全息投影的运用会给增强现实带来更多魔幻感。

相比于增强现实,虚拟现实在当下的应用更具有游戏特征,有更好的沉浸感和参与度,但存在感方面要逊于增强现实。虚拟现实广告可以使消费者进入广告情境中,在虚拟的环境中体验广告产品的使用,在使用过程中由于排除了外部信息的干扰,因而广告信息的接受度更好。但虚拟现实广告面临"视觉疲劳"、"晕动症"和"恐怖谷效应"等技术瓶颈,[18]同时受到设备普及程度及网络传输速度的制约,未来网络技术的新发展可能带来虚拟现实广告的大发展与新突破。

现阶段增强现实、虚拟现实与人工智能结合的案例在广告实践领域并非形成重要的趋势,但相信在未来它们之间的交叉运用不可避免,它们的结合将重新定义广告的各个核心要素,未来广告中虚拟世界与真实世界的边界将被消融,广告与内容的边界将被打破,人们通过共创共享生成广告。[19]它们将成为未来媒介的主流,甚至是终极媒介。[20]这些终极媒介必将占领整个广告市场,并改变广告媒介的生态与发展方向

(三) 人工智能改变广告创意与内容生产模式

虽然机器人在翻译、精密加工甚至围棋等领域都已经可以战胜人类,在媒体内容生产领域人工智能技术也已经被用来生成内容,如美联社曾经使用 Wordsmith 平台利用自然语言生成技术创建新闻故事,另一则案例中 Burns Kevin 用贝叶斯算法为一种剃须膏生成具有幽默感的广告语,并受到人们的喜爱。[21]虽然人们普遍认为在艺术、创意等需要创新能力的领域,人类将长期保留优势;然而人工智能在广告领域的应用已经在改变广告内容生产的新范式,并不断挑战广告内容生产的新流程。

传统广告行业,创意是广告的灵魂,广告创意总监也是广告团队的核心人物,然而这一让广告人值得自豪的优势或许也将被人工智能打破。日本麦肯广告公司曾经推出一款名为 AI - CD β 的智能机器人,并以创意总监的身份加入团队。他们分析并标记了大量获奖广告作品,使机器人能够为指定产品创造性地执导广告。研究发现,AI 机器人的创意工作共分三个步骤:①分析客户需求,②根据需求提取配对的视频元素,③组合元素。[22]当然机器人总监的创作仍然需要人工的配合,将它为某口香糖品牌提出的抽象创作建议"以城市腔调的歌曲传达'自然',用自由的感觉传

达出清新的形象"展现出来。虽然这部广告片的支持率（超过30%）仍不能作为通过图灵测试的依据，因为它是人工智能与人类共同完成创作的结果，但是这些令人惊讶的作品仍然颠覆了人们对于创造力劳动是广告从业者灵魂的一种固定思维。

关于人工智能的广告实践更有力的展示是阿里巴巴曾经发布的一款智能设计平台"鲁班"，有着1秒钟生成8000张海报的记录，而据称未来这一人工智能平台可以在很短时间制作出4亿张海报，这样的海报生产量是人类设计师所不能企及的。客户只需要输入商品和文案内容，这些智能内容生产与设计系统就会自动匹配素材，按照商品的品牌调性设计出海报。这将给广告的创意内容生产行业带来极大的挑战，并对整个行业的生态产生影响。

在广告内容的机器人内容生产领域，一般而言，有四个核心模块构成：①风格学习模块（通过神经网络学习获得由空间特征和视觉特征构成的模型）、②元素中心（把设计元素按照视觉特征和类型分类）、③行动器（根据需求选择设计原型并选取元素，形成多种最优生成路径，完成设计）、④评估网络（对输出产品进行评分）。[23] 然而目前我们了解的智能机器人所能进行的还是较为初级的对画面的堆砌与对风格的模仿，通过深度学习、海量广告数据以及即时评估反馈，智能机器人对于广告内容生产的理解还可以有很大进步空间，尤其是需要对于审美、创造和情感的认知颠覆性的突破，才有可能在未来真正挑战人类的广告创意优势所在。

虽然人工智能平台试图通过设计与内容拓展新功能则将使用者从广告用户拓展到广告内容设计师，使设计师能够通过此平台将广告创意内容变现，这一功能将广告内容生产设计师与人工智能拉到同一个阵营里，使人与人工智能合作，以弥补人工智能当前的不足。然而，如何避免其学习过程中出现与过去的广告内容雷同而引起的抄袭的风险，也引起了极大的争议，因为这样的事件已经在广告人工智能的应用领域出现并引发巨大的争论，这些争论性事件也引出人工智能设计的一个伦理问题，即在人工智能平台，广告创意内容的所有者是谁？人类还是机器？以及在机器学习过程中能否通过算法的优化避免抄袭问题？这些都是亟待解决的人工智能运用在广告设计领域的技术与理论双重困境。

四　人工智能对广告领域带来的伦理风险

算法的自主学习能力带来人工智能的伦理问题。而这一伦理问题都不是集中在过去所讨论的新闻生产领域，在广告生产领域一样面临这些伦理风险与挑战。例如，在国武研究中，学者党家玉认为人工智能的法律问题主要表现在以下 5 个方面：①侵权责任的划分，②隐私安全保护，③替代劳工导致失业率上升，④著作权问题，⑤信息安全漏洞风险。[24]靖鸣、娄翠提出智能推荐会使受众深陷"信息茧房"，将让用户陷入视野狭隘与兴趣单一的风险。[25]英国学者亚伦·斯洛曼关注机器人的伦理地位问题，呼吁把机器人纳入道德行为体的考察范畴内。[26]

对于广告营销领域来说，人工智能带来的风险以及需要面对的主要伦理问题表现在以下五个方面。

（一）用户隐私泄露。

人工智能在对用户进行身份识别、行为分析的过程中会抓取大量数据，这些数据可能来自各种网站或平台，也可能来自视觉识别的摄像头、定位系统等，这些数据组合在一起能够清晰描绘出用户的画像，包括用户的隐私信息。而市场和被营销用户对这些数据被记录的情况可能一无所知，或许会在完全不知情的状态下被人诱导着购买商品；或者明知被攫取个人信息却无可奈何。而个人信息有可能被肆意出售，一旦泄露将对用户的生活乃至生命安全造成直接影响。

（二）广告版权问题。

利用人工智能技术进行内容生产时，主要是将网络上存储的数据内容挖掘出来进行整理加工，这便会涉及对他人版权的侵权问题。同时，根据我国《著作权法》相关规定，享有著作权的主体必须是自然人，而人工智能不是法律意义上的"人"，其创作物不能成为作品，因而不受版权保护，未来人工智能创作的内容越来越多，人工智能广告作品的版权问题也将被提出来。

（三）信息茧房现象。

人工智能技术平台会按照用户的习惯与喜好推荐广告信息，使用户接触到的是局限在某一范畴内的信息内容，屏蔽了用户接触其他信息的机会，从而形成"信息茧房"。一旦用户深陷信息茧而不自觉，会导致视野的狭隘、思想的封闭、行为的固执，对个人发展产生不良影响。新闻领域如此，广告领域亦是如此。

（四）社会审美与视觉污染。

以目前的人工智能技术来说，所能做的只是对已有艺术风格的重复与模仿，其内容生产也多为素材的简单拼凑，远远达不到对审美、艺术表达的突破创新。大量通过人工智能平台生产的风格雷同的低质量广告内容包围受众，不但形成视觉污染，而且将影响受众对于美的认知。

（五）广告从业者的创造力消失。

人工智能技术是一种非常高效的生产力，能够替代人工完成大量工作，如排版、媒介选择与销售等中低技术含量的工作。不远的将来自动化会代替广告生产与销售各环节的人工操作，致使失业率上升。未来这些创造力的活动究竟由谁来创造，是一个难以解决的困境，大量就业岗位被替代以后，广告从业者的创造力会不会就此消失，也是一个面临的重要问题。

五 结语

未来人工智能技术的发展将带来传媒和广告业的革命，虽然在一些领域人类的工作将被人工智能取代，但并不等于机器"人"将会完全取代人类。在广告内容生产，用户画像，创意与设计这种以人的情感、审美、体验为工作核心的领域来说，人工智能能否会逐步取代人的话题一直是争议的焦点。正如麦克卢汉曾经说过，"媒介即人的延伸"，人工智能技术给媒介带来的新变化将改变整个广告的生态，不仅成为人的身体的延伸、智力的延伸、思想的延伸，甚至是情感的延伸。通过新技术人类获取及展示信息的能力被极大的加强，人也会有更强烈的探索世界、感知世界、表达自我的欲望，这一切仍然是围绕"人"来实现的，需要对人心、人情、人性、人欲充分体察。广告是一门关于人的艺术，然而人工智能是否在未来能够取代人类，成为广告内容生产与情绪体察的新主体与新媒介，这些在未来终将被检验。

（作者单位：上海交通大学设计学院、中国城市治理研究院）

［本文为教育部青年基金项目"控烟广告在青少年中的视觉传播效果研究：基于眼动追踪实验研究"（13YJCZH205）的阶段性成果，同时研究得到上海交大－南加州大学文化创意产业学院紫竹中美网络视听传媒管理联合研究中心的专项研究基金资助。］

注释

［1］麦肯锡报告：如果再不转型人工智能，这些行业将被越甩越远［EB/OL］. http：//36kr. com/p/5083858. html？from = related.

［2］史实. A. I. 助力营销　迎接消费升级［J］. 声屏世界·广告人，2017（12）：43 – 44.

［3］Schiffman, Leon G.；Kanuk, Leslie Lazar（1994）. *Consumer Behavior*（5th ed）［M］. Published by Prentice Hall, Upper Saddle River, NJ

［4］James H. Myers（1996）. *Segmentation and Positioning for Strategic Marketing Decision*［M］. South-Western Educational Pub；1 edition（July 1, 1996）

［5］罗纪宁. 市场细分研究综述：回顾与展望［J］. 山东大学学报（哲学社会科学版），2003（06）：44 – 48.

［6］韩思齐. 人工智能时代下营销活动的智能化［J］. 现代经济信息，2016（05）：106.

［7］Anonymous2017, Apr 11. *Audience Recognition Technology now uses Artificial Intelligence to control TV Content and Advertisement*. PR Newswire.

［8］赵宏源，杨雨薇. 人工智能方兴未艾　助力程序化购买［J］. 成功营销，2016（10）：50 – 51.

［9］万红玲. 大数据时代下的精准营销［J］. 新闻传播，2014（01）：71.

［10］韩思齐. 人工智能时代下营销活动的智能化［J］. 现代经济信息，2016（05）：106.

［11］何天骄. 视频广告欲借力人工智能破解商业化困境［N］. 第一财经日报，

2017 – 04 – 05（A08）.

［12］ Andy Goodman, *Zero UI：the end of a screen-based world*［EB/OL］. https：//www. zuora. com/guides/zero-ui-designing-invisible-interfaces/

［13］ 艾瑞网.《中国原生广告市场研究报告》［EB/OL］. http：//report. iresearch. cn/report_pdf. aspx？id = 3095

［14］ Sharethrough, *Native Ads Vs Banner Ads*［EB/OL］. https：//www. sharethrough. com/resourcs/in-feed-ads-vs-banner-ads/

［15］ 李沁. 沉浸媒介：重新定义媒介概念的内涵和外延［J］. 国际新闻界, 2017, 39（08）：115 – 139.

［16］ 张建中. 将场景置于读者手中：增强现实新闻报道的创新实践［J］. 新闻界, 2017（01）：58 – 63.

［17］ 詹秦川, 赵洋. AR 技术与传统纸媒的交互融合设计研究［J］. 包装工程, 2018, 39（06）：139 – 144.

［18］ 徐英瑾. 虚拟现实：比人工智能更深层次的纠结［J］. 人民论坛·学术前沿, 2016（24）：8 – 26.

［19］ 李沁. 沉浸广告模式：大数据时代的逻辑颠覆与概念重构［J］. 当代传播, 2017（05）：90 – 96.

［20］ 翟振明. 虚拟现实比人工智能更具颠覆性［J］. 高科技与产业化, 2015（11）：32 – 35.

［21］ Burns, Kevin. *Computing the creativeness of amusing advertisements：A Bayesian model of Burma-Shave's muse*［J］. Artificial Intelligence for Engineering Design, Analysis and Manufacturing：AI EDAM；Cambridge Vol. 29, Iss. 1,（Feb 2015）：109 – 128.

［22］ 叶丽君. AI – CD β 机器人：人工智能居然玩起广告创意？［J］. 销售与市场（管理版）, 2017（05）：80.

［23］ AI 新媒体量子位（2017）. 一秒做出 8000 张海报设计的"鲁班智能设计平台"是怎么工作的？［EB/OL］. http：//www. uisdc. com/alibaba-luban-ai-work

［24］ 党家玉. 人工智能的伦理与法律风险问题研究［J］. 信息安全研究, 2017, 3（12）：1080 – 1090.

［25］ 靖鸣, 娄翠. 人工智能技术在新闻传播中伦理失范的思考［J］. 出版广角, 2018（01）：9 – 13.

［26］ 王绍源. 机器（人）伦理学的勃兴及其伦理地位的探讨［J］. 科学技术哲学研究, 2015, 32（03）：103 – 107.

人工智能对影视后期制作的介入以及数字剪辑师的研究

刘　弢

摘　要　本文主要对在未来人工智能的介入下可能出现的数字化剪辑师进行研究。文章认为未来数字化剪辑师的出现是人工智能在视听语言领域的集中表现。从应用的理性层面来说，由于人类社会的信息化进入了图文时代，大量素材需要剪辑成片，这种智能剪辑是基于对视听语言深刻理解以及艺术创作的基础上，并非自动化所能替代，因此人工智能的介入有着极为重要的意义；从实施的合理性层面来说，文章通过构建影像的基本离散单元（肖似代码层面）以及面向对象的视听语言（组合段层面），探讨视听语言的数据结构，从而使得人工智能的介入成为可能。此外文章通过数字化导演的研究，对于视听语言以及影视理论也产生积极的推进作用。

关键词　人工智能　数字化导演　面向对象　视听语言　组合段基本离散单元

Artificial Intelligence's Involvement in Film and Television Post Production and the Rsearch of Digital Editors

Liu Tao

Abstract　The thesis is mainly about the study of digital director which is based upon the intervene of AI in the future. The thesis do believe that the digital director is AI's performance in the area of audio-visual language which itself is main body of film theory. From a rational perspective of application, a large amount of raw visual material need to be edited, since we enter into era of videography, and such intelligent editing is based upon the deeply understanding of audio-visual language and the framework of art, it can not and should not be substituted by automation, hence the intervene of AI has its significance; from a requirement of reasonableness, the thesis discuss the data structure of audio-visual language via construct a basic unit of videography and a object-oriented audio-visual language, and therefore make the possibility of AI's intervene. In addition, the thesis promote the development of audio-visual language and film theory via the study of digital director.

Keyword Artificial Intelligence, Digital Director, Object Oriented, Basic Unit of Syntagma

一 人工智能与文化产业的相关政策

新世纪以来，人工智能对各行各业开始产生深远影响，其发展带来的重大机遇和挑战无疑对文化产业也产生了强大的冲击。我国自 2015 年，在文化产业的人工智能化方面制定了一系列政策和规划。首先从互联网入手，2015 年 7 月国务院印发《"互联网＋"行动指导意见》旨在大力发展智能制造。此后的 2016 年 4 月，由国家发改委、财政部以及工信部联合发布了《机器人产业发展规划（2016－2020 年）》，对我国的机器人产业在"十三五"期间的发展提出了纲领性的意见。同年 5 月，上述的三部委又联合印发《"互联网＋"人工智能三年行动实施方案》，这就意味着到了 2018 年，中国将基本建立人工智能产业、创新和标准的体系。次年 7 月，国务院分别印发《"十三五"国家科技创新规划》和《"十三五"国家战略性新兴产业发展规划》，要求发展人工智能，培育人工智能产业生态，直至 2017 年 3 月，"人工智能"首次被写入全国政府工作报告。2017 年 4 月，文化部印发的《关于推动数字文化产业创新发展的指导意见》，其目的在于深化"互联网＋"，进一步拓展云计算、大数据、人工智能等科技的最新成果，在技术上百家争鸣，在文化产业创作方面，生产以数字化为基础的百花齐放的文化产品。文化部在随后发布的《文化部"十三五"时期文化产业发展规划》中，更是进一步规划了一个全新的文化业态以及新的增长点。

之前很长的一段时间，人工智能在无人驾驶以及国际象棋等方面大放异彩，但是无法在与文化产业密切相关的人文艺术方面有所建树，尤其是无论多么先进的算法，机器没有感情不懂审美一直遭人诟病，也因此人工智能无法从事文学以及艺术上的创作。

2016 年以来，尤其是以图像识别、语音识别、自然语言理解以及深度学习为代表的人工智能的发展，使得人工智能在处理与文化产业相关的文学艺术方面的创造逐渐成为可能。2017 年四川九寨沟的地震，最先是由写稿机器人发布消息，随后通过中国地震台的官微推送。《权力的游戏》铁杆粉丝通过人工智能续写下一部书稿，不仅对剧情做出了合理的预测，也写出了通俗易懂的句子。人工智能的"微软小冰"用了 100 个小时的时间，学习了自 20 世纪 20 年代以来，中国五百多位诗人的经典诗句，出版了现代诗集《阳光失了玻璃窗》。毫无疑问，人工智能在这些领域的初出茅庐，意味着未来的文化产业势必离不开人工智能的助力。

二　人工智能在影视领域的表现

目前人工智能在影视领域的表现还不是十分突出。人工智能在影视领域的表现主要分为两个方面，一方面是以人工智能 AI 为 IP 的影视剧创作，另一方面是影视剧本身的基于人工智能的工作。以 AI 为 IP 的影视剧创作可谓由来已久，从《生化危机》中最初对人工智能设想的小萝莉，到极具悲观论调的《终结者》再到如今的《疑犯世界》、《西部追踪》等，与人工智能相关的 IP 题材可谓从 20 世纪 60 年代延续到现在。而这些 IP 题材的影视剧之所以呈焦虑以及悲观的论调是因为艺术创作者们普遍设定了一个人工智能替代人类甚至统治人类的论调。影视剧本身基于人工智能的工作也是由来已久，就目前来看主要集中在两个层面，一个是剧本写作的层面，随着大数据和人工智能的发展，机器写作很有可能在 5 ~ 10 年内赶超人类的平均水平。甚至那些极具灵感的高难度写作也至少会由人工智能辅助完成。人工智能介入影视剧本写作可以大致分为四个阶段，伪原创阶段、辅助创作阶段、命题阶段、全自动阶段等四个阶段，第一阶段伪原创阶段实际上只是字符的机械替换；第二阶段辅助创作阶段是公式套路化的创作；第三阶段是根据事件模型、人物关系、特定元素让机器进行分析和学习；第四阶段则是机器完全的自主创作，在思想上完全不受人类限制，目前我们的影视剧本的人工智能写作还停留在第二阶段即辅助阶段。另一个实际上是管理层面，以华坞剧本网为例，人工智能通过不断学习和进化，由 AI 对 IP 和剧本进行智能化的评估和精准的匹配。AI 从可以海量数据中洞察到用户所需要的信息，并且进行筛选，做出具有创造力的判断和预测。

目前人工智能在影视后期数字剪辑方面的表现并不十分出彩。

首先是 IBM 的互动体验平台，该平台在 2017 年温布尔顿网球公开赛中，把比赛的亮点整合起来创造所谓的"认知集锦"，此外该平台也与 20世纪福克斯公司合作，分析超过 100 部的惊悚电影的叙事结构、配乐等套路，制作惊悚电影的预告片。其次是纽约视频制作凭借（wochit）可以帮助用户自动匹配搜集所需要的素材，辅助用户剪辑出所需要的视频。最后运动相机 Gopro 所收购的编辑应用之一 Quick 可以在短时间内分析照片和视频中的精彩内容，用户只需要通过两次点击就可以创造精美视频。目前这三个平台都只是针对后期剪辑的 AI 辅助系统，如果类比人工智能写作的话，基本还停留在辅助创作阶段。

如果希望人工智能 AI 彻底地解放人类劳作，介入影视剧后期的制作，我们需要一位懂得电影语言的数字剪辑师。而数字剪辑师恰恰是人工智能未来在影视后期制作方面的重要发展方向。就其理性层面来说，视听语言的表述比起语言文字有着无法比拟的天然优势，而电影语言更是在一个世纪内已经成为全世界人民普遍熟知的一门通用语言，正如巴拉兹·贝拉所说，这种新兴的画面语言在这二十多年来有着难以置信的巨大的发展，并且日渐洗练、独特。今天的观众很容易看懂的影片，在二十年前我们恐怕是看不懂的。[1] 面对大量影视内容的制作需求，面对海量需要剪辑以及后期制作的素材，人类剪辑师的工作不仅非常繁琐辛苦，在行业内也呈现供不应求的局面，因此人工智能的介入就显得十分有必要。就其合理性来说，图像识别、语音识别、深度学习（主要是电影理论中的视听语言方面）以及目前现有的后期软件已经提供了一个很好的平台，有利于人工智能对影视后期制作的介入。所存在的困难主要集中在两个方面，一是电影理论本身的问题,人工智能必须结合电影理论才能剪辑出符合视听语言习惯,简言之是可以使人看懂的影片。这就需要电影理论本身的建设,比如要解决电影符号学的跨语言问题——我们必须要有一个规划和标准的电影语言,如果我们希望计算机能够参与到电影工业的后期制作中,电影符号化的过程实际上就是一个电影数据化的过程。但在电影符号学的领域中,一直存在不少争议。一向反对电影符号学研究的米特里认为电影是一种特殊的语言:"一种没有符号的、因此也没有语法、没有代码、没有句法的语言。"[2] 即便是热衷于电影符号学研究的麦茨也只能无奈地承认电影是"没有语言系统的语言",也就是没有高度组织化的"语言学结构"的语言。也就是说电影的符号不仅可以被计算机描述,与此同时也是可以被操作的,那也就意味着这些符号不仅可以被定义,同时也是可以被计算的,这就需要电影理论工作者以及计算机软件工程师们对于电影符号系统有一套完整的数据结构的定义,我们将在随后以麦茨的组合段为例,勾勒这种数据结构界定的可能性,从而对人工智能在数字化后期方面的工作进行预测。

三　人工智能介入影视后期制作的条件

人工智能如果要完全介入影视的后期制作需要完备如下三个条件。

(一) 建立有效的视听语言的数据结构

首先建立有效的视听语言的数据结构,也就是说建立一套完整的用数据结构表示的语法体系,我们以麦茨的大组合段为例,麦茨的组合段可以被写成数据结构中的一个树形结构。该二叉树最末端的所有叶子节点就是我们常说的麦茨所认为的八个基本离散单元。树形结构是便于计算机阅读和理解的数据结构中的一种,每个节点可以有多个子节点,也可以一个子节点都没有,但是每个子节点只能有一个双亲节点。其数据结构的定义如下。

//定义大组合段的树型结构类型//
class Syntagmas

```
        {
    char * date;
    Syntagmas * left;
    Syntagmas * right;
        }
//递归前序建立二叉树//
Syntagmas * Creat syntag_tree（）
        {
    char * ch;
    Syntagmas * CurrentNode
    scanf（"% c"，ch）;
    if（* ch = = ' #'）
            {
    CurrentNode = NULL;
            }
    else
            {
    CurrentNode =（syntag_node *）malloc（sizeof（syntag_nod））;
    CurrentNode - > date = ch;
    CurrentNode - > left = Creat syntag_tree（）;
    CurrentNode - > right = Creat syntag_tree（）;
            }
    return CurrentNode
```

　　该模型的功能介于电影理论和影视现象之间，为影片的计算机建模和分析都提供了便利的条件，但是该模型仍然有明显的短板值得商榷，首先是该模型的树形结构是建立在麦茨对于电影语言二元对立的理解基础上的，这种二元对立是按照时空意指，也就是说按照时间和空间的对立来划分的。麦茨就认为非时序组合段的影像呈现的时间关系并非由电影左右，而时序组合段则是。[3]虽然在目前的情况来看，这有利于计算机的建模和分析，但是对于发展中的电影理论来说，这存在一个跨语言问题，比如今后全息影像以及3D

电影的进一步普及，电影时空意指的条件发生了变化，这种二元对立的划分方法是否还能适用。这就引发了一个问题，人工智能所学习的影像最基本离散单元，将在接下来的人工智能深度学习的过程中进行讨论。

在组合段树形结构的描述基础上，我们可以对内容以及操作进行描述，这就不仅仅是一个字符串变量 char * date 那么简单了，对于操作的描述，我们可以结合后期的剪辑软件，增加类似于插入、替换、覆盖等操作，这些操作的本身可以通过修改影像序列链表中出入点的数值来完成。此外在内容方面，我们重点是在肖似代码的描述层面上，我们可以给出修辞元层面的对比、亮度、色阶、色温、码率、像素，记号层面的图形基本形状，以及意素层面的关于图形属性的定义，字符串变量 * date 是个逐级分层的构造体，包括修辞元、记号和意素。

值得一提的是，上述基于麦茨组合段的数据结构描述是一个面向对象的视听语言，在此之前视听语言本质上是功能分解的结构体，比如说麦茨的组合段是围绕影像"功能"过程结构化缔造的，任何一个离散单元的变化都将影响整体，而面向对象的视听语言的建立，基本离散单元被基于类的对象取代，具备了封装、继承、多态的特性，因此存在一个随取随用的影像字库亦或是电影辞典，有利于人工智能的介入。

（二）建立有效的影像辞典

由美国新线电影公司发行的电影《西蒙尼》，讲述了一个女主角突然离开剧组，而导演通过数字化的虚拟合成女明星西蒙尼的故事。借助数字虚拟技术，导演创造出一个无可取代的女人，使西蒙尼身上具有一切令人迷醉的女明星的属性集合。如果说电影《西蒙尼》做了一个简单的关于电影辞典的假象，那么对于人工智能介入的数字化剪辑来说，影像辞典的建立要复杂很多。首先是海量的影视素材的采集与分析，这是一个输入的过程，也是一个计算机学习的过程。譬如海量的影视素材必须被分割成组合段，依照上述的树形结构来划分组合段的类型，于此同时在私有类别里定义其肖似代码层面（这就意味着画面不可更改），在公有类别里选择镜头组接的参数，诸如镜头类型（远全中近特）速率等，对于某种类型的镜头可以按照某种风格统一处理，这就是面向对象的视听语言所具备的优势——继承以及多态。对于数字剪辑师来说，新拍摄的素材也需要按照同样的方法被拆解、分析，同时结合原有影像辞典，由计算机根据客户需求剪辑成片，成片的内容同时也被记录到影像辞典中。

（三）对于视听语言进行深度学习

即便拥有良好的视听语言的数据结构以及影像辞典的建立，人工智能对影像后期的介入也只可能是以辅助或者半自动的方式进行。这就是上述的人工智能的第二阶段，公式套路化的创作。对于数字化剪辑师来说，可能需要人类预先做一个类似于粗剪的工作，因为计算机虽然深谙视听语言，但却无法真正阅读电影，在电影叙事方面无能为力。很有可能出现的情况是，看到的影片在剪辑上是流畅的，没有越轴，没有跳切，但最终也没有生成影像的意义。在《语言与电影》一书中，受到艾柯的肖似性系统的影响，麦茨做出一定妥协，他根据符码来定义肖似性，[4]但是就他基本的工作基点来说，符号还是任意的，电影的符码本身没有意义。如果影像的意义是从无意义中获得，那么以影像符码为基础构建的数据结构模型也不会产生意义，只有按照经典电影理论定义的剪辑的规律和法则。

如果希望人工智能可以最大程度地介入影像的后期剪辑，就需要计算机在意素层面对影像进行深度学习。换言之需要计算机能够读懂影像，明白意素的属性（人、动物、工具）以及意素之间的关系。安德烈巴赞在研究影像场景调度的时候，有一个经典的案例，电影《公民凯恩》中有一幕是苏珊企图自杀，而凯恩迅速地冲到屋内阻止。这段影像的涵义只用了一个镜头就完整的表述出来。当然我们也可以把这个镜头拆分成若干个成组镜头，比如苏珊面色惨白，床上有玻璃杯和安眠药片，凯恩急速地冲进屋内，而苏珊的面色更加惨白了，这样也可以表述出相同的意思。该案例被安德烈·巴赞用于镜头调度的研究，同样也可以用于人工智能对于影像后期介入的研究。在这个案例中，苏珊、凯恩、床、玻璃杯、药片都是不同的意素，分别处在同一个镜头或者不同的镜头里，可以用一个镜头来表述，也可以用成组的镜头来表述。如果计算机成功地把成组镜头和单个镜头看成是同一个语义的表述，这说明计算机明白了意素之间的关联，才能说计算机真正读懂了影片的涵义。

此外人工智能不仅需要读懂镜头里面的意素，还需要根据蒙太奇的心理基础"注意力机制"对镜头之间的衔接做出有效的意义上的预测。正如马塞尔·马尔丹所说的，看电影之所以看起来像观察现场和事件一样，其原因在于"连结镜头的蒙太奇同我们通过连续的注意运动观看现场一致的"。[5] 米歇尔·科琳在《作为认知科学的电影符号学》中把麦茨的"理解电影是如何被理解的"作为电影符号学的主旨，[6] 建议在电影符号学中添加认知的概念结构。对于人工智能介入影像后期制作来说，如果需要数字剪辑师能够理解蒙太奇，就需要把认知的概念结构（图式）安插到符号学中，并且体现在数据结构的模型中。比如在描述某类肖似符码的私有类定义中，以容器图示为例，就可以用函数表示某种继承的关系来体现这种容器的关系，并且决定了镜头组接的顺序和倾向。

人工智能参与写稿的首要前提是建立在人工智能对人类自然语言的深度学习基础上，同样人工智能参与影视后期也是建立在人工智能对电影语言深度学习的基础上。对电影意义的阐释随着方法的不同而呈现各种学派，比如从方法论的角度：梦的运作和"电影的工作"这种类似意味着弗洛伊德对梦的运作之描述可以作为电影文本意义生成过程的模式。[7] 此外，以大卫·波德威尔为首的北美理论家们拒绝结构主义的符号学，把基于图式的认知考虑到电影阅读中去。这就对影像理论提出了比较高的要求，目前为止无论是后期软件还是影像理论，习惯性地把视听语言的基本离散单元界定在镜头或者组合段层面，而把影像的阅读次序界定为从左而右的镜头顺序。随着认知科学在影像领域的介入，会逐渐认同一个事实，那就是影像语言的基本离散单元存在意素层面，也就是计算机对于图像的识别和阅读才是基础。德勒兹曾经认为索绪尔语言学倾向的符号学取消了画面也就取消了符号。[8] 影像的阅读是读图顺序而不是镜头顺序，因此，计算机建模所需要的数据结构不仅要围绕意素层面展开，而且还要把认知的图式包括在内。只有这样才有可能做到维系一个类似于人类自然语言那样的表达式转变而语义不变的原则，才有可能使得数字剪辑师理解并且可以能动地剪辑影片。

四　结语

人工智能介入影像后期领域还有很长的路要走。一方面是影视理论的更新，从认知的层面解决影像的符号系统，解决跨语言问题，从而为计算机建模以及影像辞典数据库的建构提供便利。文中所提供的数据结构方案，是建立在现代电影符号学的基础上的，以镜头和组合段为基本的离散单元，该方案匹配目前大部分主流的后期非线性剪辑软件。但与此同时，该方案可能使得人工智能对影视后期的介入仍然停留在辅助创作阶段。另一方面是剪辑软件本身的更新，目前主流的以 premiere，final cut pro 为首的非线性剪辑软件尽管都是面向对象的视听语言，但是以序列和成组镜头为基本离散单元虽然在剪辑上具备一定的可操作性，但是对于人工智能而言，并不利于对视听语言深度学习的开展，因此剪辑软件本身的设计理念可能会有革命性的变化。

（作者单位：华东师范大学传播学院）

注释

［1］〔匈〕巴拉兹·贝拉，电影美学，何力 译，中国电影出版社，2003：23

［2］〔法〕让米特里·符号学的死胡同［C］//中国艺术研究院外国文艺研究所. 世界艺术与美学（第八辑）. 北京：文化艺术出版社，1987：206

［3］〔法〕克里斯蒂安·麦茨，电影的意义，南京：江苏教育出版社，2005：110

［4］Peter Lehman, *Politics, Film Theory, and the Academy*, Journal of Film and Video, (1988)：49；50.

［5］马赛尔·马尔丹，电影语言，何振淦译，中国电影出版社，1985：133 页

［6］Michel Colin, *Film Semiology as a Cognitive Science*, The Film Spectator：From Sign to Mind, ed. Warren Buckland（Amsterdam：Amsterdam University Press, 1995：87 – 110

［7］尼克·布朗，电影理论史评，徐建生译，北京：中国电影出版社，1994：119

［8］德勒兹，电影：运动—影像，黄建宏译，台湾远流出版公司，2003：24

人工智能如何重塑新闻业：
2018 年新闻媒体技术发展趋势报告解读

张建中

摘　要　2017 年 10 月，美国"未来今天研究所"第一次针对新闻业发布技术发展趋势报告。该报告列出新闻业应该关注的 75 个技术发展趋势，其中有一半以上技术与人工智能有关。人工智能技术正在重塑整个新闻业和信息传播生态，面对不确定的未来，媒体组织需要比较全面地了解人工智能对新闻业的影响。本文对该报告提到的人工智能技术和人工智能给新闻业带来的挑战进行了较为全面深入的分析。

关键词　人工智能优先　视觉计算　智能语音　算法调查　算法市场

How Artificial Intelligence Reshape Journalism：
2018 Tech Trends for Journalism and
Media Report Analysis

Zhang Jianzhong

Abstract　In October 2017, Future Today Institute launch Tech Trends For Journalism and Media Report for the first time. The report lists 75 technology trends that journalism should focus on, with more than half of them related to artificial intelligence. Artificial intelligence technology is reshaping entire journalism and information dissemination ecology. In the face of uncertain future, media organizations need to know more about the impact of artificial intelligence on journalism.

Keyword　AI-First；Visual Computing；Intelligent Voice；Algorithmic

Investigation；Algorithmic Market

要了解未来新闻业的发展趋势，首先要了解技术发展趋势，其中人工智能是最重要的技术。在过去十几年中，美国"未来今天研究所"（Future Today Institute）每年会发布针对各个行业的技术发展趋势报告。《2018 年新闻媒体技术发展趋势报告》（"Tech Trends For Journalism and Media Report"）是该研究所第一个针对新闻行业发布的报告。报告发布人、未来学家艾米·韦伯（Amy Webb）指出，"我希望新闻媒体的记者，要定期地追踪技术发展趋势，有条不紊地使用这些技术工具，以便更好地为即将到来的变革做好准备"。[1]

一 人工智能与自动化新闻的发展现状

人工智能就是计算机程序去做通常需要人类智慧去完成的事情，包括学习、推理、解决问题、理解语言以及感知环境。人工智能可以帮助媒体组织实现特定目标，新闻记者需要理解什么是人工智能，什么不是，以及它对新闻业的未来意味着什么。

（一）基于自然语言生成技术的自动化新闻

在现实世界中，我们被大量非结构化的文本包围着，这些非结构化文本存在于社交媒体、博客、公司网站、政府记录的数据，以及其他各类网站中。自然语言理解（Natural Language Understanding，NLU）技术可以通过提取概念、分析数据来量化和标记所有这类文本。就媒体组织而言，自然语言理解技术能够让新闻机构筛选大量文档，并让新闻记者迅速地洞察这些数据资料背后的关系。

而自然语言生成（Natural Language Generation，NLG）是让计算机具有人类一样的表达和写作能力。使用自然语言生成技术，算法可以将数据转换为新闻叙事。利用这项人工智能技术，新闻媒体就可以生产自动化新闻（Automating Journalism）报道。《洛杉矶时报》和 Narrative Science 这些媒体和公司的人工智能系统可以将原始数据转化为新闻报道，制作出类似于新闻记者编写的故事。像地震、体育报道、财务摘要和犯罪之类的报道，现在都可以通过自动化系统编写。彭博社和美联社等数十家新闻组织已经开始使用 Automated Insights 写作软件进行新闻报道。

自然语言生成技术不仅可以用来写作新闻报道，还可以为拥有不同阅读水平的用户生产不同版本的新闻故事。这是因为构成故事的结构化数据——语料库（corpus）不会改变，但是在词汇量和细节方面可以调整。例如，一个关于上市公司季度报告的新闻报道，可以面向不同读者，通过多种不同的方式呈现出来——金融专业人士阅读的报告、高中经济学课程读物、作为第二语言学习者开始学习英语的资料、在非英语国家 MBA 学生使用的材料，等等。机器人写作软件基于相同的数据编写适合不同阅读水平的读者阅读的报道，可以让媒体组织扩大业务范围，进而寻找到新的受众。由于人工智能技术可以让新闻媒体极大地提高生产效率，美联社记者将这类报道的生产称为"增强新闻"（Augmented Journalism）。

（二）计算新闻学提升数据使用质量

计算新闻学（Computational Journalism）是建立在计算机辅助新闻报道（CAR）的基础之上，主要是通过算法来提升数据的使用质量，是计算机辅助新闻报道的演化。在机器学习算法和人工智能的帮助下，计算新闻学是计算机辅助新闻报道的不断演化。对数据进行分析，将看似不可连接的点连接起来，是一项全新的挑战。像多语种索引、算法可视化、数据集的多维分析等计算新闻学技术，可以让记者深入分析事实、关键字和概念之间的联系。通过这些技术的使用，新闻记者可以揭示数据背后的各种复杂联系。

二　影响未来新闻业的人工智能技术

自然语言生成、计算新闻学使记者能去做更丰富、更深入的报道。在未来，预测机器视觉、计算机摄影、基于人工智能的音频/视频制作等技术，也会增强新闻记者的报道能力。

（一）基于视觉计算的人工智能技术

1. 图像修复与计算摄影

如果一个计算机系统能够获得足够多的图像（数以百万计），那它就可以填补图片上的一些漏洞。对于新闻记者来说这项技术很实用，如果在一张照片上一座山的前景看不到，那么就可以利用另一张照片的场景来替换，从而完成一幅完美的图片。不过，这会带来新闻伦理道德方面的问题：在多大程度上，图像修复（Image Completion）是允许的？鉴于已经出现的机器学习算法和数据集偏见，图像修复引发的伦理问题，已经受到媒体组织和公众的关注。

计算摄影（Computational Photography）是计算机视觉、计算机图形学、互联网技术与摄影技术的融合。计算摄影不只依靠光学过程，而且还会使用数字捕获和处理技术，来捕捉现实生活。英伟达和加州大学的一项研究显示，新的计算变焦技术允许摄影师实时改变照片的组成，这项技术还包括无缝删除或添加对象场景，改变阴影和反射等。显然，对于新闻记者来讲，这一技术同样会带来伦理方面的问题：新闻编辑或记者在多大程度上能够对照片做出改变。在使用这些技术时，新闻记者应该向读者指明他们对照片进行了多大程度的改变。

2. 预测机器视觉

预测机器视觉（Predictive Machine Vision）就是利用计算机算法来预测人类行为的技术。麻省理工学院人工智能实验室开发了一种利用深度学习的算法，让人工智能利用互动模式来预测"接下来会发生什么"。训练这个算法的数据是来自 Youtube 频道 600 多个小时的视频，其中包括《绝望主妇》《实习医生》等节目。这个人工智能系统可以准确地预测节目中的两个人是否会拥抱、亲吻、握手或击掌。让人工智能拥有人类视觉能力的研究还处于初级阶段，在未来，拥有人类视觉能力的人工智能将会是人类非常有力的助手。这一技术有助于个人化信息推荐的使用，该预测模型可以为用户定制新闻，从而提升用户的阅读体验。

3. 人工智能驱动的增强现实

增强现实就是在现实物理世界上面，添加计算机生成的数字图像。近年来，两项关键技术的改进，让增强现实技术开始加速发展。首先，数字处理能力和摄像头的改进，使手机成为一个功能强大的增强现实工具，智能手机会在用户与外部真实世界之间形成一个最容易接近的数字界面。其次，人工智能和图像识别能力的最新发展，让手机能够更好地理解周围的环境。

　　增强现实作为一个新视觉界面还处于初始发展阶段。在很大程度上，增强现实的长期影响取决于人工智能的进步，以及这两种技术如何结合起来，为用户提供更好的场景信息。在技术不断演化的过程中，人工智能将成为人们处理外部世界信息的"大脑"，而增强现实将成为人们的"眼睛"，让我们比较方便地获取信息和观察周围环境。

4. 对抗性机器学习

　　对抗性机器学习（Adversarial Machine Learning）是为了帮助计算机科学家调整机器学习而创建的模型。研究人员利用对抗性信息（照片、视频、音频文件等），训练人工智能系统如何识别误导性信息，以确保信息安全。对抗性信息就像是一种视觉上的错觉，通常是人的眼睛或耳朵难以察觉的。它可能是 100 万个像素中一个像素出现一点颜色错误，或者一个错误排列。对于机器学习模型来说，一个脱位的像素可能会导致图像带来无意义数据。对抗性信息可以嵌入照片、多媒体报道、虚拟现实内容中，如果利用这种技术来生产虚假的信息内容，用户将很难辨别。

（二）基于人工智能技术的音频与视频

1. 智能语音界面的崛起

　　声音是新闻业的下一个巨大挑战。智能语音设备已经渗透到人们的日常生活中，语音界面（Voice Interfaces）成为人工智能发展的关键组成部分。据《2018 年新闻媒体技术趋势报告》提供的数据显示，到 2023 年，消费者与所有计算机的互动，有 50% 的人会使用他们自己的声音来完成。一旦用户通过与机器对话来获取新闻时，新闻业的商业模式将会发生什么变化？此外，传统的广播和音频叙事模式并不一定自然适应这些智能语音设备。新闻机构需要探索以前从未使用过的新叙事模式。目前，BBC 已经推出了一个专门在亚马逊"回声"音箱和"谷歌之家"等智能语音设备上播放的互动广播剧。这个互动广播剧没有固定的结局，它需要用户参与来推动故事的发展。[2]

　　由于智能语音界面的崛起，我们正在朝着"后屏幕"（Post-screen）时代快速发展，而语音界面或"零用户界面"（Zero-UIs）会成为我们获取信息的主要渠道。尽管一些新闻机构已经开始在智能语音设备上尝试新闻报道，但新闻组织本身并没有积极参与建设这类人工智能生态系统。新闻组织只是这些人工智能语音平台的用户，它们并不是重要的平台建设者。事实上，媒体组织可以通过与技术公司合作的方式，去开发智能语音平台。

2. 人工智能音频搜索

随着音频和播客越来越受用户青睐，如何让用户通过搜索引擎找到自己想要收听的音频片段，一直是一个难以解决的问题。由于智能语音的发展获得了大量资金支持，在未来几年中，音频搜索（Audio Search Engines）将会成为重要的技术发展趋势。如果用户在网上看了一篇文章，很久后还想再看一遍，通常在搜索引擎上输入相应的关键词就能找到这篇文章。不过，如果用户通过电台收听了一场访谈，后来想再听一次，试图再找到这段具体的访谈节目则非常困难，这正是 Audioburst 公司想要解决的问题。[3]

Audioburst 公司成立于 2015 年，该公司通过自然语言处理（NLP）技术来"读取"音频内容背后的含义，然后对这些音频进行标记、转录，这样用户就可以通过该网站搜索到想要收听的音频片段。随着智能语音设备的利用越来越普遍，用户与机器之间的语音互动也会越来越频繁，基于人工智能的音频搜索将会得到广泛的应用。

3. 人工智能合成音频与视频

2017 年 5 月，加拿大新创公司琴鸟（Lyrebird）发布了一款人工智能语音系统，该软件通过分析讲话录音和对应文本两者之间的关联，在 1 分钟内就可以模仿人类"讲话"。琴鸟公司使用了一种全新的语音合成系统，能在"倾听"过程中"掌握"每个人说话时字母、音位和单词的发音特点，通过模仿用户声音中的情感和语调，"说"出全新的语句。这一技术可用来改进个人人工智能助手、音频书籍以及残疾人语音系统等。[4]

与人工智能合成类似，2017 年 7 月，华盛顿大学的研究人员开发了一个模型，通过这个人工智能模型，该团队利用奥巴马年轻时候的音频，制造出现在奥巴马演说的视频，效果足以乱真，完全看不出视频是伪造的。[5]以上这些人工智能技术创新，可能会让不法分子利用。对于新闻组织而言，新闻从业者需要对一些音频和视频进行严格核查，尤其是当这些材料是从新闻室之外获得时。

（三）基于人工智能的受众分析与预测

在数字时代，受众的注意力可以变现。不过，许多研究表明，受众的注意力在不断分裂，吸引用户注意力比以往任何时候都更加困难。为了赢得注意力经济这场战争的胜利，媒体组织必须拥抱人工智能技术，注重个人化信息的传递。新闻组织利用算法技术，根据用户的个人需求，将不同版本的内容发布在不同的设备上，同时还要考虑到这些需求会在一天中发生多大改变。新兴的预测分析工具会管理用户的数据、行为和偏好，以便全面反映用户的个性，并预测用户在任何情况下可能做出的反应。

通过人工智能技术还可以识别具体用户的面部表情、性格等特征。新创公司 Mattersight 的算法模型可以在用户讲话 30 秒内判断出讲话人的性格。该公司副总监安德鲁·特拉贝特（Andrew Traba）指出，"一个人的言语和说话方式，与个性特征有很大关系。未来，我们的目标就是深入研究语音识别技术，对机器人进行训练，让它们通过用户的语言掌握用户的性格，从而提供个性化的营销服务"。该公司最新开发的"预测视频"（Predictive Video）系统还可以用来分析用户的面部表情。[6]

（四）多种用途的聊天机器人

高德纳公司（Gartner）预测，到 2021 年，有超过 50% 的企业将会投入更多资金来生产聊天机器人。现在 Facebook Messenger 有 30000 多个聊天机器人，许多媒体组织已经在该平台开设信息频道。而新创媒体 Slack 主要为企业组织提供生产性机器人（Productivity Bots）。Slack 有 500 多万日常活跃用户，作为一个企业信息平台，该公司的生产性机器人日益成为现代职场中越来越重要的组成部分。有 50% 的 Slack 用户指出，由于生产性机器人的使用，他们的电子邮件使用数量在下降；有 25% 的用户指出，面对面的会议也在下降。生产性机器人可以提高新闻记者的工作效率，帮助媒体组织自动处理一些日常事务，比如，安排编辑会议、日志记录等工作。目前，《华盛顿邮报》《哈佛大学商业评论》是 Slack 的主要客户。

此外，一些新闻组织还利用聊天机器人来生产临时性新闻产品。制作临时性新闻产品，不一定要建构一个完整的新闻生产流程，生产者开发的模型可以循环使用。2016 年美国大选期间，BuzzFeed 开发过一个针对大选的临时性聊天机器人，而《纽约时报》为报道 2016 年夏季奥运会也推出过短期聊天服务。临时性新闻产品能够为媒体组织带来额外收入，同时也为用户提供参与机会，而且也是一个比较好的数据收集和定向广告工具。

三　人工智能给新闻业带来的挑战与机遇

尽管人工智能技术会极大地提升新闻组织的生产效率，但这些不断涌现的新技术也的确给新闻组织带来诸多挑战。比如，原有的法律措施是否还适用于这些技术，如何调查算法背后的偏见，如何利用人工智能技术进行事实核查等问题都值得关注。

（一）隐私和法律面临的挑战

斯坦福大学教授米歇尔·利辛斯基（Michal Kosinski）指出，"人工智能可以用来预测我们的下一步行为，并帮助我们更好地理解人类。但其中一个潜在的负面影响是，它可以用来操纵人，说服他们做本来不喜欢做的事情。有时'脸书'可能比你自己更了解你。"斯坦福大学最近的一项研究表明，人工智能甚至可以预测出人的性取向，其准确率高达到80%以上。[7]这项研究结果一经公布便引发广泛争议，因为那些生活在不那么自由和开放的国家的人，同性恋有时会受到死亡惩罚。利辛斯基指出，"我们已经进入了'后隐私时代'（Post Privacy Era），而且没有回头路"，我们需要认真思考如何解决这个问题。2016年，苹果公司开始使用差分隐私（Differential Privacy）技术来保护用户个人隐私。这种技术利用算法打乱数据，这样要追踪到每一个人的相关信息就比较困难。

人工智能技术对法律，尤其是美国《宪法第一修正案》也提出了挑战。《华盛顿邮报》利用写作机器人 Heliograf 成功报道了2016年夏季奥运会，之后又利用该机器软件报道了2016年美国大选。美联社现在也使用写作软件报道财经新闻和体育新闻。由此产生的问题是，那些对于记者和新闻组织的保护，同样也可以扩展到这些智能写作机器软件上吗？

现在我们使用的智能手机、电视、计算机，甚至冰箱都可以收集储存数据，这些数据收集设备引发了许多新的法律问题。2017年，亚马孙认为该公司一名客户的"回声"音箱录音记录应该受到《宪法第一修正案》保护。"回声"音箱智能语音系统的一个特点是，只要一听到"唤醒词"就处于记录声音的状态。当律师要求亚马孙交出与一个谋杀案有关的声音数据时，亚马孙以《宪法第一修正案》为由，拒绝交出数据，后来由于嫌疑人主动交出声音数据，亚马孙才放弃了原来的坚持。但亚马逊公司始终认为"回声"音箱记录的声音数据应该受到《宪法第一修正案》的保护。

（二）组建调查算法偏见的团队

随着算法日益成为建构社会现实的一种普遍技术工具，人工智能系统提供的信息在日常生活中变得越来越有影响力，媒体组织应该去发现、挖掘人工智能背后隐藏的偏见，或者是开发人员有意无意的算法篡改。媒体组织需要聘用一些了解算法的调查报道记者，通过他们的调查，尽可能让算法背后的"黑盒子"变得更加透明。目前，像《纽约时报》《华盛顿邮报》、ProPublica 等媒体组织已经成立了专门调查算法的记者团队。

2016 年，ProPublica 发表了一系列关于算法偏见和利用人工智能预测未来罪犯的调查报道。记者调查发现，"风险评估"软件在美国各地的法庭上越来越常见，但这款软件对肤色较深的人有更大偏见。此外，麻省理工学院、哈佛大学、普林斯顿大学等研究机构的大量研究显示，在许多行业内，算法都存在明显的偏见。因此，新闻组织需要训练有素的记者调查数据与算法，来帮助公众了解算法在整个信息生产流程中所起的作用。

在某种程度上，算法、数据集和人工智能系统反映了开发人员的世界观。这些算法用于帮助做出决策，预测行为，并生成相关问题的答案。现在，有更多的系统管理着我们的日常生活，同时，这些算法系统也被执法机关、大学、金融机构和政府使用。派格公司（Pega）的一项全球消费者研究显示，只有 33% 的消费者认为他们使用了人工智能技术，事实上，有 77% 的人实际上在使用人工智能服务或设备。因此，新闻记者需要调查数据、算法与我们日常生活的相互关系。为了防止机器报道中的偏见，记者需要了解谁创建了算法和数据集，以及它们的运作流程是什么。

（三）加强新闻记者的人工智能培训

人工智能对教育业产生了很大影响，"一刀切"的教育模式逐渐被个性化的适应学习（Adaptive Learning）模式所取代。现在，可汗学院、EdX、Udemy 和 Coursera 等在线学习平台都已经开始使用适应学习技术，为每个学生打造个性化的学习体验。这种学习模式也可以用来培训新闻室记者，让他们掌握所需要的各种新技能。

由于传统新闻业的收入不断下降，新闻媒体的专业培训经费常常被削减。适应学习系统是一种有效的替代方案，尤其是在新闻组织培训员工时。由于人工智能技术的普遍应用，新闻记者需要高度专业化的技能，这些技能往往在大学里可能没有学到。像优达学城（Udacity）这类学习平台已经开发出许多针对人工智能领域的纳米学位（Nanodegrees）课程（比如，编程入门、深度学习、ARkit 开发，等等），以帮助个人学习新技能。新闻机构、新闻协会和专业培训机构应该鼓励专业记者去学习有关人工智能的纳米学位，这有助于整个新闻编辑室文化的转型。

（四）开发自动化事实核查工具

假新闻已经成为一个全球性问题。脸书、谷歌等数字巨头纷纷推出各自打击假新闻的自动化工具。英国独立事实核查组织"全部事实"（Full Fact）开发了一套自动化事实核查工具，可以帮助新闻记者发现虚假信息。"全部事实"自动化核查工具的特殊之处在于，这些工具建立在开源基础之上，其他媒体组织也可以使用该组织的自动化核查技术。非洲事实核查机构 Africa Check 已经开始利用这些自动化工具，在 2017 年肯尼亚大选期间，该组织利用"全部事实"开发的自动化工具来打击假新闻。其他媒体组织，像《华盛顿邮报》的事实核查栏目 Truth Teller，在文本和视频传播的同时就会自动显示事实核查信息。2017 年 9 月，杜克大学"记者实验室"也宣布创建一个 120 万美元的项目，来开发自动化事实核查工具。

新闻机构面临着一个巨大的机会——它们可以利用人工智能、社交媒体数据，以及他们自己的数据库，创建自己的实时事实核查工具，同时在新闻组织内部增设事实核查编辑部，这样做既有利于公众利益，也有利于媒体组织巩固品牌声誉，重获读者信任。不过，利用人工智能只能解决部分虚假信息问题，完全依赖人工智能是不切实际的。

（五）关注人工智能整合和算法市场

新创建的人工智能组织会不断融合，一些小公司会被相对较大的公司整合。在未来，这些人工智能公司将集中在一小部分公司手中。从全球来看，有 9 家公司主导着人工智能技术的开发：谷歌、亚马逊、腾讯、百度、阿里巴巴、IBM、脸书、苹果和微软公司。与任何技术一样，当少数公司在这一领域占据主导地位时，它们往往会垄断人才和知识产权，而且这些公司也会互相合作，以建立更大的垄断同盟。

大多数新闻机构都不可能组建一个专门的开发人员团队，让他们有更多时间来创建、测试和改进算法。新闻组织可以去购买已经开发好的算法产品。一些技术开发公司已经开始在新兴算法市场（Algorithm Marketplaces）上提供开发的算法产品。Algorithmia 就是一个只出售算法的电子商务网站，开发者将他们开发的算法产品上传到"云端"，其他公司付费就可以使用。

四　总结

人工智能技术让整个新闻业发生了翻天覆地的变化，这些技术既增强了新闻编辑室的能力，提高了新闻工作者的工作效率，同时也为媒体组织带来收入。在 2018 年，人工智能将逐渐进入大面积应用阶段，新闻组织需要比较全面地了解人工智能的发展趋势，将它纳入战略规划当中，并相应地调整未来的发展规划。

（一）从"移动优先"到"人工智能优先"

从 2016 年年底开始，谷歌的战略重点从"移动优先"（Mobile-First）转向"人工智能优先"（AI-First）。比如，谷歌语音助理 Assistant 结合云计算、语音识别与深度学习技术，会贯穿到谷歌的所有服务当中。[8] 不过，与谷歌、脸书这些技术公司相比，许多新闻组织一般会倾向于"等等看"。事实上，正是这种等待让媒体组织止步不前，然后错失良机。媒体组织应该考虑实施"人工智能优先"的战略，利用人工智能技术来重塑整个生产流程和信息系统。[9]

（二）开始迈入"后屏幕"时代

我们正在进入一个谈话界面（Conversational Interfaces）时代。用户可以与机器交谈来获取信息，语音界面的使用会提升媒体公司对消费者的了解。早期使用这类技术的公司，将会在寻找新用户、增进用户满意度、扩大市场份额、增加收入方面，获得一定的竞争优势。正如韦伯所说，2018

年标志着"智能手机终结的开始"，这是一个很大胆的说法，她提醒每一个行业要及时抓住这一转变，下一波大的技术转折点已经近在眼前。通过智能语音界面获取信息，会彻底改变用户接收信息的行为和习惯，同时，也会对媒体组织的商业模式产生破坏性影响。试想一下，当用户对着亚马孙智能音箱询问"《华盛顿邮报》，今天最新新闻是什么？"时，这意味着那些有声誉的优质媒体会获得较大机会，而那种为博点击量的媒体发展策略则会受到一定的限制。

（三）关注人工智能之外的新兴技术

新闻组织还应该关注区块链（Blockchain）、5G 和立方体卫星（Cube-Sats）等新技术的发展，尤其是这些技术与人工智能的整合应用。目前，区块链技术已经开始应用到社会各行各业，比如精准扶贫、政府数据公开、数字版权保护等。在未来，"人工智能＋区块链＋物联网＋大数据"的技术融合，会带来巨大的社会变革，同时也会为新闻业带来无尽的想象和发展空间。总之，社会变革的巨轮已经启动，不管是媒体融合，还是数字化转型，也许才刚刚开始，媒体组织需要做的是积极去了解、尝试和适应。

（作者单位：西安外国语大学新闻与传播学院、
国际传播研究所）

［本文为国家社科基金项目"新媒体时代的媒体商业模式创新研究"（16BXW026）；西安外国语大学"新媒体与国际传播创新团队"阶段性成果。］

注释

［1］ Amy Webb. Tech Trends For Journalism and Media Report ［EB/OL］. https://futuretodayinstitute. com/2018 – tech-trends-for-journalism-and-media/.

［2］ Jessica Davies. How the BBC is using voice assistants like Amazon Echo and Google Home ［EB/OL］. https://digiday. com/media/bbc-using-voice-assistants-like-amazon-echo-google-home/.

［3］ Paul Sawers. How Audioburst is using AI to index audio broadcasts and make them easy to find ［EB/OL］. https：//venturebeat. com/2017/06/05/how-audioburst-is-u-sing-ai-to-index-audio-broadcasts-and-make-them-easy-to-find/amp/.

［4］ Lyrebird. Welcome to the beta version of Lyrebird ［EB/OL］. https：//lyrebird. ai/

［5］ Charles Choi. AI Creates Fake Obama ［EB/OL］. https：//spectrum. ieee. org/tech-talk/robotics/artificial-intelligence/ai-creates-fake-obama.

［6］ Shana Lebowitz. Every time you dial into these call centers, your personality is being silently assessed ［EB/OL］. http：//www. businessinsider. com/how-mattersight-uses-personality-science – 2015 – 9.

［7］ Sky news. AI can detect homosexuality from photographs, researchers claim ［EB/OL］. https：//news. sky. com/story/ai-can-detect-homosexuality-from-photographs-re-searchers-claim – 11025567.

［8］ Larry Dignan. Google bets on AI-first as computer vision, voice recognition, machine learning improve ［EB/OL］. http：//www. zdnet. com/article/google-bets-on-ai-first-as-computer-vision-voice-recognition-machine-learning-improve/.

［9］ 新华社发布 "媒体大脑"，人工智能重新定义媒体 ［EB/OL］. 环球网科技. http：//tech. huanqiu. com/internet/2017 – 12/11476449. html.

社交媒体"话语分层"现象与机制

——基于新浪微博的实证分析

徐 翔 阳 恬

摘 要 社交媒体传者-受众的关系中,并不是发散的或相对去中心的,而是存在着依据于其线上粉丝数、发帖活跃度、主动交互性等等级而显现的圈层化区隔与分化。根据对新浪微博的 347658 行数据及其所属的 40752 条帖子之间的对应关系和转换矩阵分析显示,某个等级的传者更容易得到相同或相近话语等级的受众对其进行评论和回馈,某个等级的受众也更容易对相同或相近话语等级的传者进行评论和反馈。社交媒体中的这种同质化圈层形塑,并非直接依赖于社会地位、经济层级以及社会相似性等线下的现实因素,更重要的是线上话语层级体现出的具有关键性的区隔作用与分化逻辑。

关键词 社交媒体 社会区隔 话语层级 圈层化

The Phenomenon and Mechanism of "Discourse Stratification" in Social Media

—An Empirical Analysis based on Sina Micro-blog

Xu xiang Yang tian

Abstract The relationship between social media communicators and audiences is not divergent or relatively decentered. However, there exists a stratification and differentiation based on its online fans number, post activity and initiative interaction level. According to the 40752 posts and 347658 comments on Sina micro-blog and their corresponding relation and conversion matrix, it shows that a certain level of communicators are more likely to get the same or similar discourse level audience to make comments and feedback, a certain level of the audience is more likely to make comments and feedback on the same or similar discourselevel communicator. The homogenization of social media does not directly depend on the realistic factors such as social status, economic level and social similarity. What's more, online discourse level embodies the key logic of differentiation and differentiation.

Keyword　Social Media; Social Distinction; Discourse Level; Circling

本研究是基于对典型社交媒体（social media）新浪微博的实证考察而得到的结果，核心观点是，在社交媒体的不同传播主体的交互中存在着隐形的区隔与层级分化，若用微博上的影响力、活跃性、交互度等的大小来衡量微博用户的"话语层级"，那么，微博传播者之间的信息交流和互动并不是自由的、发散的，而是呈现出相同或相近话语层级传播者之间的聚合性，以及不同话语层级传播者之间的区隔性。或者说，在新浪微博上，具有特定的影响力、活跃性、交互度的用户，更倾向于对和自己的影响力、活跃性、交互度相似的微博用户进行评论和反馈；同样，用户的帖子传播也更倾向于被和自己的影响力、活跃性、交互度相似的用户所评论和反馈。

为便于研究，本文将之称为社交媒体中"话语分层"现象与逻辑。这里所说的"话语分层"，指的是微博中的话语特征，成为微博用户之间发生集聚、关联、作用、区隔的划分标准，使得微博用户在此话语特征的作用下表现出较为明显的层级差异性，相同层级或相近层级的用户更易发生相互的作用。而话语特征，主要是指用户在微博中话语和符号的表达、交流、互动等表现出来的程度与特征，例如，话语表达的活跃性、与其他用户进行交互的意愿性和主动性、话语影响力等。微博用户的话语特征主要区别于两个维度：一是区别于非话语特征，例如，用户在微博中自我标示出的区域、性别、年龄等带有实体性的特征；二是区别于线下特征，例如，微博中虽未明确标示但伴随着用户真实身份的经济地位、社会权力等特征。尽管微博是一种半匿名、类社会互动的空间，线上的话语交互关系似乎带有符号性和在线性甚至类虚拟性，和线下的、实体的特征相比似乎其不够那么直接，但是这些话语特征依然较为有效地影响着用户之间的类型聚集与层级区隔。在这种互动的路径和分化中，显示出了微博空间中隐在的社会"区隔"和圈层化机制。

一 理论分析与问题提出

对于网络传播结构，往往注重其匿名性、虚拟性等特征，而忽视了其中蕴含的新型的传播结构和传播约束性。网络研究者关注网络带来的"去中心化"和虚拟在线传播中"人人都有麦克风"的"自媒体"语境，以及这种语境下更为广泛和紧密的社会联系。例如，保罗·莱文森（Paul Levinson）认为虚拟的网络社会是一个去中心性的生活空间，人与人在虚拟的网络上不受身份、地位、名誉、财富的限制而自由地交往和沟通。[1]有学者认为，"网络社会公共领域与私人领域的交错，使整个社会联系更为紧密，社会阶层之间的区隔变得更为模糊"。[2]在此需要强调的是，尽管人人都有麦克风，但是不同的人手上的麦克风能对何种对象言说、能被何种对象倾听，实际上是具有潜在和无形的约束，并不是自由的。他们更愿意或者更倾向于在微博中和自己话语等级相似的人进行信息的交互与反馈。通常所认为的，微博用户既可以对拥有成百上千万粉丝的"大 V"（微博平台上获得个人认证，拥有众多粉丝的微博用户）帖子进行评论，也可以对身边的低话语等级的用户和"草根"帖子进行评论，这种观点的确成立——但是通过进一步的考察可以发现，这种看似"发散"和"自由"的关系，背后潜藏着深层的制约和非自由。就绝对比例而言，普通的"草根"用户在微博上也许占着最为庞大的比例，而高影响力、发帖量等话语等级的用户只占很小的比例，但是在排除这些"绝对比重"的影响后可以发现和证实：对于某个话语等级的用户而言，其在微博中进行信息交互的占"相对比重"最高的对象，仍是其自身所属的话语等级的用户圈层。

对于网络社会分层的研究，缺乏对于网络"话语层级"作为一种重要分化标准的重视。马克思（Karl Marx）、韦伯（Max Weber）、帕森斯（Talcott Parsons）等对于传统社会的分层，采用了财富、权力、声望等经济、政治、社会多方面的标准。面对网络社会的快速强势崛起，许多研究将传统的社会因素纳入对网络分层的审视。申玲玲对新浪微博的研究显示出传统的社会资源在微博中对于用户的社会分化的重要性,"一部分人依靠既有社会资源在微博上拥有稳定的、更强的影响力,其互动对象主要集中于与其职业相关的本阶层人士"。[3]程士强基于中国综合社会调查(CGSS)2010 年的数据,分析网络社会分层与原有的社会分层机制之间的关系时指出:那些在现实社会中处于优势地位的个体在网络社会中也具有资源优势。[4]现实生活中的职业、身份、地位等当然和网络分层具有关联,但是毕竟这些因素难以直接地呈现于虚拟网络之中,因此也要注重网络作为一种新型社会空间所具有的独特性。此外,网络用户或传播者的信息能力、信息素养等因素被纳入对网络地位和层级分化的审视之中。例如,夏学英和刘永谋以天涯社区为样本研究指出,BBS 话语权力结构是由网络社群中不同个体信息能力,差异所决定的。[5]这其中,网络传播主体的"话语层级"作为一种潜在的鸿沟,形塑和制约传播者之间的互动关系和"话语间性",仍然未得到充分的重视和实证分析。

对于网络社群、网络聚合、网络互动的连接纽带,往往强调共同的兴趣、地缘、熟人"强关系"、主题事件等偏重于实体与线下的因素。例如,就主题事件对网络群体的聚合而言,有研究者指出,"随着虚拟社会主体参与意愿的增强和参与行为的增加,虚拟社会各阶层基于事件信息流的聚合互动将更加频繁地发生"。[6]对于互联网中"兴趣型圈子""任务型圈子"的划分,也都建立于这种线下为主的关系范式。[7]有研究者从兴趣、爱好等线下因素研究指出,受众会"将自己所喜爱的内容、关注的热点,依靠互联网的平台以链接方式推给更多有着相同爱好和属性的受众,这就形成了'圈层文化'"。[8]关注线下现实因素在加强对于网络聚合中的效力时,也需注重线上的因素对于聚合用户、信息流动的作用。这其中,网络主体在线上的"社会同质性"是其信息流动圈层化的基础之一。诚如麦弗逊(Miller McPherson)等人所指出的,社会网络中的同质性(homophily)是人们倾向于和那些与自己相似的人建立联系。[9]阿达米克(Lada A. Adamic)等对斯坦福大学社交网站 Club Nexus 进行分析,发现在年级、部门、专业、性别以及对书籍和电影的爱好等用户属性方面,随着用户连接距离的增加用户之间的同质性均逐渐降低,说明用户更倾向于与自己具有相同属性的其他用户取得联系。[10]把社交网络中的同质性扩展到线上要素,包括在话语影响力、活跃性、交互度等方面的同质性,从而延伸到微博传者－受者在线上话语等级的圈层与分化聚合效应。而在已有的研究中，微博中的影响力、表达活跃性等如何形塑用户之间的同质性圈层，仍是易被忽视和未得到充分挖掘、检验的领域。

微博空间作为一种社交平台，传播者之间具有信息流动和互动的圈层，形成分化与聚合的网络关系。本研究基于对新浪微博的实证考察，提出如下命题假设。微博用户之间的信息交互与反馈并不是看似自由的，而是具有其"话语等级"层级性和同质性，形成基于相近"话语等级"的传－受圈层与分化结构。相同的话语等级的用户之间，更容易形成倾听和反馈；不相近的话语等级的用户之间，并未因为网络去中心化结构而拉近，而是更不容易彼此倾听和反馈，处于更远的社会距离和传播距离。这其中，"话语等级"主要指涉用户在微博中的"影响力""活跃性""交互度"这几个关系到用户的在线话语特征的重要方面，它们反映着用户在线上空间中的影响力程度、在网络空间进行发声与表达的程度、在网络社会中与其他网络主体进行交互的意愿和程度。尽管这些都不是实体性、社会性的因素，而更多的是线上的甚至带有网络空间准虚拟性的因素，但是，容易被忽视的是，它们却是形塑网络话语同质圈层的有利因素，依据这些因素所聚合分化而成的"话语等级圈层"具有较高程度的精确性甚至可预测性。

二 研究设计与实证方法

本研究考察新浪微博中传者－受者在相近话语等级上的对应性，也即：某个等级的传者更容易得到相同或相近话语等级的受众对其进行评论和回馈；某个等级的受众也更容易对相同或相近话语等级的传者进行评论和反馈。这里的话语等级，指的是传者、受者在微博中进行线上表达、话语交互、获得的话语影响力的程度，具体从三个方面进行考察。其一是用户的影响力，用该微博用户的粉丝数来表示，"大V"和草根的影响力等级差异虽然不能完全用粉丝数来衡量，但是粉丝数是反映其影响力等级与地位的重要标度之一；其二是用户的活跃性，用该微博用户发布微博的数量来表示，作为衡量其在新浪微博平台中进行发声、表达的活跃程度的重要指标；其三是用户的交互度，通过该用户在新浪微博中对他人进行关注的数量规模来衡量，虽然该数值不能完整地反映用户在社交平台中与其他人进行交互的意愿和程度，但可以作为反映传播者与他人进行主动交互程度的重要指标之一。而传者、受者分别指代微博的发布者和对该微博做出评论的反馈者。

在此基础上，本研究的三个子假设分别如下：（1）H1，新浪微博中，传者-受者在影响力等级上具有对应性；（2）H2，新浪微博中，传者-受者在活跃性等级上具有对应性；（3）H3，新浪微博中，传者-受者在交互度等级上具有对应性。

对于子假设的检验思路与方法为，将所有传者、受者的粉丝数、发微博总数、关注他人的数量，由于其分布范围从 0 至数千，乃至上千万不等，缺乏明确边界，不便于分析，因而全部转换为一个狭小范围内的等级数。具体转换方法为：设原值为 x，则转换后的值 y 为 int（ln（x+1））。也即，对原值 x 先加 1，然后对（x+1）取以 e 为底的自然对数转换后的值，并将该对数函数值取不大于该值的最大整数。例如，若某用户的粉丝数为 92 个，则 ln（92+1）=4.53，取不大于 4.53 的最大整数值 4，作为其等级数，依此类推。在上述把原数值转换为等级数的基础上，一方面是考察某等级的受者，其进行评论的传者最主要是属于何等级的；另一方面是考察某等级的传者，其得到的对其进行评论的受者最主要是属于何等级的。

传者和受者的对应关系，依据对于新浪微博的网络爬虫抓取、采样和数据库处理得到。其核心思路为，采集数万条微博帖子，对每条帖子各自采集其评论区中的首页热门评论。编写网络爬虫程序，对新浪微博热门版块采集了持续一个月内的帖子样本，微博帖子本身的链接来自新浪微博首页，包括 47 类：社会、国际、科技、科普、数码、财经、股市、明星、综艺、电视剧、电影、音乐、汽车、体育、运动健身、健康、瘦身、养生、军事、历史、美女模特、美图、情感、搞笑、辟谣、正能量、政务、游戏、旅游、育儿、校园、美食、房产、家居、星座、读书、三农、设计、艺术、时尚、美妆、动漫、宗教、萌宠、法律、视频、上海。帖子采集时间跨度为 2016 年 10 月 14 日至 2016 年 11 月 13 日，并于 2017 年 2 月分别采集这些帖子的首页的最热评论。采集评论时距离帖子发布时间已过去了三个月左右，而新浪微博的帖子及其讨论具有强时效性，因此各帖子的更新及其评论的增加绝大部分已经停止，各帖子及其评论可以视作相对静态和固化的样本。由于存在信息不完整、评论者资料采集失败等原因，经数据清洗后，每条帖子评论区首页采集到的有效评论从一条到数十条不等。尽管不是对于帖子的所有评论的完整采集，但是这些实际采集成功的评论仍然具有代表性和近似的随机性，可以代表帖子的评论的整体特点。特别是当把所有同等级的帖子作为一个整体进行量化分析的条件下，某条帖子的评论群的不完整性，更是被同等级帖子群的评论样本所形成的整体性大大稀释了，可以作为分析的依据。

在"某条微博帖子—该帖子所属的评论"之间，建立起"一对多"的映射关系，然后分别对帖子、评论的发布者，抓取其用户信息，包括其粉丝数、发布微博数、关注他人数以及用户的主页链接网址等。根据用户的主页链接网址作为确定不同用户的唯一标识，因账户名等字段可能存在重复，经过去重等数据清洗后，以及在 Sql Server 数据中对帖子及其所属的评论的链接操作，得到对应的帖子评论 347658 条，这些评论每条都对应于其所属的帖子，得到共属于不重复的帖子 40752 条。对每一条评论及其所属的帖子，都标注了其评论者、帖子发布者的粉丝数、发布微博数、关注他人数及其转换后的等级数。将这最终的包含在 347658 行的数据表导入 SPSS 20.0 软件中进行处理，其每一行的内容包括：评论的评论者等级信息，该评论所属的帖子发布者等级信息。

三　传者－受者在影响力上的话语层级对应性

本节针对的是子假设 H1，新浪微博中，传者－受者在影响力等级上具有对应性。具体而言可转化为以下两个方面：H1－a，某个粉丝数等级的传者更容易得到相同或相近粉丝数等级的受众对其进行评论和回馈；H1－b、某个粉丝数等级的受众更容易对相同或相近粉丝数等级的传者进行评论和反馈。

针对上述两方面，分别在 SPSS 20.0 中根据用户的粉丝数等级，生成传者－受者之间的交叉表（见表 1、表 2）。其中，传者、受者的粉丝数共分布于从 0 级到 18 级。等级为 18 的受者，等级为 0、1、2、3 的传者期样本数都少于 30，由于数量不足而删除这些传者或受者等级所在的行或列。

表 1 各等级受者做出的评论数量在不同等级传者中的分布比例

单位（%）

传者粉丝数等级

受者粉丝数等级	4	5	6	7	8	9	10	11	12	13	14	15	16	17	18
0	0.071	0.00	0.07	0.49	0.78	3.81	5.78	14.10	14.95	20.52	24.54	11.00	3.39	0.49	0.00
1	0.072	0.05	0.07	0.34	1.05	2.80	6.30	11.79	15.22	22.29	24.23	12.05	2.83	0.91	0.00
2	0.02	0.02	0.13	0.35	0.72	1.95	5.74	10.80	14.44	21.75	26.07	13.54	3.47	0.97	0.01
3	0.03	0.03	0.03	0.20	0.69	2.04	6.09	11.26	14.35	21.33	26.24	13.30	3.38	1.00	0.02
4	0.03	0.01	0.05	0.18	0.59	2.05	6.27	10.46	13.83	22.40	26.28	13.30	3.59	0.92	0.03
5	0.02	0.03	0.04	0.17	0.67	2.15	6.61	10.52	14.12	21.98	25.92	13.45	3.44	0.87	0.02
6	0.02	0.02	0.07	0.19	0.85	2.41	6.69	10.00	13.20	21.87	25.81	13.66	4.14	1.02	0.06
7	0.02	0.27	0.24	0.58	0.86	2.33	5.94	9.35	12.85	19.89	25.63	14.03	5.86	2.06	0.09
8	0.01	0.02	0.03	0.47	5.50	4.87	7.53	11.42	10.24	15.89	20.39	13.07	6.78	3.68	0.11
9	0.05	0.00	0.06	0.26	1.15	12.66	6.78	10.53	10.24	15.11	18.81	11.21	7.88	5.14	0.13
10	0.00	0.00	0.00	0.29	1.23	3.98	31.42	12.09	10.49	13.01	15.68	6.78	3.73	1.23	0.08
11	0.00	0.00	0.00	0.24	0.65	3.05	6.90	27.87	15.00	16.33	18.02	9.30	1.58	1.03	0.03
12	0.04	0.00	0.04	0.11	0.77	1.17	4.14	7.15	50.86	21.16	9.24	4.33	0.51	0.48	0.00
13	0.00	0.00	0.00	0.00	0.08	0.79	1.66	3.02	8.47	39.83	37.34	7.33	0.87	0.60	0.00
14	0.00	0.00	0.00	0.00	0.06	0.41	1.32	1.50	3.32	17.55	65.73	8.66	1.29	0.18	0.00
15	0.00	0.00	0.00	0.08	0.38	0.23	1.28	2.49	2.49	14.26	21.43	55.25	0.68	1.43	0.00
16	0.00	0.00	0.00	0.00	0.00	0.40	0.40	1.62	3.64	37.65	33.60	7.69	10.53	4.45	0.00
17	0.00	0.00	0.00	0.00	0.00	0.00	0.00	0.00	0.00	16.44	1.37	27.40	26.03	28.77	0.00

表 2　各等级传者得到的评论数量来自不同等级受者中的分布比例

单位（%）

传者粉丝数等级	受者粉丝数等级																	
	0	1	2	3	4	5	6	7	8	9	10	11	12	13	14	15	16	17
4	1.79	5.36	3.57	16.07	23.21	17.86	14.29	8.93	1.79	5.36	0.00	0.00	1.79	0.00	0.00	0.00	0.00	0.00
5	0.00	1.85	2.78	7.41	6.48	16.67	7.41	55.56	1.85	0.00	0.00	0.00	0.00	0.00	0.00	0.00	0.00	0.00
6	0.61	1.82	9.70	4.24	15.15	13.33	17.58	32.73	1.82	2.42	0.00	0.00	0.61	0.00	0.00	0.00	0.00	0.00
7	1.17	2.33	7.17	9.00	14.67	16.83	12.83	21.83	7.33	2.67	2.33	1.17	0.50	0.00	0.00	0.17	0.00	0.00
8	0.49	1.95	3.89	8.18	12.65	17.87	15.57	8.58	22.91	3.14	2.61	0.84	0.93	0.09	0.09	0.22	0.00	0.00
9	0.85	1.84	3.73	8.63	15.60	20.28	15.76	8.25	7.21	12.33	3.01	1.40	0.50	0.33	0.22	0.05	0.02	0.00
10	0.49	1.56	4.14	9.72	17.97	23.53	16.52	7.94	4.21	2.49	8.94	1.19	0.67	0.26	0.27	0.10	0.01	0.00
11	0.77	1.88	5.02	11.58	19.33	24.14	15.90	8.05	4.11	2.49	2.22	3.11	0.75	0.31	0.20	0.13	0.02	0.00
12	0.62	1.85	5.12	11.24	19.48	24.71	16.00	8.43	2.81	1.85	1.47	1.27	4.05	0.65	0.33	0.10	0.03	0.02
13	0.55	1.75	4.97	10.77	20.33	24.78	17.08	8.41	2.81	1.76	1.17	0.89	1.08	1.98	1.12	0.36	0.17	0.00
14	0.54	1.57	4.91	10.92	19.67	24.10	16.63	8.94	2.97	1.80	1.17	0.81	0.39	1.53	3.47	0.44	0.13	0.06
15	0.47	1.52	4.97	10.79	19.40	24.37	17.53	9.54	3.72	2.09	0.98	0.82	0.36	0.59	0.89	2.21	0.06	0.19
16	0.49	1.20	4.30	9.25	17.67	21.00	17.08	13.43	6.49	4.96	1.82	0.47	0.14	0.23	0.45	0.09	0.26	0.67
17	0.22	1.21	3.77	8.57	14.16	16.72	13.55	14.83	11.06	10.17	1.89	0.96	0.42	0.51	0.19	0.61	0.35	0.00
18	0.00	0.00	0.94	4.72	15.09	13.21	24.53	18.87	9.43	7.55	3.77	0.94	0.00	0.00	0.00	0.00	0.00	0.00

(一) 传者得到的受者反馈

对于 H1 - a，经由 SPSS 20.00 生成交叉表（参见表 1）。行标题表示不同的受者等级数；列标题表示不同的传者等级数。其中，每一行表示：某等级的受者，对不同等级的传者做出的评论数量，在该等级受者做出评论总数中所占的比例，每一行的百分比数字相加之和为 100%。例如，最后一行的最后三列数字依次表示：等级为 17 的受者，其做出的评论中，有 26.03% 是属于等级为 16 的传者所发的微博；有 28.77% 是属于等级为 17 的传者所发的微博；有 0.00% 是属于等级为 18 的传者所发的微博。若某些行相加之和不为 100%，是因为从中删除了少数样本数不足 30 个的行或列而出现了细微的偏差，但考虑到本研究总量达数万乃至数十万的样本数，因而这些偏差不公影响最后的结果（后文的部分表中也存在此种偏差，若无特殊情况则皆参照此处的解释，不再单独说明）。

该表中，每一列中的最大值，表示某等级的传者，得到评论比例最多的是来自哪个等级的受者。例如，对于等级为 6 的传者（列标为 6 的百分比数字）来说，其得到的受者评论中，最大值是等级为 7 的受者（行标为 7 的百分比数字），百分比为 0.24%，而其他等级的受者对等级 6 的传者所做的评论在各自受者等级中所占的比重都比 0.24% 这个值小。根据上表，各个等级的传者，其该列最大值所属的受者等级如表 3 所示。

表 3　传者等级对应的评论比重最多的受者等级

传者等级	4	5	6	7	8	9	10	11	12	13	14	15	16	17	18
该传者等级对应的评论比重最多的受者等级	1	7	7	7	8	9	10	11	12	13	14	15	17	17	9

从该对应表可以看出，5~17 级的传者对应的受者等级，都是与该传者等级相同的受者等级（除了传者等级 5 对应于受者等级 7、传者等级 6 对应于受者等级 7、传者等级 16 对应于受者等级 17，这几个等级虽然不是对应于自身等级，但仍然与自身等级高度接近）。对该对应关系表作相关系数分析，其 spearman 相关系数为 0.817，P 值为 0.000；kendall 秩相关系数为 0.800，P 值为 0.000。两个相关系数的检验都显示具有显著且高度的相关性。

综合本小节所述，可以得到以下结论某个影响力等级的传者更容易得到相同或相近影响力等级的受众对其进行评论和回馈。

（二）受者对传者做的反馈

对于 H1 - b，经由 SPSS 20.0 生成交叉表（参见表 2）。行标题表示不同的传者等级数；列标题表示不同的受者等级数。其中，每一行表示：某等级的传者，得到不同等级的受者做出评论数量，在该等级传者得到评论总数中所占的比例，每一行的百分比数字相加之和为 100%。例如，倒数第二行的最后三列数字依次表示：等级为 17 的传者，其得到的评论中，有 0.61% 是属于等级为 15 的受者；有 0.35% 是属于等级为 16 的受者；有 0.67% 是属于等级为 17 的受者。等级为 0、1、2、3 的传者都小于 30 个，删掉这些等级传者所在数据行；等级为 18 的受众只有 7 个，删掉该等级受众所在数据列。

该表中，每一列中的最大值，表示某等级的受者，做出评论比例最多的是针对于哪个等级的传者。例如，对于等级为 17 的受者（列标为 17 的百分比数字）来说，其做出的评论中，最大值属于等级为 17 的传者（行标为 7 的百分比数字），百分比为 0.67%，而其他等级的传者得到等级 17 的受者所做的评论在各自传者等级中所占的比重都比 0.67% 这个值小。根据上表，各个等级的受者，其该列最大值所属的传者等级如表 4 所示。

表 4　受者等级对应的评论比重最多的传者等级

受者等级	0	1	2	3	4	5	6	7	8	9	10	11	12	13	14	15	16	17
该受者等级对应的评论比重最多的传者等级	4	4	6	4	4	13	6	5	8	9	10	11	12	13	14	15	17	17

从该对应表可以看出，3～17 级的受者对应的传者等级，基本上都是与该受者等级相同的传者等级（除了受者等级 3 对应于传者等级 4、受者等级 5 对应于传者等级 13、受者等级 7 对应于传者等级 5、受者等级 16 对应于传者等级 17，这几个等级虽然不是对应于自身等级，但总体上仍与自身等级高度接近）。对该对应关系表作相关系数分析，其 spearman 相关系数为 0.910，P 值为 0.000；kendall 秩相关系数为 0.841，P 值为 0.000。两个相关系数的检验都显示具有显著且高度的相关性。

综合本小节所述，可以得到以下结论，某个影响力等级的受众更容易对相同或相近影响力等级的传者进行评论和反馈。

四　传者–受者在活跃性上的话语层级对应性

本节针对的是子假设 H2，新浪微博中，传者–受者在活跃性等级上具有对应性。具体而言可转化为以下两个方面：H2–a，某个发微博数等级的传者更容易得到相同或相近发微博数等级的受众对其进行评论和回馈；H2–b，某个发微博数等级的受众更容易对相同或相近发微博数等级的传者进行评论和反馈。

针对上述两方面，分别在 SPSS 20.0 中根据用户的发微博数等级，生成传者–受者之间的交叉表。其中，传者、受者的发微博数共分布于从 0 级到 13 级。等级为 0、1、2、13 的受者，等级为 0、1、2、13 的传者其样本数都少于 30，由于数量不足而删除这些传者或受者等级所在的行或列。从传者以及该传者对应的受者之间的对应关系来看，有效样本组为 250813 条，两者的发微博数之间的 pearson 相关系数为 0.189，显著性为 0.000，具有一定的正相关性。下文从传者、受者的等级对应性之间，进一步考察其在发微博数等级上的话语分层。

（一）传者得到的受者反馈

对于 H2–a，经由 SPSS 20.0 生成交叉表（限于篇幅，该表略，其结构与表 1 相同）。行标题表示不同的受者等级数，列标题表示不同的传者等级数。其中，每一行表示：某等级的受者，对不同等级的传者做出评论数量，在该等级受者做出评论总数中所占的比例，每一行的百分比数字相加之和为 100%。从表中可以得到，各个等级的传者，其该列最大值所属的受者等级如表 5 所示。

表 5　传者等级对应的评论比重最多的受者等级

传者等级	3	4	5	6	7	8	9	10	11	12
该传者等级对应的评论比重最多的受者等级	8	4	3	6	7	8	9	10	11	12

从该对应表可以看出，各级的传者对应的受者等级，基本都是与该传者等级相同的受者等级（除了传者等级 3 对应于受者等级 8、传者等级 5 对应于受者等级 3）。对该对应关系表作相关系数分析，其 spearman 相关系数为 0.839，P 值为 0.002；kendall 秩相关系数为 0.764，P 值为 0.002。两个相关系数的检验都具有显著且高度的相关性。

综合本小节所述，可以得到：某个活跃性等级的传者更容易得到相同或相近活跃性等级的受众对其进行评论和回馈。

（二）受者对传者做的反馈

对于 H2 - b，经由 SPSS 20.0 生成交叉表（限于篇幅，该表略，其结构与表 2 相同）。行标题表示不同的传者等级数；列标题表示不同的受者等级数。其中，每一行表示：某等级的传者，得到不同等级的受者做出评论数量，在该等级传者得到评论总数中所占的比例，每一行的百分比数字相加之和为 100%。该表中，每一列中的最大值，表示某等级的受者，做出评论比例最多的是针对于哪个等级的传者。从该表可以得到，各个等级的受者，其该列最大值所属的传者等级如表 6 所示。

表 6　受者等级对应的评论比重最多的传者等级

受者等级	3	4	5	6	7	8	9	10	11	12
该受者等级对应的评论比重最多的传者等级	5	4	5	6	7	3	3	12	12	12

从该对应表可以看出，各级受者对应的传者等级，大部分都是与该受者等级相同或相近的传者等级。对该对应关系表作相关系数分析，其 spearman 相关系数为 0.531，P 值 0.114；kendall 秩相关系数为 0.424，P 值为 0.099。spearman 相关系数不具备显著的相关性，而 kendall 相关系数则在 0.1 的显著性水平上显现出相关性。

综合本小节所述，可以得到：某个活跃性等级的受众并未足够显示出，其更容易对相同或相近活跃性等级的传者进行评论和反馈。

五　传者 - 受者在交互度上的话语层级对应性

本节针对的是子假设 H3，新浪微博中，传者 - 受者在交互度等级上具有对应性。具体而言转化为以下两个方面：H3 - a，某个关注他人数等级的传者更容易得到相同或相近关注他人数等级的受众对其进行评论和回馈；H3 - b，某个关注他人数等级的受众更容易对相同或相近关注他人数等级的传者进行评论和反馈。

针对上述两方面，分别在 SPSS 20.0 中根据用户的关注他人数等级，生成传者 - 受者之间的交叉表。其中，传者、受者的关注他人数共分布于从 0 级到 8 级。从传者以及该传者对应的受者之间的对应关系来看，有效样本组为 250813 条，两者的关注他人数之间的 pearson 相关系数为 0.248，显著性为 0.000，具有一定的正相关性。下文从传者、受者的等级对应性之间，进一步考察其在关注他人数等级上的话语分层。

（一）传者得到的受者反馈

对于 H3 - a，经由 SPSS 20.0 生成交叉表（限于篇幅，该表略，其结构与表 1 相同）。行标题表示不同的受者等级数；列标题表示不同的传者等级数。其中，每一行表示：某等级的受者，对不同等级的传者做出评论数量，在该等级受者做出评论总数中所占的比例，每一行的百分比数字相加之和为 100%。根据该表，各个等级的传者，其该列最大值所属的受者等级如表 7 所示。

表 7　传者等级对应的评论比重最多的受者等级

传者等级	0	1	2	3	4	5	6	7	8
该传者等级对应的评论比重最多的受者等级	0	2	3	2	4	5	6	7	8

从该对应表可以看出，各级的传者对应的受者等级，基本上都是与该传者等级相同的受者等级（除了传者等级 1 对应于受者等级 2、传者等级 2 对应于受者等级 3、传者等级 3 对应于受者等级 2，这几个等级虽然不是对应于自身等级，但仍然与自身等级高度接近）。对该对应关系表作相关系数分析，其 spearman 相关系数为 0.971，P 值为 0.000；kendall 秩相关系数为 0.930，P 值为 0.001。两个相关系数的检验都显示具有显著且高度的相关性。

综合本小节所述，可以得到：某个交互度等级的传者更容易得到相同或相近交互度等级的受众对其进行评论和回馈。

（二）受者对传者做的反馈

对于 H3 - b，经由 SPSS 20.0 生成交叉表（限于篇幅，该表略，其结构与表 3 相同）。行标题表示不同的传者等级数，列标题表示不同的受者等级数。其中，每一行表示：某等级的传者，得到不同等级的受者做出评论数量，在该等级传者得到评论总数中所占的比例，每一行的百分比数字相加之和为 100%。该表中，每一列中的最大值，表示某等级的受者，做出评论比例最多的是针对于哪个等级的传者。例如，对于等级为 7 的受者（列标为 7 的百分比数字）来说，其做出的评论中，最大值属于等级为 8 的传者（行标为 8 的百分比数字），百分比为 17.95%，而其他等级的传者得到等级 7 的受者所做的评论在各自传者等级中所占的比重都比 17.95% 这个值小。根据交叉表，各个等级的受者，其该列最大值所属的传者等级如表 8 所示。

表 8 受者等级对应的评论比重最多的传者等级

受者等级	0	1	2	3	4	5	6	7	8
该受者等级对应的评论比重最多的传者等级	0	0	1	4	1	5	6	8	8

从该对应表可以看出，各级的受者对应的传者等级，基本上都是与该受者等级相同或相近的传者等级。对该对应关系表作相关系数分析，其 spearman 相关系数为 0.962，P 值为 0.000；Kendall 秩相关系数为 0.899，P 值为 0.001。两个相关系数的检验都显示具有显著且高度的相关性。

综合本小节所述，可以得到：某个交互度等级的受众更容易对相同或相近交互度等级的传者进行评论和反馈。

六 结语

基于新浪微博中帖子和用户样本数据的采集与分析，对新浪微博中传 - 受关系的等级对应性，进行其 spearman 等级相关系数和 kendall 秩相关系数的检验后，得到以下结果。其中两个相关系数都通过检验的用 "√" 表示，至少有一个未通过检验的用 "7" 表示（见表 9）。

表9　话语等级是否影响到传－受关系的统计检验结果

	粉丝数等级	发微博数等级	关注他人数等级
传者得到的受者反馈	√	√	√
受者对传者做的反馈	√	7	√

　　检验结果显示，从用户的粉丝数等级、发微博数等级、关注他人数等级来看，微博中的传者和受者之间都存在着等级的相关性和对应性，也即，某个等级的传者更容易得到相同或相近等级的受众对其进行评论和回馈；某个等级的受众更容易对相同或相近等级的传者进行评论和反馈。在六个检验项中，只有受者对传者做的反馈这个检验项，在发微博数等级方面未显示出足够显著的相关性（表格中用"7"表示的单元格），而其他五项都通过了相关系数检验（表格中用"√"表示的单元格），并且其计算所得的相关系数都处于0.9左右甚至比这个值更高的高度相关水平。虽然有一项假设未通过检验，但该假设在0.05的显著性水平上并未通过显著性检验，而在0.1的显著性水平上则依然通过了显著性检验，因而对该假设的拒绝也宜谨慎对待。

　　尽管在微博中存在着看似自由交互的结构，特定层级身份的用户可以对任何层级的用户所发帖子进行评论和信息的反馈，而某个层级的用户也可以得到任何的主体或任何层级的用户对其评论，这在现实中微博空间中也时有发生。但是从整体结构而言，我们发现这种交互并不是任意的和无约束的，个案上的反差并不会影响到总体和统计意义上的约束性。也即，在微博的评论－被评论的用户交互关系中，存在着隐形的"玻璃天花板"效应和传播者主体群落的区隔逻辑。无论是有意或无意，社会的分层和分化不仅在实体空间中进行，在微博的准虚拟空间和赛博空间中也在进行。诚如本研究所分析的，用户的在线话语特征，包括其进行话语交互的主动性、进行话语表达的活跃性、进行话语行为的影响力等，虽然看似和社会实体不存在直接的关联与作用，但依然形成和塑造着微博活动和类社会关系中的圈层。总而言之，有足够的数据及其统计显著性支撑。在新浪微博中存在着明显的"话语分层"现象，其中影响力、交互度、活跃性等在线属性都是关系到这其中的话语分层的重要维度。这种话语分层，是在抽离其他社会因素，例如，传者、受众的现实社会地位、经济阶层等因素上的分化现象，表明社交媒体中的社群圈层有其自身的分层机制。或许这些在线属性反映着微博传者和受者在作为社会化媒体中的能量层级，带来在社交媒体等级上的"圈层"区隔分化与社会交互逻辑。

（作者单位：同济大学艺术与传媒学院传播系）

［本文系国家社科基金项目"中国文化对外社交媒体传播机制研究"（项目编号：13CXW050）、同济大学2017年度中国特色社会主义理论研究中心课题"网络空间意见领袖管理研究"的阶段成果。］

注释

［1］保罗·莱文森.数字麦克卢汉——信息化新纪元指南［M］.社会科学文献出版社，2001：100-127.

［2］张斐男.网络社会社会分层的结构转型［J］.学术交流，2015（3）：160-163.

［3］申玲玲.失衡与流动：微博构建的话语空间研究——基于对新浪微博的实证研究［J］.国际新闻界，2012（10）：15-22.

［4］程世强.网络社会与社会分层结构转型还是结构再生产［J］.兰州大学学报（社会科学版），2014，42（2）：1-9.

［5］夏学英，刘永谋.层级与离散：BBS话语权力结构特征［J］.兰州学刊，2006（10）：173-175.

［6］陈强，徐晓林.虚拟社会分层：动因、维度与趋势［J］.情报杂志，2015（7）：202-206.

［7］朱天，张诚.框架理论视域下互联网圈子的传播结构认知［J］.现代传播，2015，37（10）：128-132.

［8］白晓婷.分众理论下的"圈层受众"理论及其研究［J］.西部广播电视，2015（17）：35.

［9］McPherson M. Smith - Lovin L, Cook J M. Birds of a feather: Homophily in social networks［J］. *Annual review of sociology*, 2001, 27: 415-444.

［10］Adamic L. Buyukkokten O. Adar E. A social network caught in the Web［J］. *First Monday*, 2003, 8（6）: 1-22.

基于生态有机性的网络群落沟通研究

袁 会 蔡 骐

摘 要 网络群落具有一定的关系结构和符号规范，是网络生态发展的生命力量。网络生态系统中的符号子系统的形成及其解释规范体系的建构，是网络群落内部、群落之间及群落与其环境间互动和沟通的结果。网络符号散布和符号意义变迁造成的网络符号流动，是协调群落关系和维持群落与其环境间良性互动关系的前提。在网络生态的治理过程中，管理者应秉持有机发展观和群落协同思想，搭建沟通平台，探索理性共识基础上的多元共治机制。

关键词 网络生态 有机性 网络群落 沟通

Research on Network Community Communication Based on Ecology Organicity

Yuan Hui　Cai Qi

Abstract Network communities have certain relational structures and symbolic norms, and they are vital forces for the development of Network Ecology. The formation of symbolic subsystem in Network Ecosystem and the construction of its interpretation system, is the result of the interaction and communication in communities, among communities, and between communities and the environment. The flow of network symbols caused by their distribution and changes of symbolic meanings is the prerequisite to coordinate the relationship among communities and maintain the efficient interaction between communities and their environment. Managers of the Network Ecology should uphold the concept of organic development, coordinate the development of communities, help to set up a communication platform, and try to excogitate the Jointnomy Mechanism based on rational consensus.

Keyword　Network Ecology；Organicity；Network Community；Communication

互联网代表了当今时代的主要特征，它的产生与普及引起了社会性主导媒介的更替，带来了人类聚合和沟通方式的根本变化，也为我们搭建了一个完整的信息生态系统。计算机和网络技术的发展为网络增权和网络社区的振兴提供了前提，也催生出一个个新型的网络单元——网络群落。这些特殊的聚集体具有一定的关系结构和符号规范，是网络生态发展的生命力量。本文秉持有机主义的哲学传统，结合系统论原理和群落生态学的相关理论，探讨网络生态系统的整体性和预决性特征，并在此基础上研究网络群落的沟通机制和网络生态的群落共治路径。

一　网络生态的构成特点和生态有机性

自然生态系统，一般是指一定地域内生物与环境构成的统一整体，它由生物部分和非生物部分组成。其中，生物部分包括以生产者、消费者、分解者为代表的三个功能类群。生态系统中的生物一般会以群落状态出现，即会在一定时间和区域内相互联系、相互影响，且形成由多个种群组成的、有规律的结构单元。这些聚集体的内部构成具有多样性和结构性特征。群落由多种生物种群构成，且这种聚集具有一定的有序性和关系规范，群落中的种群往往是通过食物链连接在一起的。从非生物部分，即环境的角度看，每一种环境要素对生物的作用方式和作用程度是不同的，这些对生物的发展产生直接或间接作用的要素，在生态学中被称为"生态因子"[1]。生物与非生物因素的状态决定了生态系统的稳定态，即生态平衡。生态系统中的能量流动、物质循环和信息传递，是生态系统的主要功能，也是维持系统有序运行的机制保证。

以信息处理、传输和网络技术为前提的网络生态系统，在构成要素和关系结构上，与自然生态系统有一定的相似性。网络生态系统同样由其生物部分（网络个体和网络群落）与非生物部分（网络生态因子）组成。从环境层面看，按照对网络个体和网络群落作用方式的差异，可将网络生态因子概括为三种类型，即：物理域因子（网络架构、网络节点分布、网络信息的存储和传输路径等）；传播规制因子（包括网络信息的编码、译码方式，网络地址的分布规则，多种媒体形式的整合规律，网络信息传播的相关法律规范，等等）；网络气候因子［即现实社会环境（政治、经济、文化环境）在互联网空间中的映射及异化，如网络社会思潮、网络精神气候，群体价值取向等］。网络生态的平衡主要体现于内部的信息压力均衡（与事实信息的密集程度、意见信息的一致性等相关）和信息的有序传播。生态平衡是网络个体和网络群落间互动的结果，也为他们之间的各种关系的建立提供了前提。与自然生态群落类似，网络群落的内部构成也一般是复杂多样的，群体内部的个体异质性和个性化是群落形成的基本条件，网络群落的本质即在这种个体差异的基础上寻求联系与平衡。网络群落具有结构性，群落一般具有特定的关系结构和沟通规范，群落的整合主要源于信息互赖，且其内部连接主要是通过符号交换和符号共享实现的。

网络生态的有机性，为网络群落的形成提供了前提。这种有机性，主要体现于系统的内在协同功能和针对环境的优化选择上。"有机性"一般是指系统内各个部分之间相互关联，且与其环境相互制约、相互影响的一种协同关系。这一隐喻最早来自生物学中的唯器官变化论者，主要被用于描述对刺激、再生、发展及自我平衡有不同程度回应功能的生命系统。[2]自然哲学中的有机主义传统认为，生命的可观察结构、整体形式和各组成部分的性质与特征，都是所有组成部分彼此相互作用的结果。将这一研究视角引入生态学中，自然的序列便成为复杂的有机体，生态系统内的各个部分彼此配合，在发挥各自功能的同时，也会受到其他部分和环境的反馈循环影响，这种协同作用促使了整体系统的发展与变化。生态系统具有整体性，即系统结构中的成分"服从于能说明系统之所以成为体系特点的一些规律"，且这些规律"并不能仅还原为一些简单相加的联合关系，而是把不同成分所有性质的整体性质赋予全体"。[3]网络生态系统同样具有这种整体性的协同功能，系统的运动、变化和发展，依赖于网络个体和群落间，及其与环境间的交互作用与功能发挥。从内部构成看，网络资源、网络群落和网络关系具有典型的组织化和结构化特点，链接的不断增加，使得网络联系任意而复杂，在这一背景下，网络群落开始以埃米尔·涂尔干（émile Durkheim）式的"有机团结"路径聚合和生成。在强烈的文化身份认同感召外，人们始终不能忽视现实中的身份、角色等社会因素在每一个（网络）成员身上刻下的差异化标识。[4]异质化、分工和信息互相依赖成为这种新关系形成的前提。

此外，网络生态系统的有机性还体现在其组成部分与环境间的互动关系中。作为典型的开放系统，网络生态系统通过维持其与环境间的实际运作关系来维持系统自身。从物理域的角度看，网络物理架构的安全性和可靠性直接关系网络生态的运作能力，网络空间建设是网络生态良性运转的基础和前提。从传播规制角度看，一方面，强规律性使网络变成了"巨大的信息生态系统"[5]，各种模式和规范的建立使网际信息传播更加高效和有序；另一方面，"去中心化"的规制议程变迁也是网络群落互动和网络权力流动的结果。从网络气候的角度看，网络生态是现实社会生态在虚拟空间中的抽象化结果。根据德国社会学家尼克拉斯·鲁曼（Niklas Luhmann）提出的"优化原则"，系统会对环境复杂性作出选择性反应。[6]环境只能提供偶然性因素，为生态系统的发展提供变量。社会系统是以各种沟通网络的存在为前提的，网络系统首先是通信系统，是社会信息传递的重要工具，但同时，现实社会只是网络生态系统运作过程中的外在因素，它只会通过影响系统内部的诸多因素而间接引发作用，因此，现实社会环境对网络生态的影响往往是概率化和抽象化的。

二 网络群落的沟通机理——符号散布与意义建构

网络生态的"物质基础"是二进制字符。与自然生态系统构成要素的实在性特征不同，网络生态系统中的构成要素一般具有抽象特征，因此，相对于自然生态系统以能量流动、物质循环和信息传递为主的调节机制而言，网络生态系统的运行主要依靠符号流动。在网络虚拟空间中，事件及其话语主体都具有深刻的符号性，都是不在场的，他们更多是符号交流和符号建构的产物。[7]英国文化理论家斯图亚特·霍尔（Stuart Hall）曾将符号视为用于表述带有意义的语词、声音或形象的总的术语。[8]在这一语境下，符号的主要功能即表达意义，用能指表达所指。与其他媒介类似，计算机与互联网都是为克服符号表意的时空距离而产生的异物质媒介，是储存与传送符号的工具。这一媒介环境下的网络群落的产生和发展，主要是通过符号流动实现的：首先是符号的散布，即符号的布局和组合方式的改变；其次是符号的捆绑意义（即该符号"被其他符号解释的潜力"）的改变和意义系统的生成。

（一）符号散布与群落关系建构

互联网信息传输与计算机信息存储技术的发展，为网际信息流动提供了可能，也为网络符号的散布提供了前提。新媒体的发展促使传统思想、行动和舆论中心的消解，这一"去中心化"的过程首先是通过符号的散布实现的。网络生态系统中的符号散布过程是维持系统内部"压力"均衡的主要途径。计算机二进制电脉冲信号的转换、运算规则与数字化技术的不断完善，为网际信息流动提供了传输的便利性和融合的可能性，也为网络群落间的交流和互通提供了前提。

自我调节是有机系统生命力的所在。我国法学家马克昌在研究社会失范现象时，曾借鉴有机体生长与修复的概念，将有机视为"生命系统为保持平衡、和谐与整体性而进行的自身修复"[9]。即化学的调整、细胞的代谢和受损组织的愈合等，是有机体保持其基本形态的途径。在这一过程中，新陈代谢起着至关重要的作用。在网络生态系统的演化过程中，新陈代谢往往是通过符号，特别是其负载的意义的变迁而实现的。

与生物生态系统中的类群构成类似，网络生态系统中的符号互动同样依赖生产者、消费者与分解者三大类群的关系建构和相互沟通。符号互动促使各种符号的意义变迁，也进而促使了各种新关系的生成。网络群落的内部连接主要是通过符号交换和符号共享实现的，去中心化的网络传播格局，打破了原有的符号操作权限，符号互动中的角色转换日益频繁，多样化的关系网络促使复杂多样的网络群落的出现和变迁。

（二）符号规约与意义生成

除借助群落内部的符号互动，网络符号意义系统的形成，同样依赖网络群落间及群落与其环境间的符号互动，即规约符号的建构。规约符号是与对象间没有理据性连接的符号，主要靠社会来约定符号与意义的关系。

作为典型的开放系统，网络生态系统与外部环境间始终保持符号交换和符号互动。有学者认为，沟通符号、密码及各种程序，是简化社会系统与其环境的复杂关系的主要方法，即社会系统是以意义为基础实现对环境的简化程序。[10]网络符号的互动类群大多由来自现实社会中的个体组成，他们的社会认知结构特点也自然会影响其网际的符号互动过程。因此，网络符号的规约性一般是源自社会性，现实社会的政治、经济、文化要素为网络符号系统的意义建构、解构和网络符号流动提供了语境。

任何符号的表意和解释活动，都需要从意识源头出发。如果没有主体赋予符号一定的"精神性"，就不会有表述。[11]网络个体及其聚集而成的网络群落便是这种符号互动过程中的操作主体。他们构建了符号的意义系统，同时也受到这些意义系统的规范和约束。网络生态系统中的符号子系统的形成及其解释规范体系的建构，是网络群落内部、群落之间及群落与环境间互动和沟通的结果。网络符号流动是协调群落关系和维持群落与其社会环境间良性互动关系的前提。同时，网络符号流动还具有提供信息反馈的功能。反馈，最初指使能量从电路的输出端返回至其输入端。[12]其提出者诺伯特·维纳（Norbert Wiener）在提出这一概念后意识到，反馈其实是无处不在的。生态系统与社会系统都会经历反抗变化的力（负反馈）与促进变化的力（正反馈）间的抗衡。[13]反馈以信息传递为前提，当前Web2.0交互传播技术的不断升级和信息传输网络体系的不断完善，为网络信息的多向传播和反馈调节机制的建立提供了技术路径。网络生态系统的运行过程中会释放出各种类型的反馈信息（如网络舆情），这些反馈信息，及其所形成的反馈循环，会为群落的自组织建构提供依据，进而使群落及其成员维持在各自的稳定域中。

三　信任共识前提下的网络群落共治

沟通是网络生态系统得以存在和运作的基本条件。相互适应和共同发展是生态系统的显性属性，每一个个体都要受到其他个体行为的影响和制约。异质化与多样性是网络群落的聚合前提，也在一定程度上阻碍了网络规范和价值体系的形成。根据美国社会学家塔尔科特·帕森斯（Talcott Parsons）提出的均衡论，生态系统的发展，实际会经历分化、适应性上升、容纳和价值普遍化的过程，他将社会系统的特色总结为其规范性，即在于其协调具有统一社会共识效果的"价值"体系。[14] 相类似，德国社会学家尤尔根·哈贝马斯（Jürgen Habermas）所描述的"社会体"的运作，也必须基于生活于其中的各个成员之间的"同意"。[15] 这些努力无疑体现出统一的意义系统在求同存异、协调关系中的重要作用。但是，现代社会的"脱域"机制已经体现出明显的社会关系抽离，这一现象在网络中的体现更加明显。网络社会关系的发展打破了传统的人际沟通界限，统一的价值体系建设成为难题。在这一背景下，安东尼·吉登斯（Anthony Giddens）提出"信任"在协调现代社会关系，解决现代条件下的危机和风险中的作用。他提出的信任，即对一个人或一个"抽象系统"（可能是象征性标志、专家系统，也可能是规制体系等）之"可依赖性"特有的信心。[16] 这种针对理性共识的探索，为网络生态内部的群落协同和新意义系统的建构提供了新思路。

网络生态系统通过各部分的直接或间接联系和针对环境的优化选择建构和提升自身的有机适应性，且以有机运行和动态平衡为预决性发展目标。生态学中著名的"盖亚假说"（Gaia Hypothesis）曾提出全球性生态系统的原态稳定问题，即"地球上的生命使气候和大气维持在一个最优值"[13]。同样，美国学者保罗·霍肯（Paul Hawken）在研究生态系统转换时，也提到"只有生命才能阻止熵扩展到自然界万物"[17]。这些学者对主动性的生态改造和生态调节功能都表现出积极、肯定的态度。与自然生态系统类似，网络生态系统在其运行过程中，也会因遇到熵、失序、偶然性等问题而引发生态失衡。网络生态系统的有机性，决定了其生命体——网络群落——在维持系统有序运行中的重要作用。笔者认为，探讨当今网际信任共同体建设的可能性问题，是网络生态安全建设中的关键环节，在网络生态的安全管理过程中，管理者应秉持群落协调的多元"共治"原则，重视和协调网络群落内部和群落间的各种有机联系。

生态系统的本质是多样性前提下的和谐统一，是在自由和无序的斗争中追求新的平衡，这种无序和相互作用恰恰成为系统运行的主要动力。生态稳定性不是源于其结构的简单性和均质化，而是源于其内部功能的复杂斗争性。在风险社会的隐喻前提下，网络信任共识的达成和网际信任共同体的建立，需以个体异质性和群落复杂性为前提，管理者应明确网络建设的主要目标和网络生态的平衡机理，并在互动和沟通的基础上引导理性对话。网络生态中的群落和谐与有序信息传递，是网络生态平衡的必要基础，在网络生态的建设过程中，管理者应秉持有机发展观和群落协同思想，充分调动网络群落的积极性和能动性，以维持网络生态的健康、可持续发展。

（作者单位：湖南师范大学新闻与传播学院）

［本文为湖南省社科基金青年项目"网络生态视域下的谣言风险演化及治理研究"（项目编号：16YBQ046）、湖南省高校创新平台开放基金项目"网络生态系统中的信息传播研究"（项目编号16K057）的阶段性成果。］

注释

[1] 周凤霞. 生态学［M］. 北京：化学工业出版社，2005：14.

[2] CavalierSmith T. The Origin of Eukaryotic and Archaebacterial Cells［J］. *Annals of the New York Academy of Sciences*，1987（1）：17 – 28.

[3] ［瑞士］让·皮亚杰. 结构主义［M］. 倪连生，王琳译. 北京：商务印书馆，1984：5.

[4] 蔡骐. 网络虚拟社区中的趣缘文化传播［J］. 新闻与传播研究，2014（9）：5 – 23.

[5] ［美］伯纳多·A. 胡伯曼. 万维网的定律——透视网络信息生态中的模式与机制［M］. 李晓明译. 北京：北京大学出版社，2009：5.

[6] 高宣扬. 鲁曼社会系统理论与现代性［M］. 北京：中国人民大学出版社，2016：33.

[7] 赵毅衡. 符号学：原理与推演［M］. 南京：南京大学出版社，2016：3.

[8] ［英］斯图亚特·霍尔. 表征［M］. 徐亮译. 北京：商务印书馆，2005：24.

[9] 马克昌. 犯罪通论［M］. 武汉：武汉大学出版社，2003：70.

[10] 赵毅衡. 符号学：原理与推演［M］. 南京：南京大学出版社，2016：71.

[11] 李红. 网络公共事件：符号、对话与社会认同［M］. 北京：中国社会科学出版社，2015：31.

[12] ［美］詹姆斯·格雷克. 信息简史［M］. 高博译. 北京：人民邮电出版社，2013：234.

[13] ［美］杰拉尔德·G. 马尔腾. 人类生态学［M］. 顾朝林等译. 北京：商务印书馆，2012：52，69.

［14］Parsons T. , Shild E. A. *Toward a General Theory of Action* ［M］. New York：Harper & Row，1949：78.

［15］高宣扬. 鲁曼社会系统理论与现代性［M］. 北京：中国人民大学出版社，2016：111.

［16］董才生. 论吉登斯的信任理论［J］. 学习与探索，2010（5）：64－67.

［17］［美］保罗·霍肯. 商业生态学［M］. 夏善晨，方堃译. 上海：上海译文出版社，2014：23.

网络视频新闻直播及其互动过程研究

徐　妙

摘　要　2016 年被称为中国网络直播的元年，现代意义上由智能手机终端主导的网络视频新闻直播层出不穷，在直播中体现出的互动过程也包含有多方面主体、多样化形式、多维的关系层级。随着互联网技术的高速发展，不但网络直播的发展形态各异，媒体的迭代更新速度也在加快，传播中的互动过程也将愈加丰富。本文将研究网络视频新闻直播的发展，并分别剖析国内外网络视频新闻直播的四种模式。

关键词　网络直播　新闻直播　互动过程

Research on Network Video News Broadcast and Its Interactive Process

Xu Miao

Abstract　The year of 2016 is known as the first year of network video broadcast in China. In the modern society, network video news broadcast dominated by smart phones is more and more popular. The interactive process in live broadcast also includes many aspects, such as diversity of forms, subjects and relations. With the iteration of Internet technology, not only is the development mode of webcast quite different from each other, but also the pace of media updating is accelerating. At the same time, the interaction process in communication will also become diverse. This article will research the development of the network video news broadcast, and analyze its four modes both at home and abroad.

Keyword　Live Network; Live News; Interactive Process

一　网络视频新闻直播的界定与分类

关于电视新闻直播，朱菁在《电视新闻学》中曾指出，"电视新闻现场报道是指电视记者在新闻现场，面对摄像机镜头，直接向观众口头报道新闻事件的真实情况的一种报道形式"。[1]电视新闻直播从 20 世纪 60 年代开始在国际范围内流行，在我国则始于 20 世纪 80 年代。[2]这种电视直播报道方式以其现场的纪实感和报道的客观性而风靡一时，大获好评。

现代意义上由智能手机终端主导的网络新闻直播兴起于 2001 年前后[3]，它具有同步发生、双向流通的传播特点。现在网络新闻直播的发展形态也不尽相同，如论坛、贴吧、微博的文字直播、网络电台的语音直播，以及各大视频网站的全媒体直播。由于网络新闻直播的互动方式不受局限、参与的时间地点不受局限、传播的范围不受局限，用户在参与直播的过程中具有较低的准入门槛，具备高度的媒体化特征，容易产生较强的受众黏性。

（一）网络视频新闻直播的界定

网络视频新闻直播现在还没有明确的学术界定。笔者认为当下普遍通行的"网络视频新闻直播"至少具备如下四个特征：以互联网为传播渠道、以视频为主要传播载体、具有新闻报道的基本要素和特性、采用直播的传输形式。现在有一些社交媒体制作的网络新闻直播采用的是文字直播的方式，这种直播类型将不包含在本文的研究范围内。

就定义而言，中国传媒大学的李琳曾把视频网络直播定义为"一种通过互联网针对一个事件同步地播出相关影像的信息传播方式"。[4]章明亮把它定义为"在现场跟随事件的发生发展，同步制作与发布信息，具有双向的流通过程的信息网络发布方式"。[5]在本文中，笔者参照朱菁提出的电视新闻现场报道的定义，认为网络视频新闻直播可以被理解为"网络视频记者在新闻现场，使用便携设备的镜头，直接向观众口头地报道新闻事件真实情况的一种报道形式"。本文也将主要针对新闻事件类的网络视频新闻直播做整体分析。

（二）网络视频新闻直播的分类

由于本文讨论的案例会广泛涉及各媒体机构与直播平台的各类资讯化内容，而本文的研究内容仅限于新闻直播，因此，笔者现将网络直播类产品做如下区分。

1. 时事新闻类与非时事新闻类

网络视频新闻直播的类型往往兼具时事新闻类和体育娱乐报道等泛资讯化产品。但无论是哪个类型的产品，从新闻的基础概念来说，都应该体现新闻的基本要素"5W1H"，即时间、地点、人员、事件、原因、方式，以及新闻的基本特性，即真实、新鲜、及时、公开。[6]根据其社会效应，可以划分为时事新闻类和非时事新闻类。本文的研究主体是时事新闻类网络视频直播，但部分具备新闻性的文化类直播报道也纳入本文的研究范围。

2. 纯直播报道与内嵌式直播

一般性的新闻直播报道是纯粹通过将个人摄录设备、全景摄影技术、虚拟现实技术相结合，将报道的新闻内容直接在客户端呈现。如 CNN 推出的社会新闻虚拟现实直播，我国新华社做的两会直播报道等。另外，许多新闻网站和客户端在一般的网络新闻报道中嵌入直播影像的内容，使新闻能够表现出沉浸式的特点，如《华盛顿邮报》网页版在报道生态新闻时内嵌了一个长达 4 小时的尸花开放直播，[7]就是将网络文字报道与直播影像相结合的典型。总之，无论是单独的直播新闻报道，还是内嵌式的直播新闻报道，都体现出了直播新闻的特点，都将在本文的研究中呈现。

3. 专业媒体主导与非专业平台及用户主导

当前国内的网络视频新闻直播多为专业媒体的新媒体部门主导，但西方国家也有很多由非专业用户主导的直播新闻，如火灾、车祸、爆炸、斗殴现场等。同时，国内外也有一些恶劣的直播用户自己制造新闻现场，如：直播跳楼、直播虐待动物等。2016 年年末，中国《互联网直播服务管理规定》的实施，对非专业的平台及用户主导的网络视频新闻直播给予了较大的限制，其中明确规定了对新闻资讯类直播采取"先审后播、即时中断"的方法。

二　网络视频新闻直播的互动发展历程

（一）　网络视频新闻直播互动发展的社会成因

1. 信息技术迭代升级的推动作用

随着移动媒体技术的不断迭代升级，网络视频新闻直播拉近了人与新闻事件的距离，同时也激发了人们参与各种互动的兴趣。整个社会处于一种居伊·德波（Guy Debord）所说的景观化的状态之中。在这种景观的背景下，当代社会的人群对自己的周边生活产生一种浓烈的探究欲。在一些直播平台，很多趣味性较高、具备虚拟价值的互动方式已经通过付费的手段呈现，只有付费用户才能够体验到互动效果。这也是依托于技术的更新而设置的价格分层。

2. 媒体机构市场化发展的需要

在市场经济的条件下，媒体机构通过更新直播互动环境，吸引更多用户，从而为自己形成一种盈利模式。商业化的直播平台利用了这种盈利模式，将受众贩卖给广告商，形成一种受众商品化的特点。这种盈利模式利用了用户的参与感。在一个话题中，当人们参与得越多，参与感越强，个体的发言就会因为过于庞杂繁复而被社会关注得越少，这样一来，人们就越有被关注的渴望。一旦产生渴望被关注的心理，他的参与感就会越强，从而陷入一种悖论式的循环之中。商业媒体通过加速受众的异化，将受众自身转变为网络的消费品。

3. 用户不断提升的互联网使用需求

用户在使用网络视频新闻直播的互动功能时，其实是在满足自己的参与感。过去，人们和新闻事件之间存在认知和接触的壁垒，不能实时实地地接近事实的真相，有时甚至会产生巨大的困惑和怀疑。直播互动的产生打破了新闻渠道的单向性，也消解了媒体或权威言论的神话，把事件无时差地呈现在观众面前，使受众能够在使用的过程中获得相应的满足感。

（二）　网络视频新闻直播互动发展的模式迭代

1. Web 1.0：点面传播的网络直播互动模式

在 1989 年前后开启的 Web 1.0 时代，互联网的互动主要通过大众传播，以个人 PC 机为接收端，产生了一种点面传播的网络直播互动模式。从技术层面上看，由于 20 世纪末网络直播开始风行，各大机构、媒体、公司都开始尝试使用网络直播的手段。1998 年 5 月 18 日在日内瓦举办的世界贸易组织部长会议采用了面向全球的网络现场直播的方式。[8]同年，中国举办的"北京国际计算机网络展览会"在互联网上开展了实时的多媒体直播。[9]2000 年 11 月，河南电视台将关于南阳的电视报道发布在网站上，使用了在线直播的方式。[10]

在 Web 1.0 时代，互联网上已经出现了一些新闻会议、活动的网络直播，通常新闻视频的拍摄者还是传统媒体。但这些直播仅仅是把互联网作为一种新闻的分发渠道，采用的还是过去电视采编的传统手法，只是把摄录内容实时地传送到互联网上。这种网络直播报道可以归纳出以下的模式，如表 1 所示。

表 1　Web 1.0 时代的网络直播互动模式

互动主体	媒体主导
互动形式	受众观看网络直播
互动关系	媒体向用户的单路径传播关系
互动过程	施拉姆（Schramm）大众传播模式[11]

这种大众传播的互动模式关注到了面向大众的多向甚至呈扩散状的动态传播过程，但是忽视了媒介的重要的中间作用，媒介起到的是传播者和参与者之间的桥梁作用，而并不能代表传播者本身。网络视频新闻直播平台是直播传播的重要媒介，是传播模式中必不可少的关键要素。

2. Web 2.0：多点扩散的网络直播互动模式

2004 年 Web 2.0 的概念被提出，互联网的互动主要以用户内容原创为中心，以智能终端为信息接收和发送端，产生了一种多点扩散的网络直播互动模式。从技术角度上看，这种互动依赖移动通信的分发技术。2008 年 3G 通信技术的出现和智能手机的普及，使网络直播的采编工具进一步简化，西方媒体开始尝试采用平板电脑作为直播的工具。从 2014 年开始，手机视频新闻直播的方式逐渐成为常态。

2001 年 11 月，东京电视台与日本通信公司 NTT DoCoMo 首次通过手机演示数字广播电视[12]。2005 年前后，互联网进入 Web2.0 时代，博客、个人空间、论坛等网站提供了大量的用户原创内容，"UGC"的概念被提出。此时媒体不再是发布和获取信息的唯一渠道，公民新闻成为社会化媒体的一个代名词。在中国，早在 2011 年温家宝在"721"甬温线动车事故现场会上，香港记者用三部 3G 手机实现了现场直播报道。[13]总体来说，这种依托 Web 2.0 时代的网络视频新闻直播呈现出如下的模式（表 2）。

表 2　Web 2.0 时代的网络直播互动模式

互动主体	用户主导
互动形式	观看网络直播、评论、分享、转发、点赞
互动关系	媒体与用户之间的双路径对等传播关系
互动过程	奥斯古德 – 施拉姆（Osgood-Schramm）模式[14]

以双向循环著称的奥斯古德 – 施拉姆（Osgood-Schramm）模式，提供了对等的信息循环方向，可以体现出网络视频新闻直播中的传播媒体和直播用户之间的双向互动，但是这种模式却不能体现出直播用户之间的互动作用，因此不能适用于当下大型直播平台以及虚拟现实等新技术条件下的传播情形。

3. Web 3.0：多元融合的网络直播互动模式

从 2006 年开始，随着物联网和人工智能的风行，Web 3.0 时代到来，互联网的互动依靠大数据集成的功能，沉浸式体验设备、VR 眼镜等智能设备成为进入大信息平台的端口，产生了一种音视效多重元素相互融合的网络直播互动模式。从技术角度上看，这种互动依赖增强现实技术（AR）、虚拟现实技术（VR）、360 度全景式摄像机等新兴智能技术。

世界上第一部虚拟现实机器"Sensorama"在 1962 年由美国开发，[15]这项技术后期服务于航空航天模拟器的研发。2014 年，Facebook 开始和虚拟现实设备公司 Oculus Rift 共同研发 VR 直播技术。[16]2015 年以 NextVR 公司为代表的网络媒体广泛使用 VR 直播体育赛事。2016 年我国新华社率先使用了 VR 新闻直播系统。[17]

在 Web 3.0 技术的支持下，2012 年美国《新闻周刊》的记者诺尼（Nonny）做了一个长达三分半钟的、报道洛杉矶贫民等待救济的过程的

VR 报道。[18] 2015 年 10 月，《纽约时报》推出 VR 新闻客户端 NYT VR。[19] 2016 年 9 月，NBC 在报道美国大选第一次辩论的时候使用了 VR 直播。[20] 在中国，2016 年 10 月，腾讯新闻以 VR 演播室的方式报道了"神舟十一号"载人飞船的发射。[21]2017 年新华社客户端成为国内第一家使用 VR 报道两会的媒体。[22]

目前来看，传媒业已经涉足 VR 主导的全景式直播模式，但对于受众而言，还没有完全普及这类 VR 穿戴设备，仍然主要是以手机智能终端为视频解析的工具。这种 Web 3.0 时代集成式的网络直播报道可以归纳出以下的互动传播模式，如表 3 所示。

表 3　Web 3.0 时代的网络直播互动模式

互动主体	媒体与用户共同主导
互动形式	多感官沉浸式体验网络直播
互动关系	媒体与用户的多元传播路径
互动过程	马莱茨克（Maletzke）传播互动模式[23]

从信息论的角度出发，强调反馈作用的马莱茨克（Maletzke）互动过程模式体现了 Web 3.0 时代的网络视频新闻直播中互动的重要意义，它既揭示了大众媒介的介入过程，也体现出了大众传播过程的传受关系。在网络视频新闻直播平台上，信息的发出者既是个人也是组织，信息的发出和反馈有其层级与方向。

三　多态并存的网络视频新闻直播互动过程

（一）网络视频新闻直播的互动主体

1. 传播者：支配互动框架

在互联网的研究专家曼纽尔·卡斯特（Manuel Castell）看来，多媒体世界由互动者和被互动者构成。两者在传播系统中的关系，为他们的支配地位和解放过程提供了框架。[24]可以看出，网络视频新闻直播的互动主体在网络构建的系统环境中起到重要的支配作用。

现在，在网络视频新闻直播的互动主体中，新闻的供应方成为掌控互动内容流向的重要角色。中国在以官方媒体驱动和领头的网络视频新闻直播里，官方媒体的有力发声带动了网络参与者进入国家传播的预设框架，以便在意识形态层面上的进一步涵化。

2. 参与者：提供互动条件

如果没有参与者的加入与互动，现在的网络直播将会和传统电视直播毫无区别。可以说，参与者成为区分两者的最重要的要素。从互动行为上看，作为互动者的传播者，和作为被互动者的参与者构成了现在网络视频新闻直播的互动主体。实际上，在互动领域已经不存在所谓的"互动者"和"被互动者"，互动既是一个交往的行为，也是一个互构的行为。杨敏和郑杭生认为"社会互构"是社会多重主体之间产生相互形塑、同构共生的关系。[25] 网络视频新闻直播中，传播者与参与者之间的互动已经不存在单一的方向性，而是谁在平台上发起了互动，谁就将成为互动的主导者，从这一层面上看，提供互动的网络发布平台也可以作为互动的主体。

此外，网络视频新闻直播互动技术的迭代使得新闻阅读更为深度化、形象化、多感官体验化。而参与者的加入也会滋生新的意识形态内容，反过来重构网络视频新闻直播的互动环境，甚至产生互动参与者与直播者之间身份的互换。例如，在腾讯直播的关于春节过年的节目《回家的礼物》中，互动评论者有感而发的自身感受反过来观照新闻内容，取代原本的新闻内容而形成新的关注点。

3. 把关人：介入互动管理

在网络视频新闻直播的管理过程中，网络发布平台与政府监管部门充当着把关人的角色，他们在网络平台的互动通常不会直接体现，但往往能够起到潜移默化的作用。例如，新浪网联合《环球时报》记者陶短房开办的新闻评述直播，因为言论涉及的部分内容不符合国家要求，被中断和删减。在直播过程中，平台或者监管方一直在介入互动关系，只是它们通常以一种潜藏的方式介入，并不会明显地参与其中。

（二）马莱茨克互动过程在网络视频新闻直播中的应用

对于互动过程，施拉姆曾认为互动即是在某种传受关系下对参与行为产生的某种直接、即刻的回应。[26]从传统传播互动过程来看，以双向循环著称的奥斯古德 - 施拉姆模式提供了对等的信息循环方向，可以体现出网络视频新闻直播中的传播者和参与者之间的双向互动，但是这种模式却不能体现出参与者之间的互动作用，因此不能适用于直播平台参与者之间发生的大众传播。

相比之下，强调大众传播的施拉姆大众传播模式与丹斯（Dance）螺旋形模式，都呈现出了面向大众的多向甚至呈扩散状的动态传播过程，但忽视了媒介的重要的中间作用，媒介起到的是传播者和参与者之间的连接作用，而并不能代表传播者本身。在网络视频新闻直播平台，平台的提供是发生传播的重要媒介，也成为传播模式中必不可少的关键要素。

而网络视频新闻直播互动过程既体现了奥斯古德 - 施拉姆模式的点对点互动，也不能缺乏施拉姆大众传播模式的点与面的双向互动反馈。在系统论中，马莱茨克传播互动模式较为接近地揭示了网络视频新闻直播平台的传播系统。马莱茨克在他的理论中，运用到了勒温的"场论"概念，认为传播受到广泛的社会关系的影响，而并不仅是单一的要素。实际上，网络视频新闻直播平台类似地建构了一个内部传播的"场"的系统，在这个系统中，人们进行互动反馈，建构形象和知识体系。

虽然马莱茨克传播互动模式较为相似地体现了网络视频新闻直播的传播特征，网络视频的新闻直播平台与该种传播模式在传播内容上仍有一定区分。马莱茨克将传播的信息剥离出媒介之外，而在网络视频新闻直播平台的"信息场"中，人们获取信息都是局限于平台提供的信息之中，也因此造成了信息相对闭塞的问题。除此以外，马莱茨克的互动反馈仅发生在传播者与接收者之间，未能明确地体现出传受信息者之间发生的大众传播的互动作用。

笔者借鉴马莱茨克传播互动模式，为网络视频新闻直播的系统制作了如下的信息传播模式图（如图1、图2、图3、图4）。但事实上，国内外媒体网络视频新闻直播的互动过程不尽相同，而且一个国家内部的传统媒体和新媒体之间的互动过程也是不同的，因此当下的网络视频新闻直播总体呈现出多态并存的状态。

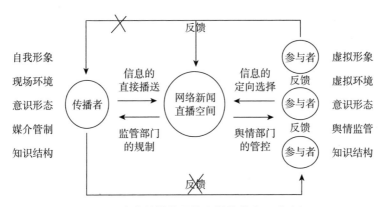

图 1　国内传统媒体网络直播的基本互动过程

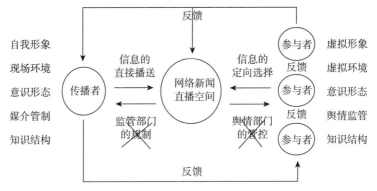

图 2　国内新媒体网络直播的基本互动过程

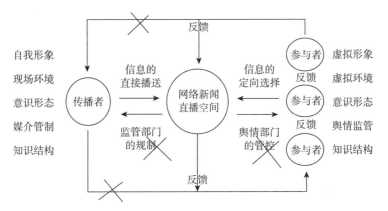

图 3　国外传统媒体网络直播的基本互动过程

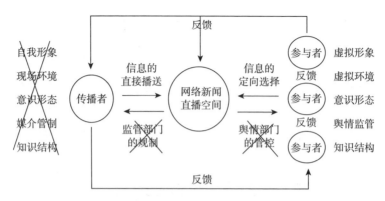

图 4　国外新媒体网络直播的基本互动过程

1. 媒介与受众的双向互动过程

在网络视频新闻直播所构建的传播体系中，网络新闻直播空间也即传播的平台构成了系统的中央和核心。在此平台上，传播者将信息导入传播系统之中，由于视频直播的信息携带大量的环境信息，所以传播者将会在信息中呈现个人形象、直播的现场环境等。除此以外，信息传播者自身携带的意识形态观念也会带入直播内容中，使直播具备党派、种族、价值观的差异。例如，在美国大选的网络直播过程中，此种意识形态观念可以得到明显的体现。此外，政府对媒介管制的力度、传播者个人的知识结构等，都会影响到直播内容的传递。

2. 受众与环境的内外互动过程

从参与者的角度来看，在网络视频新闻直播中，参与者以具有匿名性的虚拟网络身份参与，进入直播的虚拟互动社群，以接受从平台得到的新闻信息。同时，参与者个人所处的意识形态圈，以及个人的知识接受程度都将影响信息的获取与解码。而随着网络监管力度的加大，舆情监管部门可能对参与者的互动行为及言论进行审查。在不同的监管力度下，参与者的互动反馈也会呈现不同的态势。

3. 受众与受众的同步互动过程

在整个传播系统中，参与者可以向传播者相互反馈，参与者之间可以相互反馈，传播者也可以再对参与者的反馈作出回应。一方面，传播者通过直播技术将信息实时、完全地传播到直播平台；另一方面，参与者通过网络视频网站自选想要进入的直播空间。在这一过程中，有平台及政府发出的监管信号会规制传播者的行为，而舆情控制的有关部门也会管控参与者的反馈信息。由此，网络视频新闻直播的信息空间可以构成相对完整的传播闭环，在这一闭环中，最重要的特质是互动。

（三）国内网络视频新闻直播的互动过程

1. 以央视新闻为代表的传统媒体网络直播的互动过程

国内传统媒体开展直播业务的有中央电视台、《人民日报》、新华社等。这些媒体机构的直播报道总体呈现出相似且固定的互动过程。笔者参照我国的媒介互动环境，对网络视频新闻直播的互动过程略作修改，为我国传统媒体网络视频新闻直播的系统制作了如图1所示的信息传播过程。

在我国传统媒体的互动传播模式中，舆情的监管和信息的定向流动是其中的一大特征。由于国家体制和相关政策的限制，直播记者在现场的报道权限没有完全打开，观众获取信息的渠道也相对闭塞，相应地，观众能够给予的反馈信息也就有所局限。而在这种传播源信息阻塞的情况下，在传播过程中，国家舆情部门的实时监管使得直播平台信息流动的过程更加受阻，总体呈现出流通速度慢、传播信息面相对狭窄、观众价值观念相对单一的特点。

而另一方面，中国传统媒体的网络视频新闻直播往往没有把直播观众的反馈直接传达给直播者，而是中止于网络平台之中。相应地，网络平台也没有及时地给予这些反馈恰当地回应，使得反馈的效度没有合理呈现。

央视新闻作为中国最具影响力的主流媒体客户端，它的网络视频新闻直播在同类传统媒体中首屈一指。以央视新闻客户端2017年4月21日关于雄安新区建设的直播报道为例，从当天13：39到16：40，主持人发出的相关直播报道的热点共15条，总体观众文字互动量20条，直播观众之间的互评数量5条，互动点赞61次。此次直播报道的总体互动过程呈现以下特征。

（1）直播观众总体反馈不足

央视新闻作为中央电视台的手机新闻客户端，拥有大量的新闻用户，加之雄安新区是热点的新闻话题，记者走进雄安新区进行探访本来应该受到较大关注，但是在一个下午的直播过程中，参与讨论雄安新区建设问题的用户数量极少，参与者之间的相互反馈明显不足。而且评论内容几乎都在十个字以内，只是单纯对于新闻本身进行一些评论，没有体现出客户端这一平台所应当具备的高互动性。

（2）外部意识形态色彩浓重

此次新闻直播刚开始时，直播记者介绍直播嘉宾为雄安新区某村村党支部书记，这种嘉宾身份直接就给此次直播定了基调，是从官方视角来看雄安建设，而不是站在纯粹平民的视角上。此次，直播记者除了在开头说了"观众朋友们大家好"以外，与直播观众之间几乎没有互动，采访模式仍然是传统的问答式。

（3）直播观众提问无回应

直播期间有观众在评论区提出了关于雄安新区住房安排的问题，也引起了其他网友的呼应，这确实是一个能引起广泛引起关注的话题，但无论是央视新闻客户端的平台还是直播记者本人，都没有给予回应，内容互动在这里沦为形式。

2. 以腾讯新闻为代表的新媒体网络直播的互动过程

和国内传统媒体相比，国内一些互联网公司等机构成立的新媒体所做的网络视频新闻直播所呈现的互动过程较为畅通（如图2所示）。如腾讯、爱奇艺、乐视等在娱乐、节日、晚会、体育等方面的报道往往表现出较高的关注度与互动量。

由于中国的一些商业化的新媒体机构没有直接享有直播的采访权，因此必须和传统媒体进行合作报道。相应地，国内新媒体的网络直播也呈现出独特的互动过程，如图2所示，在中国国内的新媒体直播环境中，大环境下的社会意识形态和主流报道思路没有改变，但是在市场管控上，由于新媒体的直播视频产量巨大，部门监管和舆情管控力度有限，不能完全地受到合理监控，也就容易形成直播市场控制混乱等问题。

此外，新媒体的新闻直播往往着力培养报道记者本身的新闻性，例如，培养"网红记者"，直接把记者作为新闻亮点等，这就大大增加了观众和直播者之间的互动量，也因此在内容趣味性、观众黏合度和后续关注度上都能得到大量的提升。

腾讯新闻在我国新闻类新媒体 APP 中占有较高的地位。根据大数据服务商 Quest Mobile 2016 年 8 月公布的数据显示，腾讯新闻客户端月活跃用户达 1.96 亿，排在新闻客户端第一位。[27]以腾讯新闻客户端 2017 年 4 月

27 日关于郑州航展的直播报道为例，从当天 9∶31 到 12∶09，直播员发出的相关直播报道的热点共 49 条，总体观众文字互动量 354 条，互动热度（包含点赞、转发等）共 21815 次。此次直播报道的总体互动过程呈现以下特征。

（1）参与者互动形式广泛

在参与者之间互动的话题有包含飞机型号、飞行材料、飞行技术、飞行场地等等，也包含对出镜直播员本人的评论。评论区的呈现形式为"讨论组"形式，不同于以往的 BBS 式发帖评论，这种评论的互动更为直接，与前文的相关性更强。除了文字评论以外，包含图片评论、颜文字评论等多种类型。在参与者反馈机制上呈现较好，但是由于短时间互动量较大，也因互动内容零碎，难以进行实时监管。

（2）多位直播员成为卖点

腾讯新闻安排在此次报道中的多位直播员都有着靓丽的形象。第一位直播员身穿运动衫、戴墨镜，而且亲身体验坐在驾驶舱的感受。此外，一位美女摄影师也吸引眼球。很多观众在评论区表达了对他们的喜爱。除了直播员的相貌以外，直播员的行为动作也较为随意，比如由于直播时间过长，女直播员在镜头前吃起了苹果。一方面这种形式打破了以往沉闷的采访过程，另一方面这也会造成新闻报道规范的缺失。

（3）直播员对话主体为观众

直播员在直播过程中惯于朝向镜头，其表达和对话也会关注到观众的角度，尽量使用对等、平和的采访态度。例如直播员在描述飞行表演方式时称他有一个朋友也是飞行爱好者，那个朋友会怎样看待现在的飞行表演。这时，直播屏幕就会成为直播员和观众零距离接触、拉家常谈话的平台。然而，这种对话也只能适用于慢直播的形式，也会有偏离新闻主题的风险。

（四）国外网络视频新闻直播的互动过程

1. 以 CNN 为代表的传统媒体网络直播的互动过程

国外传统媒体开展新媒体业务较早，但此处以其原生形态进行划分。国外传统媒体的网络视频新闻直播包括 CNN、BBC、NBC、美联社等媒体自制的直播，也包括传统媒体与网络直播公司联合制作的网络视频新闻直播。在这些直播的互动过程中，同样普遍存在直播者难以及时直接地向观众进行反馈的问题。但是相对而言，一些媒体平台会提供官方的统一回应，如美联社的直播报道的右侧会呈现一个回复框，提供署名"AP"的平台回复。

此外，由于国外使用英语的国家较为广泛，加之媒体体制较为开放，一些知名的国外传统媒体往往会面对来自全世界的受众群体，互动舆论的数量较大，涉及面较为广泛，管控难度也相应较大。所以总体来说，国外传统媒体网络视频新闻直播的流通过程中受限的程度相对较小，信息传播渠道较为通畅（如图3）。

以CNN Live在2017年4月26日关于朝鲜平壤第85次阅兵的直播报道为例，在格林尼治标准时间3：38，共发布16个短视频，共计时长43：58。以其中一条时长01：38的视频为例，总体观众文字互动量586条，直播观众之间的互评数量241条，互动点赞788次。此次直播报道的总体互动过程呈现以下特征。

（1）直播观众参与度较高

由于国外网站的准入门槛较低，CNN这样的知名传统媒体向世界各个国家开放，因此整体的互动体量较大，且互动积极性较高。不同于国内一般媒体的点赞数量远超过评论数量，CNN点赞数和评论数之间较为均衡。在观众和平台之间的互动过程上基本实现了顺畅流通的效果。

（2）直播观众互动层次较深

此次直播的评论中，每一篇评论的内容都较长，基本达到了4行及以上的文字评论长度，体现出较深层次的互动。而直播观众的互评、互相反馈的数量也较为广泛，针对单个评论的互评数量甚至能够达到50条以上。相比于我国国内传统媒体较少的内容评论数量和较少的评论文字，CNN广泛的用户基础为其提供了更为丰富的互动资源。

（3）广泛涉及意识形态批评

在CNN关于朝鲜的报道中，虽然直播观众具有较高的媒介参与意识，但是评论带有观众自身严重的意识形态成见，尤其是针对朝鲜的国家体制，评论中不乏"evil"（邪恶）、"disgusting"（恶心）、"scary"（震惊）、"horrific"（恐怖）等负面词汇，严重贬损朝鲜的国家制度，这也表明用户的媒介素养有待提升。

2. 以《赫芬顿邮报》为代表的新媒体网络直播的互动过程

国外包括《赫芬顿邮报》、Buzzfeed、Facebook Live 等新媒体生产的网络视频新闻直播由于其受到意识形态的控制力度较小，在传播过程中几乎不会出现太大幅度的言论管控和媒体主导的言论导向（如图4所示）。

由于国外的新媒体通常建立在开放性的新闻报道模式上，用户对于新闻报道事实的增添也会对报道产生重要作用，因此国外新媒体的互动力度也较大，在传受者之间能够产生广泛的双向讨论。尤其是在一些能够引发相对共鸣的话题上，依托社交媒体传播的新媒体可能收获多重声音，这些声音来自不同的群体和阶层，有时也极易引起社会的动荡。

《赫芬顿邮报》作为美国影响力最大的博客新闻网站，被称为"互联网第一大报"，[28]因其网络公民新闻为人所熟知，而 HuffPost Live 即是《赫芬顿邮报》的新闻直播客户端。以 HuffPost Live 在 2016 年 11 月 6 日关于穆斯林女性印象的网络视频新闻直播报道为例，直播视频共计时长不超过10分钟，总体观众文字互动量914条，直播观众之间针对单条评论的回复数量就能达到40条以上，互动点赞超过46000次。此次直播报道的总体互动过程呈现以下特征。

（1）直播观众参与度相对较高

由于新媒体的属性，在西方资本主义世界中容易给受众形成客观中立的印象，也因此，容易获得更高的关注度与参与度。此次《赫芬顿邮报》较短的网络视频新闻直播的参与度之高，表明了用户对于网络空间的话题是有自身参与兴趣的，非官方的公民新闻媒体为观众打开自身参与性的渠道，也在直播观众群体的讨论圈中得到了极大的回应。

（2）用户间信息反馈及时大量

关于宗教制度的讨论本来就是见仁见智的问题，此次《赫芬顿邮报》用户之间的信息反馈深入，能够提高对于网络直播话题的参与度，能够给网络直播观众带来价值观念的更新和深层次的互动。这种互动层级已经从普通的认知互动上升到了人格价值的影响范畴，起到了人格互动的效果。

（3）互动评论受知识结构影响

例如，在此次直播报道中，关于穆斯林女性的印象问题是其的中心点。很多评论都是从自身的考量出发，没有顾及其他群体的想法。有些人认为"穆斯林女性被歪曲误解，应当被理解尊重"，有些人认为"穆斯林的行为和其他群体无关"，有些人则为穆斯林女性感到遗憾，这些言论都表明直播观众在互动过程中受到自身的知识结构和个人素养的限制，形成了自己的定性思维。在直播平台相对开放的言论市场中，这种多元多态的评论容易触发网络伦理问题，且不易被监管控制。

四　网络视频新闻直播互动过程体现的价值

在系统论的条件下，互动过程的各个要素都会影响互动的关系。而兰德尔·柯林斯（Randall Collins）在《互动仪式链》（*Interaction Ritual Chains*）里则提供了一种"电子传播、知识传递、组织形式"三者互推互构的环状互动过程（如图5所示），从中可以看出互动过程体现的价值特点。

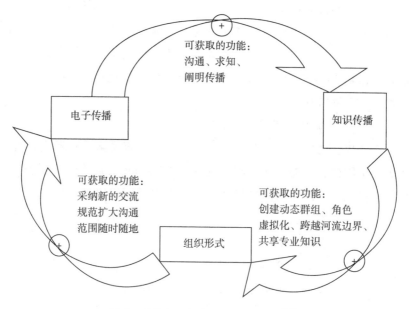

图5　兰德尔·柯林斯的互动过程[29]

网络视频新闻直播的互动价值同样也体现在互动过程中。通过互动过程的建构，从浅层次的双方认知上的影响，到情感交流上的推动，再到人格价值观念上的更新，网络视频新闻直播为用户提供了一个以新闻为圆心的交流平台，无论是直播观众之间，还是直播观众和直播者之间，他们的互动过程都能体现出一定的价值。

（一）网络视频新闻直播的三重互动关系

1. 认知互动提升用户媒介素养

认知互动即互动双方共享知识，弥补知识鸿沟。例如，很多用户通过观看网络视频新闻直播的互动过程得到更多背景信息与内容的解读，这种解读帮助用户更好地理解实时信息。这其实就是把互动过程视为一种人际间提升媒介素养的形式。在很多关于科技科学或者固定行业的直播报道中，不乏这样的认知互动的案例，通过背景知识的相互构架，帮助用户提升对于事件的认知。

2. 情感互动拉近用户心理距离

情感互动即互动双方在共享信息的过程中产生某种情感连接，或因赞同而产生接近性，或因反对而造成不愉快，从而对后续的互动过程产生一定影响。在 2016 年 6 月 1 日，为了吸引孩子们的兴趣，Facebook 总裁马克·扎克伯格（Mark Zuckerberg）通过 Facebook Live 进行了 20 多分钟的直播连线，与国际空间站三名宇航员进行对话，同一时间收看观众超过百万。[30]曼纽尔·卡斯特认为，在相同的信息系统中，参与者的信息很可能互相转换，也就弥合了不同的认知水平和不同感受造成的心灵距离。[24]

3. 人格互动影响用户思维观念

人格互动上升到了较高级的互动过程，互动双方通过思想的碰撞对公众的人格发展和价值观念产生一定的影响。例如，在互动时对媒介呈现的内容进行实时地解构，引导公众产生对事实焕然一新的认识。比如美国广播公司 ABC 在共和党与民主党代表大会时接连播放网络新闻直播产品，[31]及时地给予了党派政治价值观的引导和讨论。

（二）网络视频新闻直播的三重流通过程

1. 媒介传播保障信息流通

借用兰德尔·柯林斯的互动过程来看，在以终端为主要媒介的网络视频新闻直播领域，首要的是保证终端电子介质的畅通。在终端的传播过程中，互动者需要不断获取信息、整合信息、分发信息，使信息能够流动起来，形成开源的作用。具体来说，传播者在直播时需要搜寻足够的信息，并且通过终端及时恰当地传播出去。

2. 信息传递产生知识教化

在信息传递的过程中，则要逐渐起到在群体中知识教化的效果。首先要激发虚拟社群的活性，调动起直播中观众的参与感和热情；其次要给每一个成员分配虚拟角色，在直播平台每一个人都有自己的虚拟 ID，并以这个 ID 活跃在平台里（有时会以虚拟币来代表参与者的角色地位）；再次逐渐消弭传统的层级和边界，使互动中的传播者和参与者交互形成扁平化、平权化的互动系统，实现沟通上的对等；最后分享个人观点，以自己专门化的知识背景参与到群体的互动中来，在网络直播的环境下就是评论的性质。

3. 组织平台建构共同意识

在信息交互的过程中，虚拟群体也由此产生，群体可能产生共同的意识和想法，以进一步进行超出虚拟平台的活动。例如，在网络视频新闻直播的平台上，某个特定的直播空间中的成员可能产生自己独特的话语和标准，成员需要依循这样的标准进行互动。通过深入的互动，参与者提供的信息可能从时间和空间上延伸了原本的虚拟空间，反过来补充现实信息，形成并强化新一轮的电子传播。

（作者单位：中国传媒大学新闻学院）

注释

［1］朱菁. 电视新闻学［M］. 杭州：浙江大学出版社，1999：1 - 20.

［2］于忠广，张丽. 电视新闻［M］. 北京：中国人民大学出版社，2015：1 - 50.

［3］广播电视信息. 日本首次使用手机直播电视节目［J］. 广播电视信息，2002（1）：48.

［4］李琳. 新闻网络直播——媒介融合时代下新闻报道的新思维［J］. 新闻世界，2017（2）：50 - 52.

［5］章明亮. 网络直播，新闻网站的新探索——以温州新闻网为例［J］. 新闻实践，2005（12）：41.

［6］郑保卫. 新闻理论新编［M］. 北京：中国人民大学出版社，2007：1 - 50.

［7］华盛顿邮报 FB 直播 4h 尸花开花［EB/OL］. 腾讯全媒派. http://news.qq.com/original/quanmeipai/juhuakaihu.html.

［8］郁震．多边贸易体系 50 周年庆典向全球直播［J］．世界贸易组织动态与研究，1998（6）：26．

［9］网上直播网络展［J］．互联网周刊，1998（14）：13．

［10］河南电信局和电视台携手推出南阳电视节目在线直播［J］．广播与电视技术，2000（11）：165．

［11］施拉姆大众传播模式［EB/OL］．文档网．http：//www. wendangwang. com/doc/37cc34a9085596abf604a684/5．

［12］日本首次使用手机直播电视节目［J］．广播电视信息，2002（1）：48．

［13］张鸥．直播幕后［M］．北京：北京师范大学出版社，2013：1－50．

［14］传播模式［EB/OL］．广州中小学教师继续教育网校．http：//cs. gzedu. com/jiaoshijixu/xjgx/chapt/chapt5/keyword/08. htm．

［15］黑匣，被遗忘的天才［EB/OL］．雷锋网．http：//www. leiphone. com/news/201604/aPQEC6l7exN5QScy. html．

［16］Facebook 20 亿美元收购虚拟现实厂商 Oculus［EB/OL］．新浪科技．（2014－03－26）. http：//tech. sina. com. cn/i/2014－03－26/06099271617. shtml．

［17］新华社推进融合发展 打造"现场新闻"新样式［EB/OL］．新华社．（2016－02－29）. http：//news. xinhuanet. com/politics/2016－02/29/c_1118190510. htm．

［18］虚拟现实报道来了，不只技术变革这么简单［EB/OL］．腾讯全媒派．http：//news. qq. com/original/dujiabianyi/xunixianshi. html．

［19］牛凌云．VR 技术在新闻报道中的应用现状和前景分析［J］．新闻研究导刊，2016（18）：6－7．

［20］VR 借直播美国大选再烧一把火 虚拟社交或引爆产业［EB/OL］．新浪科技．（2016－09－28）. http：//tech. sina. com. cn/it/2016－09－28/doc-ifxwevww1737656. shtml．

［21］夏琳．VR 技术在新闻直播中的应用——以"神州十一号"发射为例［J］．新闻研究导刊，2016（20）：289－290．

［22］黄庆华，姜春媛．讲出与众不同的故事——以新华社客户端为例［J］．新闻与写作，2017（2）：16－19．

［23］马莱茨克传播模式［EB/OL］．百度百科．http：//baike. baidu. com．

［24］曼纽尔·卡斯特．网络社会的崛起［M］．北京：社会科学文献出版社，2000：1－527．

［25］杨敏，郑杭生．社会互构论：全貌概要和精义探微［J］．社会科学研究，2010（4）：102－107．

［26］刘业鲁．直播条件下的球迷网络互动平台研究［D］．长沙：湖南大学硕士学

位论文，2010：1－70.

［27］郭全中．我国互联网直播业发展综述［J］.传媒，2017（4）：9－12.

［28］青年记者．《赫芬顿邮报》涉足"品牌内容"服务［J］.青年记者，2012
（24）：29.

［29］兰德尔·柯林斯．互动仪式链［M］.林聚任，王鹏，宋丽君译．北京：商务
印书馆，2016：1－562.

［30］映客上位，腾讯拼了：国内外直播行业最全报告［EB/OL］.猎豹全球智库.
http：//36kr. com/p/5052568. html.

［31］ABC 推出全新 App 和网页，追赶直播大势［EB/OL］.腾讯全媒派. http：//
news. qq. com/original/quanmeipai/abcnews. html.

从边缘走向中心：UGC 新闻的演进与风险

熊　茵　刘炜心

摘　要　互联网对"业余者"进行了新闻生产与传播的"增权"。UGC 模式的新闻渐成规模，并从边缘的新闻话语地带向中心地带逐渐演进，成为新闻场域日益重要的话语力量。本文从主体意识、行为规范和产品转型三方面对此演进趋势进行了阐释。同时应引起注意的是，倚重商业性的 UGC 新闻在公共性上可能会有所偏离，并导致新闻"功能失灵"，这将对社会运行和社会治理带来风险。因此，对商业性和公共性失衡的 UGC 新闻进行有效引导与规训应是互联网治理问题中的应有之义。

关键词　UGC　边缘　中心　功能失灵

From Edge to Centre: The Evolotion and Risk of UGC News

Xiong Yin　Liu Weixin

Abstract　Internet is powering the amaters in news-production and communication. News of UGC modle is flourishing, coming from edge to centre and becoming a strong power. The study tries to demostrate the development from conciousness, behavior and products transition. Meanwhile, we should also focus on the unbalance of commercial and publicty of UGC news. It causes the function failure which brings about the risks of social operation and social governance. So how to guide and govern the UGC news will be an necessary topic in internet eviroment.

Keyword　UGC; Edge; Centre; Function-failure

互联网激活了以个人为基本单位的传播能量，个人实现了表达权利的能力并大大增强了内容的生产能力及普及。[1] 在"个人被激活"时代，互联网"用户"成为活跃的内容贡献者，"用户生成内容"（User-Generated Content）成为重要的内容生产模式。UGC 在新闻、知识、观点、艺术等各领域发挥作用，极大地推动了互联网内容的繁荣。值得关注和讨论的是，曾以"业余化"（Amateurization）为特征的 UGC 生产模式历经十余年的发展，正朝着"业余的专业化"[2] 方向转变。UGC 新闻朝"专业化"方向演进的趋势日益明显，"用户"的新闻主体意识、新闻行为规范及新闻产品转型都有极大跃升，更有甚者可比肩乃至超越 PGC 模式的新闻媒体机构。从宏观传播格局看，UGC 新闻正逐渐从边缘地带走入中心舞台，日益成长为具有社会影响力的新闻话语力量。本文将详细阐释 UGC 新闻兴起及演进的轨迹，并讨论其在演进过程中可能存在的风险。

一　UGC 新闻：缘起与内涵

UGC 新闻是基于 UGC 生产模式的新闻。经济发展与合作组织（OECD）的报告 *Participative Web and User-created content*（2007）指出 UGC 模式与传统内容生产模式最核心的区别之一在于生产主体的不同，报告使用了 the amateur creators（业余生产者）、non-professionals（非职业者）、end-users（与传统媒介生产者相对的终端用户，例如，职业作家、出版人、记者、注册广播公司及出版公司等）[3] 等相关描述来界定 UGC 生产主体，突出其非专业性、业余化的身份特征，及与专业精英色彩的 PGC 模式（专业内容生成模式）二元对立的差别。据此，UGC 新闻是非新闻专业、业余人士（即普通用户）生产的新闻，是与专业新闻机构的 PGC 新闻相对的新闻类别。

UGC 新闻的兴起与蓬勃得益于互联网赋权。在漫长的传统新闻业时代，凭借在媒介技术和产业规模上的压倒性优势，新闻专业机构成为新闻生产与传播的中心，掌握了巨大的话语权力。原子化的普通民众处于新闻生产与传播的弱权甚至无权（powerless）状态。作为一种社会变革力量，互联网对社会权力进行了重新分配，或称互联网赋权（empowerment），即对强者分权，对弱者增权。在新闻领域，互联网技术极大地降低了新闻生产与传播的成本，业余的普通用户可以轻松完成采、写、编、评、拍等新闻生产诸环节，并可通过互联网平台进行广泛迅速的传播。互联网对普通用户的"增权"，调动了他们生产和传播新闻的主动性和积极性，UGC新闻因此而勃兴；反观新闻专业机构在互联网以"去规模化、去中介化、去中心化"[4]为特征的"分权"过程中，其新闻生产与传播的多项优势正在消失，尤其是在偶发事件、突发事件的现场报道、观点表达等方面，专业机构明显已被普通用户超越。

相较专业机构的主流范式新闻，UGC新闻的内涵已有诸多变化。在遵循新闻"新"与"真"的基本框架下，泛化的新闻生产传播主体，重构的新闻价值理念、僭越与创新的新闻实践行为、参差多态的新闻产品样貌形制，凡此种种都构成了UGC新闻具有时代性特征且纷繁复杂的内涵。正如克莱·舍基（Clay Shirky）指出，新闻的定义发生了改变：它从一种机构特权转变为一个信息传播生态系统的一部分，各种正式的组织、非正式的集体和众多个人都存在于这个生态系统中。[5]互联网赋权下，"大规模业余化"（Mass Amateurization）的用户涌入新闻生产领域，UGC新闻成为新闻传播格局中重要的话语力量。不管新闻专业机构是否愿意接受，打破新闻生产与传播"中心化"局势的新闻"众创"时代已经轰然到来。

二　从边缘走向中心的 UGC 新闻

UGC新闻兴起之初，由于普通用户以"业余者"的身份开展非专业性的新闻生产与传播活动，他们的新闻观念模糊、专业知识与技能缺乏、新闻行为态度随意，致使早期UGC新闻质量不高、价值较低，多被视作坊间传闻、小道消息、消闲谈资甚至是不实之词、虚假传闻等，远不足以进入主流新闻话语体系。然而，近年来UGC新闻不仅在数量上有"井喷"之势，其生产水准、内容品质、传播影响力等方面也有极大提升。不少"业余者"身份的自媒体平台中不乏优秀的新闻内容：从文章的策划技巧、采编手段、内容形制来看，与专业机构的新闻生产水准相差甚微；从传播效果看，"10万＋"热文屡屡出现，不仅引发广泛关注，而且一定程度上推动事件的良性解决，较好地履行了新闻职能。不难发现，尽管始于"业余者"身份，但UGC新闻生产并没有一直停留在最初的"业余"水准，他们正不断修正和提升自己的新闻专业性和职业化水平，向新闻专业机构的水准靠拢，并试图对其发起竞争与挑战。UGC 新闻正从话语边缘逐渐向话语中心趋近，成为日渐壮大的新闻话语力量。本文从 UGC 新闻主体意识、新闻行为规范以及新闻产品转型三方面具体阐释其演进轨迹。

（一）新闻生产主体从"无意识"趋向"有意识"

众所周知，早期的网络用户主要以新闻接受者的角色存在，即便其从事新闻活动，也基本处于新闻"无意识"状态。他们偶然亲历事件，拥有事件发生的"在场优势"，并在"诉说冲动"下、不自觉地完成所谓的"新闻生产"，并从中获得非功利性的"自我满足"，例如，表现出自己消息灵通、见多识广、熟悉行情（沉醉于"最先知道"的虚荣）；吸引关注、当众表演、获得赏识；还能获得"将个人结论加于新闻之上"的特权。[6]作为 UGC 新闻生成的重要平台，新浪微博的早期用户仅用 140 字短文、随手拍图及短视频等形式"随时随地分享新鲜事"，彼时他们并没有明确的"新闻意识"，更多的是基于诉说本能或社交乐趣而率性开展并不自知的新闻生产传播活动。又如曾被冠以中国"公民记者"第一人的周曙光曾表示："我之前不知道自己那种行为叫公民记者行为。我就想去看看到底发生了什么？凑热闹而已。"[7]"凑热闹"一说也印证了初期 UGC 新闻生产处于"无意识"状态。

经过"无意识"新闻活动的反复实践与经验总结，互联网用户不断成长，他们不仅逐渐认清了新闻的本质与价值，感受到新闻的强大功能，并开始有意识尝试开展更为积极的新闻生产与传播活动。他们努力寻找新闻线索，深入现场、接触信源、搜集素材，完成新闻采写与发布的整套流程。例如，山东聊城辱母杀人案引发舆论关注后，微信号"青岛小哥"团队成员自带拍摄设备，深入事发现场，设法接触信源，采访于欢姑姑、亲历员工、当地民众等相关人，实际上完成了继《南方都市报》《刺死辱母者》报道之后带有补充性质的视频报道。又如在四川泸州太伏镇学生坠楼事件中，微信号"触摸泸州"团队成员决定"明天（4 月 3 日）去太伏看看"，并于"早上 11 点进入太伏中学约见了赵某生前的个别老师和同学"，[8]经过艰难探访和多方信源采访，当天完成一组由文字、照片和视频组成的题为《太伏学生坠楼事件，你应该了解的真相》的调查报道，还原事实真相，引发社会强烈反响。除了地方性公共事件，网络用户就国家及国际公共事件也积极开展新闻活动，如在杭州 G20 峰会期间，微信号"努力加餐饭"的运营者"陈小花"就决定亲赴杭州，"我购买了从上海虹桥火车站去往杭州东站的高铁票，决意一探究竟。我此行主要是为了搞清楚三件事情：（1）杭州到底是不是禁止进入？（2）路边的小店是不是都关闭了？（3）路上的行人是不是军人扮演的？"[9]通过图文并茂的亲历性采访与报道最终对网友困惑及社会谣传进行了回应。用户新闻生产的"有意识"不仅体现在其高涨的热情，还体现在其日趋强烈而明确的"目的性"。不少用户通过新闻生产来争鸣发声、代言维权、吸引粉丝、谋求利益等，逐步形成利用新闻的"眼球效应"转换成"经济效益"的经营之道，建构了基于新闻产品的"内容创业"模式。

网络用户从出于"诉说本能"的新闻生产到基于"目的"的新闻生产，实际上是其新闻主体意识不断确立、逐步强化的过程，推动 UGC 新闻生产从"自发"走向"自觉"。

（二）新闻生产行为：从率性而为到专心致志

早期 UGC 新闻生产行为被认为是"业余者"（Amateur）在随意状态下率性而为的新闻活动，因而被打上了"非专业"（Non-Professionals）的深刻烙印。但从近年的情况来看，用户的新闻生产远非仅停留在业余水准和随意状态，而是专心致志地开展新闻生产活动，具体可从以下几点加以印证。

首先，UGC 新闻生产行为的专业性有所提升。从微观操作层面看，新闻生产的"专业性"指在不同语境被共同强调的部分，即操作技能和表现手段上的专业水准以及实践中的专业伦理，[10]集中体现在新闻生产主体的专业知识、技能和素养等方面。近些年来，随着对"新闻"认知的深化以及对传播规律、媒介技能的熟练掌握，不少普通网民所生产的新闻报道初显专业水准。如前述微信文章《太伏学生坠楼事件，你应该了解的真相》，报道者从报道的策划到采编、从结构到叙事、从信源接触到平衡报道等方面，接近传统范式下的"专业新闻"的规范和水准。

其次，UGC 新闻生产行为的职业规范渐成。"职业化"是指将某一行为固化为获取生活来源的谋生手段之过程，带有浓厚的"逐利"色彩。在新闻生产反复实践和尝试后，网络用户从中获得除满足"表达冲动""精神愉悦"等非物质性报偿之外的物质性报偿（例如，广泛传播后带来的粉丝收益、流量变现、广告收入等），进而开始了以"获利"为目的的新闻生产活动，开启UGC新闻生产的职业化进程。从职业化的组织形态上看，UGC新闻生产主体单位从最初的个人或松散群体升级到组织程度较高的机构单位（公司化运营成为常态）；新闻操作上也较之前更加标准化、规范化和制度化。当前，不少网络用户开设的微信公众号、微博账号等，平台性质以个人日常分享为主的自我释放式日渐演变为组织机构化的"内容创业"平台，这一现象恰好有力地佐证了UGC新闻生产的职业化发展趋向。

再次，UGC新闻生产的自觉创新色彩浓郁。创新性（Creative Effort）是UGC的核心特征之一，这是媒介用户最具有意义的潜力所在。[11]由于不受过多规制束缚，UGC在新闻的叙事修辞、呈现方式、互动技巧、传播策略等方面有较大自由创新度，越来越多的用户积极开展超越传统规范的创新尝试，使复杂的新闻报道变得浅显易懂，生动有趣，从易读性和悦读性层面改进了新闻产品的形制与样貌。专注医疗卫生领域的微信公众号"有槽"的创始人詹涓在谈及其修辞叙事的创新时表示：我们是有意想要做私人化表述，拉近与读者之间的距离。传统媒体的新闻叙事是要尽可能抹去作者的意见和存在感，以此来体现客观、中立。但我们关注的角度、采写的方式都决定了不可能像传统报道那样板正。[12]微信号"米糕新闻日记"的创始人胡亚平谈及新闻产品创新时表示：第一视角的代入是我倾向于微信公众号写作的原因，我对于纯客观的事实报道已经十分厌倦，而且对于假借专家之口说一些不痛不痒的观点感到厌倦。我希望通过个人的体验和感受，与人分享对事件的看法，分享细节，分享真实的体验，这是一般新闻做不到的。这是更有温度的叙事方式和传播方式。[12]用户有意识地采用"合法偏离"的修辞方式、"边缘突破"的报道策略等办法，生产出形制新颖和具有传播张力的新闻产品。这种与传统新闻报道截然不同的新闻生产创新恰恰成为吸引读者的关键因素。

（三）新闻产品：从提供"知晓"到协助"理解"

从某种程度看，早期UGC新闻基本源于网民对新鲜事物的"诉说本能"，他们快速而直接地记录事发现场、提供包含人、时、地、事的

"4W"核心要素，生产出最为简单直接的现场新闻、动态消息等。尽管形态简单粗糙，有时甚至语焉不详，但早期 UGC 新闻在突发事件、偶然事件中多扮演"首发"角色，且以"在场优势"获得了丰富而生动的新闻素材，具有一定的传播优势。从功能上看，早期 UGC 新闻为大众提供"知晓"，即快速昭告新鲜事件的发生，仅满足了读者较浅层次的认知需求。然而，随着社会事件的联系与变化渐趋复杂，"描述事实"型的新闻产品不足以满足大众的认知需求时，部分用户开始有意识地开展具深度的新闻生产。从近些年 UGC 新闻发展趋势来看，不仅新闻构成要素清晰明确、表现手段丰富多样，而且更加注重详细描述事件过程并寻找事件在更大时空范围内的联系或因果关系——怎么样和为什么，[13] 即阐释事实 4W 要素之外的深层原因及逻辑联系，UGC 新闻开始从"描述性"新闻类型向"阐释性"新闻类型转换，其功能较之前仅提供"知晓"逐渐转向协助读者"理解"，进一步满足社会读者更深层次的认知需求。个人微信号"有槽"一篇题为《一个死在百度和部队医院之手的年轻人》的文章引爆 2016 年的社会大讨论。文章并非简单叙述大学生魏则西患癌后治病就医的艰难过程，而是深入挖掘隐蔽于该事件背后的各种原因及关联，指出了部队医院与莆田系公司的利益关联、百度商业推广的涉嫌误导等因素对魏则西事件负有不可推卸的责任。从形制和功能上看，该文章与传统调查性报道体裁高度接近，它以"阐释"为手段，协助读者对整个事件的隐蔽原因及复杂联系进行深层的"理解"。

从主体的新闻意识、新闻生产行为以及新闻产品转型来看，在强烈新闻主体意识的驱动下，UGC 新闻生产不再是随心所欲、率性而为而是有意为之；UGC 新闻也不再是低质量、低价值信息的代名词，而是不断向专业规范看齐，甚至通过与时俱进的行动创新不断突破、超越传统新闻范式，重塑新闻价值观念；UGC 新闻所能发挥的功能也不再只限于消闲娱乐或简单告知的浅层功能，而是朝更为严肃深刻的"阐释意义"转型。UGC 新闻正逐渐从边缘走向新闻话语体系的中心，并与新闻专业机构的 PGC 新闻展开激烈的市场竞争和话语争夺。当前新闻场域的博弈竞合中，UGC 新闻表现出的活力和蓬勃与 PGC 新闻的颓势，两者之间的鲜明对比也印证了新闻话语中心的渐移。

三 功能失灵：UGC 新闻趋中心化演进中的风险

诚如前述，UGC 新闻正趋近新闻话语体系中心。无论是生产与传播的规模、速度、深度，UGC 新闻的优势日益突出，大有与主流新闻一争高下之势。一方面，这种博弈推动了互联网场域新闻的多元生产与传播繁荣，无疑是新闻生态的进步。另一方面，对于强势趋近中心的 UGC 新闻，我们应在乐观中保持谨慎和反思。从目前看，UGC 新闻在趋中心化的高歌猛进过程中存在较多问题，其中较为严重的是 UGC 新闻生产对商业性的倚重和对公共性的偏离。众所周知，平衡新闻的商业性和公共性是新闻事业发展和规范的路径依赖，任何对商业性及公共性的倚重或偏离都可能使新闻走向失范或失势，从而无法有效履行其社会职责。在互联网的商业红利不断释放的当下，以实现利益为目标的"内容创业"行为成为主流和常态，UGC 新闻生产也概莫能外。UGC 新闻的商业性倚重和公共性偏离引发了诸多乱象，集中体现在新闻"功能失灵"。倘以拉斯韦尔的"四大功能"理论来看，新闻应至少具备监测社会环境、协调社会关系、传承文化、提供娱乐的社会功能，然而，UGC 新闻似乎难以履行这些功能。

首先，监测环境之功能是基于"公众利益"的捍卫，新闻报道应对事实进行客观准确、不偏不倚的报道，为公众提供真实社会图景，以供判断决策之用。然而，倚重商业性的 UGC 新闻生产多从自身利益诉求和个体意图出发，通过选择性策略对事实进行"建构"。在一些极端情况下，他们不以公共利益为首要考虑，他们发布很多信息，但必然有他们不愿意、没有动力发布的信息，甚至会发布一些假信息。[14]基于"利己"立场的"建构式"新闻很难还原事实原貌及揭示真相，给予民众的多是"想让你看见"及"想让你认同"的部分事实甚至假象。在此基础上，UGC 新闻"环境监测"功能经常性失灵。

其次，就协调社会关系的功能而言，新闻报道或新闻评论通过阐释意义、评论评述、说服动员等手段引导社会向特定方向形成"合意"，增强社会凝聚力和行动力以有效应对环境变化。然而，在宽松自由的互联网话语氛围中，UGC 新闻被允许以极端态度来捍卫自身立场或个体利益。在公共议题上，以市场争夺、观点征服等为直接目的的非理性讨论甚至话语暴力无处不在，UGC 新闻中的理性交流缺席，导致社会中的观点撕裂日趋严重，社会关系对立紧张，社会合意的形成极为艰难，此为其另一功能失调。

再次，美国社会学家帕克把新闻视为一种"像人类一样古老的知识类型"，新闻具有将人类经验智慧、知识文化加以记录并传播传承的重要功能。从这个意义上看，真实客观、全面深入、连贯严谨的新闻无疑对人类知识文化体系的构建与传承做出了重要贡献。然而，倚重商业性的新闻传播主体势必大量生产廉价但却畅销的、碎片化、浅表化、情绪化、娱乐化、缺乏连贯性及秩序感的 UGC 新闻产品，其中能沉淀为文化或知识并得以流传的则少之又少。

最后，UGC 新闻的"娱乐"功能被强调和滥用，全面超越其他严肃功能。正如尼尔·波茨曼（Neil Postman）在《娱乐至死》中曾描述电视的过度娱乐可能是"一场滑稽戏带来文化精神枯萎"，彼时所论及的社会风险在今天依旧存在，此处不再赘述。

从结构 - 功能主义角度来看，新闻是社会复杂系统的子系统，新闻功能得以良性实现是社会有序运行的重要前提。而在商业性与公共性失衡中的 UGC 新闻引致"功能失灵"给社会运行带来风险。在 UGC 新闻盈余的今天，民众的社会方位感和行动方向感似乎并未因此而更加明确。在纷繁各异的事实描述、喧嚣吵闹的观点争夺、零星散乱的知识传授中，民众常常无所适从，由此产生的认知失调、行动混乱、关系紧张等给社会运行和治理带来极大的成本消耗。

四　结语

互联网对"业余者"身份的普通用户进行了新闻生产与传播的"增权"，基于 UGC 生产模式的新闻渐成规模，并从边缘的新闻话语地带向中心地带逐渐演进，成为新闻场域日益重要的话语力量。倚重商业性的 UGC 新闻势必对公共性有所偏离，由此而引致新闻传播的失范和失序。而"功能失灵"是其中最严重的问题，可能会给社会运行和社会治理带来风险，对此应有足够的认知与警惕。从这个角度看，对倚重商业性和疏离公共性的 UGC 新闻进行有效引导与规训应是当前互联网治理问题中的应有之义。

（作者单位：江西师范大学新闻与传播学院）

[本文为国家社科基金项目"UGC 媒体语境下的信息变异与治理研究"（项目编号 14CXW028）、江西省研究生创新基金"从暗涌到澎湃——微信场域舆情扩散机制研究"（项目编号 YC2017 - S125）的阶段性成果。]

注释

[1] 喻国明，张超，李珊，包路冶，张诗诺. "个人被激活"的时代：互联网逻辑下传播生态的重构——关于"互联网是一种高维媒介"观点的延伸探讨 [J]. 现代传播（中国传媒大学学报），2015，37（05）：1 - 4.

[2] 胡泳，张月朦. 互联网内容走向何方？——从 UGC、PGC 到业余的专业化 [J]. 新闻记者，2016（08）：21 - 25.

[3] Participative Web and User-Created Content：Web 2.0，Wikis and Social Networking [EB/OL]. http://www.oecd.org/sti/ieconomy/participativewebanduser-createdcontentweb20wikisandsocialnetworking.htm.

[4] 王天定. 大规模业余化时代，专业新闻何为？[J]. 新闻记者，2015（10）：43 - 50.

[5] 〔美〕克莱·舍基. 人人时代——无组织的组织力量 [M]. 胡泳译. 杭州：浙江大学出版社，2015：54.

[6] 〔美〕米切尔·斯蒂芬斯. 新闻的历史 [M]. 陈继静译. 北京：北京大学出版社，2014：12.

[7] 周曙光、博客、新技术与公民记者 [EB/OL]. 搜狐传媒.（2012 - 11 - 28）. http://media.sohu.com/20121128/n358936994.shtml.

[8] 太伏学生坠楼事件，你应该了解的真相！[EB/OL]. http://mp.weixin.qq.com/s/XtV2ONaiX7OddGnIEHlWUA

[9] 陈小花. 听说最近都不让去杭州，于是我亲自试了一下 [EB/OL]. 西祠胡同 http://www.xici.net/d233512423.htm.

[10] 芮必峰. 描述乎？规范乎？——新闻专业主义之于我国新闻传播实践 [J]. 新闻与传播研究，2010，17（01）：56 - 62 + 111.

[11] 钟瑛，李苏，方晨. 新媒介环境中用户生产内容的价值及实现路径 [J]. 西

南民族大学学报（人文社科版），2017，38（01）：163 – 168.

[12] 陈刚，王继周. 独立报道与解读的另一种可能——微信公众账号"有槽"和"米糕新闻日记"访谈录［J］. 新闻记者，2016（08）：31 – 37.

[13] 郑忠明，江作苏. 作为知识的新闻：知识特性和建构空间——重思新闻业的边界问题［J］. 国际新闻界，2016，38（04）：142 – 156.

[14] 黄志杰. 一个媒体人的转型自述　未来媒体人的转型与回归［J］. 新闻与写作，2015（06）：9 – 11.

新媒体低俗化：现实表征、关键致因与治理路径

李　楠　李秋华

摘　要　新媒体低俗化问题是传统媒体低俗化在新媒体领域的延伸与异化，体现了新媒体社会责任的缺失与用户素养的匮乏。新媒体低俗化的现实表征主要反映于新媒体的内容、语言和文化等不同侧面的低俗化倾向，如社交信息低俗化、标题党现象、网络直播低俗化等。新媒体低俗化的关键致因在于新媒体经济内蕴的三重价值性失衡，即经济效益与社会效益的失衡，用户内容创造与用户自律的失衡，网络的个体表达与价值理念的失衡。新媒体低俗化的治理路径，可以从信息管控、技术化解和素养提升等多维层面展开，构建多利益主体共同参与、相互协作的治理机制与体系。

关键词　新媒体低俗化　现实表征　关键致因　治理路径

New Media Vulgarization：Realistic Representations, Key Causes and Governance Paths

Li Nan　Li Qiuhua

Abstract　The problem of New Media Vulgarization is the extension and dissimilation of Traditional Media Vulgarization in the New Media field, which reflects the lack of New Media Social Responsibility and User Literacy. The realistic representation of New Media Vulgarization is mainly reflected in the vulgarization tendency in different aspects of the content, language, and culture, such as social information vulgarization, Title Party phenomenon, and vulgarization of webcasts. The key cause of New Media Vulgarization lies in the triple-valued imbalance of the New Media Economy, namely, the imbalance of Economic Benefits and Social Benefits, the imbalance between User Generated Content and self-discipline of the users, and the imbalance between individual expression and value concept of the Internet. The governance path of New Media Vulgarization can be carried out from multi-dimensional perspectives such as information management, technical solution and literacy promotion, and a governance mechanism and system of multi-stakeholder to participate in and collaborate with each other can be constructed.

Keyword　New Media Vulgarization, Realistic Representation, Key Cause, Governance Path

　　宽带网络、移动互联网、物联网等新兴技术与终端设备的飞速发展，催生了众多新颖、实用与智能化的新媒体类型与平台；其所提供的多元化、个性化信息服务，一方面让人们的现实生活更加丰富、便捷与实效，另一方面由其所引发的诸多新问题、新矛盾，却又使得整个社会面临更加复杂多样的困境与局面。新媒体低俗化，正是在此全新的社会情境中呈现的新变化与新困扰，在以往传统媒体低俗化的表征之上变异出新状貌与新特性。

　　低俗化，一直是困扰媒体行业健康发展的难题；新媒体的创新性发展，非但未能消除低俗化的倾向与影响，反而因其匿名性、互动性、开放性与融媒体的特征，进一步助长和加剧了媒体的低俗化趋向，引发对新媒体社会责任之失的反悟与思考。

一　新媒体低俗化与社会责任之失

　　新媒体低俗化，是传统媒体低俗化在新媒体领域的延伸与异化。相较不同的是，由于新媒体平台上信息传播者与接收者互为一体，且存在大量的 UGC 信息（用户生产内容），因而，新媒体低俗化反映的不仅是新媒体运营者的社会责任缺失，而且体现了新媒体用户的责任淡薄与媒体素养匮乏。

（一）媒体低俗化的文化内涵

媒体低俗化，缘起于 19 世纪 30 年代商业报刊的兴起，美国诞生的以牟利为主要追求的早期商业报纸，催生了虚假新闻、广告新闻等低俗的报刊内容，并推动了 19 世纪末的黄色新闻浪潮，大量的凶杀、色情、暴力等刺激性报道充斥报纸版面，媒体低俗化现象一时潮涌并带来严重的社会不良后果。中国的媒体低俗化，是 20 世纪 90 年代媒体走向市场化、受众本位上升的发展进程中出现的，[1]是"大众传媒市场化、娱乐化蓬勃兴起的变异现象"，[2]甚至被一些媒体作为市场化进程中主动选择的一种竞争策略。[3]

媒体低俗化的文化内涵，与对低俗的概念界定紧密相关。文化学者认为，低俗违背人类的理想追求，靠拢低级的本能冲动，对人的精神世界会有危害；[4]低俗与高雅相对，两者的过渡地带是通俗；低俗的作品是从人的物质欲望出发，刺激并满足人的贪占、享用要求；从人的行为层面需求而言，刺激是勾起人的欲望、满足人的动物性的最低档需求，是一切黄色、凶杀类低俗作品的心理根源和市场基础，因而，纯刺激性的作品归于低俗之列。[5]而媒体低俗化，则是在媒体领域反映和呈现的低俗化问题与倾向，是报纸、广播、电视等大众传播媒体以低级趣味的内容和感官刺激的画面，来吸引受众的吸引力的一种信息传播倾向，是媒体在信息传播活动中放弃自身责任，片面迎合部分受众低级趣味和需要的不良倾向；[6]媒体低俗化的主要表现如还原和放大凶杀、暴力、色情、迷信、灾难，渲染和追求感官刺激，炒作和热衷绯闻丑闻等。[7]媒体的低俗化表现与倾向，不仅会对受众造成短期的负面影响，而且会对青少年的人生观、价值观带来严重的长期危害。

（二）新媒体低俗化是新媒体社会责任缺失的现实显像

大众传播跨入到网络传播和移动传播等新发展阶段之后，媒体低俗化的趋向非但没有减弱和消除，反而在新兴媒体继续蔓延，[8]甚至呈现出更加强烈和复杂的发展态势，并进一步转化为新媒体低俗化问题。

网络、手机等新媒体低俗化，与报纸、广播、电视低俗化问题性质相同，但在表现形式、监管方式和难度上却呈现差异。[9]与媒体低俗化的内涵相对应，结合新媒体自身的信息属性与交互特点，新媒体低俗化可以解释为新媒体在信息交互过程中放弃自身社会责任，迎合用户低级趣味和需要，生产、发布和传播低俗信息的不良倾向。新媒体低俗化，是一种违背职业道德和社会公德，违反公序良俗，以片面追求点击率、浏览量、转发量等为导向的不负责任行为，其表现形式不仅涵盖以往报纸、广播、电视低俗化的各种表征，而且又因新媒体的互动性、多媒体化、高科技属性等特点，呈现出更加复杂多样、形态多变的新面貌。

无论是报纸、广播、电视等传统媒体的低俗化现象，还是网络、手机等新媒体的低俗化问题，都具有本质的共通性，共同反映了媒体机构、平台以至整个媒体行业的社会责任缺失。低俗化缘起于商业性报刊的极端利润索取，蔓延于广播、电视等市场化视听媒体，而至网络、移动媒体时代更加泛滥；对低俗化的治理，不仅是一个长时间问题，也是一个世界性难题。职业道德、媒介素养和社会责任，是低俗化的治本方剂，在明晰新媒体低俗化的现实表征和根本缘由的基础上，有针对性地制订整治标准和措施，方能确保新媒体低俗化的优良治理效果。

二　新媒体低俗化的多元现实表征

新媒体具有鲜明的融媒体形态和特点，不仅信息容量极大扩展，而且信息呈现方式更为丰富、多元，融文字、图像、音频、视频、直播等传播形式于一身，集报纸、广播、电视等传播特性为一体，这也造成新媒体低俗化从形式至内容层面，都兼具并超越了传统媒体低俗化的所有特征，呈现出更复杂多变、形态各异的表征与形态。

（一）　新媒体内容的低俗化溢涌

内容低俗化是新媒体低俗化的主要表征。在新媒体的全新交互方式和信息互动形式之下，新媒体的内容低俗化也发生着新变化，呈现出不同以往的新表征与新特质。

1. 网络新闻的低俗化泛滥

信息的生产与传播，是新媒体的基本功能，也是新媒体社会责任的重要体现；[10]而反映社会即时变动状况的新闻信息，则是信息生产的最主要类型，也是新媒体用户最基本的信息需求类型。据数据统计显示，作为已经发展成熟的新媒体基础应用，网络新闻和手机网络新闻的用户规模和使用率持续增长（如图1），截至2017年12月，其用户规模已分别达到6.47亿和6.20亿，使用率分别为83.80%和82.30%。[11]新媒体新闻类应用较大的用户规模数量和较高的使用率，反映出其较强的信息影响力与应承担的更多社会责任，而低俗化的新闻内容，也主要来自各类新闻网站、客户端的新闻报道。

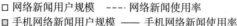

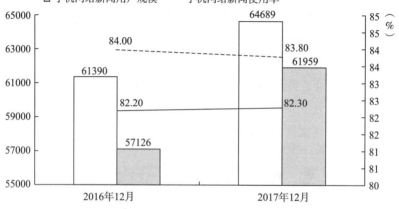

图1　新媒体新闻类应用的用户规模及使用率

数据来源：中国互联网络信息中心（CNNIC）《第41次中国互联网络发展状况统计报告》（单位：万人）

网络的海量信息，充斥着不可计数的低俗内容，集中于娱乐新闻、社会新闻、法制新闻、体育新闻等各种新闻类型，搜狐、新浪和网易三家门户网站的娱乐新闻中，占据较大比例的多是明星的各类琐事、绯闻、谣言等。在近年集中爆发的新媒体反腐新闻等严肃的政治报道中，也出现过分渲染"情妇""二奶""包养"等"桃色新闻"的低俗化报道倾向，[12]以"眼球效应"引发舆论关注，偏离正常的新闻专业主义和客观性原则。与之同时，在网站或手机新闻客户端的图片新闻、视频新闻、直播新闻中，也存在大量的低俗化内容，并且还有不合宜、未恰当使用的新技术类型的低俗新闻，如片面追求感官刺激的VR/AR新闻等，为低俗新闻披上了一层神秘、激情的外衣，其所带来的恶性、负面效应更给监管提出了新的难题。

新媒体新闻的内容展现形式和传播样式愈加多样化、多平台化，短视频、直播、VR/AR、算法推荐型等多元化的新闻呈现方式不断创新发展，即时通讯、社交媒体、搜索引擎等也纷纷加入新闻推荐、生产及传播的队列，并引发传统媒体跟进报道。新媒体新闻生产及素材收集途径的增多、内容呈现形式的新技术化等，使得低俗化新闻获取了新的滋生土壤，并以不同以往的全新表征方式，在新媒体平台上重新集结。

2. 社交信息的低俗化肆虐

社交类信息迅速膨胀，并借助新媒体的互动性与开放性极速扩散，其中，大量的日常生活点滴、流水账式记录、个人捏造虚假信息等低俗内容也随之扩张并不断流散，成为新媒体低俗化的显著表征。

微信、QQ等即时通信类工具的应用，丰富了人们相互之间交流与联系的沟通手段，其个人化、私密性的交流方式，也使信息的交互更具精确性、实效性，但也在一定程度上使信息的封闭性变强，仅限于固定的圈层内传播，给信息的监管带来较大阻力。微信朋友圈自2012年4月上线以来，凭借强大的资源优势和优越体验，如今已成为许多人获取、传播与分享信息的重要途径，但与之俱来的低俗化社交信息也给很多人带来困扰，如朋友圈大肆流传的养生谣言、明星八卦、占卜迷信、炫富奢靡等，不断迷惑与刺激用户视听，破坏优良健康的文化氛围与积极向上的道德熏陶。不断引发争议的陌生社交、异性社交类应用，如陌陌、探探等，一直也未能摆脱低俗化的名声，擦边球式的"荷尔蒙社交"本身就与低俗如影随行，有着"一夜情""约炮""性骚扰"等成为挥之不去的标签。2016年在各类资本、风投推动下全面发展的直播社交平台，可谓一夜春雨百花开，其以先进的直播技术结合社交属性的功能设计，迅速迎合与吸引了广大用户猎奇、窥私的心理欲望，而直播平台上日益露骨的直播画面、挑逗性的语言狂欢、炫耀性的打赏起哄等，如直播造人、直播自杀、直播睡觉、直播脱衣、直播虐杀动物等各种怪力乱神的低俗乱象，更加剧了新媒体社交信息的低俗化倾向。

3. 互动评论的低俗化扩散

新媒体以互动见长，并且以便捷的互动渠道、多样化的互动方式，极大释放了用户的参与热情和共享欲望。网络新闻的评论区、社区论坛的用户留言、微博微信的用户互动等，业已成为新媒体内容的重要生产地。用户的评论互动不仅能丰富和扩展内容生产者的信息含量，而且成为获取新信息的重要渠道，但其信息价值却良莠不齐，低俗化倾向不容小视。

由于评论互动的用户自生产性，不免产生许多非理性、发泄式的低俗化内容，再加上情绪的感染作用与放大效应，容易形成"群体极化"和两方对立的激烈冲突，如不同粉丝团体的对骂战、不理智的情感宣泄、非理性的谩骂诅咒、无厘头调侃、爆粗口、恶意刷屏等低俗现象时常发生。

（二）新媒体语言的低俗化侵染

新媒体语言的低俗化现象，是内容低俗化的浅层表象，也是新媒体低俗化的外显表征。标题党、网络流行语等新媒体语言，从网络中产生和传播，具有简洁实用、新颖创新、叛逆性等特点，体现着网民的智慧与创造；但与之同时，由于网民素质的参差不齐，以及网络语言的随意性与缺乏规范，也在一定程度上呈现出低俗化倾向。

1. 网络用语的低俗化表象

2015 年 6 月，人民网舆情监测室发布《网络低俗语言调查报告》，指出网络语言低俗化现象越发突出，主要表现为：现实生活中脏话的网络变形，英文或方言发音中的低俗语言网络翻新，网民自我矮化与讽刺挖苦的网络词语创造等。[13] 参照《网络低俗语言调查报告》的网络低俗语言排名，我们对其排位前十的词汇搜索情况进行统计（见表 1），反映出新媒体用户对此类网络低俗语言具有整体较高的搜索和关注度，如"屌丝""逗比""装逼""草泥马"等词汇的"百度指数—整体搜索指数"和"移动搜索指数"皆高于 1000，"屌丝""砖家/叫兽""装逼"的"搜狗指数—微信热度"都在 10 万以上，其影响力可见一斑，如不引起重视，会对优秀网络文化和新媒体用户高尚价值观的塑成产生严重的负面效应。

表 1　网络低俗语言搜索指数

排名	网络用语	百度指数		搜狗指数	
		整体搜索指数	移动搜索指数	整体热度	微信热度
1	尼玛	559	418	5924	56492
2	屌丝	1470	1169	12427	116531

续表

排名	网络用语	百度指数		搜狗指数	
		整体搜索指数	移动搜索指数	整体热度	微信热度
3	逗比	1022	776	9752	66272
4	砖家/叫兽	185/620	108/406	30494/67698	30494/67698
5	艹	1173	982	—	—
6	你妹	349	249	4266	5130
7	装逼	1119	906	14514	231426
8	草泥马	1070	1419	2081	10567
9	我靠	349	261	1163	34222
10	妈蛋	370	202	235	5749

（数据来源：百度指数，搜狗指数；数据截取日期：2018年3月25日-2018年4月23日，30天趋势）

低俗化的新媒体语言，遍及各类不同的新媒体平台、工具与应用中，并已倒灌并绑架了传统媒体，对现实语言生态造成污染。2016年兴起的移动直播中引人注目的弹幕，满足了年轻人爱交友、爱新奇的探索心理，但值得关注的是，追新求异的直播用户在使用弹幕时无所顾忌，对粗鄙、陋俗的网络语言的滥用十分频繁，这类披着草根外衣、打着亲民旗号的网络低俗语言，构成了新媒体低俗化一道独特的奇葩现象。

2. 标题党现象

新媒体的海量信息以及超链接的独特表达方式，使得标题的作用与价值凸显，这也在一定程度让某些责任心低下的新媒体平台，为追求标题的轰动效应而走向低俗化，成为严重污染新媒体清朗环境的恶性标题党。网络新闻标题等新媒体标题党低俗化的主要特征表现为：造谣惑众、暴力血腥、题文不符、语言挑逗、故弄玄虚等。[14]

低俗化的标题党，其危害显而易见，其来源也有多种途径与渠道，表现方式也各有不同。标题党在传统媒体时代就大行其道，在新媒体领域更加延伸与盛行，网络和移动互联网为各类自媒体的创生与发展提供了便利的舞台，其较低的准入门槛让大量的草根阶层加入网络大潮中，良莠不齐的各类新媒体用户造成了低俗化标题党的大量涌现。低俗化标题党可谓遍及网络每个角落，稍举其例：3 个女人和 105 个男人的故事（《水浒传》）、一骚娘们整容三次均失败，最后被乱棍打死（三打白骨精）、"昨晚闹市区出事了！伤亡数十人！速看！""14 亿人都不知道的真相，历史的血泪"等各种变体，防不胜防，以低俗博取眼球，以无良引发关注。

（三）新媒体文化的低俗化浸渗

新媒体的蓬勃发展，催生了各类新媒体文化的繁荣兴盛；新媒体文化一方面承传了人类创造的优秀传统文化成果，另一方面又结合时代精神和新媒体特质，开创了全新的文化类型。但在其中，却也参杂了低俗的不良文化元素，需谨慎甄别，不能以低俗代良俗，以无良代优良。新媒体文化的低俗化倾向主要表现于网络游戏、网络文学等领域，并在新媒体独有的"网红"、直播等文化现象中反响强烈。

1. 网络游戏的低俗化侵入

娱乐既是媒体的基本功能，也是公众的基本需求；而其中对游戏的娱乐需求，在新媒体时代更为凸显，特别是对青少年更为突出。据中国互联网络信息中心对 2015 年中国青少年上网行为的研究报告显示，青少年网民使用网络和手机网络的音乐、游戏、视频、文学等各类娱乐应用的比例，均高于网民总体水平，特别是网络游戏与网民总体水平的差异最为明显，相差高达 9.6 个百分点；而其中，中学生的网络游戏使用率最高，达 70.0%，其次是小学生、大学生。可见，新媒体游戏已成为新媒体用户特别是青少年用户的重要娱乐休闲手段，成为新媒体文化的重要类型，其对用户的影响力难以忽视。

与之相应，新媒体游戏的低俗化倾向与危害格外值得关注，主要反映于游戏的低俗化内容、低俗化营销等层面，并且呈现于页游、端游和手游等不同的游戏类型和服务中。"网游三宗罪"——赌博、暴力、色情，一直沸沸扬扬却未见好转，如今更是愈演愈烈。另外还需关注的是，近期火热的游戏直播等新媒体游戏、新技术与新手段的加入，也同时伴随着新型低俗化内容，如游戏直播弹幕中的低俗互动、游戏语音聊天中的语言暴力等。

2. 网络文学的低俗化包装

网络和移动互联网为各类人群展示自己的文学才华与创作激情提供了肥沃的土壤，博客、微博、微信公众号等各类自媒体的繁荣更为网络文学的传播、营销与推广增加了便利。网络文学和手机网络文学已成为网民和手机用户的重要娱乐类新媒体应用，截至 2015 年 12 月，其使用率分别为 43.1% 和 41.8%，[15] 反映出网络文学对新媒体用户具有较高的文化价值与精神影响力。网络文学塑造了新型新媒体文化类别，推动着新媒体文化的进步昌盛，但其发展进程中暴露出的低俗化倾向同样不容忽视。

网络文学的低俗化倾向，与新媒体的多元价值并存，以及新媒体用户的媒体素养不高密切关联。网络小说等网络文学往往以"娱乐至上"为追求，充斥着对暴力、色情、奢靡生活场景等各类社会现象的低俗描写，宣扬被道德和社会规范所约束的欲望，导致其丧失社会责任意识；[16] 网络文学创作者为追求眼球、点击率与轰动效应，以获取更高的人气、打赏，片面迎合用户的低级需求，在创作中加入大量的低俗化内容，降低了网络文学的文化品位与价值，许多网络文学存在大量同题材的同质化内容，特别反映在言情、穿越、玄幻、修仙、黑道、盗墓等类型网络小说作品中，不仅存在着大量的侵权、盗版现象，而且故意以奇幻怪谈、残虐宫斗、狗血伦理等不健康、大尺度、耸人听闻的低俗内容包装填充剧情，对新媒体文化的高品格与文学价值产生严重负面影响。

3. 网络直播的低俗化渗透

2016 年被誉为"中国网络直播元年"，以映客、斗鱼、YY 等为代表的网络直播，作为新兴的移动社交方式，引发新一轮新媒体革命，并逐渐培育新媒体直播文化的形成与发展。从技术和形式上，直播并非新鲜事物，但移动直播引领"全民直播时代"的来临，让人感受到直播的威力与价值创造力。然而任何一种现象与事物的发展，总是蕴含着积极与消极因素，负担着正面与负面效应，与网络直播的高速发展相伴而生的低俗化倾向，也已引起人们的关注与相关部门的重视。

2016 年 1 月，"直播造人"淫秽色情事件引起各大媒体争相报道，引发人们对网络直播低俗化与社会责任的诸多訾訾与反思。随着网络直播平台的同质化趋向与生存压力的不断增大，融资困难、拖欠工资、盈利模式单一等问题成为压倒直播平台的最后一根稻草，直播行业进入洗牌期，而这又进一步成为网络直播低俗化的催化剂，一些直播经营者和提供者为追求差异化和留存用户，不惜以越来越低俗化的内容吸引关注，使直播文化倒向粗俗、烂俗、低俗甚至恶俗的境地。网络直播的低俗化问题反映了新媒体直播文化发展进程中的曲折与困扰，也成为新媒体文化低俗化的典型现象与显性表征。

4. 网红文化的低俗化破坏

2015 年起兴起的"网红经济"，让越来越多的人认识到网红的价值与生产力，不同领域催生的各类网络红人，造就了新媒体时代的文化新象。网红是一种"起哄式"的文化现象，自 PC 网络时代的芙蓉姐姐、木子美、凤姐等网红鼻祖，到移动互联时代的 papi 酱、罗振宇、张大奕、罗永浩等网红新贵，网红产生的领域与途径不断增多，网红创造的影响力与价值不断扩大，统计预测，到 2018 年，中国网红产业的规模将达到 1016 亿元人民币，[17]而"90 后"和"00 后"群体构成了关注网红的主力军。[18]因而，网红的辐射群体与影响人群主要指向未来，而低俗网红的破坏力也更多指向应当推动社会发展的未来一代。

网红掀起的网络文化狂欢盛宴，让网民等新媒体用户乐此不疲，而在其近乎疯狂的火爆背后所催生和蔓延的"哥"文化、"姐"文化等网络低俗形式，[19]所造成的文化破坏力和对青少年价值观的长期影响需要特别关注。据《中国青年报》调查显示，79.9%的受访者认为，"网红"就是为了出名、各种搏上位的年轻人；43.8%认为"网红"是通过整容、撒谎包装自己的骗子；绝大部分受访者对"网红"的评价是"搏上位""骗子""庸俗"和"没有节操"等贬义字眼。[20]因而，网红文化的低俗化倾向一时之间尚难消除，营造健康向上的网红文化氛围尚需持续用力。

三　新媒体低俗化的关键致因

随着传播新技术的发展演进和新媒体形式的更趋多样，新媒体低俗化日益呈现出复杂性与多样性，而新媒体在内容、语言与文化三重层面所呈现的低俗化表征，正是其复杂性与多样性的现实体现。新媒体低俗化外在表征与多元形态的背后，隐藏着诱发其滋生的深层动因与多重缘由，归纳而言，主要在于新媒体经济内蕴的三种价值性失衡：经济效益与社会效益的失衡，用户内容创造与用户自律的失衡，网络的个体表达与价值理念的失衡。

（一）新媒体经济效益与社会效益的失衡

新媒体技术的日新发展和产品形态的多元化，催生并促成了新媒体平台盈利模式的多样化，如有偿下载、付费阅读、参与打赏等，也使得其营收与利润的获取有了更多的实现路径。然而究其实质，新媒体经济效益的取得必需以用户需求的满足为实现前提，因而，洞察用户需求，准确捕捉用户的碎片化和个性化需要，成为新媒体获利和行业良性发展的关键。

用户借由其对信息内容的"关注""点击""下载""互动"等，对新媒体经济效益产生直接影响，同时新媒体内容的价值变现和平台的增值服务等，也与用户资源的集聚和用户数据的挖掘息息相关。用户在新媒体平台停留的时间越久，对新媒体产品的使用频度越高，则会对新媒体产生的价值越大，也会越有利于其创造更多的经济收益；同时，高黏度的用户也会更主动地参与新媒体平台内容的生产与智慧贡献，更积极地与新媒体组织发起的各类市场及营销活动进行互动和再传播。因而，用户规模大和用户黏度高的新媒体平台，往往会在市场竞争和经济创收方面占据有利位置，获取更多盈利空间和机会，而要赢得用户并获取经济效益，首要是先了解并满足用户需求。

新媒体组织和平台以"满足用户需求"为立命之本，但对用户需求的过度关注而引发的"跪舔式迎合"，则是对新媒体社会效益的忽视。经济效益的获取无可厚非，但因片面追求经济效益而舍弃其应承担的社会责任，并进而造成其社会效益的缺失，使得经济效益与社会效益发生偏离，甚至严重失衡，则背离于新媒体组织和行业的良序发展。用户需求是多维度的，也并非是全然合理的；理性与良性需求的满足，应作为新媒体经济效益与社会效益平衡的基础与突破口。部分新媒体企业，对用户需求不加区分，片面和过度迎合用户的低级趣味和需求，而走向低俗化的前行方向，加之更多新媒体的持续发酵与多向扩散，必然导致更大的社会危害，对新媒体平台和行业的未来发展有百害而无一利。

因而，"以用户为中心"必然成为新媒体行业实践的核心要义，但在实践中对用户需求的不加选择与区分，意味着其价值理念与导向的偏差，必然导致对经济收益与社会效益的有效获取呈现失衡状态，显然，这种失衡在一定程度上引发并助长了新媒体低俗化的发展倾向。

（二）自主性的用户内容生产与用户自律的失衡

对于新媒体而言，自主性、多元化的用户内容生产与创造，是其重要的价值来源和发展特色。新媒体平台通过多种方式，不断激发用户参与多样化的内容创造与智慧贡献，如资讯类产品的互动评论、社区类产品"割韭菜式"的话题活动管理、问答类产品对优质"答主"的激励支持等，并以此来吸引和留存更多用户。而与之同时，新媒体平台还通过创建相应的社区管理规范和制度章程等，来制约和规范用户的线上行为，并引导用户自律，以构建和谐的社区氛围。

用户作为新媒体信息生产和社区活动的参与者，不仅是内容的消费者，同时也是内容的创造者，即在线内容的"生产消费者"。没有异质、多元分层用户的存在，则无社区存在的可能。一方面，社区为用户提供了内容创建的平台，并以各种措施激发内容生产者的持续创作热情，另一方面，消费者对特定内容的关注、沉浸与消费，并对其进行转发与二次传播，则是对内容生产的价值认可，并进一步促进信息内容的生产与再创造。用户的主动性，在新媒体内容的生产与消费环节的作用愈加凸显；而新媒体平台和社区，作为相对自主而松散的用户聚集地，其良性运作多以用户自律为前提。用户的"不逾矩"，理性、理智地生产新媒体内容和参与新媒体活动，规范、节制地使用网络语言，积极、健康地传播网络文化等，是构建有序、良性发展的新媒体社区环境和生态的前提和保障。如若用户缺乏自律，在内容发布中夹杂有违反公序良俗的低俗内容，必然成为社区中的不和谐音符；不和谐元素累积过多，则会导致新媒体低俗化现象频发，对于社区的稳定与和谐发展产生不可忽视的不良影响。缺乏自律的用户，将更多的不良行为或理念传递给社区中的其他用户，此种不良示范，会使用户对社区的纯净性产生质疑，导致松散式社区面临瓦解的危险；同时，此类用户对其他新媒体用户形成的潜移默化的不良影响，必然造成社区的整体素养与品位饱受诟病。

由此可见，用户相对自主和多元化、个性化的内容生产，如若缺乏用户自律的有效规约，将会对新媒体的健康发展造成长期与短期、微观与宏观等多重影响，并最终影响新媒体平台的稳定与良好的数字生态。因此，新媒体自主性的用户内容生产与用户自律的失衡发展，也成为新媒体低俗化的重要诱因。

（三）新媒体的个体表达与价值理念的失衡

新媒体的互动性特质，降低了用户的个体表达和个性化参与的门槛；新媒体平台在鼓励用户进行内容生产、传播与分享的同时，更创造了一批活跃用户，并让用户在参与中感受到成就感与归属感。新媒体为用户提供了"自我展示"与"尽兴狂欢"的舞台，也使得更多的草根阶层借由"选秀""在线直播"等形式脱颖而出；此种"上位"方式，使得更多的网络个体将新媒体平台上无节操的自我披露与哗众取宠等，视为并作为实现人生理想的道具。而他们恰恰忽略了，此种"丑闻上位"，是人生观与价值观的扭曲；此种"红"，不是正确理念导向下的"红"，更多的仅是大众茶余饭后的无聊谈资。而当下用户注意力的缺失，加之可成为谈资的"红人"层出不穷，使得话题与话题间、"红人"与"红人"间呈现出无缝对接式的瞬时替换。

然而，在线表演者需理性认识网络"狂欢"与草根"上位"，正视个人的才能与天赋，并对"成名想象"的个体行为与价值理念之间的失衡有正确的认知和判断。即用户需准确把握新媒体，树立正确理念，并认识到新媒体的在线表演并非上位的捷径；为了达成短时上位，而发布不实言论、粉饰个人行为或披露隐私等，必然导致个体误入歧途。因而，互联网络为广大草根阶层提供了"狂欢"的舞台，但"狂欢"需理性；新媒体为草根"上位"提供了多元渠道，但需理智认识"网红"现象。批量性复制"网红上位"，"博眼球""求关注"等媒体使用理念上的扭曲，使得新媒体低俗化现象频繁呈现，不仅有悖公序良俗，而且更加凸显了新媒体用户素养和文化品位的低下与匮乏。

有鉴于此，新媒体所提供的无限制、多样化的个体表达方式与途径，如若脱离健康、正向的人生观、价值观指引，即新媒体的个体表达与价值理念的失衡发展，必将走向新媒体低俗化的不正之路。

综上，部分新媒体组织和平台因利益驱动，片面迎合受众浅层次、低格调的信息需求，以点击率等为导向，在媒体版面或时段中刊播大量明星绯闻、日常琐事、猎奇八卦、丑闻炒作、算命迷信、感官刺激场景与细节等低俗内容，不仅损害媒体自身的公信力，而且误导受众，严重影响社会的健康有序发展。同时，低俗化的信息内容与表现手段，会在技术的外衣下潜匿得更加隐蔽，或固守于某些封闭的圈层与空间，如即时通讯和社交类客户端的圈内低俗化信息传播等，极大增加了监督与管控的难度和成本。这种更具诱惑力与隐蔽性的新媒体低俗化问题，所造成的社会危害更严重，亟需加强特别关照与专项治理。

四　新媒体低俗化的治理路径

以新媒体低俗化的现实表征和关键致因为出发点，针对其波及、影响的范围和领域，有针对性地对症施药，消解其负面效应及危害，维护新媒体健康有序发展；而这需要多方主体有效协同，并从多重层面、多个维度展开立体化治理。新媒体低俗化的消解之道，首要先对其内容创造与语言使用的管控，即进行信息管控；其次新媒体作为数字化语言的呈现，应用技术手段消解其低俗化，也符合其作为技术媒体的特性；再次用户在新媒体使用中的自主性，使得用户素养问题必然成为消解新媒体低俗化的核心与关键，即提升用户的数字素养，从源头遏制新媒体低俗化的出现。

（一）强化信息管控

新媒体低俗化的主要表现在于信息内容层面的违反伦理、放弃责任的不良行为和现象，因而，加强对网络、手机等新媒体低俗化信息的管控与治理首当其冲。

1. 加强法制建设

法制建设是实施信息管控的强力措施，以国家立法和行政管制的方式，对新媒体低俗化信息的生产者、提供者和传播者进行强制化监管和惩罚性处治，是信息管控的基础措施和基本手段，也是确保其他举措有效发挥作用的根本保障。

法制建设作为规制新媒体低俗化的基本保障，应根据新媒体环境的变化和出现的新问题不断适时作出修订，并相应制订更具体的专项政策或法规。如近期针对网络直播领域发生的低俗现象和问题，国家相关机关先后出台多项规定和通知：2016 年 7 月，文化部印发《关于加强网络表演管理工作的通知》，首次明确了表演者为直接责任人，对其开展的网络表演承担直接责任，并强化内容管理作为网络表演管理工作的重点；11 月，国家互联网信息办公室发布《互联网直播服务管理规定》，要求对直播实施分级分类管理，建立互联网直播发布者信用等级管理体系，实行"主播实名制登记""黑名单制度"等措施。

与新媒体治理相关的法律法规，充分保证了对新媒体低俗化规制的有法可依。中国相关管理机关先后制定和发布了多项与新媒体低俗化规制相关的法律法规，这些既有的法律法规和正在研究出台的相关政策，为新媒体的良性发展提供了方向指引，而法治建设也是一个与时俱进的过程，应根据具体情况随时做出调整和删补，并为互联网发展预留空间。

2. 增强行业自律

新媒体低俗化的消解与治理，国家的行政法规是硬保障，而新媒体平台的经营者、提供者等行业机构的自律机制，则是软性力量和有力补充，并在一定程度上成为新媒体低俗化有效管控的主体机制。

2001 年 5 月，中国互联网协会成立，作为服务于互联网行业发展的全国性互联网行业组织，其先后制订并发布了一系列自律规范，如《中国互联网行业自律公约》（2004 年 6 月）、《互联网站禁止传播淫秽色情等不良信息自律规范》（2004 年 6 月）、《抵制恶意软件自律公约》（2006 年 12 月）、《博客服务自律公约》（2007 年 8 月）、《反网络病毒自律公约》（2009 年 7 月）、《中国互联网行业版权自律宣言》（2010 年 1 月）等，为抵制新媒体低俗化、促进新媒体健康发展起到了自我规约的监管效用。中国政府积极支持互联网行业组织工作，并为行业组织发挥作用提供保障和服务。

在移动互联网发展浪潮下，针对移动互联网应用程序（APP）在发布虚假信息、散布网络谣言、传播淫秽低俗信息等方面存在的违法不良现象，行业机构和组织不断自发行动、自觉作为，如 2016 年 4 月 13 日，《北京网络直播行业自律公约》发布，乐视、优酷、映客、花椒等直播平台企业通过整改自查、会员互查和随机抽查等方式，落实公约"实名认证、水印添加、直播内容存储 15 天"等要求。

针对新媒体低俗化的行业自律，新媒体行业机构和组织应研究和制定科学的新媒体低俗化评测标准和量化体系，并制定详细的操作细则，让行业监管有据可依，并为行业机构和各类新媒体内容提供者有针对性地防治低俗化提供参照和指引。

3. 完善公众监督

全社会共同参与、多主体协同治理，已成为新媒体治理的全球共识；新媒体低俗化作为新媒体全球治理的世界性难题，更应在多方利益相关体的积极参与和相互协作下，探索更符合各相关主体共同利益的合作治理模式。中国越来越重视把公众监督作为治理新媒体低俗化等不良倾向的重要手段，并在移动互联网的发展浪潮中不断更新治理理念、完善治理手段。

自 2004 年以来，中国先后设立了多个公众举报受理机构，并公布多种公众监督和举报平台与渠道，如互联网违法和不良信息举报中心、网络违法犯罪举报网站、12321 网络不良与垃圾信息举报受理中心、12390 扫黄打非新闻出版版权联合举报中心等，并于 2010 年 1 月发布《举报互联网和手机媒体淫秽色情及低俗信息奖励办法》。

公众举报与监督平台及机制的创建与完善，是消解新媒体低俗化倾向的重要社会力量，也是最主要的关系利益主体之重要一极，公众监督虽然不具强制性，但其相对柔性的监督机制和为数众多、遍及各处的隐形力量，却使其成为新媒体低俗化治理的关键环节和重要补益。伴随公众媒介素养的不断提升和公众权益法制保障的逐渐完善，公众监督应坚持不懈地在新媒体诸领域持续推广，共同促进新媒体空间的净化与良性发展。

（二）付诸技术化解

新媒体是技术性媒体，是新技术发展的产物，在移动互联网、大数据、云计算、物联网和人工智能等各种前沿科技、交叉技术的不断发展与渗入下，新媒体获得了蓬勃发展。新技术驱动新媒体发展，同时也引发了新媒体低俗化倾向的新表征、新特性，许多新问题则需借助技术的力量来化解，以技术措施阻止低俗化信息的传播，合理运用技术手段遏制新媒体违法和不良信息的扩散，以技术的正面能效来消解技术的负面效应。

以新媒体的特性为出发点，中国政府依据相关法律法规和国际通行做法，充分重视并积极发挥技术手段的防范作用，加强对新媒体低俗化等违法违规事件的有效管理，并在制度层面赋予以技术管控新媒体的法律保障。新媒体低俗化等不良倾向的技术管控，不仅需要国家在立法层面进行上层设计，更需要新媒体行业内部加强经验交流与技术共享，充分发挥技术的联动与叠加优势，扩散技术的价值效应。如自 2016 年 5 月 30 日，腾讯直播、映客、腾讯云等国内多家知名网络直播平台与技术服务平台共同成立"网络直播自律联盟"，以管理及技术经验共享、互相监督等方式，促进内容监管效率的不断提升，同时借助腾讯云等技术服务平台提供的"网络直播鉴黄一体化"解决方案，助力于技术解决监管难题。又如 2018 年 3 月，今日头条依托反低俗算法技术，发布人工智能反低俗小程序"灵犬"，作为人工智能技术识别低俗的展示窗口，帮助用户检测文字或链接的健康质量，并在社会和网民力量的共同参与下，不断完善色情、标题党、虚假信息等算法模型，更好地服务于反低俗的网络治理服务。

（三）引导素养提升

新媒体低俗化的最终化解，需要依赖新媒体各类用户的媒介素养和公众道德观念、审美品位的内在提升，并不断对自身行为方式高度自觉地加以约束。新媒体用户的素养教育、公众的文化素质培训与引导，需要长期坚持并有效运行。

新媒体素养是指以新媒体用户为代表的各类公众所具有的关于新媒体及新媒体信息的知识、能力和修养；主要包括：对新媒体产品的使用与认知能力，对新媒体内容的选择与批判能力，对新媒体运营机制及社会影响的认识能力，对新媒体与大众、社会互动关系的理解能力等。因而，公众的新媒体素养提升，是所有新媒体用户对新媒体的认知、选择、理解与使用能力的综合化、全面性提升。作为新媒体用户的各类公众，既包含作为个人使用者的"个体用户"；作为新媒体平台提供者和服务者的"机构用户"，还包括作为监督者和管理者的"政府用户"。各类用户的新媒体素养水平参差不齐，直接影响对低俗化问题的消解与治理成效。

提升新媒体用户的个人素养，以及全社会的公众道德修养，是消解新媒体低俗化困境的必由之路，以此为依托，构建以提升公众素养为核心的新媒体低俗化治理路径与机制，既能端本清源，又可防患未然，为新媒体的长远健康发展构筑坚实的保障体系。

（作者单位：SMG 东方卫视中心，曲阜师范大学传媒学院）

注释

［1］ 杨晓峰．网络媒体低俗化成因及社会责任的重建［J］．当代传播，2011（01）：117－118＋120.

［2］ 孙小兵．对传媒低俗化倾向的理论思考［J］．中国广告，2008（02）：136－137.

［3］ 花晨峰．广播媒体低俗化现象及对策［J］．中国广播电视学刊，2011（09）：15－16.

［4］ 时统宇．娱乐化、庸俗化、低俗化——美国电视收视率导向的表现之三［J］．青年记者，2008（22）：76.

［5］ 梁衡．如何区分低俗、通俗和高雅［N］．人民日报，2010－08－19.

［6］ 杨同庆，杨景越．论对传媒低俗化的治理对策［J］．今传媒，2010，18（12）：153－154.

［7］ 孙小兵．对传媒低俗化倾向的理论思考［J］．中国广告，2008（02）：136－137.

［8］ 沈卫星等．透视媒体重刮"低俗风"［N］．光明日报，2004－12－15.

［9］ 杨树．被低俗化的网络［J］．中国报道，2009（02）：108.

［10］ 钟瑛，李秋华．新媒体社会责任的行业践行与现状考察［J］．新闻大学，2017（01）：62－70＋77＋148.

［11］ 中国互联网络信息中心．第41次中国互联网络发展状况统计报告［EB/OL］http://www.cnnic.net.cn/hlwfzyj/hlwxzbg/hlwtjbg/201803/P020180305409870339136.pdf.

［12］ 刘秀军．反腐报道"低俗化"倾向不容忽视［N］．人民政协报，2014－06－09（005）.

［13］ 人民网，http://yuqing.people.com.cn/n/2015/0603/c364391－27098350－2.html.

［14］ 杜兆贵．网络媒体新闻标题低俗化特征［J］．办公室业务，2014（02）：52＋51.

［15］ 中国互联网络信息中心．2015年中国青少年上网行为研究报告［EB/OL］http://www.cnnic.cn/hlwfzyj/hlwxzbg.

［16］ 梁燕．网络文学传播中的低俗化趋向对社会价值观的负面影响［J］．科学咨询（科技·管理），2014（08）：31－32.

［17］ 易观智库．中国网红产业专题研究报告2016［EB/OL］https://www.analysys.cn/analysis/8/details? articleId＝1000232

［18］ 速途研究院．2016年上半年网红现象专题报告［EB/OL］http://www.sootoo.com/content/664845.shtml.

［19］武慧婷 . 谨防"网络红人"现象背后的低俗化倾向——以"凤姐"、"犀利哥"为例［J］. 学理论，2010（22）：136 – 137.

［20］孙震 . 56.1%受访者认为"网红"对青少年影响负面［N］. 中国青年报，2016 – 01 – 29.

新时代大学生阅读素养研究

——以上海大学生为例

邓香莲

摘 要 阅读是人类认知的基本途径，大学生的阅读素养对于个人的创新能力和全面发展至关重要。本文以上海为例，对新时代大学生的阅读素养展开实证研究。数据分析显示，新时代大学生的阅读素养指数为78.027，总体处于"良好"水平，具体表现为：阅读目标很明确，尤其在为"个人兴趣"而阅读上表现"优秀"；基本阅读能力良好，数字化阅读的深度不够；在"优秀传统文化"和"感兴趣的其他专业读物"上阅读素养稍逊；社交平台阅读率比较高，但在发表内容、参与阅读活动上活跃度不高；普遍反馈本校的阅读类课程、讲座和论坛不够丰富。文章最后还对新时代大学生的阅读素养现状进行了反思。

关键词 新时代 大学生 阅读素养

A Study on the Reading Literacy of College Students in the New Era: Taking Shanghai College Students as an Example

Deng Xianglian

Abstract Reading is the basic way of human cognition. College students' reading literacy is very important for their creativity and all-round development. Taking Shanghai as an example, this paper conducts an empirical study on the reading literacy of college students in the new era. Data analysis shows that the reading literacy index of college students in the new era is 78.027, which is generally at a "good" level. It shows that college students' reading goals are clear, especially "excellent" in reading for "personal interest"; their basic reading ability is good, but the depth of digital reading is not enough; their reading literacy in "excellent traditional culture" and "other interesting reading materials" is slightly inferior; their reading rate of social platform is high, however, they are not very active in publishing content and participating in reading activities; they also think that there are not enough reading courses, lectures and forums in their school. At the end, we do some self-consideration on the current reading literacy of college students in the new era.

Keyword New era, College students, Reading literacy

一 研究背景：新时代大学生阅读的重要性

阅读是人类认知的基本途径，它是实现人的全面发展和终身学习的根本途径。当前，推进全民阅读已经成为党中央、国务院的一项重要战略部署。习近平总书记高度重视读书学习，倡导要"爱读书、读好书、善读书"，指出，"读书可以使人保持思想活力，让人得到智慧启发，让人滋养浩然之气"，"我们要创造中华文化新的辉煌，坚守核心价值体系和核心价值观……广大青年要勤学、修德、明辨、笃实，身体力行社会主义核心价值观"。李克强总理也非常重视读书，指出："读书不仅事关个人修为，国民的整体阅读水平，也会持久影响到整个社会的道德水平。"

大学生作为国家的基本人力资源储备，其在阅读时表现出的对知识的获取、思辨、组织、分析和利用能力等阅读素养对于个人的创新能力和全面发展至关重要，也决定了一个国家和民族的创新潜力，并深刻影响国家和社会的进步和发展。作为在数字化媒介环境下成长起来的数字原住民，与传统媒体环境下成长起来的大学生相比，新时代大学生的阅读偏好、阅读方式和阅读行为等已经发生了巨大的改变。

为了全面客观地考察新时代大学生的阅读素养特征，提高他们的学习能力和创新能力并促进其全面发展，为出版企业、图书馆等相关信息生产和服务机构以及教育界提供决策依据，以提高出版物产品的质量和阅读服务水平，优化数字时代的大学生教育模式，促进书香中国的建设，华东师范大学传播学院特联合国家新闻出版广电总局出版融合发展（华东师范大学出版社）重点实验室，以上海市为样本，展开本次覆盖全市高校的大学生阅读调研。本调研中"新时代"的内涵，有一些基本的背景指向特征，包括：高等教育的发展趋势、主流文化发展观对中华优秀传统文化的推崇、全球化的背景、社交媒体环境以及"全民阅读"战略等等，课题组尝试从以上方面对国际上通用的传统阅读素养量表进行本土化改良，做出更新，并在后续研究中对其科学性进行验证、优化和完善。

二　调研实施

（一）问卷初稿设计

课题组根据大量文献研究和实证研究的结果，结合本次调研的目标，将问卷初稿预设包括基本信息和新时代大学生阅读素养李克特量表。

（二）焦点访谈确定量表指标

对于新时代大学生阅读素养的测试，目前国内尚缺乏成熟的量表。本课题组参考成熟的国际学生评估项目 PISA（Program for International Student Assessment，简称 PISA）中对于阅读素养的评价体系，充分考虑到全球化背景下数字时代社会化阅读的特征，以及当前主流教育思想中对于传统文化和阅读经典的推崇，由大学生对自己的阅读素养做出自评。基于立意抽样的原则，访谈了 20 名大学生，并根据访谈结果初步确定了新时代大学生阅读素养李克特量表的具体指标。

（三）预测试问卷

课题组根据方便抽样原则，于 2017 年 12 月，通过网络问卷调查法针对 200 名大学生对初步形成的阅读素养李克特量表进行了预测试。

（四）量表的信度、效度检验

为了对新时代大学生的阅读素养做全面、完整的研究，课题组在设计量表时尽可能多地考虑相关指标，然后采用 KMO（Kaiser-Meyer-Olkin）检验法和 Bartlett 球度检验法对自编李克特量表的信度和效度进行检验，以判断该量表的科学性。检验结果如下。

Cronbach's Alpha	基于标准化项的 Cronbachs Alpha	项数
.906	.910	27

表 1　阅读素养量表的可靠性统计量

取样足够度的 Kaiser-Meyer-Olkin 度量		.925
Bartlett 的球形度检验	近似卡方	17125.155
	df	351
	Sig.	.000

表 2　阅读素养量表的 KMO 和 Bartlett 的检验

以上结果说明，该阅读素养李克特量表的信度和效度很好，非常适合后续开展相关分析。

（五）调研采样实施方案

本次调研面向所有上海在校大学生，采用严格的多轮分层抽样法进行采样，以求调研数据能够最大程度上真实反映新时代上海大学生的阅读素养特征。课题组预计共获取 2000 个大学生样本。分层首先根据各高校在校生人数占全上海大学生总数的比例配样，在确定了各大学应采的样本数后，再充分考虑各高校大学生的男女性别比、各年级各专业、本科和研究生的大学生分布比例科学确定采样方案。

（六）调查问卷发放、回收及数据整理

调查问卷的正式发放和回收自 2018 年 1 月初启动，采用线上、线下相结合的方式，于 3 月中旬完成调研任务，一共获取符合采样要求的样本 2000 个，剔除"完成问卷时间低于 200 秒"和"整份问卷选择同一个选项"的样本，共计回收有效样本 1774 个，样本有效率为 88.7%。3 月下旬课题组完成数据录入和整理工作。

三　样本分布基本情况

在 1774 个有效样本中，本科院校样本 1419 个，占比 80%；专科院校样本 355 个，占比 20%。20 岁左右的本科大学生是主体，尤其是 20 岁的样本数达 319 个，占总样本数的 18%。其中，男性样本 853 个，占比 48.1%；女性样本 921 个，占比 51.9%。在本科院校的样本中，工学大类样本最多，占总样本的 24.6%，其次是管理学（15.8%）、经济学（9.4%）、文学（8.9%）、理学（7.9%）、法学（6.1%）、医学（4.6%）、艺术学（4.5%）、教育学（2.8%）、哲学（0.7%）、历史学（0.6%）、农学（0.5%）。在专科院校的样本中，财经商贸大类样本居于首位，占总样本的 3.6%，文化艺术大类和教育与体育大类位居第二、第三，分别占比 2.6%、2%。其他大类占比均不足 2%。

四　大学生阅读素养研究

本阅读素养量表在国际通用的学生阅读素养评估量表的基础上，充分考虑到新时代大学生的特征，并进行了一定的本土化改良。

（一）新时代上海大学生阅读素养的探索性因素分析

本研究的首要目标是确定新时代上海大学生阅读素养的构成要素。问卷中关于阅读素养的量表涉及三大板块，共 27 个变量指标。我们通过主成分提取法和 Varimax 最大方差正交旋转法，共萃取了 6 个公共因素。本研究发现，"读什么"板块下的指标"我可以流畅地阅读本专业的学术类出版物"的因素负荷量低于 0.4，对目标变量的解释力不够，因此决定放弃该指标。下表是放弃该指标后重新运行因子分析后的结果，仍萃取 6 个公共因素，包含 26 个变量指标。

科课组把这六个公共因素分别命名为：基本阅读能力（阅读文本类型）、通识阅读（优秀传统文化、经典文学阅读和跨学科阅读）、阅读分享与互动（发表内容、传播信息、参与阅读活动和阅读课程）、阅读理解（解释整合、反思评价、推论等）、阅读目标（工作、学习、社会活动或个人发展）、和阅读困难（非专业读物、社会化阅读和外语阅读）。

通过 SPSS 因子分析，各变量指标对阅读素养的因子负荷见表 3。

表 3　阅读素养量表中各变量指标的因子负荷（按解释总方差递减排列）

变量指标 C	公共因子 Fx（x = 1 - 6）					
	基本阅读能力	通识阅读	阅读分享	阅读理解	阅读目标	阅读困难
流畅阅读静态文本与动态文本	0.770	0.113	0.036	0.065	0.094	0.193
流畅阅读纸质文本与数字文本	0.731	0.197	0.139	0.140	0.188	- 0.024
根据需要选择阅读单一或多个文本	0.628	0.299	0.136	0.153	0.163	0.032
流畅阅读非连续性文本如图表、广告	0.612	0.083	0.177	0.217	0.206	0.098
流畅阅读连续性文本如散文、文件	0.547	0.255	0.113	0.316	0.194	- 0.047
流畅阅读经典文学读物	0.242	0.730	0.172	0.184	0.062	0.061
流畅阅读优秀传统文化读物	0.213	0.720	0.202	0.103	0.026	0.170
经常阅读专业之外的读物	0.363	0.532	0.018	0.074	0.056	0.096
流畅阅读感兴趣的其他专业读物	0.159	0.493	0.045	0.196	0.074	0.415
社会化阅读时在社交平台发表内容	0.103	0.217	0.790	0.045	0.031	0.092
以点赞、评论、转发等形式参与社交平台信息传播	0.122	0.110	0.717	0.151	0.201	- 0.018
根据兴趣参与不同群体的阅读活动	0.071	0.064	0.660	0.232	- 0.015	0.284
学校有较多的阅读类课程讲座论坛	0.191	0.108	0.597	0.127	0.063	0.227
对文本观点和信息进行解释整合	0.380	0.065	0.113	0.689	0.069	0.180
对文本观点内容等进行反思评价	0.392	0.061	0.071	0.635	0.063	0.219
可以检索获取明确表达的信息	0.225	0.265	0.265	0.633	0.158	- 0.077
通过阅读文本做出直接推论	0.382	0.098	0.200	0.529	0.000	0.293
社交阅读内容参差不齐、知识含量低	- 0.079	0.417	0.130	0.439	0.263	- 0.162
阅读数字内容时，看电子书比看碎片化内容多	- 0.156	0.303	0.243	0.416	0.142	0.173
会为了工作任务而阅读	0.201	0.021	0.025	0.041	0.820	0.050
会为了学习任务而阅读	0.132	0.094	0.165	0.026	0.803	- 0.075
会为了参与社会活动而阅读	0.173	- 0.010	0.000	0.170	0.625	0.277
会为了个人兴趣和社交而阅读	0.197	0.261	0.154	0.302	0.430	- 0.114

变量指标 C	公共因子 Fx（x = 1－6）					
	基本阅读能力	通识阅读	阅读分享	阅读理解	阅读目标	阅读困难
流畅阅读不感兴趣的其他专业读物	0.052	0.350	0.148	0.077	－0.017	0.715
总体对社交平台阅读满意	0.048	－0.076	0.340	0.116	0.127	0.578
流畅阅读外语类读物	0.173	0.442	0.172	0.043	－0.007	0.478

提取方法：主成份。

旋转法：具有 Kaiser 标准化的正交旋转法。

a. 旋转在 25 次迭代后收敛。

（二）新时代上海大学生阅读素养指数分析

将调研数据通过 SPSS 运行，获取各变量指标的均值和标准差，说明数据的离散性较好。按照上表的指标顺序，将数据整理如下。

表 4　各变量指标的均值、标准差、方差

变量指标 C	均值 M	标准差	方差
流畅阅读静态文本与动态文本	3.96	0.800	0.640
轻松阅读纸质文本与数字文本	4.07	0.752	0.565
根据需要选择阅读单一或多个文本	4.07	0.723	0.522
流畅阅读非连续性文本如图表、广告	3.98	0.757	0.573
流畅阅读连续性文本如散文、文件	4.11	0.755	0.570
流畅阅读经典文学读物	3.85	0.842	0.709
流畅阅读优秀传统文化读物	3.70	0.907	0.822
经常阅读专业之外读物	3.88	0.939	0.881
流畅阅读感兴趣的其他专业读物	3.70	0.832	0.691
社会化阅读时在社交平台发表内容	3.61	0.990	0.980
以点赞、评论、转发等形式参与社交平台信息传播	3.93	0.895	0.802
根据兴趣参与不同群体的阅读活动	3.59	0.985	0.969
学校有较多的阅读类课程讲座论坛	3.57	0.928	0.861
对文本观点和信息进行解释整合	3.93	0.730	0.532
对文本观点内容等进行反思评价	3.89	0.750	0.563
我可以检索获取明确表达的信息	4.10	0.684	0.467

续表

变量指标 C	均值 M	标准差	方差
通过阅读文本做出直接推论	3.79	0.782	0.611
社交阅读内容参差不齐、知识含量低	3.87	0.864	0.746
阅读数字内容时，看电子书比看碎片化内容多	3.54	1.053	1.108
会为了工作任务而阅读	4.10	0.812	0.659
会为了学习任务而阅读	4.22	0.797	0.635
会为了参与社会活动而阅读	3.96	0.788	0.621
会为了个人兴趣和社交而阅读	4.32	0.708	0.501
流畅阅读不感兴趣的其他专业读物	3.04	1.019	1.038
总体对社交平台阅读满意	3.50	0.873	0.762
流畅阅读外语类读物	3.19	1.010	1.020

　　首先，基于各指标变量的平均得分和因子负荷数，新时代大学生阅读素养各公共因子 F 的得分如下。

$$F1 = 100 * C1 * 0.770/[(0.770 + 0.731 + 0.628 + 0.612 + 0.547) * 5] +$$
$$100 * C2 * 0.731/[(0.770 + 0.731 + 0.628 + 0.612 + 0.547) * 5] +$$
$$100 * C3 * 0.628/[(0.770 + 0.731 + 0.628 + 0.612 + 0.547) * 5] +$$
$$100 * C4 * 0.612/[(0.770 + 0.731 + 0.628 + 0.612 + 0.547) * 5] +$$
$$100 * C5 * 0.547/[(0.770 + 0.731 + 0.628 + 0.612 + 0.547) * 5] =$$
$$18.547 + 18.097 + 15.547 + 14.816 + 13.675 = 80.682$$

　　同样可得 F2 = 75.658，F3 = 73.592，F4 = 77.520，F5 = 82.772，F6 = 64.613

　　然后，基于以上各公共因子的得分，通过 SPSS 因子分析，得出的各公共因子解释的总方差（即各公共因子的权重）如下。

表 5　各公共因子值及其解释的总方差

提取平方和载入	基本阅读能力 F1	通识阅读 F2	阅读分享 F3	阅读理解 F4	阅读目标 F5	阅读困难 F6
公共因子值	80.682	75.658	73.592	77.520	82.772	64.613
方差的%（V）	52.370	13.898	10.771	8.430	7.702	6.829
累积%	52.370	66.268	77.039	85.469	93.171	100

根据各公共因子值及其各自的解释总方差，我们得出新时代上海大学生的阅读素养指数如下：

$$Zsy = F1 * V1 + F2 * V2 + F3 * V3 + F4 * V4 + F5 * V5 + F6 * V6$$
$$= 80.682 * 52.370\% + 75.685 * 13.898\% + 73.592 * 10.771\% +$$
$$77.520 * 8.430\% + 82.772 * 7.702\% + 64.613 * 6.829\%$$
$$= 42.253 + 10.525 + 7.927 + 6.535 + 6.375 + 4.412$$
$$= 78.027$$

根据评价标准，60 分以下为"不及格"，60 分以上、65 分以下为"及格"，65 分以上、75 分以下为"中等"，75 分以上、85 分以下为"良好"，85 分以上为"优秀"。基于以上分析，本次调研结果显示：新时代上海大学生的阅读素养指数为 78.027，总体表现"良好"。

（三）新时代大学生的阅读素养特点

具体来说，大学生的阅读素养表现出以下特点：

1. 基本阅读能力

大学生的基本阅读能力良好，各项自评均分都在 75 分以上，可以流畅阅读各种不同形态的文本。大学生针对各不同形态文本的自评平均得分如下。

表 6　流畅阅读不同形态文本的自评平均得分（满分 100 分）

文本形态	静态与动态	纸质与数字	单一或多个	非连续性	连续性
平均得分	79.2	81.4	81.4	79.6	82.2

2. 通识阅读

大学生在"经典文学读物"和"专业之外的读物"阅读上表现良好，但是在"优秀传统文化"和"感兴趣的其他专业读物"阅读上略逊。各项自评平均得分如下。

表 7　通识阅读自评平均得分（满分为 100 分）

阅读类型	经典文学读物	优秀传统文化	专业之外的读物	感兴趣的其他专业读物
平均得分	77	74	77.6	74

3. 阅读分享

大学生在社交平台阅读时以点赞、评论和转发等形式参与信息传播比较活跃，但是在发表内容、参与阅读活动上活跃度不高，大学生普遍反馈本校的阅读类课程、讲座和论坛还不够丰富。

表 8　大学生的阅读分享自评平均得分（满分为 100 分）

阅读分享形式	社会化阅读时也在社交平台发表内容	在社交平台以点赞、评论和转发等形式参与信息传播	根据兴趣参与不同群体的阅读活动	学校里有较多的阅读类课程、讲座和论坛
平均得分	72.2	78.6	71.8	71.4

4. 阅读理解能力

新时代上海大学生的阅读理解能力普遍良好，但是在数字阅读时，大家对阅读"电子书比碎片化内容多"自评不高，这说明大学生数字化阅读的深度不够。

表 9　大学生阅读理解能力自评平均得分（满分为 100 分）

评价指标	解释整合	反思评价	检索获取	直接推论	认为社交内容参差不齐、知识含量低	看数字内容时，电子书与碎片化内容多
平均得分	78.6	77.8	82.0	75.8	77.4	70.8

5. 阅读目标

上海大学生普遍阅读目标很明确，尤其在为"个人兴趣"而阅读的自评上，平均得分"优秀"。

表 10　大学生阅读目标自评平均得分（满分为 100 分）

评价指标	工作任务	学习任务	社会活动	个人兴趣
平均得分	82.0	84.4	79.2	86.4

6. 阅读困难

大学生普遍在"不感兴趣的其他专业读物"和"外语类读物"上存在

比较突出的阅读困难，另外，大学生在"总体对社交平台的阅读满意"上自评分偏低，这一方面说明了社交平台的信息质量参差不齐，另一方面也可以说明大学生在社交媒体上有效获取和利用信息的能力还有待提升。

表 11　大学生阅读困难自评平均得分（满分为 100 分）

评价指标	流畅阅读不感兴趣的其他专业读物	总体对社交平台阅读满意	流畅阅读外语类读物
平均得分	60.8	70.0	63.8

7. 阅读素养公共因子（具体计算方法详见前面的"上海大学生阅读素养指数研究"部分）

由平均得分可见，大学生在基本阅读能力、通识阅读、阅读理解和阅读目标上表现良好，阅读分享的活跃度有待提高，阅读困难明显。

表 12　大学生阅读素养公共因子平均得分（满分为 100 分）

公共因子	基本阅读能力	通识阅读	阅读分享	阅读理解	阅读目标	阅读困难
平均得分	80.682	75.658	73.592	77.520	82.772	64.613

（四）对新时代上海大学生阅读素养调研结果的讨论和反思

以阅读素养量表的公共因素板块考量，总体来看，当前上海大学生的阅读素养良好，大学生的阅读目标比较明确，基本阅读能力在六个公共因素中表现突出，但是也在通识阅读、阅读分享与互动、阅读理解能力上存在一些问题，存在一定的阅读困难，未来还有较大的提升空间。我们对调研结果的讨论和反思如下。

1. 中华优秀传统文化对新时代大学生的影响力偏弱

在公共因素"通识阅读"中，大学生在指标"流畅地阅读优秀传统文化类读物"上自评分偏低，这说明中华优秀传统文化对新时代大学生的影响还远远不够。

中华文化源远流长，形成了底蕴深厚、影响深远的中华传统文化。类似《古文观止》《文心雕龙》《喻世明言》《儒林外史》这样的语言文学类书籍，包括《史记》《三国志》《山海经》《资治通鉴》在内的历史类读物，还有以《周易》《论语》《孙子兵法》《老子》等为代表的思想类读物，以及《黄帝内经》《本草纲目》这样的科技类读物，其中都深刻蕴含着中华民族的核心思想理念、传统美德和人文精神，可以帮助大学生领略中华优秀传统文化的博大精深，提升文化素养，促进中华文脉的传承与弘扬。

文化是民族的血脉。中华民族的伟大复兴需要多方面的动力，尤其离不开精神感召力和文化助推力。在积贫积弱的旧中国，鲁迅先生就说过："唯有民魂是值得宝贵的，唯有他发扬起来，中国才有真进步。"[1]在实现中国梦的新征途上，我们离不开凝心聚力的中国精神和中华文化。中华优秀传统文化也是习近平总书记十八大以来治国理念的重要来源，习总书记指出，"中华文化积淀着中华民族最深沉的精神追求，是中华民族生生不息、发展壮大的丰厚滋养"，强调要"继承和发扬中华优秀传统文化和传统美德，广泛开展社会主义核心价值观宣传教育，积极引导人们讲道德、尊道德、守道德，追求高尚的道德理想，不断夯实中国特色社会主义的思想道德基础"。[2]因此，无论是中国梦的实现动力还是中国梦的重要目标，都离不开中华优秀传统文化。作为新时代的大学生，中华优秀传统文化这一课，必须得补上。

2. 新时代大学生的跨学科阅读素养偏低

跨学科学习方法可以促进大学生发展跨学科的复杂思维，有利于实现对问题的整合性研究，为解决未来各种复杂问题做好充分准备。本次调研中大学生对指标"流畅地阅读感兴趣的其他专业读物"的评分偏低，尤其是指标"流畅阅读不感兴趣的其他专业读物"的评分是整个阅读素养李克特量表中最低的，这说明当前大学生的跨学科阅读能力还有较大的提升空间。

跨学科的目的在于克服传统经典学科分门别类的封闭性和狭隘性，实现对问题的整合性研究。人类的跨学科研究已有很长的历史，其中比较著名的是笛卡尔将代数与几何交叉研究发明了解析几何，一改两门学科两千年彼此分离的局面，并为微积分的发明创造了条件。20世纪以来，科学的一个重要发展趋势是与技术的融合，以及科学、技术与社会的相互渗透。这使得科学研究越来越变成一项综合性的复杂工程，乃至于不通过跨学科研究的范式，就很难有真正的科学突破。

目前国际上比较有前景的新兴学科大多具有跨学科的性质，近年来，一大批使用跨学科研究方法或从事跨学科研究与合作的科学家陆续获得诺贝尔奖，再次证明了这一点。因此，跨学科研究的视野体现了当代科学探索的一种新范式，社会在人才选择上越来越强调跨学科背景的重要性。

本次调研的统计结果显示，大学生对于其他专业读物的阅读能力偏弱，这反映出他们在具备跨学科视野上存在比较明显的欠缺。教育系统如何克服分科知识单一化教育带来的弊端，顺应科学发展的趋势和社会的需求来培养宽口径、综合型的人才，是值得深思的课题。

3. 大学生基于社会化阅读的 UGC（用户生产内容）现象不突出，阅读分享和互动的积极性偏弱

新媒体的即时性和互动性迎合了新时代大学生的媒介偏好，他们是社会化阅读的主力。但是，本次调研结果显示，大学生在公共因素"阅读分享与互动"上总体自评分不高，尤其是指标"在进行社会化阅读时在也会在社交平台发表内容""会根据自己的兴趣参与校内外不同社群发起的阅读活动"的评分偏低，这说明当前大学生基于社会化阅读的 UGC 现象不突出，阅读分享和互动的主动性偏低，参与阅读推广活动的积极性也不高。

阅读交流是对阅读经验的分享，在交流的过程中，不仅会交换彼此的主观意见，更是互相激发和互相学习的过程。它通过个人与文本以及成员之间的联系，帮助参与交流者扩展知识与思维的深度和广度，其结果是导致互动建构和分享建构，这种社会性互动有助于大学生获得并增强对阅读文本的理解和欣赏。对文本的理解可以反映个人切身的生活体验，阅读交流能够激发出独自思考时不会出现的观点和见解，也会促使个人在激辩中打磨思维，提高思考的深度和广度。

在阅读交流的初始阶段，参与者可能更多地分享文本的基本内容和彼此的阅读笔记，随着阅读和交流水平的提高，大家就会发表自己的观点并提出理由，互相补充或者反驳，整理、分析彼此的观点，并探索这些观点之间的关系，渐次达到一种较高的阅读分享水平，也会取得更好的阅读效果，在更大程度上实现个人的进步、成长与全面发展。

在本次调研中，大学生在公共因素"阅读分享与互动"系列指标上总体自评偏低。这说明，当前大学生阅读分享和交流的主动性有待提升，对阅读推广活动的参与性和互动性也有待加强。因此，相关机构在推动大学生进行阅读交流时，有必要进一步提高针对性和策略性。

4. 大学生的深阅读和浅阅读失衡明显：数字的碎片化阅读率偏高，更具浅阅读的特征，能达到的阅读质量比较有限

大学生在公共因素"阅读理解"板块的得分总体不高，尤其是对于指标"我阅读数字内容时，看电子书比看碎片化的内容多"评分偏低，这说明当前大学生的数字阅读中，碎片化阅读率偏高，深阅读和浅阅读的失衡现象明显。

深阅读是高质量阅读的核心指标，是一种相对系统、全面、深入、具有连续性的阅读方式，它与研究、学习、探索、思考、辨析、欣赏、品鉴等行为密切相关。在个人成长和发展中，思想、科学、艺术、智慧、创造力等内涵的提升、丰富、深化和突破，都离不开深阅读。判断深阅读的标准之一是阅读文本的深度。即便是数字读物，只要它具备内容的深度，并且引发了读者的深入思考，就是一种深度阅读。

在新媒体环境下，竞争加剧、节奏加快带来的大量碎片化时间和出于减压目的的休闲娱乐需求，伴随着移动智能终端的普及，使得数字化浅阅读日益成为大众阅读的主流模式。浅阅读一定程度上反映了技术的进步乃至时代的进步，如大大提升碎片化时间的利用效率，提高了信息的可及性和丰富性，有利于读者开阔眼界、增长见闻和拓展知识，使阅读轻松化。但是，我们也必须警惕浅阅读可能带来的负面影响，这种以"跳跃性""浅思考"为突出特征的阅读模式会导致阅读的娱乐化趋向，长此以往，它可能促使社会的整体阅读品位下降，出版物市场的供需品位下降，甚至导致民族文化素质的下滑。

社会化阅读具有新媒体的去"中心化"、碎片化、多级非线性传播，以及即时性和互动性等突出特征。以微信、微博、知乎等为代表的社交媒体目前已经成为非常流行的信息传播和知识共享平台，较好地满足了用户作为自媒体生产和传播信息的需求，这种一对多的信息传播模式依靠方便快捷的操作极大地提高了信息传播的效率。但是，也正因为淡化了传统传播体系中"把关人"对信息的筛选和过滤功能，社交媒体平台的信息泛滥已经极大地提高了人们利用信息的时间评估成本，降低了阅读的整体质量。

只有有深度、有质量的阅读，才能真正触发感知能力和思想的提升，促进精神的发育，这是个人成长的基石，也是一个人精神世界丰盈和内心充实的根基。本次调研的结果证实了，总体而言大学生通过社交媒体进行的阅读，深度不够，能够达到的阅读质量比较有限。

5. 大学的经典阅读类课程尚未普及：各级各类大学在经典阅读类课程尤其是优秀传统文化类阅读课程的开发上，还有很大的提升空间

通识教育的核心是基本性与精深性相结合，以人类文明最核心的价值观念来拓宽大学生的学术视野，帮助他们实现知识的融会贯通，进而发展成"整全的人"。[3]而人类文明最核心价值观念的最好载体，非经典名著莫属。因此，经典阅读契合了现代通识教育的核心理念。

在美国高等教育史和美国大学的现代通识教育发展历程中，芝加哥大学前校长哈钦斯的通识教育思想影响深远。他强调，大学之道首先在于不同科系不同专业之间必须具有共同的精神文化基础，这就要求大学必须有一种"共同教育"，即通识教育来沟通现代与传统，使文明不至于断裂，使大学成为人类文明历代积累的文化精华的贮存所，并通过现代通识教育使一代又一代的学生首先能够吸取和掌握这一共同文明财产，从而奠定共同的精神基础和文化根基。[4]其后，哈佛大学在前校长科南特的领导下于1945年发表的著名报告《自由社会的通识教育》（俗称"哈佛红皮书"）对二战后的美国大学具有广泛影响，并最终使哈佛走向混合型大学的模式：本科阶段的教育强调通识教育，注重文化的传承；研究生阶段的教育则注重研究和创新。[5]

这些教育思想几乎完全适用我国现在的国情。博大精深的中华优秀传统文化是我们在世界文化激荡中站稳脚跟的根基，立足中华优秀传统文化，批判地吸收西方经典文化的精髓，乃是当前我国大学通识教育的要道。大学生对于指标"我的学校开设了比较多的阅读类课程、讲座或者论坛"认可度较低，真实地反应了目前大学对于这些经典阅读类课程、讲座和论坛还没有引起足够的重视，还有较大的提升空间。

6. 当前大学生普遍在"流畅地阅读外语类读物"上存在一定的阅读困难

本次调研中，学生们对指标"流畅地阅读外语类读物"的评分很低，这说明大家的阅读困难比较明显。语言是一种载体和基本工具，它的目的是交流。随着我国参与和推动全球治理变革的步伐不断加快，在世界舞台上的朋友圈逐渐扩大，新时代的中国迫切需要加强和提升国际沟通交流和对话的能力。在全球化知识、经济、科技浪潮的冲击下，外语阅读素养已经不仅是一种语言知识的简单积累和存储，而且成为判断个人外语水平之外能力的一个标准。

阅读外语类读物可以培养大学生利用外语开展专业学习研究的水平，提高他们未来利用外语进行工作的能力。处在开放的全球化发展背景下，在一个国际性的大都市，大学生的外语阅读能力是评价人才国际化发展潜力的一个基本标准，是"西为中用"的前提和基础。较高的外语水平可以帮助大学生在国际化情境中更好地识别、表达和进行人际交流，可以拓宽信息获取的渠道，多路径获取更丰富的学习资源，有利于大学生积极地吸收和利用"他文化"的精髓，提升自我的创新创造能力。外语阅读能力偏低，一定程度上会成为未来发展成国际型人才的障碍。

德国哲学家伽达默尔提出了文本理解的"视域融合"概念，其内涵包括，语言不仅具有一般意义上的工具价值，而且具有促进不同文化理解和交流的融合性价值。[6]在这一视野下，人们需要最大限度地依靠语言去认识事物、理解世界和服务社会。因此，阅读外语读物的过程，其本质是跨文化学习和理解的体验，其融合性价值在于促进跨文化沟通，实现不同文明的融合，促使不同文化间的互学互鉴，汇通中外思想，跨越文化藩篱，构建面向未来的全球化知识体系，并真正提高自己"讲好中国故事，传播中国声音"的能力。

（作者单位：华东师范大学传播学院，国家新闻出版广电总局出版融合发展（华东师大社）重点实验室）

［本文为国家新闻出版广电总局出版融合发展（华东师大社）重点实验室开放课题基金资助项目的阶段性成果。］

注释

［1］任仲文编. 深入学习贯彻习近平总书记系列讲话精神　人民日报重要言论汇编［M］. 北京：人民日报出版社，2014：43.

［2］张良驯，周雄，刘胡权著. 当代青少年中华优秀传统文化教育研究［M］. 北

京：北京理工大学出版社，2015：162.

［3］眭依凡，俞婷婕，李鹏虎等．大学文化思想及文化育人研究［M］.杭州：浙江大学出版社，2016：127.

［4］哈佛燕京学社．人文学与大学理念［M］.南京：江苏教育出版社，2007：291－293.

［5］甘阳．通三统［M］.上海：生活·读书·新知三联书店，2014：102－105.

［6］曹明海．语文教学本体论［M］.青岛：山东人民出版社，2007：121.

新闻教育如何影响和塑造记者：新闻专业学生和新闻从业者记者角色认知的实证研究

高晓瑜　姚　婧

摘　要　本研究基于陕西地区四所高校新闻专业本科生和五家媒体新闻从业人员的问卷调查，试图了解两类人群的角色认知现状及影响因素。其中，重点考察新闻教育在角色认知过程中会产生何种影响，对比两类人群在被新闻机构社会化前后的差异，勾勒新闻从业者的成长图景，揭示这两类人群对新闻传播教育作用、价值的评价，并据此进一步反思中国的新闻教育究竟对记者角色认知有何贡献，新闻教育是如何影响和塑造新闻记者的。

关键词　新闻专业学生　新闻从业人员　新闻教育　角色认知

How Does Journalism Education Influence and Shape Journalists: An Survey on Professional Cognition of Journalism Students and Journalists

Gao Xiaoyu　Yao Jing

Abstract　Based on the survey targeting at students majoring in Journalism from four universities in Shaanxi and journalists of five local news organizations, this study explores the current status of professional cogitation and its influencing factors among the two groups. The paper mainly focuses on the function of news education in the process of professional cognition by comparing the differences between the two groups which display the influence of news agencies in terms of socialization. The paper tries to draw an outline of the professional development of journalists, and to reveal the two group of peoples'feedback and appraisals of Journalism education. Then, the paper further on reflects on the contribution of Journalism education in influencing and shaping journalists in China.

Keyword   Students Majoring in Journalism; *Journalistic Practitioner*; Journalism Education; Professional Cognition

一　研究问题的提出

新媒体技术对新闻界的影响，不仅体现在宏观层面的产业转型和机构战略，更影响到微观层面的每一个具体的新闻从业者和新闻专业学生。

身处社会转型期的媒体从业者由于工作压力大、风险高、上升空间有限等原因而出现较高的流动率和离职率。[1] 而作为新闻专业的学生，面对急剧变革的传媒环境，他们的自我定位、角色认同也无时无刻不在受到冲击和影响。基于全新的媒介环境，本文以新闻从业者和新闻专业学生（准新闻人）为样本做如下观察，这两个群体对记者的角色认同现状究竟如何？哪些要素会影响其对记者角色的认同？新闻教育究竟在多大程度上影响和塑造记者？新闻传播教育是否需要做出相应的调整？

二　研究述评

所谓记者的角色认知，指的是新闻人认为自身应当承担何种规范性角色以及他们如何看待各种角色的重要性。[2]

早期关于记者角色认同的研究始于 20 世纪 70 年代的美国，一批学者对记者角色进行了实证研究，并梳理出几项固定的记者角色：咨询发布（disseminator）、解释与调查（interpretive）、批评与监督（adversarial）、鼓吹民意（populist mobilizer）。[3] 国内较早的调查是中国人民大学舆论研究所在 1997 年开展的"中国新闻工作者的职业意识与职业道德调查"。在此基础上，2003 年陈韬文、罗文辉、潘忠党的《新闻传播教育对新闻人员的影响：大陆、台湾和香港的比较》，梳理了五种记者角色认知的类型，即咨询发布、解释政府政策、鼓吹民意、文化与娱乐、批评与监督。前两种角色强调新闻从业者中立客观的立场，后三种则重视新闻从业者参与式的角色扮演，通过参与新闻来推动社会进步。[4]

在记者的角色认知过程中，不同的社会、政治、文化环境以及教育体制及新闻专业教育合力发挥作用，塑造了新闻学子和新闻记者对自我及未来职业的认知。在记者角色认同的研究中，国外学者一直比较关注新闻教育对记者职业认同的影响。有研究表明新闻教育对新闻专业学生或从业者的职业态度有重要影响，其中贝德尔（Becker）明确表示新闻从业者对新闻媒体在社会中应当扮演的角色（media roles）的看法并非始于入行之后，而是在一开始就受到了他们所受教育的影响。[5] 但也有研究显示新闻教育与记者角色认同关联性并不高，经济、政治、文化等社会因素对新闻从业者的角色认同影响更大。

国内该领域比较有代表性的研究最早可追溯到 1997 年中国人民大学舆论研究所所做的"中国新闻工作者的职业意识与职业道德调查"，该调查以大陆地区 2002 名新闻从业者为调查对象，详细地描述了我国新闻从业者的角色认知与职业道德现状，但该调查中并未涉及新闻教育对从业人员角色认知的影响。2006 年陈昌凤的《中美新闻教育：传承与流变》对比中美新闻教育差异，系统地论述了新闻从业者以及新闻专业受教育者与新闻教育的关系。但当时由于新媒体对整个传媒环境的冲击和改变还并不强烈，整个研究是在传统的媒介环境下展开的。今天，新媒体的冲击不仅完全改变了外部的传媒环境，也改变了每一个身处其中的新闻从业者和新闻专业学生。

那么，新媒体造成的全新传媒格局和传播文化在多大程度上影响和支配了记者的角色认知？尤其是对于那些接受传统新闻教育而身处新媒体时代的从业者而言，他们对记者角色的认知又发生了怎样的变化？基于此，本研究拟在新的传媒环境中以新闻专业学生与新闻从业者的记者角色认同为研究主题，考察新闻教育对记者角色认同的作用，以期为了解和提升新闻专业学生和新闻从业者的记者角色认同提供实证依据。

三　研究方法与设计

本研究的研究对象是新闻从业者和新闻专业学生（准新闻从业者）。针对新闻从业者这个群体我们选取陕西广播电视台、《华商报》、西部网、凤凰网陕西频道四家媒体，媒体涵盖纸媒、广电媒体、网络媒体等不同类型，问卷调查对象限定为在媒体从事全职新闻采写、编辑和制作的人员，不包括技术制作、后勤和行政人员。调查采用传统问卷与网络问卷相结合的方式，共发放问卷 150 份，回收有效问卷 116 份，有效回收率为 77.3%。

新闻专业学生的样本抽取了西北大学、西安建筑科技大学、陕西师范大学、西安外国语大学四所高校的新闻专业在读本科生。四所高校包括综合类、师范类、理工类和外语类四种不同类型，其中有 985、211 工程的重点大学，也有综合类普通高校。问卷以班级为单位共发放 247 份，回收有效问卷 216 份，有效回收率为 87.5%。

受条件所限，调查并未对陕西地区所有高等院校和新闻媒体进行穷尽式抽样，而是采取主观抽样调查，是一种非概率抽样的形式。主观抽样所获得的样本数据，不具有推断总体的特点，但对深入研究问题可提供有用的线索和有意义的假设。[6]

本调查的时间为 2017 年 3 月至 7 月，调查数据采用 SPSS 24.0 软件包进行统计分析。

四 研究结果

（一）样本基本情况

本调查中的新闻专业本科生男女比例分别为 27.3% 与 72.7%，样本包括大一至大四各个年级的学生，但由于大多新闻院校在大四期间要求学生参加媒体实践，无法以班级为单位发放问卷，而是采用网络问卷的形式，故该年级回收样本比例最低，仅为 12.1%。新闻专业学生主动选择新闻专业的比例较低，有超过半数（56.1%）的学生是由于专业调剂而就读新闻专业。

在陕西新闻从业者的样本中，男性与女性的比例分别为 35.9% 与 64.1%，这与 1997 年中国人民大学舆论研究所的调查结论（男性 67.1%、女性 32.9%）[7]相比，女性比例大幅上升，已经超过了男性。样本职业分布为报纸 25.6%、电视 27.4%、网络媒体 41%。从年龄分布来看，样本整体比较年轻，其中 55.9% 网络媒体从业人员集中在 20 ~ 30 岁的年龄段。

（二）新闻专业学生角色认知与专业满意度

新闻专业学生对新闻专业的满意度较高。58.3% 的学生表示对新闻专业比较满意或非常满意，比较不满意的只占到 8.3%，而且样本中未有学生对新闻专业表示非常不满意。将年级与专业满意度进行交叉分析，发现随着年级的升高，学生对于新闻专业的满意度略有下降（见表 1）。这或许是由于学生在经过实际的新闻实践后，逐渐打破了原来对新闻行业过于完美的想象，也有可能是因为不满于学校教育的现状而导致对新闻行业满意度的下降。

表 1　新闻专业学生年级与专业满意度的交叉分析

X/Y	非常满意（%）	比较满意（%）	一般（%）	比较不满意（%）	非常不满意（%）	小计
大一	4（4.8%）	44（53.0）	29（34.9）	6（7.2）	0（0）	83
大二	1（2.1）	25（51）	20（40.8）	3（6.1）	0（0）	49
大三	0（0）	37（63.8）	15（25.9）	6（10.3）	0（0）	58
大四	1（3.9）	14（53.9）	8（30.8）	3（11.5）	0（0）	26

新闻专业学生在选择新闻职业的动机中，排在前三名的分别为：揭露社会问题、喜欢接触各界社会人士、传播新思想，而选择“收入高”“有成名机会”的学生比例很低（见表 2）。这说明大多数新闻专业的学生对于新闻行业的喜欢还是出于对新闻行业理想主义的追求，而非现实带来的实际利益。

表 2　新闻专业学生专业选择动机

选项	小计	比例（%）
表达民众呼声	58	
喜欢写作、摄影、编导	67	
喜欢接触各界人士	102	
传播新思想	85	
揭露社会问题	115	
喜欢新鲜、冒险、刺激的生活	69	

续表

选项	小计	比例（%）
社会地位高	14	
收入高	6	
有成名机会	27	

在"毕业后最想选择的新闻媒体类型"的调查结果中，网络媒体和自媒体成为当下学生最青睐的就业选择，值得注意的是，在舆论对于传统媒体一片唱衰的大背景下，学生对于在电视台工作的热情依旧很高（见表3）。

表3　新闻专业学生就业意向

选项	小计	比例（%）
广播	23	
报纸	14	
电视	120	
网络媒体	166	
自媒体	93	

（三）新闻从业者角色认知与专业满意度

相比新闻专业学生，新闻从业者对新闻行业的满意度则低很多，仅有32.8%的人表示比较满意，在调查结果中无一人表示对新闻行业非常满意。在"3~5年内是否会转行"的调查问题中，仅有26.7%的人明确表示不会转行。

将新闻从业人员的学科背景作为自变量，将对新闻行业的满意度、3~5年内是否会转行作为因变量进行交叉分析，我们发现，在职业忠诚度方面，新闻专业背景的从业人员与其他学科背景的从业人员并无差异（见表4）。但是，在新闻专业满意度方面，新闻学科背景的从业人员的专业满意度明显高于其他专业背景的从业人员（见表5）。

表4   新闻从业人员的学科背景与职业忠诚度交叉分析

X/Y	是（%）	否（%）	不一定（%）	小计
新闻专业（包括新闻、广电新闻、网络新媒体等）	18（26.5）	17（25）	33（48.5）	68
人文类专业（除新闻外的文科专业）	5（13.9）	14（38.9）	17（47.2）	36
理工科	3（25）	0（0）	9（75）	12
其他	0（0）	1（100）	0（0）	1

表5   新闻从业人员的学科背景与新闻行业满意度的交叉分析

X/Y	非常满意（%）	比较满意（%）	一般（%）	比较不满意（%）	非常不满意（%）	小计
新闻专业（包括新闻、广电新闻、网络新媒体等）	0（0）	29（42.7）	26（38.2）	10（14.7）	3（4.4）	68
人文类专业（除新闻外的文科专业）	0（0）	8（22.2）	14（38.9）	10（27.9）	4（11.1）	36
理工科	0（0）	1（8.3）	9（75）	2（16.7）	0（0）	12
其他	0（0）	0（0）	1（100）	0（0）	0（0）	1

将新闻从业人员的年龄作为自变量与新闻行业的满意度进行交叉分析时我们发现，年龄的不同明显影响了新闻从业人员的行业满意度。随着年龄的增长，新闻从业人员对于新闻行业的满意度在显著上升，虽然在50～60岁这个年龄段，满意度稍微有所下降，但总体来讲，满意度仍大大高于40岁以前（表6）。

表6   新闻从业人员年龄与新闻行业满意度交叉分析

X/Y	非常满意（%）	比较满意（%）	一般（%）	比较不满意（%）	非常不满意（%）	小计
20～30岁	1（1.7）	27（45.8）	23（38.9）	7（11.9）	1（1.7）	59
31～40岁	0（0）	19（50）	13（34.2）	5（13.2）	1（2.6）	38
41～50岁	0（0）	11（78.6）	3（21.4）	0（0）	0（0）	14
51～60岁	0（0）	4（66.7）	2（33.3）	0（0）	0（0）	6

（四）新闻专业学生新闻教育认知现状

在新闻专业学生对新闻教育的态度方面，在"一名优秀的新闻工作者是否必须接受新闻专业教育"的调查问题中，仅13.4%的学生认为不需要，说明学生普遍认可新闻教育在新闻工作中的重要性。

表 7 中将专业满意度作为因变量，学校的学习氛围、师资力量、教学硬件设施、业界实践机会、国际交流机会六个方面作为自变量，考察对于新闻专业学生专业满意度的最大影响因素。回归分析发现，六个因素对新闻专业满意度都有显著预测作用，其中"业界实践机会"对专业满意度的影响最大，而"硬件设施"对专业满意度的影响程度最小。

表 7　业界实践机会对专业满意度影响的回归分析

ANOVA[a]

模型		平方和	自由度	均方	F	显著性
1	回归	17.8	3	5.9	14.9	0.000[b]
	残差	84.3	213	0.396		
	总计	102.1	216			

a. 因变量：专业满意度。

b. 预测变量：（常量），年级，性别，业界交流实践机会多。

表 8　硬件设施对专业满意度影响的回归分析

ANOVA[a]

模型		平方和	自由度	均方	F	显著性
1	回归	2.3	3	0.752	1.6	0.189[b]
	残差	99.8	213	0.469		
	总计	102.1	216			

a. 因变量：专业满意度。

b. 预测变量：（常量），年级，硬件设施完善，性别。

（五）新闻从业人员新闻教育认知现状

根据样本显示，73.5%的新闻从业者为本科学历，14.5%为硕士研究生学历，其中 58.1%的从业者为新闻专业毕业生。关于新闻从业者接受新闻专业教育的情况目前国内并没有详细的调查数据，根据已有的一些地方性调查数据来看，1997 年，上海广电媒体从业者中有 30.6%的人是新闻专业毕业生。2002 年上海新闻从业者的调查中，这一比例上升到 49%。[8] 对比之下可以发现，越来越多的新闻专业学生选择成为新闻从业者。

新闻背景的从业者比例上升的同时，我们却看到另外一个现象，新闻从业者对于新闻教育的满意度较低，仅有 27.4%的表示比较满意。多数新闻从业者认为当下的新闻教育教育观念落后，与业界脱节，培养的学生在新闻工作中并未显现出明显的专业优势。

将新闻从业人员的学科背景作为自变量，新闻教育的满意度作为因变量，我们发现，新闻专业背景的从业人员对新闻教育的满意度明显高于其他学科背景的从业人员（见表9）。

表9　新闻从业者学科背景与新闻教育满意度的交叉分析

X\Y	非常满意（%）	比较满意（%）	一般（%）	比较不满意（%）	非常不满意（%）	小计
新闻专业（包括新闻、广电新闻、网络新媒体等）	3（4.4）	30（44.1）	21（30.9）	12（17.7）	2（2.9）	68
人文类专业（除新闻外的文科专业）	0（0）	9（25）	18（50）	6（16.7）	3（8.3）	36
理工科	0（0）	3（25）	5（41.7）	3（25）	1（8.3）	12
其他	0（0）	0（0）	1（100）	0（0）	0（0）	1

五　研究结论

记者角色认知是一个复杂而持续变化的过程，它是众多因素合力的结果，正如陈韬文等人所言，"新闻教育、媒介体制与社会制度是相互影响的"，因此想要厘清新闻教育在其中的作用是一项艰巨的任务。岗特（Gaunt）在1993年提出"新闻教育延续或完善专业实践并且形塑从业者对新闻媒体的角色和功能认知"，通过调查我们发现，在今天，新闻教育对新闻从业者和新闻专业学生的角色认知仍有明显影响。当然，记者的角色认同是由新闻教育和社会整体共同塑造的，新闻教育不可能孤立于社会之外自成一体，不论是新闻专业学生还是新闻从业者，在接受新闻教育的同时，也会受其所在社会和时代的影响。

（一）记者角色认知与新闻教育的关系

1. 对新闻专业学生和新闻从业者而言，个体差异对角色认知的影响体现在不同方面

从调查结果可以看到，在新闻专业学生的调查中，每个个体的年级、性别、接触媒体实践的时间长短等因素对其角色认知影响并不明显。但学生是否主动报考新闻专业对于其职业满意度、新闻教育现状满意度等方面都有明显影响。一个令人沮丧的结果是，大学的新闻教育对于提升新闻专业满意度方面并无太明显的积极作用，随着年级的升高，学生对于新闻行业的满意度并未因新闻教育而发生明显改变，反之，当初是否主动选择新闻专业的意愿一直持续影响学生的态度。

对于新闻从业人员而言，年龄的差异、学科背景的差异则明显地影响了从业人员对于职业的满意度以及对于新闻教育现状的态度等。年龄越大，其职业认同感就越强。同时，接受过新闻专业教育的新闻从业人员对新闻教育现状的满意度也明显高于其他学科背景的新闻从业人员。虽然他们对当下新闻教育现状并不满意，但是他们认可新闻教育对其日后工作的帮助。而那些未接受过新闻教育的从业人员则对新闻教育现状非常不满，认为新闻教育脱离实践、教育观念落后，对日后从事新闻工作没有多大作用。在这个层面上，我们可以理解为从长期来看，新闻教育对于新闻从业者的角色认同有着明显积极作用。

2. 新的媒介环境对新闻专业学生和新闻从业人员的角色认同都带来了极大的冲击

对于记者这个职业，无论是新闻专业学生还是新闻从业者甚至整个社会，都对其赋予了不同程度的期待与想象。然而伴随着新媒体的迅速发展，传媒环境发生急剧变革，尤其对于新闻专业学生而言，他们甚至面临着这样的困惑：在新媒体时代，当每个人都成为记者的时候，还要不要学新闻？为什么要学新闻？与之相关的，就是新闻专业学生对于新闻职业期待与认可、专业信念、价值观、信任度都会产生怀疑与动摇。最直接的表现就是在"毕业是否会选择新闻行业就业"的调查问题中，明确表示愿意在媒体就业的学生比例竟然低至 19.8%。

如今，对于新闻从业人员而言，他们对自身工作现状、传媒环境的满意度都比较低，很大一部分原因在于新闻职业的尊严感正在逐渐模糊甚至消退。白岩松说过，全世界包括美国等发达国家的记者，都是中下级收入，但他们有另外的收入，那就是来自情感的收入，某种感觉自己能够支撑社会良心、推动社会进步的荣誉感。但现在，由于各种原因，这个行业的职业尊严感越来越低。而树立专业自信，提升新闻职业尊严，是一件很艰难的事情，它需要我们每一个人、学校、社会整体的努力才有可能实现。

3. 新闻专业学生对新闻教育的满意度较高，而新闻从业人员则认为当下的新闻教育脱离业界实际，教学观念落后

大学教育在新闻专业学生和新闻从业者的角色认同中发挥着巨大的作用，也是培养新闻从业者的主要途径。从调查结果来看，新闻专业的学生对于大学新闻教育现状的满意度较高，多数学生认为新闻教育对日后的新闻工作有积极的作用。认为新闻教育提升了其对新闻行业整体的认知程度。反之，新闻从业人员对新闻教育现状颇为不满，其中最突出的问题是新闻教育脱离实践、观念落后，培养的人才不能很好地满足新闻工作的需要。

从调查中，我们发现，对于学生而言，影响新闻专业满意度的最大因素是"业界实践机会"，他们更希望在大学教育中能学到更多的新闻实务技巧。新闻传播学是一门实践性很强的学科，新闻教育一直以来也深知实践对于新闻教育的重要性，但是为什么时至今日，学生仍旧觉得学校没有提供更多的实践教学内容和机会，而媒体从业者也不约而同地认为新闻教育最大的问题就在于和业界实际的脱节，这是我们需要认真思考的问题。与此同时，另一个问题在于新媒体发展如此之迅速，为了适应传媒的高速发展，各高校新闻院系也一直在不断探索和寻求更合理的新闻人才培养模式。但我们的新闻教育往往总是处于被动追随的地位，导致这种亦步亦趋的追随不仅不能满足业界的发展对人才的需求，反而有可能在盲目的跟随和调整中丢失了新闻教育原有重要的内容。

（二）融合媒体时代新闻教育如何变革？

通过上述讨论我们不难发现，不论是新闻专业学生还是新闻从业者都在不同层面对当下的新闻教育现状表达了质疑和不满。那么，随着新闻传媒业变革的加剧，新闻传播教育究竟该如何变革？

1. 新闻教育理念的坚守与革新

伴随着新技术的发展，越来越多的新闻院校面临这样的困惑：是以培养学生深厚的人文知识素养、丰富的社会知识为目标，还是以培养学生的新闻素养和传播能力为重点？[9]面对新媒体的迅速崛起，许多新闻院校纷纷调整教学目标与理念，增加新媒体技术方面的课程，减少传统的人文知识和新闻传播理论的比例，以此来努力适应最新的新闻业界需求。但是一味地追求新技术，可能会带来新的问题，即新闻教育过分"工具化"和"功利化"。

这一矛盾在本文的调查中也同样存在。新闻专业学生和新闻从业者对于新闻教育究竟该教什么的调查问题中有着完全不同的选择，在"人文知识的积淀""新闻理论知识的学习""新闻实务技能的掌握""新闻伦理道德的培养""了解党的政策方针"等几个选项中，新闻专业学生认为掌握新闻实务技能（平均得分为3.4）最重要，而新闻从业者则认为人文知识的积淀（平均得分3.7）才是新闻教育的重中之重。

面对这样的分歧，我们应该认识到，无论媒体技术如何发达、媒体环境如何变革，对于新闻从业人员最基本的职业素养和理论要求不会改变，因此，在新的传媒环境下，新闻教育改革应有所变、有所不变，要充分认识到新媒体环境对教育带来的影响，及时调整教学内容与教学理念，与此同时，过去一直强调的"通才教育""厚基础""宽口径"等要求在新闻改革中不应弱化而要继续坚持。[9]

2. 调整教学方式，鼓励学生搭建自媒体平台，拓展多种实践渠道

在表7，业界实践机会对专业满意度影响的回归分析中，"业界实践机会"对专业满意度的影响最大。新闻专业学生和新闻从业者均表示畅通、多元的业界实践机会能够提升自己对专业的满意度。

传统的新闻实践教育更多地依托于业界的专业实习和校内实习，业界实习由于实践渠道单一、进入门槛高、实习时间不固定等原因，实践教学的效果往往得不到保障；而校内实习平台通常是以本校的校报等行政思维为主导的机构，学生在实践过程中并不能充分发挥主动性。在新媒体时代，除了积极开展校媒合作、拓展校外实习平台实现产学研一体化之外，我们更应该注意在校内结合具体开设的课程创办自媒体平台，鼓励学生根据自身兴趣和关注领域运营新媒体，真正投身媒体实践环境中，从而实现密苏里新闻学院所倡导的让学生"在校内获得第一份工作经验"。

3. 让新闻院校教师"走出去"，与业界保持密切联系；让新闻工作者"走进来"，加入新闻教育的队伍中

新闻教育实践性强、知识需要与时俱进，这是大家的共识。但是这么多年来，我国新闻学科师资队伍一直存在重学历、轻实践的问题，进入高等院校的新闻教师往往并没有业界从业经验，虽然现在许多地方和院校也实施了媒体、高校人才互换计划，鼓励新闻教师走进媒体，到媒体挂职锻炼，但是，此类活动往往流于形式，并不能真正让新闻院校的教师获得实践经验。

另外，大量拥有丰富实践经验的媒体工作者由于没有高学历，经常被挡在大学的门外，无法在新闻教育工作中发挥应有的作用。目前，许多院校也积极开展媒体记者进课堂活动，让学生和一线媒体记者亲密接触，这是很好的尝试。但此类活动一般较为随机，往往无法形成长期稳定的交流学习机制。因此，如何让新闻院校教师走出去、让媒体记者走进来，如何为双方提供顺畅的交流渠道，实现学界与业界的深度合作，是值得我们探索的一个问题。

本研究主要关注了陕西地区新闻专业学生和新闻从业人员的角色认知现状和影响因素，重点考察了新闻教育在其中的作用。调查结果在一定程度上呈现了这两类人群的角色认知现状、影响因素及两者之间的差异。角色认知是一个受众多因素影响的结果，也是一个不断变化的过程，但本文的调查未能呈现这种变化轨迹，如果能持续跟踪样本中的新闻专业学生，了解其在进入媒体工作后的角色认知变化，则能更清晰准确地呈现不同因素在角色认知过程中所扮演的角色。此外，本调查仅局限于陕西地区，其结果缺乏一定的代表性。如能将抽样范围扩大到全国，则能对比不同地区的差异，调查结果将更全面。

（作者单位：高晓瑜系西安外国语大学媒体伦理与法规研究所、新闻与传播学院；姚婧系陕西广播电视台）

[本文系教育部人文社会科学研究规划基金项目"政府信息公开影响新闻生产的机制与效果研究"（项目批准号：15YJA860008）系列成果之一；西安外国语大学校级课题"新媒体时代欧美新闻教育理念的中国化研究"（项目编号：15XWC07）的阶段性成果。]

注释

[1] 苏梅森. 中国新闻从业者职业流动性及其影响因素的分析 [J]. 中国出版，

2012（1）：63－65.

［2］丁方舟，韦路．社会化媒体时代中国新闻从业者的认知转变与职业转型［J］．国际新闻界，2015（10）：92－106.

［3］Weaver, D. H. *Making Chinese journalists for the next millennium：the professional-ization of Chinese Journalism students*［M］. International Communication Gazette, 1998：113－129.

［4］Cohen, B. C. *The press and foreign policy*［M］. Princeton University Press, 1961：63.

［5］Becker, L. B. Fruit, J. W. & Caudill, S. L. *The training and hiring of journalists*［M］. Norwood, NJ：Ablex. 1987：71.

［6］喻国明．新闻学实证研究方法引论［M］．中央编译出版社，1996：175.

［7］中国人民大学舆论研究所．中国新闻工作者的职业意识与职业道德［J］．新闻记者，1998（3）：10－17.

［8］陆晔，喻卫东．2002年上海新闻从业者调查报告——社会转型过程中传媒人职业状况［J］．新闻记者，2003（1）：42－44.

［9］蔡雯．新闻教育亟待探索的主要问题［J］．国际新闻界，2017（3）：6－18.

新媒体专业联合培养基地建设的研究新探索

范楠楠

摘　要　当前，国家为新媒体发展着力推动社会力量联合高校共同建设新媒体专业培养基地，但当前新媒体专业联合培养的建设却面临着模式创新、师资队伍、社会服务等关键问题。为此，本文结合国内外经验进行探索。首先，模式创新应该从课程体系，人才培养，评价标准等方面充分展开。其次，师资问题可借助双导师型机制、教师聘任机制、教师提升机制、教师考核机制等的全面构建加以有效破解。再次，联合培养基地的重要目标是服务社会，而服务对象及深度正是检验该基地成效的重要标准，目前主要涉及地方、高校、企业、政府与社会治理等几个方面。

关键词　新媒体专业联合基地　师资建设　社会服务

New Research Exploration on the Construction of Professional New Media Joint Training Base

Fan Nannan

Abstract　At present, for the development of new media, the country is committed to driving the social force to construct professional new media joint training base along with colleges and universities. However, the construction of professional joint new media training is currentlyfaced with crucial issues such as pattern innovation, teaching stuff building, social services, etc. Hence, combining with experience both at home and aboard, this thesis aims to make exploration. First, pattern innovation should be fully developed from such fields as curriculum system, talent cultivation, evaluation criteria, etc. Second, the issue of teaching stuff can be effectively solved with the assistance of the overall construction of double – tutor system, teacher appointment system, teacher promotion system, teacher evaluation system, etc. Third, serving the society is an important goal of the joint training base, and the target and depth of the service are important criteria in evaluating the effectiveness of such base. The main involvement at present consists of distinctive aspects such as districts, colleges and universities, enterprises, governments and social governance.

Keyword　Professional New Media Joint Base; Teaching Staff Building; Social Service

我国新媒体产业正处于迅速发展时期，互联网等新兴媒介为信息传播提供了即时通道，传播效率也呈指数级增长。同时，随着互联网和信息通信技术的深入发展，传统媒体借势互联网，开辟了新的内容传播局面，逐渐实现了转型的新业态。为了更好地发展新媒体领域，实现信息的高效传播，服务社会经济的可持续发展，需要打造与国际接轨的新媒体专业联合培养基地，补足我国新媒体快速发展背景下的巨大人才缺口，也在运营和战略层面推动强强联合、协调发展，加强多种形态新媒体的建设和战略合作，大幅提高我国新媒体领域的自主创新能力。

然而，当前我国新媒体专业联合培养基地建设仍处在初级发展阶段，在模式创新、师资队伍、社会服务等方面还有很大的提升空间，而这恰恰是联合培养基地建设的关键所在。本文试图针对这些关键问题做出分析，同时，结合国内外经验，提供若干可供参考的发展思路。总体上来讲，新媒体专业联合培养基地应建立起政府积极推动与政策支持为先导，产学双方整合资源、协同创新为基础，兼顾利益需求、实现互惠共赢，以学术性与职业性有机统一为根本，政府、高校、企业三位一体为人才提供走向职业化的实践平台。

一　新媒体联合培养模式源于产学研联合的相关实践

新媒体专业联合培养的思路源于产学研联合的相关实践，而产学研联合办学培养模式起源于工学结合，自 1906 年美国的辛辛那提大学推出的

"合作教育"起，已有 100 多年的历史，较为国人所熟悉、对我国高等教育发展有较大借鉴作用的有英国的三明治式、德国的双元制和澳大利亚的TAFE 模式等。[1]这方面不乏实践的案例，1957 年，格里·哈格博士和艾拉·湾·尼德尔斯在加拿大共同创立了滑铁卢学院，在创办初期，所采用的办学模式是"三明治"或"工学交替"模式，随着合作办学经验的增加，逐步形成和完善了 CO－OP 模式，推动学校与企、产业界加深联系，同时培养学生的自主创新创业能力。

联合培养模式的出现为培养机构和业界提供了可观的效益。1967 年，英国的沃里克商学院创造了"学术研究与创收经营"完美结合的样板，将学术研究与创收经营融为一体，既获得了大量的办学资金，又在创收过程中发展了学术。[2]又如伦敦大学学院自 1826 年与阿特金斯集团建立专业硕士合作项目以来，与伦敦企业间的合作就从未间断过，53% 的毕业生会在伦敦工作，其中 33% 会为中小企业工作，伦敦大学学院同时也有着英国排名前十大学中最多的毕业生自主创业百分比，伦敦大学学院为企业输送人才并提供科研技术与教育服务，企业为伦敦大学学院提供资金支持与实践平台，这样的良好合作关系一直持续下来甚至更为深入。[3]可见，产学研合作或者联合培养模式对高校、企业乃至整个社会的建设成效都是相当显著的。

在国内，上海市从 2005 年开始，以具有硕士、博士学位授予权的高等学校为主体，依托研发能力较强的大型企业集团等，建设了一批研究生专业联合培养基地，建立科学的管理制度，运作机制，考核评价体系。[4]正是通过新媒体专业联合培养基地建设，推进资本融合、信息融合、技术融合，推动产学研联盟的形成。这不仅从根本上突破了传统的封闭办学的培养模式，进一步深化了高等教育体制改革和办学模式创新，而且促进了专业结构的完善与学科水平的提高，从而使新媒体高层次人才培养与社会发展有效沟通与有机结合，为本专业培养出一大批高层次复合型的高素质管理人才。

具体到新媒体联合培养领域，我国新媒体正在进入激烈的国际竞争的核心地带，新媒体本身的社会影响力正日益扩大，公众对新媒体的要求与期待持续攀升，进而对新媒体人才的供给和新媒体联合培养基地的建设提出了更高的要求。目前，我国新闻院系依靠各自的学校特色，探索出"讲求新闻主义的中国人民大学模式""崇尚技术主义的武汉大学模式"，以及

"推崇传播学的复旦大学模式"这三种模式，三者均取得了重要的阶段性成果。[5]尽管如此，仍无法满足新媒体产业的发展对复合型高素质人才的需求。毋庸置疑，当前拥有较深厚人文功底，接受过系统扎实人文社科训练的，又能掌握现代媒体技能的复合型务实人才，显得尤为重要，这方面的人才培养更是极为紧迫。

二　新媒体专业联合培养基地的模式创新

（一）课程体系创新：新媒体专业群有机融合

课程体系是实现培养目标的载体和依托，是保障和提高教育质量的关键。作为教学内容和进程的总和，课程体系规定了培养目标实施的规划方案，从而使课程各构成要素在教育价值理念指导下、在动态过程中统一指向目标的实现。

密苏里大学新闻学院是美国众多新闻学院的榜样，以其培养出斯诺这样优秀的新闻记者而在中国闻名，密苏里大学新闻学院同法学院合作开设了多种双学位项目。此外，纽约大学的新闻专业，丹佛大学、明尼苏达大学等新闻学院也推出了与其他学院合作的新闻专业研究方向。其实，美国著名传播学家威尔伯·施拉姆早在20世纪40年代任爱荷华大学新闻学院院长时，就曾要求减少写作、编辑技能方面的课程，代之以社会学、政治学、经济学和其他社会科学的内容。可见，施拉姆早在40年代就已经开始探索有利于新闻专业发展之路。[6]我国的信息网络教育的起步与国外相比并不算晚。美国的新闻院校开设新媒体与网络专业的课程始于20世纪90年代，其中最早的属南加州大学的新闻系，于1994年开设了新媒体方面的实验性课程，此后其他高校相继跟进。[7]我国新媒体与信息网络教育始于1996年清华大学传播系开设新媒体研究专业招收研究生；1998年中国人民大学新闻学院在新闻学专业中开设了"网络传播方向"课程。

就此而言，新媒体专业联合培养基地的课程体系优化应在新媒体专业群的建设目标下，着力探索专业的开放性和兼容性，不仅是要强化通识教育，而且要发挥高校教育资源集中、教学经验丰富的主要优势，拓展新媒体专业的丰富内涵，实现不同学科、不同专业、不同方向之间的资源优化组合，借助彼此间的渗透和交融，打造一个既有专业个性特点又有综合优势的新媒体专业群。为此，必须打破传统学科之间的壁垒，逐步形成多形式、多层次的新媒体教学格局，将新闻传播学、计算机信息技术科学、经济学、管理学，甚至是艺术学、社会学等众多学科有机融合。[8]此外，为了构建多学科、跨专业特点的课程体系，在课程设置中还应适当注重多语种学习，从而实现新媒体国际化传播人才培养的战略目标。

（二）人才培养模式创新：校企联动搭建实操实践平台

增强自主创新能力，关键是强化企业在技术创新中的主体地位，就必须建立以企业为主体、以市场为导向、产学研相结合的技术创新体系。为此，在新媒体专业联合培养基地的建设中，要积极落实校企共建机制，校企联动，尽可能地为基地搭建媒体人才提供实操实践的平台，并合理利用企业资源，承担科研课题。总体上应转变专业学位人才培养理念，人才培养与人才需求相结合，人才培养过程与实践过程相结合，着力形成符合新媒体专业学位研究生教育规律的人才培养模式。

同时，在联合培养基地应着力实行导师责任制的人才培养模式，"联合招生，合作培养，双重管理，资源共享"。[9]学校导师负责对学生的课程学习和理论指导，基地导师负者学生的创新实践和执行能力培养。不同专业、不同角色的导师之间优势互补，在研究生培养和专业研究方面密切地合作与交流，使学生能够最大限度地拓展视野，深入了解企业发展急需和新媒体前沿，这将直接有助于灵活广泛的运用理论知识及其实践能力的提升。

（三）评价标准的模式创新：素养教育与专业教育并重

不仅如此，尤为重要的是评价标准的模式创新。新媒体专业联合培养基地应探索实行综合评价标准，对新媒体人才的评价不仅仅局限于专业方面，更要重视素养文化的科学评价。

在20世纪六七十年代，加拿大开展的"屏幕教育课程"被认为是其媒介素养教育的前身；澳大利亚的媒介素养教育核心思想是"文化融合"；英国媒介素养教育强调"文化保护"的理念；加拿大、澳大利亚、英国三国针对本国国情，开展媒介素养教育，[10]说明素养教育与专业教育必须并重。以培养创新思维和创新能力为核心，强化学生文化素养和内涵教育的培养，增进基地学生职业生涯设计教育和行业素养教育，根据企业对专业人才的知识技能、态度与素养要求，建立三方审核的评价体系，多方位考核学生，从而更好地对联合培养基地的人才采用综合评价标准，促进人才的全面发展。

不可忽视的是，新媒体人才的复合型要求日益凸显。目前国内从事新媒体工作的人员有 55 万，但懂得媒体经营管理的人才不到 1%。新浪网在 2013 年的招聘中对职位进行了清楚的划分，需要招聘的人员是具备较高的 Premier 技术的视频编辑，擅长做数据统计分析的网络数据统计分析员，擅长网络设计且具有一定文学艺术修养的尚品频道美编，对市场发展有深刻见解的编辑，等等。[11] 著名管理学家彼德·德鲁克（Peter Drucker）在《管理的实践》一书中提出，人才资源拥有其他资源所没有的素质，即"协调能力，融合能力，判断能力和想象力"。[12] 为此，新媒体联合培养基地可酌情考虑实行双专业双学位制和主辅修培养制度，强化课程改革和教学模式改革，实行模块化教学和主题教学相结合的教学体系，同时，深入培养学生企业管理方面的能力，形成本专业独有的教学特色，从而进一步拓宽复合型人才的培养路径。

三　新媒体专业联合培养基地的师资建设

（一）构建"双导师型"师资队伍

如何优化培养基地教学团队，不断扩大师资队伍，培养专业骨干导师，注重导师的专业结构、能力结构、职称结构、学历结构、年龄结构的合理性，提升师资水平，成为联合培养基地建设的头等大事。

联合培养基地要不断完善导师遴选机制，构建"双导师型"师资队伍，高校派学术型高职称导师，企业派业界精英和企业高级管理者，制定交流合作机制，共同制订培养计划，共同参与培养基地项目实施的全过程。构建分工明确，优势互补，通力合作的双师型师资团队。与此同时，不同媒介专业的高校骨干导师加入基地的师资队伍，并且聘请资深编辑或记者担任兼职讲师，扩充师资队伍。从国际经验上看，日本于 1959 年创设了"流动研究员制度"。其目的是组织产、学、官（国家行政部门所属研究机构）研究人员专门从事大型项目或跨学科领域的研究。对于离开本单位参加合作研究的人员给予比较优厚的待遇，提供研究经费、差旅费等。进入20世纪80年代后，由于科学技术的尖端化、复杂化和综合化，许多重大科研课题难以各自攻破，所以日本政府更加强调产学研的一体化，加强三者的合作研究。日本科技厅于1986年创设了官民特定共同研究制度。其目的是为加强产学研共同研究，促进科技厅所管辖的试验研究机构与民间企业等机构合作，最大限度地利用人力、物力进行研究开发。

（二）弹性多样的教师聘任机制

在新媒体联合培养基地建设中，师资力量的决定性作用是众所周知的。正如美国密苏里大学新闻学院的创办者、媒介融合专业的麦克·麦金教授所言，"媒介融合这一专业对老师的要求是很高的"，"目前没有哪一位老师能够教授学生所需要的所有的媒介技能，所以每位老师需要把自己最为擅长的技能教授给学生就可以了"。[13]

新媒体专业的复合型特点要求教师群体本身的多样化构成，有鉴于此，联合培养基地的教师聘用制度可采用中长期聘任制，短期聘任制，项目聘任制等几种形式。中长期聘任主要是为联合培养基地建设一支稳定的师资力量，较长时间内专心投入基地建设。短期聘任主要是根据阶段性要求以及兼职教师本身的工作特点，以季、月甚至周为时间单元，在较短时间内参与基地的人才培养。项目聘任制主要是围绕基地人才培养的战略性或重大项目的特殊聘任方式。根据联合培养基地的实际需要以及不同教师的身份与工作特点，弹性多样的教师聘任机制将更有效、更合理地配置师资力量。

（三）灵活务实的教师考核和提升机制

新媒体联合培养基地的教师需要进行科学化、合理化、公平化的考核，以促进教师队伍健康发展。根据导师的作业成果进行绩效考核，实行优胜劣汰的准入和退出机制，而且绩效的形式必须指标化，依据指标确定绩效。对教师采取奖惩机制，对培养基地发展，人才培养，专业提升做突出贡献的教师，则要加大奖励力度，使之拥有荣誉感，激励其他教师。当然，对于严重阻碍基地发展的教师必须加以惩处，不宜过分纵容。

在教师提升机制上，积极选拔专业理论扎实，教学管理水平高，教育科研和实践能力强的年轻教师作为重点培养对象。为导师提供机会到媒体类企业、公司挂职锻炼，丰富导师的经验和阅历。导师与企业精英之间也需加强团队协作，共同协力挑战高水平课题项目，共同推进新媒体专业的发展。同时，联合培养基地应为年轻教师们提供多种形式的可选择的培训机会，如短期培训、中期研修、长期访学，教师们可根据自身情况灵活选择培训形式，进行学习提升专业水平。针对年轻导师的授课方式可以集中授课，也可以选择专题授课，阶段授课等。此外，当前新媒体发展公认的一个重要特点就是变化快，故而有必要定期聘请国际新媒体高端人士为培养基地教师们开设讲座，开阔导师的视野，使之了解国内外新媒体的最新动态，讲座的形式也同样可以是丰富多样的，可以是前沿理论的普及性讲座，也可以是先锋实践的提升性讲座，还可以是多领域、多来源的精英与顾问型讲座。

四　新媒体联合培养基地的社会服务

著名的"威斯康星思想"引导高等教育与社会加深联系，使服务社会成为新媒体专业联合培养的重要功能之一。新媒体的重要特征是应用现代高新技术及互联网进行大规模的信息传播和舆论影响，可以说新媒体的推广在社会需求中诞生，也应通过社会服务的方式与各种软硬环境进行互动、交流和反馈。以下分别从城市、高校、企业和政府四个角度分析新媒体联合培养基地的社会服务。

（一）服务城市：与城市"互相编织"，协同发展

新媒体与城市的关系尤为紧密。现代信息传播技术的大规模应用与城市所提供的各项硬件设施以及密集的居民网络不可分割，同时新媒体作为新兴的媒介渠道也为城市提供了延伸触角、深化功能的便利条件。这方面较典型的例子是伦敦大学学院对于当地城市和社区的服务功能，在学术方面，伦敦大学学院与伦敦的合作已经到了"互相编织"的程度，许多研究都能够在取得一定成果之后被迅速地用于伦敦的各个社区，在社区合作方

面，伦敦大学学院充分利用了它优越的智力与文化资源，为伦敦的多个社区与家庭提供了教育机会与大学文化启蒙帮助，学校内有大量的学生与教工志愿者可以为社区提供服务与帮助，常年开放的大学图书馆与大学博物馆都能给公众带来良好的教育与学术体验，而公开讲座等公共活动更是能够给人们以近距离接触知识的机会。[3] 正如伦敦大学学院校长马尔科姆·格兰特所说的，科研发展应与城市连通，要让城市成为大学科研发展的舞台。[14]

具体到新媒体专业联合培养基地，其服务是多领域的，至少涵盖事业单位和社会组织等方面。无论是全国一线或是二线、三线等城市都拥有多种的文化事业单位，包括图书馆、博物馆、科技馆等，还有各种性质的商会和协会。联合基地可以依托图书馆、博物馆，通过网络数字化将海量的资源传播到全国各地乃至国际，足不出户就可以了解熟悉全国各地的图书馆、博物馆的文化与知识。国家博物馆于 2010 年 4 月 26 日正式开通新浪官方微博，故宫博物院 2011 年 1 月 1 日开通了腾讯官方微博，北京历代帝王庙博物馆于 2012 年 7 月 18 日开通了新浪官方微博，吸引了社会各界的大量关注，形成了一批"忠实"粉丝，取得了良好的宣传效果。[15] 联合培养基地将为这些场馆服务功能的提升发挥重要作用。对于分布在全国各地的商会、协会等社会组织，联合培养基地也可以依托行业协会，增加与企业的交流机会，拓宽基地建设渠道，进一步研发适合商会，协会发展的推广性微信、微博，加强相互间的沟通关联，同时形成数据库，以利于资源共享，相互协作，共谋发展。

（二）服务高校：共享资源促进新媒体专业发展

联合培养模式对于高校本身的研究和交流活动也有很大的提升作用，比如哥伦比亚大学除课堂教学之外，还积极引导教员与学生开展各类跨学科性、具有理论前瞻性与创新性，或具有重大实践应用价值的研究，并提供充分的财政与学术资源支持，引导学院教科研服务创新集群的发展，取得了丰硕的科研成果。一方面成立了近百个实验室、研究所或研究中心支持教员开展各类研究，并为全美尤其是纽约周边地区提供各类科研服务，其中包括多个全国性重点研究中心，形成了特有的教科研服务集群；另一方面积极提倡教员开展各类跨校跨国性合作研究，同时欢迎世界其他地区与全美其他高校的教员到学院作访问研究，举办各类国际性学术会议与院内研讨会，为本院师生的全球性学术对话与跨专业学术对话提供了舞台。[16]

新媒体专业联合培养基地依托高校使自身获得发展，同时也将以自身力量服务高校发展。通过联合基地的建设，将各大高校的相关专业紧密联系起来，促进了兄弟院校之间的联合，为新媒体领域的学术发展提供了交流、互通平台。通过多种形式的筹措相关资源，开展基地设施的建设，建立高水平的国家级新媒体中心，重点科研产业基地，建设共享中心，共同承担一些以市场为导向，前沿性、战略性的重点研究任务以及具有学术性和实用价值的项目，反过来也将更有利地拓展和深化新媒体领域。

（三）服务企业：企业文化传播和塑造

产学研联合培养服务企业的作用是最为显著的，比如美国麻省理工学院鼓励科研人员以现实问题为导向，跨部门和机构进行协同研究，目前有700多家公司与麻省理工学院的师生就共同兴趣进行项目合作，这其中包括很多的世界领先企业，同时该校的专利申请和授权活动很多，2012年有706项新发明，授权活动收益达1.48亿美元，另外根据2009年考夫曼创业基金会的研究，由麻省理工学院校友创立的公司有25000多家，由此创造了330万个就业机会和2万亿美元的全球销售额，麻省理工学院希望为所有的合作伙伴提供务实的解决方案，已经与同业以及其他领域的研究机构形成了数以千计的合作关系。[17]

其中，尤为突出的是联合培养模式对于小企业的孵化作用，"企业孵化器"向新企业提供各种支持性服务，为管理、技术、融资援助牵线搭桥，提供与其他专家和企业家的交流机会，促进企业发展。企业孵化器模式发源于美国，最早出现在纽约州特洛伊城。该城的伦塞勒综合工学院在斯坦福研究园和硅谷的启示下，通过建立高新技术区来振兴该城的经济，在20世纪70年代初推行了一项"培育箱计划"，扶植了一批力量薄弱的小型高新技术公司，取得了很大成功。1982年在该学院附近开发了1200公顷的土地，创建了工业创新中心，此后企业孵化器便在美国蓬勃兴起，并蔓延到欧洲。新媒体联合培养基地服务于企业文化的传播、推广，通过基地多种形式的媒体传播手段，以"专业＋项目＋服务"等建设模式，使企业文化的传播载体更加丰富，形式更加灵活，传播更加有效，有利于企业文化的继承推广和创新发展，同时还起到对外宣传的作用。

当下有的联合培养基地为大中小型企业研发专业性领域性更强的门户网，如，企业手机报、企业微信等，企业的报纸、杂志、广播、电视等自办媒体，与企业共建、共享、共赢，对企业的品牌声誉和扩大影响将起到良好的效果。作为企业文化的重要平台和窗口，一方面承担着塑造传播、弘扬企业文化的责任；另一方面本身又是企业文化建设的重要内容，多年来对企业的文化建设产生着重大而深远的影响。[18]

（四）服务政府：推动社会治理创新

新媒体联合培养基地服务于政府的公信力的传播，在基地通过技术手段对政务信息的公布、发表进行筛选，尽量将不和谐的信息消灭在萌芽状态，维护政府形象，有利于社会稳定、人民安全。

新媒体联合培养基地也可以促进群众参与政府决策，献计献策，发表见解，便于政府了解百姓对社会热点问题的看法，促进政府政策推广实施的民主化、科学化。开发政府、民众互动，聆听民意的新渠道，推动"互联网＋政务"的建设。据新华网《2014 年全国政务新媒体发展研究报告》统计，截至 2014 年底，全国政务微博认证账号 27.7 万个、政务微信 1.7 万个，包括政务微博、政务微信、政务 APP（简称"两微一端"）在内的政务新媒体，已成为各级政府部门发布权威信息、加强政民互动、引导网络舆论的一个重要组成部分。[19]提升了社会治理的民主化公开化的水平，对于决策机制的制定起到了举足轻重的作用，同时还对政府各职能部门起到了良好的监督作用，成为推动社会治理创新的重要力量。[20]新媒体联合培养基地依托高校，往往具有较好的正确导向，又拥有一大批优秀人才，加之与企业紧密联系，在参与社会治理中具有不可低估的独特优势。

（作者单位：华东师范大学设计学院）

[本文获上海市研究生教育学会研究课题"专业学位联合培养基地的建设模式与面临问题及创新路径研究"（课题编号：ShsgeY201704）资助。]

注释

［1］孔建益，顾杰主编．提高人才培养质量与高等教育教学改革研究［M］．武汉：湖北人民出版社，2012．

［2］张忠家，黄义武．产学研合作提升人才培养质量研究［M］．北京：教育科学出版社，2014：7．

［3］伦敦版块［EB/OL］．伦敦大学学院官方网站．http://www.ucl.ac.uk/london.

［4］温静，黄伟九，罗云云．产学研联合培养研究生的模式研究［J］．中国电力教育，2009（3）：19 − 20．

［5］张芹，黄宏．高校网络和新媒体传播专业人才培养模式分析［J］．黑龙江社会科学，2007（3）：185 − 189．

［6］卞地诗．美国的新闻硕士教育对我国媒介人才培养的启示［J］．学位与研究生教育，2008（11）：65 − 68．

［7］匡文波，孙燕清．美国新媒体专业教育模式分析及对中国的借鉴［J］．现代传播（中国传媒大学学报），2010（8）：110 − 113．

［8］燕道成．新媒体与信息网络专业人才培养的策略创新［J］．湖南师范大学社会科学学报，2013，42（5）：138 − 144．

［9］郭德侠，吴豪伟，宁晓钧．高校联合培养研究生的成效、问题及协同创新［J］．北京科技大学学报（社会科学版），2014，30（2）：100 − 105．

［10］路军，陈玮，孙仙娇．新媒体时代大学生媒介素养的培育和提升［J］．湖南社会科学，2013（s1）：195 − 196．

［11］张嘉静．传媒业人才资源与培养模式［J］．新闻爱好者月刊，2011（9）：112 − 113．

［12］武海峰，牛勇平．国内外产学研合作模式的比较研究［J］．山东社会科学，2007（11）：108 − 110．

［13］付晓燕．媒介融合下的美国新闻业和新闻教育变革——访美国密苏里新闻学院媒介融合项目创始人迈克·麦金教授［J］．新闻与作，2009（8）：25 − 28．

［14］伦敦大学学院校长：让城市成大学科研发展舞台［N］．中国教育报．2014 − 3 − 8．

［15］姜楠．当前新媒体在博物馆社会服务中的应用［C］．决策论坛——如何制定科学决策学术研讨会，2015．

［16］哥伦比亚大学词条［EB/OL］．维基百科．http://en.wikipedia.org/wiki/Columbia_university.

［17］麻省理工学院官方网站．http：∥www. mit. edu/.

［18］孙克忠．浅析新媒体服务企业文化创新发展［J］．企业文化旬刊，2014
（5）：11－12.

［19］2014 年全国政务新媒体发展研究报告［EB/OL］．中国在线．（2014－12－26）.
http：∥www. chinadaily. com. cn/dfpd/bj/2014－12/26/content_19174158. htm.

［20］李剑利．社会治理创新视角下政务新媒体发展探析［J］．中共石家庄市委党
校学报，2016，18（2）：43－45.

创新与变革：转型语境下的中国舆论学研究

——第二届中国舆论学年会综述

于倩倩　张奕民

摘　要　伴随着改革转型步伐的加快，舆论环境的和谐对于社会稳定的重要性日益突出。在转型这一语境下，中国舆论学研究也展示出创新与变革的姿态，以顺应媒介环境与社会需求的变化。2017 年 11 月 25～26日，第二届中国舆论学年会顺利召开，本届年会呈现了跨学科、务实性、多元化、国际化等特征，涌现了许多优秀的舆论学研究成果，这些成果对现代化转型阶段的社会治理与舆论引导具有一定的指导意义。

关键词　创新　转型　舆论学　综述

Innovation and Reform：Chinese Public Opinion Research in the Context of Transformation

—A Summary of the Second Chinese Association for Public Opinion Research（CAPOR） Annual Conference

Yu Qianqian　Zhang Yimin

Abstract　With the accelerated pace of reform and transformation, harmonious public opinion environment is becoming more and more important to the stability of our society. In the context of transformation, Chinese public opinion research also shows the attitude of innovation and reform in order to adapt to the changes in the media ecology and social needs. From November 25th to 26th, 2017, the second Chinese Association for Public Opinion Research （CAPOR）

Annual Conference was held successfully, with interdisciplinary, practical, diversified and internationalized features, and a lot of excellent public opinion research findings have sprung up which present us its use for reference in social administration and guidance of public opinion field on the stage of modernization.

Keyword Innovation；Transformation；Public Opinion；Summary

当前中国步入现代化转型阶段，社会改革进入攻坚深水区。在这样的时代语境下，舆论学研究的对象和需求也发生了相应变化，出于社会管理和商业发展目的的舆情监测机构[1]应运而生。现阶段的舆论学俨然成为一门"显学"，中国舆论学学科体系的建设与研究问题的深化要与历史进程同步，与人民需求同步，以适应社会对舆论学发展提出的新要求。为了加强学界、业界对舆论学重大问题的探讨，2017 年 11 月 25～26 日，由中国新闻史学会舆论学研究委员会、河南大学共同主办的第二届中国舆论学年会在河南开封顺利召开。此次年会分别由 14 场嘉宾演讲、8 个分论坛演讲组成，内容囊括"学科建设与人才培养""舆情预测与研究方法""官方舆论场与政治传播""社会治理与舆论引导""跨文化传播与国际舆论"等主题，百家争鸣，讨论热烈，多位学者、专家紧密围绕舆论学这一核心关键词进行深刻探讨。

一 舆论学学科建设与人才培养

中国舆论学的学科建设尚处于初级阶段，仍然需要学界、业界的共同探索与努力。目前，我国舆论学的学科发展已经取得了一定成果，部分企业和高校开始尝试进行舆论学人才培养模式的创新，舆论学领域的交流与合作也正在逐步加强，随着国家层面在舆论学研究与学科建设方面的持续投入，舆论学学科将成为更有潜力的重要学科。

舆论学的学科建设还走在前行的半途，[2]我国舆论学的发展需要聚合多学科、多领域的舆论学研究工作者的思路、视角、方法与成果，形成专门的舆论学研究、合作平台。[3]中国新闻史学会舆论学研究委员会会长、上海交通大学媒体与设计学院谢耘耕教授重点介绍了当前我国舆论学学科建设的初步成果，以及中国新闻史学会舆论学研究委员会取得的最新进展。来自全国的舆论学研究者们积极响应舆论学会组织的各项论坛与年会活动，促进了舆论学领域的学术交流，舆论学研究委员会被授予 2016 年度优秀二级学会称号并成功设立了"舆论学学会奖"。他表示，日后可以通过会议、论坛的方式加强研究合作，凝聚力量，碰撞智慧，为实现中国舆论学学科的健康发展共同努力。

舆论学人才培养系统的建立是学科建设的重要一环，也是加强舆情处置和舆论引导能力的重要手段之一。大河网总经理高亢认为，传统的舆论学教学方法仍停留在"教师讲授理论 + 学生记忆 = 高分"的应试模式，未必适应社会的需求，这与当前新闻传播学人才培养面临的问题如出一辙。体验式教学将更加利于学生最大限度地了解选题、事前准备、联系受访者、拍摄和后期制作等各环节，他提出了强调教育环境的真实场景化与流程化的"爱媒"（Imedia）全媒体采编实训平台[4] 的培养模式，这一平台的终极目标是将学生打造成记者、编辑、美工、广告文案、产品运维和舆情分析师多角色融合的全能型人才。

国家投入是学科建设和发展的重要支持，中南民族大学陈明对 2007 年至 2016 年十年间国家社会科学基金中的舆论、舆情相关项目进行了研究，结果显示，新媒体舆情、突发事件舆情、边疆民族地区舆情的研究热度较高，媒体舆论引导、舆论战或舆论斗争等研究次之。但是，舆论修辞、台湾及两岸舆情、境外（国际）舆论和舆情等研究领域的投入需进一步加强。另外，成果转化率较低是这些项目的短板，多数研究成果的理论偏向明显，实操性较弱。他建议成立专门的成果转化（促进）机构，以加大成果转化扶持力度，提高成果转化率。

二　大数据舆情预测与舆论学研究方法

海量网络数据的存在为舆情监测提供了依据与线索，受众可以通过大数据被感知、被预测。我们不仅可以借助语义分析技术捕捉互联网用户的情绪与情感变化，了解他们对某些社会现实的态度与看法，还可以利用专业化的舆情预测工具对网络舆情进行实时监控，保证互联网公共空间的稳定运行。需要警醒的是，网络数据的群体代表性难以涵盖全部受众，预测的偏差需要加入考量。

"连接"是大数据的最终目标，网络世界里的数据资源能够实现对现实社会的标签式解读，我们可以利用大数据分析数据网络的每一个节点，而回应受众的情感需求是"连接论"的关键。大数据可以反映网民舆论，清华大学新闻与传播学院沈阳教授将大数据的逻辑概括为20个字——感知风险，解决问题，建立连接，预测未来。这意味着舆论也是可以被预测的，需要注意的是，预测的过程要对网络数据与客观现实之间的匹配程度进行甄别，水军、人工智能、机器咨询等都可能使得我们对舆论的评判产生偏差。

网络数据构建了移动互联时代的新语义空间，对语义空间的合理利用，可以了解数据背后的受众情绪与态度，对于了解网络舆论环境具有指导意义。河北大学任瑞娟教授引入计算机领域的"本体"（Ontology）概念，指出：网络语义空间的情感本体非常复杂，需要充分关联数据，而连接数据与本体的关键则有赖于语义技术的深度发展。情感本体的顶层概念是情感类别，可以划分为正面、负面和中性三大类，在三大类下设置更细致的子类目，这是目前情感词典的常见建构方式。由于涉及相关领域的情感词之间的概念和关系，情感本体的构建是一个需要在长期使用中逐渐完善的复杂过程。

面向网络数据空间的舆情预测工具的研发一直是舆情研究的重点和难点。中国人民武装警察部队学院夏一雪等认为，互联网环境中的海量数据交织、碰撞极可能导致信息异化现象，从而衍生出网络谣言、网络暴力等问题，进而威胁网络空间安全。他们定性分析了大数据环境下网络舆情信息异化机理，将网络舆情演化机理模型拓展为信息异化控制模型；连芷萱、夏一雪等则针对突发事件衍生舆情引导不及时的问题，通过实际数据作为标准值计算了改进的 logistic 模型、指数平滑法模型和灰色 GM（1，1）模型三种模型的预测数据的灰色相关系数，并据此进行赋权，得到适用于衍生舆情数据的组合预测模型。

清华大学方伟和金兼斌认为，文本一直是舆情研究中的重要数据来源，社交媒体则为民意调查者提供了超乎想象的海量数据。与此同时，也出现了越来越多的软件可以被用于访问和分析大规模数据。目前，通过从脸书（Facebook）、推特（Twitter）和新浪微博等社交媒体中提取文本数据来研究舆情，在舆论学研究者中受欢迎程度颇高。他们指出目前的舆情研究面临着巨大的挑战，大数据作为样本具有较大的采样偏差，社交媒体上的用户似乎不代表总体人群，而且很多研究是基于政治功用和社会目的而进行的，研究结果的客观性有待考究。另外，"黑箱"方法在传播学学者的研究中很常见，但其细节性、透明化详细说明的缺乏会直接影响研究的有效性。

三　与时俱进的官方舆论场与政治传播

随着互联网技术向社会生活各方面的渗透，官方舆论场也发生了技术推动下的现代化转变，媒介融合趋势在主流媒体领域成为必然，自媒体官方平台建设如火如荼，各种政治微传播作品陆续问世。同时，社交媒体的发达拉近了官方、民间舆论场之间的距离，这一变化要求国家在塑造公共形象时需要学会避免"完美"，力求"真实"，拉近与民众之间的距离，通过亲近而有效的沟通、互动，实现良好的官民"关系"。对于如此活跃而多变的互联网舆论空间，必须充分意识到舆论安全的重要性，并在实践中不断推进舆论安全工作。

主流媒体作为舆论场的核心发声机构，无一不顺应媒介融合的大趋势。浙江大学新闻与传播学院院长韦路教授以浙江的省、市、县级的主流媒体为对象对媒介深度融合这一议题进行了研究。他指出，地方主流媒介融合发展势头整体良好，并取得了一定的成果，但仍存在"发展不均衡、合理难形成、自主研发弱、资金缺口大、人才队伍弱"五大困境，并提出了"战略合作联盟、加强自主创新、形成共管合力、缓解资金压力、优化人才结构和深化体制改革"的六大解决方略。

自媒体平台是舆论场的重要发声平台，国务院国资委新闻中心主任助理、《国资报告》杂志副总编闫永通过个案分析剖解了当前政务自媒体的转型与创新趋势，他着重强调了内容和服务在政务自媒体运营过程中的重要性，从市场的角度分析了目前政务自媒体所面临的供求关系的转变。政务自媒体转型可以朝四个方向努力：第一，理念转型，实现以人为本的人格化传播；第二，组织转型，实现关系链的重构；第三，传播转型，实现由受众需求驱动的智能化服务；第四，话语模式转型，实现内容的创新表达与供给侧改革。

内容生产是官方舆论场构建过程中的重要环节。人民网舆情监测室常务副秘书长单学刚通过对《将改革进行到底》《大国外交》等系列政论片的数据分析，展示了政论片在移动互联模式下的新发展，解读了新时期的政治微传播。Flash短片《领导人是怎么炼成的》以及《十三五之歌》等作品得到了广大网友的认可，是目前移动互联时代较为成功的政治微传播内容。政论片是官方舆论场的一种重要声音，政治传播的重要形式，但不是唯一方式，更不是最终形态。未来的政治微传播需要立足群众需求，利用移动互联的优势，生产更多"短小精悍"的传播作品，逐渐打破原有传播格局的局限。

重庆工商大学艺术学院院长殷俊教授，重庆广播电视集团人力资源中心副主任、长江传媒学院副院长朱洁代就敏感舆论场中公共形象的调试和维护作了专题演讲，演讲指出：良好的公众需要挣脱"完美"的枷锁，力求真实。公共形象面临挑战，高大全的形象塑造会导致失真，使受众产生审美疲劳，甚至产生负面效应。我们需要承认"不完美"的合理性，要允许"过失"以及"错误"的存在，切记不能无限拔高，在明确形象定位的同时，要贴近大众，扎根社会生活，塑造"真实"的公众形象。

舆论安全是确保意识形态安全的首要问题，也是国家总体安全的重要组成。海军大连舰艇学院阚延华教授等对习近平总书记在舆论安全领域的思想和主要实践进行了细致总结：舆论安全事关大局和人心，必须高度重视、全局谋划；舆论引导要围绕中心、服务大局，巩固壮大主流思想舆论；舆论斗争要增强主动性、掌握主动权，增强国际话语权；网络舆论是关注重心，必须掌握网上舆论的领导权、管理权、话语权。面对舆论威胁，必须保持头脑清醒、强化底线思维，有效防范、治理国家安全风险，有力应对、处置社会安定挑战。

西北民族大学卢毅刚副教授重点研究了网络舆论中社会关系的结构与赋权，并尝试建立了网络舆论生态新的原力结构模型。该模型强调"关系赋权"，认为舆论是建立在"关系"之上的。原力结构模型的舆论生态框架下的舆论管理，一方面要培养公众对社会事件"敢说""愿说"的主人翁意识，另一方面要加强相关部门的正面应对能力，"不遮掩"，让传统媒体的声音与网络观点融合、交互，实现舆论场域间的和谐共处。

西安交通大学陈强在分析87份政策文件和访谈6名相关政府职员的基

础上，发现政务微信成为政府解决实际问题的重要工具，政务微信政策对不同维度的关注情况具有差异，较为注重内容审查、内容范围和人力资源等方面的规范而较少关注内容存档、财政资金、账号注销和内容获取性等。而政策制定受到规范性压力（上级行政命令）、政策学习和需求导向的影响。

四 融媒时代的社会治理与舆论引导

舆情并不等于与舆论，舆情研究为舆论引导提供现实指导。当前网络环境下，我国舆情出现了地域转移、反转频发、网络意识形态线上线下联动、泛娱乐化等新特征，智慧政府要能够充分捕捉到舆情领域的新变化，逐渐完成政府舆情工作的现代化转型。在相应的舆论引导工作开展中，要积极借鉴心理学、社会学等相关领域的研究成果，关注舆情事件背后的针对研究微博、微信等不同网络平台的传播特征，根据具体情况"对症下药"，从而实现精准、有力的社会治理。

融媒体时代的来临，随着舆论主体多元化、媒介环境复杂化，我国的舆论场域愈发复杂多变，[5]社会治理和舆论引导要充分考虑时代背景下的舆论场域的变化。南京大学丁柏铨教授专门对"舆论"和"舆情"的概念差异、二者关系作了深刻的辩证解读，他认为目前对于舆情的定义存在随意性现象，舆情更多的是一种民意，不可与"舆论"等同、混用。他特别指出在研究的写作过程中，应该区分好二者之间的异同。舆情可能仅仅显示部分态度和观点，它的表象下可能暗藏情绪，长期的情绪积累可能演化为舆情甚至形成舆论，这对社会治理来说是危险的。所以，长期而持续的舆情研究是实现有效舆论引导的一项基础性工作。

国家大数据专业委员会秘书长彭铁元指出，新时代的政务舆情出现了"北漂"迹象，反转现象频发，政治化、境外关联化等特征明显，作为智慧政府的重要体现，舆情工作应该从维稳向维权转变。对此，要实现舆情工作由线上监测向线下协商的转变，第一时间回应与正确处置政务舆情，这不仅可以提高群众的"获得感"，也利于政府形象的塑造与提升。此外，舆情研究也需要由个体舆情事件研究向舆情规律研究转变、舆情工作要从舆情问政到舆情理政转变、舆情监测方向要从为政府机构服务向为社会服务转变。

中国社会科学院新闻研究所研究员黄楚新从公共管理的视角对当前的网络意识形态作了解析：当前我国网络意识形态存在网上、网下联动的新趋势，网络环境中充斥了各种意识形态隐患。因此，网络意识形态安全问题是国家治理的一个不可忽视的向度，要在法制化管理的框架下，紧抓网络内容建设，落实好群众路线，从而降低网络意识形态风险。

网络舆论的娱乐化趋势明显，需要警惕网络舆论生态泛娱乐化的负效应。[6]河南大学新闻与传播学院传媒研究所所长李勇教授着眼于"娱乐"的视角对民间舆论场进行了剖析。民间舆论场惯于通过娱乐的话语表达自己的态度，其背后隐含着意识形态的价值诉求，当体现在民间舆论场中，娱乐便演化成一种柔性对抗的方式。一方面，人们用幽默的方式表态，缓和气氛，具有一定积极的社会意义；另一方面，如何巧妙化解"娱乐对抗"带来的舆论压力，值得深思。

跨学科研究为当前舆论环境下的社会治理提供了新的视角。江苏警官学院刘彬副教授以泸州学生坠亡事件为例，借用心理学合理情绪疗法中的ABCDE理论来阐释舆情的发展及演变过程。ABCDE理论强调：人们不良行为的诱因不是外部诱发事件本身，而是由个体对这些事件的评价和信念所造成的。在这一理论视角下，政府部门在事件处置时更应该关注群众的认知和情绪，了解民众对政府的不信任原因，并有针对性地对这些不合理信念做出相应心理疏导，改善人们对社会和政府的认知。

北京大学王登丰、季佳歆、赵冰选取了2009～2017年的16起代表性表演式抗争案例，从技术、内容和体制分析了媒介逻辑如何贯穿其中。研究指出，艺术化框架搭配诙谐戏谑框架、艺术化框架搭配媒介主动使用、违反秩序搭配诙谐戏谑框架、单独采用违反秩序框架、悲情框架搭配主动使用媒介是表演式抗争成功的五大路径，创新型（以艺术化表达、诙谐戏谑为内容框架赢得媒介技术和媒介体制支持的抗争方式）和补充型（通过违反秩序、悲情等传统内容框架辅以艺术化表达、诙谐戏谑，赢得媒介技术和媒介体制支持的抗争方式）是表演式抗争的两大核心类型。研究结论强调，媒介逻辑对于抗争的影响是过程性的，融入于抗争过程始终。

黑龙江大学李钟隽利用内容分析法，对微信中的信息扩散特征进行了提取和分析，提出节点转发信息的概率模型。研究显示，转发行为是微信朋友圈中用户实现自我表达与社会认同的最主要行为。从信息的扩散角度，在微信这一社会网络中，被感染节点的疏密并不以信源为中心形成规律，一般不会形成急剧的爆发或快速地衰减；从社会控制角度，控制传播手段不宜采用逐点查删，效率极低。因此，微信治理不宜依赖社会控制力，采取硬控制，更应依赖社会心理、社会风俗、道德、信仰和信念等进行软控制。

五 舆论研究的国际视野与跨文化传播

全球化进程加快，我国必须充分客观而清晰地了解国际舆论界对中国的看法与态度，进而制定具有针对性的国际化传播方略，塑造有利的国际舆论环境。第一，通过研究国外主流媒体的相关报道与评论获取国际社会对中国举措的评价，获取制定国际传播策略的相关思路；第二，通过主动地跨文化语境传播实践逐步提升我国的国际传播能力；第三，借鉴国外舆论学研究的发展路径，深化我国舆论学研究内容、改进研究方法。

国际舆论是全球各国社会思想态度的直接反映。[7]"国际舆论研究"议题下，"一带一路"是研究热点之一，中国传媒大学方格格基于语料库进行媒介话语分析，以 2016～2017 年中外关于"一带一路"的 40 篇报道为研究对象，对比了国内外媒体"一带一路"倡议的传播效果差异。研究发现，外国媒体普遍赞同"一带一路"倡议的正确性以及可行的经济合作设想。值得一提的是，对比国内外报道可以发现，当外媒对"一带一路"提出质疑时，我国媒体能够及时作出正面回应，力图打消对方猜疑。这种积极的传播态度与应对行为是我国国际传播进步的有力证明。

上海外国语大学文三妹以跨文化传播为视角，重点分析了《一带一路》纪录片中的国家形象塑造问题。由于语境差异，中国的文化输出常遭遇文化折扣现象，《一带一路》纪录片以跨语言的呈现方式、跨国别的题材内容、跨民族的人物故事和关注人类共同发展命题的优势取得了良好的传播效果。在叙述策略上，《一带一路》纪录片从人的角度出发，立足于多元受众，用国际化的叙事技巧来讲故事，将国家文化融入具体的事物中，以小人物的故事塑造中国的大形象。这种成功的形象塑造策略对于提升国产纪录片的国际沟通能力，提升国际影响力无疑具有重要的意义。

　　天津外国语大学赵曌以《人民日报》和《纽约时报》为例对比研究了中美对"全面二孩政策"的媒介呈现。由于意识形态和价值观念的差异、新闻里面的不同以及外媒对中国国情缺乏正确认识，《人民日报》和《纽约时报》对中国"全面二孩"政策的报道存在明显的差异。对此，我国媒体需要积极借鉴故事化叙事手法，从民众需求出发，关注医疗、教育、养老等多个相关议题，增加政策报道的深度。同时，要不断提高国际传播能力，对于外媒误解，要主动、及时澄清，掌握话语权，将中国的实际国情和政策环境准确地传达给国际受众，塑造有利的国际舆论环境。

　　在中美外交的关系格局中，舆论共同体的建设具有迫切性，这种迫切性也体现在我国公民海外遇险后的舆论护权中。苏州科技大学李斌副教授以章莹颖事件为例对我国公民海外遇险后的舆论护权机制进行了研究。我国公民海外遇险遭遇到的舆论困境主要包括舆论忽视、舆论偏倚与舆论偏见等。对此展开的舆论护权需要建立在舆论共同体基础之上，即舆论护权需要跨越国别、跨越文化，寻求认同，引导国内外舆论声音对我国公民的协同支持，为我国公民在海外的利益维护打造良好的舆论环境。

　　借鉴参考国外舆论学的研究成果，是推进国内舆论学研究的有效路径之一。中国传媒大学唐远清和吴晓虹对美国《舆论集刊》2015～2017年发表119篇论文为分析对象，梳理了美国近三年舆论学的研究图景。研究发现，美国舆论学近三年的研究热点主要集中在调研方法及效度的研究，之后依次为政治层面、社会层面、态度、心理及行为层面、互联网与媒体层面及文化层面。与国内研究相比，美国舆论学更注重在微观层面，如态度、心理与行为等方面的研究，选题广泛而精细，值得国内舆论学界关注及借鉴。

（作者单位：于倩倩系上海交通大学人文艺术研究院博士研究生；
张奕民系上海交通大学媒体与设计学院硕士研究生）
　　［本文为国家社科基金青年项目"网络公共事件中政府舆论传播的受众反向认知"（项目编号：16CXW022）、国家社科基金重大项目"大数据环境下舆情分析与社会治理创新研究"（项目编号：14ZDB167）成果之一。］

注释

［1］潘佳宝，喻国明. 新闻传播学视域下中国舆论研究的知识图谱（1986 – 2015）——基于文献计量学的研究［J］. 现代传播（中国传媒大学学报），2017，39（9）：1 – 11.

［2］丁和根. 舆论学理论研究的深化与拓展［J］. 新闻大学，2017（5）：1 – 7.

［3］谢耘耕，万旋傲. 关于中国舆论学知识体系建设和人才培养的思考［J］. 新闻大学，2017（5）：8 – 13.

［4］校媒联合的新尝试——"爱媒"全媒体采编实训平台正式上线［EB/OL］. 大河网新闻报道.（2018 – 01 – 17）. https：//news. dahe. cn/2018/01 – 17/256564. html

［5］乔睿. 突发公共事件中的多元舆论场互动机制研究——基于"8·12"天津港特大爆炸事故的实证分析［J］. 新媒体与社会，2017（1）：216 – 228.

［6］高如. 警惕网络舆论生态泛娱乐化的负效应［J］. 毛泽东邓小平理论研究，2017（8）：66 – 72.

［7］万旋傲，刘璐. 新时期的中国国际舆论生态：前沿议题与动态走向——首届中国国际舆论学年会暨海丝国际舆情研讨会综述［J］. 新媒体与社会，2017（1）：123 – 132.

个案研究

"行为戏剧主义"理论视域下历史事件政府道歉策略分析

——以美国政府就"塔斯基吉梅毒实验"事件道歉为例

甘莅豪

摘　要　勇于对历史事件道歉是国家执政文明的一种表现。美国、澳大利亚两国政府多次借用对历史事件道歉产生的戏剧性象征意义,有效地提升了自身的国内国际形象。本文采用建构性话语分析视角,运用"行为戏剧主义"理论框架,探讨了1997年美国克林顿政府就"塔斯基吉梅毒实验"精心建构的道歉话语,发现了政府针对历史事件道歉的一些基本原则:慎重原则;最高价值原则;五要素原则。而五要素原则又包括一些次准则,比如动机选择的"和解原则",场景选择的"平衡原则",身份选择的"配合准则",话语选择的"14策略原则"和"原型叙事原则",时间选择的"借势原则"。

关键词　建构性话语分析　行为戏剧主义　政府道歉　历史事件　塔斯基吉梅毒实验

Analysis of Government Apology Strategies on Historical Events from the Perspective of Behavioral Drama Theory: Taking U. S. Government Apologizes for *Tarski's Syphilis Experiment* as an Example

Gan Lihao

Abstract　Apologizing for historical events is a manifestation of the state's ruling civilization. The American and Australian governments have borrowed dramatic symbolic meanings repeatedly from apologies for historical events to enhance their image at home and abroad effectively. This paper discusses on the Clinton government apology discourse on "Tarski Kyrgyzstan Syphilis Experiment" of 1997 who carefully constructed from the perspective of constructive discourse analysis on Behavioral Drama Theory. The study found some basic principles of government apologizing for historical events: prudent principle, the highest value principle and the five element principle which includes some sub criteria- "reconciliation principle" in motivation choice, "balance principle" in scene choice, "coordination principle" in identity choice, "14 strategy principle" and "prototype narrative principle" in discourse choice, and "borrowing potential principle" in time choice.

Keyword Constructive discourse analysis, Behavioral dramism, Government apology, Historical events, *Tarski's Syphilis Experiment*

一　引言

20 世纪以来，国家形象越来越成为国家软实力的重要组成部分，不少国家、政府和首脑频繁通过电视、报纸、互联网就历史事件进行道歉，以期重新修复自身在国内和国际的不良形象。从议题上看，这些道歉行为主要体现在两方面：一方面，针对国内不公正政策和行为道歉。这些道歉行为主要出现在美国和澳大利亚两国，其主要道歉对象为国内少数民族或少数群体，比如，美国 1988 年就二战时期将日裔美国人关进集中营进行道歉和赔偿；1997 年美国政府就"塔斯基吉梅毒实验"向黑人道歉；2006 年对曾经的黑奴制向非裔美国人道歉；2009 年对美国两个半世纪的奴隶制度道歉；2010 年再次对印第安人的不公平待遇道歉；2011 年 10 月 6 日和 2012 年 6 月 18 日，美国国会参议院、众议院分别以全票通过《排华法案》道歉案，就 1882 年制定的这项歧视性法案向全体美国华人致歉。2008 年 2 月 13 日，澳大利亚总统陆克文也就"被偷走的一代"进行道歉；2016 年 5 月 24 日，澳洲维州州政府还就歧视性法案向同性恋者道歉。2018 年 4 月 22 日，加拿大温哥华市长罗伯逊就歧视华人历史正式道歉。另一方面，针对国际不人道行为道歉，比如，1970 年德国总理勃兰特就二战罪行向犹太人进行道歉；1993 年美国政府就派兵支持推翻夏威夷原住民王朝道歉；1993 年伊丽莎白女王对新西兰毛利人道歉；2002 年朝鲜金正日就绑架日本人质事件向日本道歉；2010 年奥巴马就危地马拉"梅毒"事件道歉；2015 年日本内阁总理大臣安倍晋三向韩国慰安妇道歉。

虽然这些道歉行为的背景、动因、目的和效果皆不相同，但是都引起了学界、政界和公众不同的评价，也都面临着任何政府在公众领域的道歉行为可能造成的各种悖论问题。[1] 由于 1997 年美国克林顿政府就"塔斯基吉梅毒实验"道歉的文本最为完善，且该道歉行为的事先准备和原因在各种访谈资料和记者报道中披露最为完善，因此，本文希望从建构性话语分析视角考察并分析该道歉事件，并借此提出政府针对历史事件道歉的一些基本原则。

二 行为戏剧主义理论：从批评性话语分析转向建构性话语分析

批评性话语分析起源于 20 世纪 70 年代的批评语言学，在后现代主义思潮影响下，其将社会批评理论与语言分析结合起来，逐渐成为跨学科的方法论研究领域。早期梵迪克（Van Dik）的社会认知学派，沃达克（Wodak）的话语历史学派，费尔克拉夫（Fairclough）的批评实在论和奇尔顿（Chinton）的认知政治话语分析皆致力于揭示话语中隐含的意识形态和权力的不平等呈现。随后，由于批评话语分析对权力因素所作的批评过多，向人们展示了一个可怕的世界，很容易使人丧失信心，克雷斯（Kress）提出话语分析应该从解构走向建构，应该告诉"设计者如何根据自己的兴趣，分配表征符号资源，塑造未来"。[2] 马丁（Martin）在他的启发下，提出积极话语分析，致力于寻找具有积极倾向的文本，并揭示该文本中隐含的各种积极意图，比如分析人们如何通过话语推动社会进步，如何实现社会和谐、人类平等等议题。[3]

实际上，克雷斯的话语不仅预示了积极性话语分析的可能性，也暗示了建构性话语分析可能性。也就是说，证明既有文本中的积极意图，进行积极性话语分析，只是话语分析工作的第一步，其还不够完全。话语分析还应该进行第二步分析，即通过第一步分析，寻找话语策略，提出适应社会新需要的话语规则，重新建构新的话语文本，从而在话语实践基础上寻找社会问题的解决方案，促进社会进步和发展。

简而言之，建构性话语分析的分析逻辑应该如下：优先确定话语的价值、意图和意识形态。任何文本都是权力建构的文本，而意识形态决定如何划分权力，以及这些权力被运用到在哪些目的上。与批评性话语分析通过分析文本揭示意识形态不同，建构性话语分析首先确定言说者的意识形态和话语意图，其次寻求符合话语意图、话语价值和话语意识形态的文本，再次分析该文本为了实现该意图使用了哪些话语策略和遵循了哪些话语规则。最后在未来出现类似案例的时候，运用这些话语策略和规则建构文本，在实践中重新对这些规则进行检验，并逐渐完善。总之，与批评性话语分析重视"分析"，擅长把整个语篇分解成一个一个语言符号不同，建构性话语分析旨在"组装"，其探究言说者如何根据自己意图，把一个一个语言符号和语言使用的语境要素拼合成一个语篇。与批评性话语分析核心目的在于"揭示"，旨在通过话语分析，揭示话语后的意识形态和权力关系不同，建构性话语分析核心目的在于"实现"，其旨在通过话语实践实现言说者的意图或者某种社会语体或者文体。

建构性话语分析可以基于语言学各种理论，比如系统功能语言学、修辞学、语音学、语法学、语义学和语用学等灵活对话语进行分析，寻找特定社会话语现象中的话语规律。本文尝试建构"行为戏剧主义"分析框架，对人际交往中的各种"言语行为"进行分析，其内涵如下。

（一）以"言语行为"为分析的核心对象

根据英国语言哲学家奥斯汀提出的"言语行为"理论，语言不仅是反映世界的符号，而是一种建构世界的行为。胡范铸将该理论拓展到修辞学领域，并将"言语行为"定义为：主体是在一定的人际框架和语境条件中，根据自己的意图，结构出一个语篇，借助一定的媒介，使得另外的行为主体做出有关联的反应的这样一种游戏。[4] 根据该定义，道歉行为、威胁行为、请求行为、谎言行为、新闻写作行为、会议行为、广告行为和新闻发言行为等都属于"言语行为"，它们一方面要依据世界建构话语，另一方面又通过话语重塑世界。

（二）根据戏剧五要素进行分析"言语行为"

与批评话语分析探讨话语和社会互动的关系不同，建构性话语分析在

组装话语,实现言说者目的时,不能局限于对话语进行分析,[①] 还应该探讨言说者的动机、身份、场景和时机。具体如下:

动机:分析言说者需要满足哪些意图,以及希望达到何种效果。

话语:分析言说者如何设置议题,如何设置争议点,如何设置论辩结构、如何建构故事情节等。

角色:分析言说者如何挑选言说者身份,如何让不同身份的角色配合,如政府科层制工作人员之间的配合,媒体和政府之间的配合,意见领袖和政府的配合,受害者和政府的配合等。

场景:分析言语行为的社会、历史和国际背景;分析言说者如何挑选行为发生的地点和媒介。

时间:分析言说者如何把握言说的时机、频率和时间。

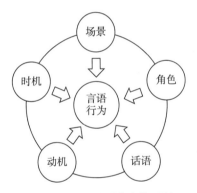

图 1 "行为戏剧主义"理论

值得注意,五要素之下的要点还是可以进一步分析的。比如话语要素下就涉及"争议点"理论。而"争议点"理论在西方修辞学中一直是主流理论。比如,赫尔玛格拉斯将"事实""定义""品质""程序"确定为修辞发明的四大争议点。"事实争议点",指围绕事实认定发生意见冲突。"定义争议点"指围绕事情或者事件的属性和界定发生意见冲突。"品质争议点",指围绕对事情和事件的归因、看法和评价发生意见冲突。"程序争议点"是围绕处理该事情和事件的程序和标准发生意见冲突。

---

① 话语在话语分析中一直有两种理解,一种是宏观意义上的话语,指社会或者文化中弥漫的思维、评价、行动和交流的方式,另一种是微观意义上的话语,仅指具体言说的话。此处指第二种。参见保罗·吉《话语分析导论:理论与方法》,重庆大学出版社,2015。

（三）根据分析结果，结合具体案例，总结出"言语行为"的规律和原则

"言语行为"是一种游戏，其具有游戏规则。根据塞尔对"言语行为"规则分类，规则分为"构成性规则"和"策略性规则"。"构成性行为规则"区分了不同"言语行为"之间的边界；"策略性规则"则影响了"言语行为"的效果。

虽然修辞学大师昆提利安对抽象出来的一般性规则对修辞作为一门实践和一个领域究竟用处多大持怀疑态度，对严守教条、循规蹈矩地照章办事更是坚决反对，但是作为一门学科理论，从实践中总结规则，并在下一次实践中提供启发，却也存在实际价值。

三 案例分析：美国政府"塔斯基吉梅毒实验"道歉

由于 1997 年美国政府就"塔斯基吉梅毒实验"向黑人道歉事件在美国国内和国际舆论场中影响最大，同时官方和媒体对该道歉行为的讨论也比较透明和深入，本文试图运用"行为戏剧主义理论"从动机、场景、时机、角色和话语五个方面来分析美国政府针对国内历史事件道歉行为的策略，并希望借此总结出一些可供启发的政府对历史事件道歉的话语规则。

图 2　塔斯基吉梅毒实验①

---

① 图片来源互动百科。

（一）事件介绍

自 1932 年，美国公共卫生部（USPHS）授权塔斯基吉研究所在亚拉巴马州梅肯县（Macon County, Alabama）启动的一项人体试验，其全称为"针对未经治疗的男性黑人梅毒患者的实验"。在这项实验中，医生们以免费体检、免费治疗所谓"坏血病"、免费提供丧葬保险等条件，吸引当地400 余名黑人男子在不清楚实验真正目的的情况下加入该"实验计划"，并隐瞒当事人长达 40 年，使大批受害人及其亲属付出了健康乃至生命的代价，人称"塔斯基吉梅毒实验"。这项原本声称为期 6 个月的计划一直进行到 1972 年。

直到 1972 年 7 月，美联社记者通过一名前公共卫生部官员提供的线索，首次揭开"塔斯基吉梅毒实验"的黑幕，旋即在美国各界，特别是黑人等少数族裔群体中引起轩然大波。随后，一个由医学、法学专家组成的特别委员会于同年成立，受权调查"塔斯基吉梅毒实验"真相。"塔斯基吉梅毒实验"丑闻曝光后，受害者于 1972 年集体控告美国政府。

自 1973 年美国政府陆续对受害者及其家属进行一定经济赔偿。然而，调查委员会认为该实验为人们更好地了解梅毒提供了独一无二的"良机"。在这种政治环境下，调查委员会并未将调查职责进行到底。最后调查委员会以可能会影响证人声誉的名义将收集的一批证据付诸一炬。

25 年后，1997 年 5 月 16 日，正式道歉姗姗来迟，时任美国总统克林顿正式代表美国政府对"塔斯基吉梅毒实验"受害者及其家属表示道歉。

（二）基于"行为戏剧主义"理论的分析

1. 动机分析

为何"塔斯基吉梅毒实验"从 1972 年被揭露后，在长达 25 年的时间内，政府都没有道歉，而 1997 年克林顿政府突然决定正式道歉呢？希望通过正式道歉达到一种什么样的意图呢？

美国公共健康官员在长达 40 年的时间里，一直以有助于增加医疗知识为理由，强调"塔斯基吉梅毒实验"的正当性。然而他们的这些措辞并没有让公众相信，反而增加了非裔美国人对政府的不信任。托马斯和奎因

1991 年就指出"塔斯基吉梅毒实验由于没有对参与者进行充分的告知和进行医疗教育，导致了当今美国黑人社会到处弥漫着对公共健康机构不信任的情绪"。[5]

克林顿秘书麦柯里（McCurry）在一次新闻会议中指出："总统就社会多元性、愈合社会创伤、和解谈了很多，我想道歉行为和总统这一年追求的目标是一致的：我们应该作为一个多元社会团结在一起。"[6]

总之，为了重拾非裔美国人对公共医疗体系的信任，为了打造一个多元、包容的社会，克林顿发表了该道歉演说。

2. 时机分析

克林顿道歉演讲时间发生在 1997 年 5 月 16 日下午 2 点 26 分，结束在下午 2 点 41 分。随后道歉全文被发布在《每周总统文件汇编》中[7]。这次演讲时机经过精心选择。

首先，该道歉选择在"塔斯基吉梅毒实验被联邦政府知晓"25 周年时期。在这个年份进行道歉演说，就为道歉行为本身赋予了特殊意义：25 年来，政府只对受害者进行了经济补偿，但是缺乏对黑人社群在医疗上不公平的待遇进行反省和道歉，而受害者和他的家庭，以及梅肯地区的居民一直期盼着政府的道歉。总统选择在 25 周年道歉，预设着总统道歉将是"一个非同寻常的事件，它将历史性地带给美国联邦政府更为光明的未来"。[6]

其次，该道歉选择在摩根州立大学毕业典礼两天前进行。摩根州立大学是一所历史上的黑人大学。克林顿在该大学毕业典礼上发表演讲，在该演讲中，克林顿重点谈社会多元性的问题，谈政府对历史上种族歧视的反思，要获得黑人的支持。显然该道歉可以为克林顿在摩根州立大学的演讲塑造良好的社会氛围。

最后，"塔斯基吉"事件的揭露影响了克林顿选择道歉的时机。"塔斯基吉"事件指美国国家卫生健康局和疾病控制中心支助了一项实验，这项实验在非洲大陆进行，参与者主要是得了艾滋病的怀孕妇女，该项研究主要观察 HIV 在孕期是如何转移的，该研究同样没有对这些妇女提供积极的治疗。

显然，"塔斯基吉"事件也降低了非裔美国人对公共医疗体系的信任，加深了黑人群体认为美国公共医疗体系存在种族歧视的印象。

总之，从这三个方面分析道歉的时机选择，我们可以看出克林顿团队对道歉的时机挑选是经过深思熟虑的。一方面其可以利用事件 25 周年之机，表达政府决心，增加总统演讲的价值，扩大总统演讲的影响力，另一方面可以增加克林顿在摩根州立大学毕业典礼演讲的力量，最后还能抵消"塔斯基吉"事件的不良影响。

3. 角色分析

该部分可以分为"道歉主体分析"和"参与人员分析"。

（1）道歉主体分析

针对"塔斯基吉梅毒实验"，美国政府可以选择不同的道歉主体，比如可以选择让现任美国公共卫生部（USPHS）负责人针对该事件道歉，也可以说服当年策划该实验的领衔研究人员约翰·卡特勒道歉。卡特勒 1985 年以教授身份从匹兹堡大学退休，2003 年才去世。还可以让当年事发地亚拉巴马州现任州长道歉。然而，克林顿总统选择了亲自道歉。

那么为何克林顿要亲自道歉呢？

主要原因在于"塔斯基吉梅毒实验"的负面影响已经遍及全球，而不是仅仅局限于亚拉巴马州。在黑人群体眼中，该实验已经不是卡特勒的个人错误，也不仅仅是某个部门的失误，而体现了美国社会内部长期存在种族歧视和偏见。如果说某部门的具体行政错误可以由该部门领导出面道歉，涉及价值观和种族团结的问题，只有总统出面道赚才能起到效果。因为，美国总统是民选总统，所以总统传达的观念，应该是全体美国人的观念。也就是说，只有总统才能代表全体美国人对历史事件和全社会性的价值偏见进行反思和道歉。

另外，由于克林顿总统一直在致力于种族融合和社会多元化议题，利用"塔斯基吉梅毒实验被政府知晓"25 周年之际进行道歉，能够更有效地向公众传达出总统的意图和愿望，也容易让公众肯定总统的工作。

（2）参与人员分析

该次演讲除了邀请著名媒体记者，还邀请了实验当年受害者及其家庭来到白宫，这样一方面为受害者家庭提供参观白宫的机会，表达了总统对受害者的尊重，同时，也为总统在白宫道歉塑造了道歉氛围，即总统不是对着空气道歉，也不是对着摄影机道歉，因为这样道歉，一方面总统很难找到道歉的感觉，另一方面也无助于表现一个戏剧性的道歉场景。只有受害者及其家人到场了，总统道歉行为才能构成一个完整的戏剧和故事，这时媒体摄像机能够作为第三者，将这个戏剧记录下来，再向公众播放出去，从而间接体现了总统道歉的真诚性和真实性。如果总统直接对着摄像机向全国人民道歉，则无法体现这种生动的故事效果，也无形中将公众变成故事参与者和道歉的接受者。而不同价值背景的公众一旦把自己置于道歉接受者的地位，他们对总统道歉行为的评价可能并不一致，甚至相反。而如果把幸存的受害者请到白宫，对他们好好招待，进行心理安抚，那么他们对总统道歉行为的评价，将直接影响全国公众对该道歉行为的评价。也就是说，受害者人数较少，而更容易做思想工作，也更加容易控制。如果受害者在现场都能认同总统的道歉行为和话语，那么全国公众也不容易提出微词。

4. 场景分析

本次场景分析包括地点分析和媒介分析两部分。

（1）地点分析：

针对"塔斯基吉梅毒实验"，克林顿可以选择不同的道歉地点，比如他可以选择在受害人家中，也可以选择在实验所在地亚拉巴马州梅肯县，然而他选择在白宫罗斯花园（the White House Rose Garden）的草坪上道歉。

那么克林顿为何选择在白宫里呢？

第一，他无法选择在受害人家中，因为该历史事件已经过去几十年了，很多受害者已死亡。即使幸存者，也大多垂垂老矣，总统贸然过去，可能会给对方增添不必要的麻烦。一般在伤害事件发生没有多久，去受害者家中道歉，效果是最好的。

第二，他没有选择在梅肯县塔斯基吉。如果总统选择在梅肯县塔斯基吉道歉，可能暗示公众，总统认为"塔斯基吉梅毒实验"只是区域性的，而不是全国性的，而这和公众的认知并不匹配。因此总统最终选择白宫，一方面总统本人可以免去去梅肯县来回奔波的麻烦；另一方面，"白宫"地点和总统身份是一致的，其暗示了总统希望把"塔斯基吉梅毒实验"提升到国家层面，告诉公众，种族歧视并不是某个地区特有，而是全国性的，多元化社会是整个国家必须在集体认同的基础上通过奋斗，才能取得的。

（2）媒介分析：

"塔斯基吉梅毒实验"没有通过新闻发言人，或者公告形式，或者电话道歉，或者选择一两家重要媒体刊登道歉信的形式，而采用总统在花园中正式演讲的形式。之所以这样选择，一方面表现了总统希望通过"塔斯基吉梅毒实验"道歉塑造自己个人形象的意图，另一方面也充分利用和配合"道歉行为"这一戏剧性行为特点。"总统亲自道歉"比某媒体刊登冷冰冰的"道歉信"本身更具有戏剧性，也更容易吸引公众的眼球，从而有效传达出"道歉行为"背后的意图：重塑美国的多元社会，重塑种族平等的价值观。

5. 话语分析

我们将从道歉 14 策略和话语选择上入手对克林顿道歉演讲稿进行分析。

首先我们看看克林顿道歉的中英文演讲稿（见附录1）。

（1）道歉策略

甘莅豪（2017）指出道歉行为有 14 步话语策略可供选择：第 1 步，详细地陈述错误发生的过程；第 2 步，表示后悔之意；第 3 步，表示勇于承担责任；第 4 步，确认受害者的范围；第 5 步，请求原谅；第 6 步，和受害者寻求和解；第 7 步，指出道歉后希望达到的效果；第 8 步，对各种批评者详细、公开、毫无隐瞒地披露各种信息；第 9 步，提供各种解释；第 10 步，重申社会公认的价值观；第 11 步，提供补偿；第 12 步，追究责任；第 13 步，提供正确或者修正的行为；第 14 步，表示以后不再犯同样的错误。[1]

在这段演讲稿中，虽然秩序有所调整，但克林顿基本遵循了"14 策略原则"。下面我们结合演讲文本和道歉策略逐句进行分析。

今天，美国应该铭记这数百名在研究中没有得到他们同意和没有告知他们相关知识的实验者。我们应该记得他们和他们的家人。当美国公共卫生服务机构宣称免费提供医疗服务时，他们以为自己找到了希望，可是他们被出卖了。的确，当我们需要照顾的时候，医疗人员应该给予帮助，但他们需要医疗时，却没有得到帮助，相反，他们被他们的政府欺骗了。我国政府应该保护公民的权利，可是他们的权利被践踏了 40 年。数百名男子连同他们的妻子和孩子，还有阿拉巴马州的梅肯县，塔斯基吉市，那里的优秀大学，以及更大的非洲裔美国人社区都被政府出卖。（第 1 步：详细地陈述错误发生的过程）

美国政府做了一件非常错误的，影响深远的，不道德的错事。我们所有坚持诚信和平等的公民对政府这种行为都极其愤慨。（第 3 步，表示勇于承担责任）

对于幸存者，及其妻子，家人，孩子和孙子，我想说出你们心里话：地球上的任何力量都不能使你失去生命，让你们遭受多年内心的折磨和痛苦。（第 4 步，确定受害者的范围）

已经做过的错事不能重新来过。但是我们可以结束沉默。我们不可以扭过头去，假装事情不存在。（第 3 步，表示勇于承担责任）

我们应该看着你们的眼睛，最后代表美国人民说，美国政府做的事是可耻的，我很抱歉。美国人民对你们多年来受到的伤害感到抱歉。（第 2 步，表示后悔之意）

你没有做错任何事，但是你们被伤害了。我向你们道歉，我很遗憾这个道歉这么久才到来。（第 5 步，请求原谅）

对梅肯县，对塔斯基吉来说，对所有与这件事件有联系的医生，（第 4 步，确定受害者的范围）

我们也应该向你们道歉。（第 2 步，表达后悔之意）

对于我们的非洲裔美国公民，（第 4 步，确定受害者的范围）

我很抱歉你们的联邦政府精心策划了一项显然是种族主义的研究。这种事绝不允许再发生了。这种事反了对了我们国家所代表的一切，我们必须反对它。（第 3 步，表示勇于承担责任）

因此，让我们决心永远铭记在阿拉巴马州梅肯县不久前发生的事情，以便我们总能看到，当任何公民的权利被忽视、忽略和背叛，我们变得多么迟疑不决。让我们现在就决定一起前进吧。在塔斯基吉进行的这项研究所遗留问题已经深深地影响着我们的进步。它使我们的国家分裂了。当我们国家各个部分都不信任美国的时候，我们就不能成为一个美国。道歉是第一步，我们承诺重建那个破碎的信任。（第 7 步，提出道歉后希望达到的效果）

我们可以开始确保再也没有像这样的一个插曲。（第 14 步，表示

以后不再犯同样的错误）

我们需要做更多的工作，确保医学研究实践的健全和道德，确保研究人员与社区更紧密地合作。

今天，我想宣布几个步骤来帮助我们实现这些目标。第一，我们将帮助在塔斯基吉建立长期的纪念馆。卫生与人类服务部也将颁发资助计划，资助由著名科学家乔治·华盛顿·卡弗（George Washington Carver），杰出科学家杰克·华盛顿（Booker T. Washington），以及许多其他推动非洲裔美国人和所有美国人的健康和幸福的人，创立的学校。该学校将在研究和保健方面建立一个生物伦理学中心。该中心将在生物伦理和合法性方面进行研究和培训工作。（第13，提供正确或者修正行为）

第二，我们承诺，我们将致力于增加我们的社区参与度，以便我们可以恢复失去的信任。在塔斯基吉进行的这项研究，使我们，特别是研究所在的地区，对医疗机构产生了不信任。在研究被停止后，联邦政府资助和授权的研究在征得知情者同意和地方强制审查后，开始检查研究机构的虐待行为。尽管如此，25年后，许多医学研究依然很少有非裔美国人参与，而非洲裔美国人的器官捐献者也很少。这妨碍了进行有前景的研究。而这些研究致力于包括非洲裔美国人在内的所有人提供最好的医疗保健。所以今天，我正在指导卫生与人类服务部长 Donna Shalala 在180天内发表一份关于如何让社区，特别是少数民族社区更好地参与研究和保健的报告。你必须——每个美国人都必须以积极的方式参与医学研究。我们必须搁置抱怨。现在，我们必须把好处带给所有的美国人。（第9步，提供各种解释）

第三，我们承诺加强研究人员的生物伦理培训。我们不断致力于在保护人民健康和战胜疾病方面取得突破。但是，我们所有的人都必须放心，他们的权利和尊严将得到尊重，因为新的药物，治疗和疗法将得到检验和使用。所以我正在指导 Shalala 秘书与高等教育合作，为医学研究人员准备培训材料。他们将在一年内提供这些服务。他们将帮助研究人员建立尊重个人、正义和知情同意的核心伦理原则，并就如何在不同人群中有效使用这些原则提出建议。（10步，重申社会公认的价值观）

第四，为了增加和扩大我们对伦理问题和临床研究的理解，我们承诺提供研究生奖学金，培训非裔美国人和其他少数民族的生命伦理学家。HHS 将于 1998 年 9 月开始为有希望参加生物伦理学研究生课程的学生提供这些奖学金。（第 13 步，提供正确或者修正的行为）

第五，最后，根据行政命令，我今天也把全国生物伦理咨询委员会的章程延长到 1999 年 10 月。社会对这个委员会的需求是毫无疑问的。我们必须能够呼吁专家和社区代表在经过深思熟虑后，运用集体智慧，设法进一步加强对人类研究科目的保护。科学技术正在迅速改变我们的生活，使我们更健康，更富有成效，更繁荣。（第 13 步，提供正确或者修正的行为）

但是，随着这些变化，我们必须更加努力地看到，当我们前进的时候，我们不会留下良知。没有理由不认为，如果我们以进步的名义失去道德的担当，事实上会失去很多东西。在塔斯基吉（Tuskegee）进行研究的人们放弃了最基本的道德规范，从而降低了人的尊严。他们忘记了自己当初治疗病痛的承诺。他们有能力医治幸存者和所有其他人，但他们没有。（第 1 步：详细地陈述错误发生的过程）

今天，我们所能做的只是道歉。但是你有权力，只有肖先生，你在这里的其他人，只有你和我们一起在塔斯基吉的家人才有权力原谅。你们在这里的出现向我们表明，你们很早就选择了比你们的政府更好的路。你选择了原谅。我希望今天和明天每一个美国人都会记住你们的选择，并靠它活着。谢谢你，上帝保佑你。（第 5 步，请求原谅）

从该文本可以看出，克林顿采用了道歉话语 14 策略中的 11 个策略。在 14 个策略中，他没有使用 3 个策略：第 8 步，对各种批评者详细、公开、毫无隐瞒地披露各种信息；第 11 步，提供补偿；第 12 步，追究责任。之所以缺少这几个策略，是因为克林顿是就历史事件，而不是突发事件，进行道歉。塔基斯克事件暴露后，政府已经一直在披露各种信息，也对受害者提供了补偿，也追究了相关人员的责任，只是社会一直缺乏一个道歉。而克林顿直到 25 年后才举办道歉演讲。该演讲目的就是为了弥补社会上对道歉的呼吁，重拾社会道义，而非补偿受害者或者惩罚责任人。

（2）叙事模式选择

另外，我们再从叙事模式选择上看克林顿是如何建构历史事件来满足现在和未来的需要。

从叙事视角上看，人际交往的核心是人们如何使用象征性符号。费斯（fisher，1984）提出叙事技巧可以将不同修辞理论和方法结合在一起，最后形成一种简洁的人际交往理论，他指出"叙事模式将人类交流看作是基于不同理由的历史，情境，和故事之间的竞争。"[8]

首先克林顿运用了英雄/恶棍模式，在故事中，他塑造了在"塔斯基吉梅毒实验"悲剧中的恶棍和英雄两个形象。他指出"塔斯基吉梅毒实验"受害者被美国公共卫生部（USPHS）背叛。

> 当美国公共卫生服务机构宣称免费提供医疗服务时，他们以为自己找到了希望，可是他们被出卖了。的确，当我们需要照顾的时候，医疗人员应该给予帮助，但他们需要医疗时，却没有得到帮助，相反，他们被他们的政府欺骗了。我国政府应该保护公民的权利，可是他们的权利被践踏了40年。数百名男子连同他们的妻子和孩子，还有阿拉巴马州的梅肯县，塔斯基吉市，那里的优秀大学，以及更大的非洲裔美国人社区都被政府出卖。

其实造成"塔斯基吉梅毒实验"悲剧的原因有很多，比如，美国社会公民上整体的种族歧视氛围，该项目领衔研究医生约翰·卡特勒，还有塔斯基吉研究所，以及对该实验项目加以批准的美国公共卫生部等。在演讲中，美国公共卫生部被塑造成"恶棍"。之所以选择美国公共卫生部，是因为该部门代表了美国联邦政府。克林顿通过把责任归因到以前联邦政府，把以前政府当成"恶棍"，从而把自己塑造成英雄，自己作为新政府的总统，重新进行改革，重新塑造价值观，重新把美国带入新的时代。

> 美国政府做了一件非常错误的，影响深远的，不道德的错事。我们所有坚持诚信和平等的公民对政府这种行为都极其愤慨。对于幸存者，及其妻子，家人，孩子和孙子，我想说出你们心里话：地球上的任何力量都不能使你失去生命，让你们遭受多年内心的折磨和痛苦。

已经做过的错事不能重新来过。但是我们可以结束沉默。我们不可以扭过头去，假装事情不存在。我们应该看着你们的眼睛，最后代表美国人民说，美国政府做的事是可耻的，我很抱歉。美国人民对你们多年来受到的伤害感到抱歉。你没有做错任何事，但是你们被伤害了。我向你们道歉，我很遗憾这个道歉这么久才到来。对梅肯县，对塔斯基吉来说，对所有与这件事件有联系的医生，我们也应该向你们道歉。对于我们的非洲裔美国公民，我很抱歉你们的联邦政府精心策划了一项显然是种族主义的研究。这种事绝不允许再发生了。这种事反对了我们国家所代表的一切，我们必须反对它。

在这一段中，克林顿依然在谴责以前的美国政府，把美国前政府塑造成"恶棍"，而将自己塑造成了"英雄"，该英雄可以"代表美国人民"，向受害者，向非洲裔美国公民道歉。

其次，克林顿加强了"科学与技术推进社会进步"这种元叙事，从而为人民谅解"塔斯基吉梅毒实验"提供了理由。其指出：

其次，我们承诺，我们将致力于增加我们的社区参与度，以便我们可以恢复失去的信任。在塔斯基吉进行的这项研究，使我们，特别是研究所在的地区，对医疗机构产生了不信任。在研究被停止后，联邦政府资助和授权的研究在征得知情者同意和地方强制审查后，开始检查研究机构的虐待行为。尽管如此，25天后，许多医学研究依然很少有非裔美国人参与，而非洲裔美国人的器官捐献者也很少。这妨碍了进行有前景的研究。而这些研究致力于包括非洲裔美国人在内的所有人提供最好的医疗保健。所以今天，我正在指导卫生与人类服务部长 Donna Shalala 在 180 天内发表一份关于如何让社区，特别是少数民族社区更好地参与研究和保健的报告。你必须——每个美国人都必须以积极的方式参与医学研究。我们必须搁置抱怨。现在，我们必须把好处带给所有的美国人。

在这段话中，克林顿首先肯定了"塔斯基吉梅毒实验"背后预设的合理性，即为了科学和技术进步，进行实验研究是合理的。其次他指出，现在很多医学研究很少有非裔美国人加入，提倡非裔美国人加入实验，能够为非裔群体"提供最好的医疗保障"，也能为全体美国人服务。再次他指出在参加实验的时候，应该严格避免种族歧视和虐待行为，最后他回到他道歉的主题，各种族和各群体搁置抱怨，面向未来。同时，进一步暗示自己就是带领美国人民走向更光明未来的总统。

总之，通过"行为戏剧主义理论"分析，我们发现，克林顿通过巧妙使用了 11 条道歉策略，塑造了一个"英雄/恶棍"的叙事模式，以及利用"科学技术促进社会进步元叙事"模型，精心挑选听众、媒体、场地，把自己不仅塑造成人民的代表，而且是将人民从旧的令人羞耻的旧政府中解救出来的英雄。而英雄身份的合法性，又促使克林顿能够振臂一呼，应者云集，能够要求各种族、各群体搁置争议，面向多元文化和谐共存的光明未来。

四 结论

在日常生活人际交往中，道歉行为主要目的常常是为了取得受害者原谅，而国家针对历史事件道歉行为的着眼点则不能仅仅是取得受害者的原谅，而应该是推动未来社会整体公序良俗的健康发展。目前对历史事件道歉的国家通常集中在美国、澳大利亚等西方国家，而我国政府还没有对重大历史事件道歉的案例。然而没有道歉，并不意味着以后不需要道歉。也就是说，我国政府在执政过程中存在执政失误。这些失误，由于现实语境的各种制约，暂时不适合采用道歉行为，但是这也并不意味着以后某个时候，政府不需要借助国家道歉这种戏剧性的象征行为，向国民和国际社会表达自己的价值理念和变革决心。西汉·戴圣《礼记·中庸》曾说："凡事豫则立，不豫则废。"只有通过研究美国欧洲的国家道歉行为，总结出政府对历史性事件道歉的一些基本原则，才能在国家政府需要道歉的时候，提供有效的对策建议。

基于美国克林顿政府对"塔斯基吉梅毒实验"事件精心构建话语，试图重建美国政府形象的道歉行为分析，我们可以总结出政府或者国家领导人对历史事件进行道歉的一些基本原则。

慎重原则。由于存在道歉悖论，① 对历史事件进行道歉要慎重考虑，不能轻率。

最高价值原则。只有当领导人或者国家认为社会风气、公民认同感和政策层面上需要强调和改变的时候，才可以利用历史事件进行道歉，从而向社会发出信号，重建社会价值观或者重新弥合社会裂缝。

五要素原则。应该从动机（目的）、场景、角色、话语、时间五个要素出发，灵活运用各种策略对道歉行为进行分析和建构，比如：在动机选择上，应该提倡"和解原则"，政府对历史事件道歉的最终目的应该是受害者及其周围人员的原谅，同时促进不同种族、不同阶层、不同民族、不同社区之间的对话、理解与和谐共处。在场景选择中，应该注意"平衡原则"，即道歉场景配置应在"成本"和"效果"中平衡，其中成本包括时间成本、金钱成本和声望成本。进行道歉过程中，并不是成本越高效果越好，很多时候，应该根据传播媒介、道歉主体的方便、以及传播效果来选择合适的地点、媒介和场景配置。在角色选择中，应注意"配合原则"，一方面要关注自身多重性身份的配合问题，比如克林顿有个人身份、总统身份、父亲身份、丈夫身份等，选择适合的身份配合合适的话语进行道歉，另一方面要关注不同角色之间的身份配合问题，不同角色之间互相配合，无论是谅解，还是冲突都能够产生戏剧性的情景，甚至产生戏剧性的效果。在话语选择中需要注意"14 策略原则"和"原型叙事原则"，也就是说道歉行为需要 14 种话语策略互相配合，其话语结构中应该包含人类群体存在一些最基本的二元对立的原型叙事结构。这些策略和结构潜藏在人们群体的认知结构里，有意识运用这些策略和结构不仅方便人们理解，而

---

① 甘莅豪指出道歉主体道歉时需要面对十大悖论：当需要对不合适行为负责时，主体首先进入判断悖论，即需要判断采不采取道歉策略。当主体决定采用"道歉"话语策略后，随之又会面对九个悖论：坚决维护道义，还是避免承担巨额赔偿的道义悖论；道歉会提升还是降低声望的声望悖论；道歉是自降身段，还是自抬身段的身段悖论；道歉是拉近还是拉远和公众情感距离的情感悖论；不合适事件发生后，第一时间道歉是开诚布公还是鲁莽虚伪的时间悖论；系统性原因造成危机频繁发生，频繁道歉显得无能虚伪，不频繁道歉又显得前后不一的频率道歉；道歉主体是上位的管理者还是下位的服务者、是个人身份还是公职身份的身份悖论。在责任归属不明晰的科层制中，政府科层是监管者，还是负责任者的责任归属悖论；道歉行为被视为承担责任还是逃避责任的责任承担悖论。详见甘莅豪《政治传播中的政府道歉行为分析》，《新媒体与社会》，社会科学文献出版社，2017。

且更容易取得人们的认同。在时间选择中，注意"借势原则"，即言语行为如果能够借助某种具有历史意义或者社会习俗的日子进行，那么就可以事半功倍，不仅减少宣传成本，而且可以制造出戏剧性效果，获得更大的影响力和象征成本。

当然，这些道歉行为原则并非政府必须严格遵守的，而只是一些可以提供启发的原则，也就是说，中国政府以后一旦决定对历史事件采用道歉行为，重塑领导人、政府和国家形象时，可以参照这些原则，同时结合中国国情、国民心态以及当时语境，进行灵活运用，才可能取得最好的效果。

（作者单位：华东师范大学传播学院　国家话语生态中心）

［本文为国家社科基金项目"突发事件政府应急话语技术与形象修复策略研究"（13CXW040）阶段性成果，并获中央高校基本科研业务费项目华东师范大学精品力作培育项目（2017ECNU－JP011）资助］

注释

［1］甘莅豪．政治传播中的政府道歉行为分析［C］//新媒体与社会．北京：社会科学文献出版社，2017.

［2］Kress. G. Represntational Resources and the production of Subjectivity：Questions for the Theoretical Development of Critical Discourse Analysis in a Multicultural Society［C］//Texts and Practices：Reading in Critical Discourse Analysis. London：Routledge. 15 – 31.

［3］Martin. 批评性话语分析/积极性话语分析［M］．上海：上海交通大学出版社，2012.

［4］胡范铸．国家和机构形象修辞学：理论、方法、案例［M］．上海：学林出版社，2017.

［5］Thomas，S，Quinn，S. C.. Public health then and now［J］. American Journal of Public Health. 1971（81）：1498 – 1505.

［6］McCurry，M.. Press briefings［EB/OL］. http：//library. whitehouse. gov.

［7］Clinton，B. Remarks in apology to African-Americans on the Tuskegee Experiment

[J]. Weekly Compilation of Presidential Documents, 1997 (33): 718 - 720.

[8] McCurry, M. Press briefings [EB/OL]. http://library. whitehouse. gov.

[9] 甘莅豪. 政治传播中的政府道歉行为分析 [C] //新媒体与社会. 北京: 社会科学文献出版社, 2017.

[10] Fisher, W. R. Narration as a human communication paradigm: The case of public moral argument [J]. Communication Monographs, 1984 (51): 1 - 22.

附录 1

President Clinton's Speech of Apology for the Tuskegee Syphilis Experiment
克林顿总体关于塔斯基吉梅毒实验的道歉演讲

Ladies and gentlemen,

on Sunday, Mr. Shaw will celebrate his 95th birthday. I would like to recognize the other survivors who are here today and their families: Mr. Charlie Pollard is here. Mr. Carter Howard. Mr. Fred Simmons. Mr. Simmons just took his first airplane ride, and he reckons he's about 110 years old, so I think it's time for him to take a chance or two. I'm glad he did. And Mr. Frederick Moss, thank you, sir. I would also like to ask three family representatives who are here Sam Doner is represented by his daughter, Gwendolyn Cox. Thank you, Gwendolyn. Ernest Hendon, who is watching in Tuskegee, is represented by his brother, North Hendon. Thank you, sir, for being here. And George Key is represented by his grandson, Christopher Monroe. Thank you, Chris. I also acknowledge the families, community leaders, teachers and students watching today by satellite from Tuskegee.

女士们，先生们：

周日，肖先生将庆祝他的 95 岁生日。我也很高兴认识今天在场的其他幸存者及其家属：查理·波拉德，卡特·霍华德先生，弗雷德·西蒙斯先生。西蒙斯先生刚刚乘坐了他人生的第一班飞机，估计他已经 110 岁了，所以我认为他该抓住这次乘飞机的机会。我很高兴他做到了。弗雷德里克·莫斯先生，谢谢你，先生。我还想问候在这里的三位家庭代表：由他的女儿格温多琳·考克斯代表的萨姆·多纳。谢谢你；正在塔斯基吉观看的格温多琳。欧内斯特·亨登。他的兄弟诺斯·亨顿代表他来到现场。先生，谢谢你在这里。由他的孙子克里斯托弗·莫诺代表乔治·可。谢谢，克里斯。我还要感谢今天从塔斯基吉通过卫星看直播的家庭，社区领袖，老师和学生。

The White House is the people's house; we are glad to have all of you here today. I thank Dr. David Satcher for his role in this. I thank Congresswoman Waters and Congressman Hilliard, Congressman Stokes, the entire Congressional Black Caucus, Dr. Satcher, members of the cabinet who are here, Secretary Herman, Secretary Slater, a great friend of freedom, Fred Gray, thank you for fighting this long battle all these long years.

白宫是人民的家，我们很高兴看到今天在这里你们所有人。我感谢大卫·斯达特博士在这方面的作用。我感谢众议员沃特斯，众议员希利亚德和众议员斯托克斯，整个国会核心黑人小组成员：萨彻尔博士，内阁成员赫尔曼，秘书斯莱特，还有我们自由而伟大的朋友，弗雷德·格雷，感谢你们这么长时间的战斗和付出。

The eight men who are survivors of the syphilis study at Tuskegee are a living link to a time not so very long ago that many Americans would prefer not to remember but we dare not forget. It was a time when our Nation failed to live up to its ideals, when our Nation broke the trust with our people that is the very foundation of our democracy. It is not only in remembering that shameful past that we can make amends and repair our Nation, but it is in remembering that past that we can build a better present and a better future. And without remembering it, we cannot make amends and we cannot go forward.

在塔斯基吉梅毒研究中的幸存者的八个人是"塔斯基吉梅毒研究"的见证者。这项研究许多美国人不愿意记住，但我们却不敢忘记。那时我们的国家没有实现自己的理想。我们的国家破坏了人民对我们的信任，而这份信任这是我们民主的基础。我们不仅要记住、修正和修复我们国家这些可耻的过去，而且要记住，通过对过去的反思，我们可以建立一个更好的现在和更美好的未来。而没有记住它，我们不能弥补，也不能前进。

So today America does remember the hundreds of men used in research without their knowledge and consent. We remember them and their family members. Men who were poor and African-American, without resources and with few alternatives, they believed they had found hope when they were offered free medical care by the United States Public Health Service. They were betrayed. Medical people are supposed to help when we need care, but even once a cure was discovered, they were denied help, and they were lied to by their Government. Our Government is supposed to protect the rights of its citizens; their rights were trampled upon—40 years, hundreds of men betrayed, along with their wives and children, along with the community in Macon County, Alabama, the City of Tuskegee, the fine university there, and the larger African-American community.

今天，美国应该铭记这数百名在研究中没有得到他们同意和没有告知他们相关知识的实验者。我们应该记得他们和他们的家人。当美国公共卫生服务机构宣称免费提供医疗服务时，他们以为自己找到了希望，可是他们被出卖了。的确，当我们需要照顾的时候，医疗人员应该给予帮助，但他们需要医疗时，却没有得到帮助，相反，他们被他们的政府欺骗了。我国政府应该保护公民的权利，可是他们的权利被践踏了 40 年。数百名男子连同他们的妻子和孩子，还有阿拉巴马州的梅肯县，塔斯基吉市，那里的优秀大学，以及更大的非洲裔美国人社区都被政府出卖。

The United States Government did something that was wrong, deeply, profoundly, morally wrong. It was an outrage to our commitment to integrity and equality for all our citizens. To the survivors, to the wives and family members, the children, and the grandchildren, I say what you know: No power on Earth can give you back the lives lost, the pain suffered, the years of internal torment and anguish. What was done cannot be undone. But we can end the silence. We can stop turning our heads away. We can look at you in the eye and finally say on behalf of the American people, what the United States Government did was shameful, and I am sorry. The American people are sorry—for the loss, for the years of hurt. You did nothing wrong, but you were grievously wronged. I apologize, and I am sorry that this apology has been so long in coming. To Macon County, to Tuskegee, to the doctors who have been wrongly associated with the events there, you have our apology, as well. To our African-American citizens, I am sorry that your Federal Government orchestrated a study so clearly racist. That can never be allowed to happen again. It is against everything our country stands for and what we must stand against is what it was.

美国政府做了一件非常错误的，影响深远的，不道德的错事。我们所有坚持诚信和平等的公民对政府这种行为都极其愤慨。对于幸存者，及其妻子，家人，孩子和孙子，我想说出你心里话：地球上的任何力量都不能使你失去生命，让你们遭受多年内心的折磨和痛苦。已经做过的错事不能重新来过。但是我们可以结束沉默。我们不可以扭过头去，假装事情不存在。我们应该看着你们的眼睛，最后代表美国人民说，美国政府做的事是可耻的，我很抱歉。美国人民对你们多年来受到的伤害感到抱歉。你没有做错任何事，但是你们被伤害了。我向你们道歉，我很遗憾这个道歉这么久才到来。对梅肯县，对塔斯基吉来说，对所有与这件事件有联系的医生，我们也应该向你们道歉。对于我们的非洲裔美国公民，我很抱歉你们的联邦政府精心策划了一项显然是种族主义的研究。这种事绝不允许再发生了。这种事反对了我们国家所代表的一切，我们必须反对它。

So let us resolve to hold forever in our hearts and minds the memory of a time not long ago in Macon County, Alabama, so that we can always see how adrift we can become when the rights of any citizens are neglected, ignored, and betrayed. And let us resolve here and now to move forward together. The legacy of the study at Tuskegee has reached far and deep, in ways that hurt our progress and divided our Nation. We cannot be one America when a whole segment of our Nation has no trust in America. An apology is the first step, and we take it with a commitment to rebuild that broken trust. We can begin by making sure there is never again another episode like this one. We need to do more to ensure that medical research practices are sound and ethical and that researchers work more closely with communities.

因此，让我们决心永远铭记在阿拉巴马州梅肯县不久前发生的事情，以便我们总能看到，当任何公民的权利被忽视、忽略和背叛，我们变得多么迟疑不决。让我们现在就决定一起前进吧。在塔斯基吉进行的这项研究所遗留问题已经深深地影响着我们的进步。它使我们的国家分裂了。当我们国家各个部分都不信任美国的时候，我们就不能成为一个美国。道歉是第一步，我们承诺重建那个破碎的信任。我们可以开始确保再也没有像这样的一个插曲。我们需要做更多的工作，确保医学研究实践的健全和道德，确保研究人员与社区更紧密地合作。

Today I would like to announce several steps to help us achieve these goals.

First, we will help to build that lasting memorial at Tuskegee. The school founded by Booker T. Washington, distinguished by the renowned scientist George Washington Carver and so many others who advanced the health and well-being of African-Americans and all Americans, is a fitting site. The Department of Health and Human Services will award a planning grant so the school can pursue establishing a center for bioethics in research and health care. The center will serve as a museum of the study and support efforts to address its legacy and strengthen bioethics training.

今天，我想宣布几个步骤来帮助我们实现这些目标。第一，我们将帮助在塔斯基吉建立长期的纪念馆。卫生与人类服务部也将颁发资助计划，资助由著名科学家乔治·华盛顿·卡弗（George Washington Carver），杰出科学家杰克·华盛顿（Booker T. Washington），以及许多其他推动非洲裔美国人和所有美国人的健康和幸福的人，创立的学校。该学校将在研究和保健方面建立一个生物伦理学中心。该中心将在生物伦理和合法性方面进行研究和培训工作。

Second, we commit to increase our community involvement so that we may begin restoring lost trust. The study at Tuskegee served to sow distrust of our medical institutions, especially where research is involved. Since the study was halted, abuses have been checked by making informed consent and local review mandatory in federally funded and mandated research. Still, 25 years later, many medical studies have little African-American participation and African-American organ donors are few. This impedes efforts to conduct promising research and to provide the best health care to all our people, including African-Americans. So today, I'm directing the Secretary of Health and Human Services, Donna Shalala, to issue a report in 180 days about how we can best involve communities, especially minority communities, in research and health care. You must every American group must be involved in medical research in ways that are positive. We have put the curse behind us; now we must bring the benefits to all Americans.

第二，我们承诺，我们将致力于增加我们的社区参与度，以便我们可以恢复失去的信任。在塔斯基吉进行的这项研究，使我们，特别是研究所在的地区，对医疗机构产生了不信任。在研究被停止后，联邦政府资助和授权的研究在征得知情者同意和地方强制审查后，开始检查研究机构的虐待行为。尽管如此，25 年后，许多医学研究依然很少有非裔美国人参与，而非洲裔美国人的器官捐献者也很少。这妨碍了进行有前景的研究。而这些研究致力于包括非洲裔美国人在内的所有人提供最好的医疗保健。所以今天，我正在指导卫生与人类服务部长 Donna Shalala 在 180 天内发表一份关于如何让社区，特别是少数民族社区更好地参与研究和保健的报告。你必须—每个美国人都必须以积极的方式参与医学研究。我们必须搁置抱怨。现在，我们必须把好处带给所有的美国人。

Third, we commit to strengthen researchers' training in bioethics. We are constantly working on making breakthroughs in protecting the health of our people and in vanquishing diseases. But all our people must be assured that their rights and dignity will be respected as new drugs, treatments and therapies are tested and used. So I am directing Secretary Shalala to work in partnership with higher education to prepare training materials for medical researchers. They will be available in a year. They will help researchers build on core ethical principles of respect for individuals, justice, and informed consent, and advise them on how to use these principles effectively in diverse populations.

第三，我们承诺加强研究人员的生物伦理培训。我们不断致力于在保护人民健康和战胜疾病方面取得突破。但是，我们所有的人都必须放心，他们的权利和尊严将得到尊重，因为新的药物，治疗和疗法将得到检验和使用。所以我正在指导 Shalala 秘书与高等教育合作，为医学研究人员准备培训材料。他们将在一年内提供这些服务。他们将帮助研究人员建立尊重个人、正义和知情同意的核心伦理原则，并就如何在不同人群中有效使用这些原则提出建议。

Fourth, to increase and broaden our understanding of ethical issues and clinical research, we commit to providing postgraduate fellowships to train bioethicists especially among African-Americans and other minority groups. HHS will offer these fellowships beginning in September of 1998 to promising students enrolled in bioethics graduate programs.

第四，为了增加和扩大我们对伦理问题和临床研究的理解，我们承诺提供研究生奖学金，培训非裔美国人和其他少数民族的生命伦理学家。HHS 将于 1998 年 9 月开始为有希望参加生物伦理学研究生课程的学生提供这些奖学金。

And finally, by Executive order I am also today extending the charter of the National Bioethics Advisory Commission to October of 1999. The need for this commission is clear. We must be able to call on the thoughtful, collective wisdom of experts and community representatives to find ways to further strengthen our protections for subjects in human research. We face a challenge in our time. Science and technology are rapidly changing our lives with the promise of making us much healthier, much more productive and more prosperous. But with these changes we must work harder to see that as we advance we don't leave behind our conscience. No ground is gained and, indeed, much is lost if we lose our moral bearings in the name of progress. The people who ran the study at Tuskegee diminished the stature of man by abandoning the most basic ethical precepts. They forgot their pledge to heal and repair. They had the power to heal the survivors and all the others, and they did not.

第五，根据行政命令，我今天也把全国生物伦理咨询委员会的章程扩大到 1999 年 10 月。社会对这个委员会的需求是毫无疑问的。我们必须能够呼吁专家和社区代表在经过深思熟虑后，运用集体智慧，设法进一步加强对人类研究科目的保护我们在这个时代面临挑战。科学技术正在迅速改变我们的生活，使我们更健康，更富有成效，更繁荣。但是，随着这些变化，我们必须更加努力地看到，当我们前进的时候，我们不会留下良知。没有理由不认为，如果我们以进步的名义失去道德的担当，事实上会失去很多东西。在塔斯基吉（Tuskegee）进行研究的人们放弃了最基本的道德规范，从而降低了人的尊严。他们忘记了自己当初治疗病痛的承诺。他们有能力医治幸存者和所有其他人，但他们没有。

Today, all we can do is apologize. But you have the power, for only you, Mr. Shaw, the others who are here, the family members who are with us in Tuskegee only you have the power to forgive. Your presence here shows us that you have chosen a better path than your Government did so long ago. You have not withheld the power to forgive. I hope today and tomorrow every American will remember your lesson and live by it. Thank you, and God bless you.

今天，我们所能做的只是道歉。但是你有权力，只有肖先生，你在这里的其他人，只有你和我们一起在塔斯基金的家人才有权力原谅。你们在这里的出现向我们表明，你们很早就选择了比你们的政府更好的路。你选择了原谅。我希望今天和明天每一个美国人都会记住你们的选择，并靠它活着。谢谢你，上帝保佑你。

视觉符号视角下中国气候变化议题报道的中西对比研究

——基于中西方主流新闻媒体的图片报道

秦 静

摘 要 本文基于视觉符号视角，考察中西方媒体关于中国气候变化议题报道的视觉表征策略和核心视觉符号的象征性意义。研究发现，中西方媒体关于中国气候变化议题的建构，在视觉符号的意义框架设定、视觉表征的呈现、象征性视觉符号的使用等方面存在差异，造成受众关于中国气候变化议题视觉感知上的失衡。中国气候变化议题的对外报道应注重图片主题框架的优化组合，以视觉符号讲好气候治理中国故事。

关键词 视觉符号 气候变化 中国 图片

A Comparative Study of Chinese and Western Media Reports on China's Climate Change Issues under Visual Symbols Perspective

—Based on Chinese and Western Mainstream Media'Picture Reports

Qin Jing

Abstract Based on the perspective of visual symbols, this paper investigates the visual representation strategy and the core visual symbols' symbolic meaning of Chinese and Western media reports on China's climate change issues. It argues that there are differences between Chinese and Western media reports on China's climate change issues, including the meaning framework setting of visual frames, the presentation of visual representations, and the use of symbolic visual symbols, which results in the audiences' imbalance in the visual perception of China's climate change issues. The foreign reports of China's climate change issues should focus on the optimization of the picture theme framework and tell the Chinese story of climate governance well with visual symbols.

Keyword Visual Symbol; Climate Change; China; Image

一 研究问题的提出

随着全球气候变化影响的日益凸显，以全球变暖为基本特征的气候变化问题成为各国面临的一个世界性风险，受到国际社会的广泛关注。作为世界最大的二氧化碳排放国，中国与气候变化的关系、中国的气候危机、中国在国际气候谈判中的表现成为全球媒体关注的焦点，各方力量据此展开讨论、竞争和博弈，形成了对中国气候变化议题的多种方式建构。

互联网技术的成熟推动视觉文化传播的兴盛，海德格尔所说的"世界图像时代"来临。视觉符号因其直观性、形象性、易读性等特征，成为人们认知世界的重要载体，同时也是媒体建构外部世界的重要方式。视觉符号研究关注非语言符号系统中的视觉表意，通过各种借助视觉要素进行传播的符号建立起共通性阐释。[1]本研究基于视觉符号视角，考察中西方媒体关于中国气候变化议题报道的视觉表征策略和核心视觉符号的象征性意义，思考以下问题：中西方主流新闻媒体的图片报道如何建构中国气候变化议题？在视觉表征和象征性视觉符合使用上有何差异？中国气候变化议题对外传播有何启示？

二 理论基础及研究设计

（一）理论基础

语言学家索绪尔（Ferdinand de Saussure）的符号二重性理论对符号能指与所指关系进行了系统阐释，认为符号是一种关于能指和所指的二元关系。任何符号都可以被选择和组合，"符号文本的表意实践基于组合与聚合两个关系向度展开"。[2] 雅柯布森（Roman Jakobson）进一步指出组合各组分之间的关系是邻接（contingity），而聚合各组分的关系是相似（similarity），[3] 从而推论出重要的符号学原理。符号学是研究意义的学说，一系列术语显示出符号意义的复杂性。罗兰·巴尔特（Roland Barthes）在符号二重性理论的基础上，创立了意义分析理论，认为符号的意义分为第一层次的明示义和由隐含义、迷思、象征构成的第二层次意义。"物永远是一个符号，有两个坐标加以标定，一个是深度象征的坐标，一个是扩大的分类坐标。"[4] 根据巴尔特的符号双轴关系，符号意义的对象（object）落在"分类坐标"上，即毗邻轴考察符号表意要素的组合关系和不可替代性；解释项（interpretant）落在"深度象征坐标"上，即系谱轴考察不同符号文本在各个表意要素上的聚合关系和可替代性。

研究基于符号的意义分析理论和符号的双轴关系分析方法，通过剖析中西方媒体关于中国气候变化议题的图片报道在意指过程中采用的表意要素，从视觉符号视角考察中西方媒体关于中国气候变化议题报道的视觉表征策略和核心视觉符号的象征性意义，从而理解中国气候变化议题报道中不同立场符号使用者建构各自意指概念的意义生产过程，思考中国气候变化议题对外传播的视觉符号策略。

（二）研究样本筛选

气候变化风险的全球化特征使得气候变化议题报道与世界气候大会密不可分。研究以 2015 年巴黎气候大会（2015 年 11 月 30 日～12 月 11 日）和 2017 年德国波恩气候大会（2017 年 11 月 6 日～11 月 17 日）为时间节点，以"China + climate change""Chinese climate change"为关键词，基于中国国家英文媒体《中国日报》（China Daily）和国家级新闻网站新华网，以及《纽约时报》（The New York Times）、《卫报》（The Guardian）、《华盛顿邮报》（The Washington Post）、《华尔街日报》（The Wall Street Journal）等西方主流新闻媒体，对中国媒体和西方媒体关于中国气候变化议题的图片报道和新闻配图进行搜集，最终获得有效图片样本分别为 83 张和 75 张。在图片来源和转引方面，中国媒体的图片报道除了来源于新华社（59 张）和《中国日报》（China Daily）（21 张）外，还转引了央视网（CNTV）（2 张）以及路透社（Reuters）（1 张）的图片。西方媒体报道在图片转引方面主要集中于美联社（AP）（共计 11 张）、路透社（Reuters）（共计 8 张）等国际通讯社以及盖蒂图片社（Getty）（共计 19 张），且没有转引自中国媒体的图片。

三　中西方媒体关于中国气候变化议题报道的视觉表征

在传播过程中，视觉符号所传播的不仅是在表面上所描绘的各种符号，而且更重要的是隐藏在视觉符号背后的意义，这是传播的本意。[5]图片主题由多种视觉符号构成，符号使用者基于一定的文化内涵和价值观念与符号互动之后产生意义，对图片主题的解读有助于更好地把握视觉符号背后的意义框架设定。依据罗兰·巴尔特意义分析理论，从意义的两个层次对中西方媒体关于中国气候变化议题的视觉符号表意要素和视觉表征策略进行剖析。

（一）中国媒体：凸显中国气候外交和气候治理行动议题

中国气候外交和气候治理行动是中国主流新闻媒体建构中国气候变化议题的视觉符号主题，涉及国家元首会晤、人物细节特写、新能源建造规划、普通民众生活现状描绘等景观，反映出在全球气候危机日趋严重背景下，中国积极参与全球气候治理行动、与他国建立气候治理合作关系，以及中国在能源结构调整等气候治理方面取得成效的意指内涵。

1. 第一层次毗邻轴分析

基于中国主流新闻媒体关于中国气候变化议题图片报道的视觉表征，将 83 张样本图片分类组合，共分为元首政要、气候危机、新能源科技和普通民众 4 个系谱轴，每组系谱轴是一个独立整体，由若干张图片组合而成。整个系谱轴中的人物景观，既包括习近平、奥巴马、潘基文、奥朗德、解振华等国家元首政要，也包括国外支持生态气候保护的民众以及中国普通民众和青少年。能源科技景观方面，涉及风能、太阳能、新能源汽车等新能源科技产品和建设生产场景，表明中国加快能源结构调整、治理气候、环境污染的决心和行动成效。自然景观方面，包括表征全球气候危机严重性及危害程度和反映中国普通民众生活环境现状的自然景象。整个视觉表征系统呈现出一幅中国积极参与全球气候治理行动并卓有成效的全景图（见表 1）。

表1　中国媒体关于中国气候变化议题报道的视觉表意分析

系谱轴/主题		表意对象/承载意义	系谱轴元素共同特征	数量
毗邻轴	元首政要	习近平、奥巴马、潘基文、法比尤斯、奥朗德、解振华等	共识与合作	43张
	气候危机	冰川融化、北极熊、地球等	危机迫在眉睫	4张
	新能源科技	风能、太阳能、水力发电、新能源汽车等	气候治理成效	22张
	普通民众	国外气候保护志愿者、中国青少年、公园垂钓者等	绿色生态意愿	14张

2. 第二层次毗邻轴分析

气候变化超越自然科学领域上升为全球公共议题，气候治理的全球性、公共性、政治性受到国际社会重视。2015年巴黎气候变化大会最终达成《巴黎气候协议》，取得历史性突破。2017年6月，美国总统特朗普宣布美国退出《巴黎气候协议》，全球气候治理面临新的挑战。在新的国际局势下，中国主流新闻媒体关于中国气候变化议题的视觉表征呈现出中国在气候治理方面新形象。在元首政要系谱轴中，通过表情、手势、背景、色彩等多种视觉表意元素的综合运用，展现中国领导人与其他国家元首政要亲切握手、友好交谈场景，表明在美国宣布退出《巴黎气候协议》后，中国积极落实减排承诺，推动全球气候治理共识达成，展现出中国负责任发展大国形象。在能源科技系谱轴中，通过全景镜头展现风能、太阳能等新能源设备建设的全貌，以凸显中国对于新能源项目开发投入和建设规模庞大，表明中国的气候治理并非空谈而是切实付诸行动且投入巨大。在普通民众系谱轴中，多使用暖色调，将天空蓝和湖水蓝相结合，或用天空蓝与草地绿相对比，展现中国气候生态环境的改善以及中国民众生活环境的和谐适宜，以扭转西方媒体对中国国内气候环境被浓重雾霾笼罩的灰蒙蒙形象和压抑氛围的印象。

（二）西方媒体：中国气候污染严重，气候外交动机和气候治理能力受质疑

中国严峻的雾霾天气和气候污染是西方媒体关于中国气候变化议题报道的视觉符号主题，将样本图片分类组合，共分为雾霾天气、普通民众、元首政要、能源污染、治理措施 5 个系谱轴。借用毗邻轴将其纵向贯穿起来，中国气候污染严重、是世界最大污染源的整体印象最为凸显，中国气候外交动机以及中国促进全球气候治理能力受到质疑。

1. 第一层次毗邻轴分析

浓霾压城和普通民众的口罩抗霾成为西方媒体关于中国气候变化议题报道的主要视觉符号表征，其图片数量所占比重最大。2015 年 12 月 7 日，在巴黎气候变化大会召开之际，北京首次启动空气重污染红色预警，[6]引发国际媒体高度关注。西方媒体的图片报道极力凸显了中国气候污染问题的严峻、民众生存环境的恶劣以及中国产能落后、污染严重。此外，中国政府奔波于气候外交的动机和目的受到某些媒体质疑，"中国威胁论"被西方媒体重提；新的气候治理国际形势下，国际社会对中国取代美国成为全球气候治理领导者表示质疑等，不同主题交错出现，反映出中国气候治理面临严峻挑战（见表 2）。

表 2　西方媒体关于中国气候变化议题报道的视觉表意分析

	系谱轴/主题	表意对象/承载意义	系谱轴元素共同特征	数量
毗邻轴	雾霾天气	天安门、故宫、北京街头、中央电视台总部大楼等	浓霾笼罩	18 张
	普通民众	戴口罩的中国民众，包括老人、小孩、路上行人等	口罩抗霾	27 张
	元首政要	习近平、奥巴马、潘基文、杰里·布朗、容克等	气候外交	15 张
	能源污染	煤矿、浓烟滚滚的烟囱、锅炉厂、煤电厂等	污染严重	9 张
	治理措施	太阳能厂、电动汽车等	新能源发展	6 张

2. 第二层次毗邻轴分析

西方主流新闻媒体对中国气候变化议题的建构直接影响国际社会对中国气候危机和气候治理现状的认知。在样本图片中，西方媒体借助视觉符号建构中国气候变化议题时仍是以负面报道为主（近八成），通过浓重雾霾、各类型口罩"防毒面具"、煤电厂高耸的烟囱散发的滚滚浓烟、正在施工的煤矿等视觉符号，以灰暗模糊的冷色调配图给人以压抑感，通过全景镜头拍摄呈现，配合"China is the largest emitter of greenhouse gases in the world."（中国是世界上最大的温室气体排放国家）"China burns almost as much coal as the rest of the world combined."（中国的煤炭消费量为世界其他国家煤炭消费量的总和）的文字符号，表征中国污染严重的落后产能结构以及恶劣的气候污染环境。以气候外交、能源结构为主题的图片还延伸至"中国威胁论"和阴谋论议题框架下，通过视觉符号展现中国通过气候外交不断进行经济贸易扩张，试图牵制美国；中国的碳排放量承诺实则是由于其将煤炭项目转移至海外建设等意义指向。仅有 12 张图片呈现中国领导人与欧盟、印度等国家地区政要加强气候治理合作友好会晤以及中国太阳能发电厂建设情况等正面议题。图片主题框架和报道偏向上的差异造成受众视觉感知的失衡，西方媒体报道通过外交、生态、能源、政策等方面视觉符号的呈现与表达，勾勒出中国对全球气候危机负有不可推卸责任的负面意义框架，以及借助气候外交扩张称霸全球的威胁性负面形象。

四　中国气候变化议题报道的象征性视觉符号

符号被认为是携带意义的感知，分析中西方媒体关于中国气候变化议题报道的核心视觉符号的象征性意义，有助于剖析符号背后的深层意义，以理解不同立场符号使用者建构各自意指概念的意义生产。

（一）中国媒体关于中国气候变化议题报道的核心视觉符号

中国主流新闻媒体关于中国气候变化议题报道的核心视觉符号主要包含"笑脸"和"握手""蓝天""新能源"等符号元素。

1. 笑脸和握手：关于中国负责任发展大国形象的建构

"笑脸"和"握手"这一具有跨界仪式属性的视觉文化符号在中国媒体关于中国气候变化议题的图片报道样本中出现频率较高。在元首政要系谱轴中，媒体刊登多幅中国国家领导人与他国政要友好会晤的新闻摄影照片，通过"笑脸"和"握手"这一跨文化符号，向世界表明中国积极参与全球气候治理行动的意愿，与其他国家建立气候合作友好关系。尤其在美国宣布退出《巴黎气候协议》后，国家元首之间亲切友好的"笑脸"和"握手"展现出中国勇于担负起负责任发展大国的重任，积极与欧盟、印度、非洲等国家地区加强气候治理紧密联系，承诺贯彻落实《巴黎气候协议》减排标准的决心。除了国家元首会晤的笑脸和握手合照，媒体在报道中国和非洲加强气候治理合作等方面联系时，以穿唐装的大熊猫指代中国，以穿非洲民族服饰的长颈鹿指代非洲国家，大熊猫和长颈鹿友好握手，笑容满面，寓意中非在应对气候变化危机方面达成的共识与密切合作。通过卡通动物形象、表情符号、肢体语言、民族服饰等跨文化视觉符号，生动展现出中国在促进各大洲国家达成气候治理合作意愿和共识方面所做出的不懈努力（见图1）。

图 1　中国和非洲加强合作联系

图片来源：A solid new start for old China-Africa ties, China Daily, 2015 – 12 – 01。

2. 蓝天：关于中国气候“妖魔化”报道的解构

对于蓝天的呈现是中国媒体关于中国气候变化议题图片报道的重要视觉表征。关于中国气候的“妖魔化”报道使他国民众对中国环境形成“中国作为世界最大污染国家被灰色浓重雾霾层层包裹、民众常年生活在重度污染环境中”的刻板印象和压抑感。关于蓝天的视觉符号从平民视角切入，向受众展现生活在中国的普通老百姓日常生活的工作的环境，例如，清晨在蠡湖公园的垂钓者、周末去公园拍照游玩的市民等，将天空蓝与湖水蓝相结合，将天空蓝与草地绿相对比，反映出在晴朗蓝天和朵朵白云的相映衬下，民众安逸和谐的日常生活氛围（见图2）。通过蓝色、绿色、白色等多种暖色调的组合、搭配，扭转他国民众对中国国内气候环境灰暗、压抑的印象，以凸显中国气候治理和环境保护效果，展现环保、宜居、充满生机的生活环境。同时，对于广阔蓝天的呈现也寓意着希望，含蓄意指中国在治理气候污染方面的坚定决心和可预见的卓有成效的未来。

3. 新能源：关于中国气候治理行动成效的呈现

对于风能、太阳能等绿色能源技术产品和项目建设的视觉符号呈现，一方面展示出中国调整能源结构、淘汰落后产能、履行《巴黎气候协议》减排承诺方面的决心和行动；另一方面凸显中国绿色能源科技投入力度和处于世界领先的发展地位。样本图片中，通过对煤矿厂等落后产能的拆除与关闭，显示中国减排温室气体、调整传统产能结构的巨大决心；通过对中国投资建设的风力涡轮机系统、太阳能平板装置的全景俯拍图片，展现新能源设备建设的全貌，凸显中国新能源建设规模的庞大和壮观；通过对中国可再生能源开发投入规模、绿色能源生产规模和中国新安装太阳能容量的数据统计图表，以及与美国、德国、英国等国家的数据对比，展现中国在可再生能源利用与开发方面处于世界领先地位（见图 3）。从落后产能改造到可再生能源开发，从政府政策到民众响应，关于新能源科技的视觉符号呈现，凸显了中国气候治理行动的成效，含蓄意指在新的全球气候治理国际形势下，中国在履行减排承诺方面担负起大国责任，有能力领导和促进全球气候治理合作进展。

图 2　清晨无锡蠡湖公园的垂钓者

图片来源：China to play bigger role in climate talks, China Daily, 2017 - 11 - 08。

图 3　中国的风力涡轮机系统

图片来源：Green Growth, China Daily, 2017 - 11 - 17。

（二）西方媒体关于中国气候变化议题报道的核心视觉符号

对西方主流新闻媒体关于中国气候变化议题报道的样本图片进行分析，研究从"消失的地标""口罩"等符号元素入手，探析视觉符号背后的象征意义。

1. "消失的地标"：中国深陷气候危机的象征

天安门、故宫、人民大会堂、中央电视台总部大楼等地标性符号元素作为中国的标志性建筑被世界所认知，成为中国的象征。巴黎气候变化大会期间，北京遭遇严重雾霾并首次启动空气重污染红色预警，引起国际媒体的高度关注。在样本图片中，不少西方主流新闻媒体将视线聚焦于被浓重雾霾笼罩的中国标志性建筑物，通过对"消失的地标"视觉符号的捕捉，向世界呈现深陷雾霾重度污染危机的中国形象。综观此类视觉符号的意义建构，拍摄者在图片色调选择上，均以灰色、白色等冷色调背景色为主，以凸显空气污染的严重程度和雾霾压城的紧迫感和压抑感；在景别和拍摄角度上，将雾霾笼罩下"消失的地标"作为图片背景，通过对图片前景中人物的特写或中近景拍摄，以平拍、仰拍的拍摄视角展现中国普通民众所处的浓霾笼罩的现实环境，前景和背景的对比显示出在严重雾霾笼罩的恶劣生存环境下中国普通民众的无助（见图4），已经声明向污染"开战"的中国气候治理行动和承诺受到国际舆论质疑。

2. 口罩：中国污染大国负面形象和民众无声抗议的象征

在样本图片中，"口罩"作为核心视觉符号出现的频率最高，口罩作为典型意象成为媒体呈现中国严重空气污染和中国民众生存环境的切入点。关于"口罩"这一视觉符号的图片呈现方式，既有以单幅图片对主体戴口罩的特写，也有以组图形式形成强烈的视觉冲击力。在人物主体呈现上，既有对于戴口罩单个市民神态表情的特写，以凸显身处浓霾之中主体的无助和无奈神情，也有对北京街头行色匆匆戴口罩人群的全景描绘，表征戴口罩抗霾是民众日常生活常态（见图5）。关于口罩类型，既有医用口罩，也有带有标语或符号的口罩，不同材质和造型的口罩不仅是民众抵御

图4 浓重雾霾笼罩下的标志性建筑物

图片来源：Bad Air in Beijing Sparks Red Alert, The Wall Street Journal, 2015 - 12 - 09。

图5 中国普通民众的口罩抗霾

图片来源：Bad Air Brings Beijing to a Halt, The Wall Street Journal, 2015 - 12 - 09。

雾霾的工具，更是对于空气污染不满和抗议的表现符号，配合"Code rood"（红色预警）等醒目图片标题、"It's hard to ignore when cities of tens of millions of people ask if they can just breathe a little bit better please."（当数以千万计的城市居民期盼可以呼吸更顺畅一点儿时，这一问题不容忽视）等文字符号，呈现中国面临的严峻雾霾危机以及民众与政府间关于气候污染激化的矛盾。通过西方主流媒体的报道和渲染，"口罩"这一典型意象已经超越防尘抗霾的表面含义，引申为中国作为世界污染大国不良形象的象征性视觉符号。

五 结论与思考

随着全球气候问题影响的日益凸显，气候变化风险已超出自然科学范畴，逐渐上升为全球性公共议题。媒体为气候变化议题的讨论提供了重要的公共平台，影响着公众对于气候变化议题的认知。本研究从视觉符号视角考察中西方媒体建构中国气候变化议题的视觉表征特点及差异，有以下几个发现。（1）视觉符号的意义框架设定差异。图片主题由多种视觉符号构成，主题框架和数量上的明显差异造成受众关于中国气候变化议题视觉感知上的失衡。中国主流新闻媒体通过人物景观、能源科技景观、自然景观等多种视觉主题，凸显中国气候外交和气候治理行动意义框架，呈现出一幅中国积极参与全球气候治理行动并在能源结构调整方面卓有成效的全景图。西方主流新闻媒体基于气候外交、自然环境、能源结构和政策主题，运用大量视觉符号渲染中国严峻的气候污染和雾霾危机，勾勒中国作为世界最大污染源的负面形象，并从他者的角度，将中国政府积极开展气候治理合作限制在"中国威胁论"的意义框架下，定性为中国企图超越气候治理这一公共议题，上升为国际事务领导者的大国威胁。（2）视觉表征的呈现差异。色彩、角度与景别共同构成图片表达意义的视觉要素，实现观者对于客观世界更深层次的认知。中国媒体的图片报道在色彩上多以蓝色、绿色作为背景色，以凸显和谐环保的生态环境；通过全景呈现新能源设备建设全貌，显示中国淘汰落后产能的坚决态度和新能源建设规模之大。西方媒体报道在色调选择上则以灰色调为主，将雾霾天作为背景图，通过对前景人物的特写和中近景拍摄，凸显雾霾压城的紧迫感以及在现实气候危机面前人们的渺小和无助。（3）象征性视觉符号的使用差异。不同主体通过多种视觉修辞手段，运用视觉符号建构各自关于中国气候变化议题的象征意义。中国主流新闻媒体的图片报道借助"笑脸"和"握手""蓝天"和"新能源"等符号元素，含蓄意指中国在气候合作、污染治理方面的坚定决心和显著成效。而在西方主流新闻媒体报道中，"消失的地标"和"口罩"作为从平民视角切入表征中国深陷气候危机、中国污染大国负面形象和民众无声抗议的象征符号被广泛使用。

围绕气候变化议题的争论，"本质上是一个涉及各国社会、政治、经济和外交的国家利益问题"[7]，不同立场和态度的媒体关于中国气候变化议题的视觉呈现塑造了国际社会关于中国与气候危机关系的直观认知。中国媒体如何借助视觉符号这一跨文化传播意义载体，加强气候变化议题对外报道，扭转当前中国在国际气候变化议题报道中的负面形象值得思考。一是在图片报道视角和主题框架设定上，气候议题关乎国计民生，媒体报道除了关注元首政要的气候谈判外，还应基于平民化视角关注本国公众、科学家、环保组织等利益相关者在气候治理和环境改善方面的努力。二是在视觉符号优化组合上，挖掘表征中国气候治理成效的视觉符号，例如山西大同的熊猫状太阳能发电厂、中国景观设计师开发的城市景观水循环系统、空气质量监测达标天数数据统计等，以视觉符号讲好气候治理中国故事。

（作者单位：华东师范大学传播学院）
［本文获得华东师范大学优秀博士学位论文培育行动基金资助（资助编号：YB2016005）］

注释

［1］胡易容，赵毅衡. 符号学 – 传媒学词典 ［M］. 南京：南京大学出版社，2012：185.

［2］赵毅衡. 符号学：原理与推演（修订本） ［M］. 南京：南京大学出版社，2016：156.

［3］ Roman Jakobson. Two Aspects of Language and Two Types of Aphasic Disturbance ［J］. Selected Writungs Ⅱ, The Hague：Mouton, 1971：239 – 259. 转引自赵毅衡. 符号学：原理与推演（修订本）［M］. 南京：南京大学出版社, 2016：161.

［4］〔法〕罗兰·巴尔特. 符号学历险（罗兰·巴尔特文集）［M］. 李幼蒸译, 北京：中国人民大学出版社, 2008：192.

［5］郑保卫, 赵丽君. 视觉符号视角下的中国国家形象——基于西方国家主流杂志封面图片的研究［J］. 国际新闻界, 2012（12）：54.

［6］倪元锦、李萌. 北京市首次启动空气重污染红色预警［EB/OL］. 新华网.（2015 – 12 – 07）, http：//www. xinhuanet. com/local/2015 – 12/07/c_1117384169. htm.

［7］国家气候变化对策小组办公室. 全球气候变化——人类面临的挑战［M］. 北京：商务印书馆, 2005：2.

国家自然化：Sixth Tone 奥运赛事报道中的国家形象塑造

——以 2016 年里约奥运报道为例

瞿旭晟　方朝晖　王巧月

摘　要　奥运会是一种政治剧场语境下的公共仪式，奥运会的媒体报道能使这类仪式产生国家自然化的效果。本文采用内容分析法，基于戈夫曼框架理论对"第六声"（Sixth Tone）有关里约奥运会的系列报道展开分析，发现其在剧场仪式下，国家形象在仪式、权利和情感三个方面意义的生成。在政治仪式中，均衡报道，回归个体，从而实现权力话语的转移。

关键词　Sixth Tone　国家形象　奥运赛事　框架　剧场仪式

National Naturalization：The National Image of Six Tone in the Olympic Games' report

—Take the Olympic Games in 2016 as an Example

Qu Xusheng　Fang Zhaohui　Wang Qiaoyue

Abstract　The Olympic Games is a kind of public ritual in the context of political theater. The media coverage of the Olympic Games can make this kind of ritual produce national natural effect. This article uses content analysis, which analyze Sixth Tone's series reports on the Rio Olympic based on the Geoffman Framework Theory, finding that in the theater ceremony, the national image generated in the ritual, rights and emotional significance of the three aspects . In the political rituals, Sixth Tone adopt the equilibrium reports and return to the individual, in order to achieve the transfer of power discourse.

Keyword Sixth Tone；National Image；Olympic Events；Framework；Theater Ritual

一 研究问题的提出

2016 年，鉴于澎湃新闻在时政领域的影响力，上海报业集团推出澎湃新闻的姊妹、一个全英文的新媒体项目——Sixth Tone（"第六声"），进行对外传播。之所以命名为第六声，是因为传统的汉语拼音有 5 个声调，包括一个很多人并不太知道的"轻声"，澎湃新闻想将其打造成为一个全新的、与众不同新闻平台。[1]Sixth Tone 目前推出了官方网站和微信公众号，包含 Rising Tones、Deep Tones、Broad Tones 三大主要板块。它的目标是"定位中国日常，成为英文世界了解中国社会变迁的第一入口"。[1]

国家理论的代表学者乔尔·S. 米格代尔（Joel S. Migdal）认为，国家—社会互动的某些领域中对人民产生的意义能够使国家自然化，[2]自然化的结果是，"这种信念得以广泛传播，就能够强有力地化解分裂力量对国家统一的影响"。[3]米氏所指的"某些领域"在《社会中的国家》一书中，归为三个互相重叠的领域：社会中法律的产生、剧场政治仪式的使用以及对公共空间的建构和持续重建。本文从"政治剧场中公共仪式的使用"角度切入，进而分析在国际舞台上，Sixth Tone 在涉及本国相关的奥运赛事报道时，内容的呈现和态度的倾向如何？以及里约奥运政治仪式中，国家形象呈现有何不同？

二 文献回顾

鉴于本文的主题和考察对象两方面的考虑，主要运用了"框架理论"作为解释。下面这部分内容，文章将从"框架理论"、仪式与政治仪式、舆论与媒介环境进行简单的勾勒，以备后文分析文献之用。

（一）框架理论的回顾

框架理论可以追溯到心理学和社会学两大流派。心理学来自丹尼尔·卡尼曼（Daniel Kahneman）等的实验研究，而所被人们熟悉的是来自社会学派欧文·戈夫曼（Erving Goffman）的《框架分析》。他认为框架是人们将社会真实转化为主题思想的主要凭据，也就是人们或组织对事件的主观解释与思考结构。[4]也就是说，戈夫曼是要解答人们如何建构社会现实的问题，这是社会主义建构学说的核心命题。[5]塔奇曼（Tuchman）在有关组织机构新闻生产的著作中，把新闻看作一种框架，并考察这个框架是如何建构的。[6]从1990年开始，框架才被引入新闻价值的议题中。如坦克德（Tankard）等认为框架是"新闻内容的中心思想"。

（二）仪式和政治仪式

从功能主义的视角出发，戈夫曼（Goffman）将仪式描述为"确立社会道德秩序的人人遵守的行为准则"，进而认为"仪式是一种专注情感和关注机制，它形成了一种瞬间共有的现实，因而会形成群体团体和群体成员性符号"；[7]詹姆斯·凯瑞（James W. Carey）持"将日常世界赋予意义的基础上，作为集体活动的仪式能够凝聚社会团体和强化集体力量的功能"[8]的观点。在政治仪式和人的情感之间关系的研究中，柯斯林（Collins）认为"自然仪式能够建立关注和情感的纽带，产生符号与成员的身份感；而权力仪式使用不当，会像强迫性仪式一样产生消极和支配性两种情感，带来消沉、恐惧和愤怒，从而让人们远离权威"。[7]在其他一些研究中，政治仪式被认为是"一种政治权力生产和再生产的特殊装置"，或是"一种权力话语"，同时，"对权力的认知经由政治仪式转换为社会记忆"。[9]在仪式的话语中，新闻话语是一个重要的考察维度，费尔克拉夫（Fairclough）着重关注了与社会和文化相关的"话语变化"。[10]吴小坤基于国家自然化的理论，考察了抗日战争胜利70周年我国阅兵礼这种政治仪式的话语，发现"中国阅兵礼在西方舆论场中有权力、仪式及情感三个维度共同的话语框架，媒介环境成为国家意义生成的条件"[2]。

（三）舆论与媒介环境

政治仪式对国家自然化的构建，是新闻舆论场中一道靓丽的风景。从传播的视角来看，奥运的媒介呈现分为两个方面：一是对公共认同的建构，二是国家形象的塑造。[2]国家形象方面，要分析奥运的议题，即舆论场。

以往西方舆论场下媒体的报道存在偏见化，刘小燕以电脑文本分析法，从西方三大通讯社对北京奥运会报道框架进行分析，呈现问题化、妖魔化的中国；[11]东方舆论场下媒体报道缺乏人性化，刘朝霞关于《纽约时报》和《人民日报》的对比框架研究，发现《人民日报》对于北京奥运报道更加宽泛化。[12]但是随着时间的推移，西方媒体开始超越二元对立，赋予受众更多的阐释空间。在国内外舆论场中，我国国家形象的"他塑"和"自塑"持续动态的博弈。Sixth Tone 作为我国对外传播的新媒体项目，今后将在国际舆论场中设置媒介议题、话语构建展示国家形象中扮演重要角色。

三　研究方法

（一）样本选取

由于总体的样本数不大，此次研究采取了总体抽样的方法。借助谷歌搜索引擎，本文主要选取 Sixth Tone 官方网站（http：//www. sixthtone. com/）2016 年 8 月 4～23 日（包含奥运会开始前一天和奥运会结束后两天）所有对里约奥运会的报道，共 21 篇。

（二）类目建构

笔者在阅读 Sixth Tone 关于里约奥运报道的全部有效样本后，对样本进行分析，在借鉴了"拉斯韦尔政治象征分析"[13]词频统计的基础上，筛选出了有关主题报道的关键词和句子片段，并将每个关键词（或句子片段）作为一个独立的编码单元，从报道的议题和话语方面做了编码表。

（1）话语框架。话语框架内容分析包含新闻话语结构分析和关键词分析。[14]根据本文研究需要，选用关键词分析，即新闻的倾向性，并从权利、仪式、情感、其他四个方面做了编码表。

（2）议题框架。议题框架是指一个新闻主题由多个子议题聚合呈现。根据本文研究的需要，主要分成七类议题，并从运动员、运动项目、政治、经济、文化、奖牌、其他七个方面做了编码表。

（三）信度检验

本次研究由两位传媒专业的硕士研究生担任编码员，通过系统的编码培训后，两人独立完成此次的编码任务。在正式开始编码之前，两人分别随机抽取了20个关键词（或句子片段）检验信度。本次研究使用了斯科特（Scott）Pi 指数作为检验研究信度的方法，测得信度大于0.8，符合此次检测需要。

四 研究发现

（一）里约奥运赛事在国际传播中国家形象的呈现：仪式、权利与情感

根据前文选取的样本和建构的类目，笔者利用词频统计的方法，对筛选出的关键词（或句子片段）做了全面分析，并将所有的词汇在仪式、权利、情感和其他四个方面做了话语的词频归类（如表1）。在奥运赛事报道中，Sixth Tone 在仪式、权利和情感三个维度方面的话语框架一目了然。在奥运盛典这一剧场仪式中，Sixth Tone 试图"塑造人们对权力的服从、拥护或者反对态度，从而创造情感的统一性"。[2]

表1 不同维度下的话语归类

权利	经济动力室　中国的举国制度　中国奥运遗产　一夜成名　中国的运动员制度　主席　严格的体育制度　阶级流动　性别平等　金砖五国　主持全球赛事
仪式	宁泽涛　中国制造　击剑　自行车越野　围棋　太极　宇宙　阴阳　阿多尼斯（美男子）　铜牌　中国品牌　求婚　击剑俱乐部　陈欣怡　兴奋剂检测　视频创业　中国击剑迷　电子竞技　女围棋运动员　区域发展不平衡　贫穷　业余竞走者　经济繁荣
情感	小鲜肉　小肉球　男性美　复兴　人性　抱怨　腐败　猎物　工具　伤害　挑战　洪荒之力　梦想　激荡　未来　自信
其他	薪水不平等　招募困难重重　走向世界　高雅运动　利大于弊　奖牌奖金下降　观念改变　非主流

在"仪式"和"权利"的维度下，出现如"宁泽涛""求婚""围棋""中国击剑迷""举国制度""运动员制度""严格的体育制度""经济动力室"等词汇。其中出现次数最多的词汇是"宁泽涛"和"体育制度"，反

应了 Sixth Tone 在剧场仪式中，更多地关注运动员本身，以及政治制度对运动员、阶级、性别和文化产业带来的影响。从仪式整体话语来看，Sixth Tone 改变以往奥运赛事"奥运强国"观念，回归到个体及国家的日常生活，如"求婚""击剑俱乐部""中国制造"，表达了 Sixth Tone 对此的赞同。从权利的角度来看，Sixth Tone 一方面为中国经济的快速增长、奥运促进中国社会的流动而欣喜，另一方面对体育制度现存的不足给予批评，做到权力的均衡。在情感维度，Sixth Tone 表达了复杂的情感。在里约赛事中，Sixth Tone 对人性给予关怀，对中国复兴满怀期望；同时对运动员使用兴奋剂、运动员被作为猎物进行批评，为区域发展不平衡和贫穷地区而担忧。此外，Sixth Tone 还批评了国人将奥运看得太重而不断抱怨里约奥运的心理。

（二）里约奥运赛事 Sixth Tone 的内容呈现、态度倾向及国家形象

笔者从多个维度对这种剧场中的仪式给予关注，同时从媒介的议题方面做了分析，并从运动员、运动项目、政治、经济、文化、奖牌、其他 7 个方面做了议题的词频归类（如表 2）。

表 2　Sixth Tone 有关里约奥运报道的议题词频归类

议题	关键词及句子片段
运动员	宁泽涛　小鲜肉　小肉球　男性美　陈欣怡　伤害　兴奋剂检测　薪水不平等　求婚　女围棋运动员　洪荒之力　激荡
运动项目	电子竞技　中国击剑迷　非主流　击剑俱乐部　业余竞走者　招募困难重重　自行车越野　梦想
政治	中国的举国制度　利大于弊　性别的平等　腐败　阶级流动　中国的运动员制度　主席　严格的体育制度　猎物　工具　金砖五国　主持全球赛事
经济	经济动力室　经济繁荣　自信　复兴　挑战　贫穷　区域发展不平衡　中国制造　走向世界　中国品牌　视频创业　未来
文化	阿多尼斯　击剑　高雅运动　围棋　太极　阴阳　宇宙
奖牌	奖牌奖金下降　人性　观念改变　铜牌
其他	抱怨　一夜成名　中国奥运遗产

1. 以个体性框架展现人性和日常的国家新形象

从历史传统来看，以人为本是中国文化的根本所在，是儒释道各家思

想文化的共同点，我国国家形象就是以人为本的形象。[15]正如 Sixth Tone 寓意全新、与众不同的声音那样，在里约奥运剧场仪式中，以故事化的方式，关注运动员本身，关注个体的日常，塑造了中国新的国家形象。

（1）人性化和奖牌观念的淡化

如表 2 所示，在运动员的框架议题设置上，体现了 Sixth Tone 在此框架下对运动员人性的关注。其中，在报道宁泽涛时，Sixth Tone 借用古希腊神话中的阿多尼斯（Adonis[16]）的典故类比宁泽涛，不仅是新时期女性眼中的男性美的变化，而且也是 Sixth Tone 有意以宁泽涛的形象代表新时期整个国家的形象。秦凯求婚、洪荒少女、女足薪资、兴奋剂检测等，Sixth Tone 强调这是作为人的奥运，要去关注运动员本身的幸福与快乐、待遇与处境，做到"人文奥运"的回归。

（2）日常化

法国哲学家昂利·列斐伏尔（Henri Lefebvre）认为，日常生活是各种各样社会活动和社会关系得以萌生与成长的土壤，人也是在日常生活小事中真正被塑造和实现出来的。[17]在运动项目的框架议题设置上，出现了一些如 fencing club（击剑俱乐部）、amateur racewalkers（业余竞走者）日常生活的词汇。Sixth Tone 通过运动项目来表达主题思想时，有意舍弃了乒乓球、跳水等中国优势项目进行强化报道，而是选择了一些在中国快速发展的或者处于发展困境的奥运项目，并且考察了人们训练这些项目的生活场景。在此议题上，Sixth Tone 试图将里约奥运进行日常化解释。

2. 以中立性框架平衡报道里约奥运

所谓中立性框架是指，在国际传播中，充分利用受众的新闻接受心理，平衡"正面报道"和"负面报道"，以均衡报道树立一个信息透明、政治民主的良好的国家形象。[18]在里约奥运的态度立场上，Sixth Tone 保持中立性。

（1）发展与挑战并存

从政治经济议题框架的词频来看（见表 2），Sixth Tone 表达主题思想时，并没有一味地唱颂歌，对中国目前存在的问题也做了报道。政治议题方面，在谈及国家形象自塑时，举国制度促进了阶级的流动和性别的平等。

在经济议题方面，Sixth Tone 认为中国走向复兴（renaissance）时，依然面临区域不平等（regional imbalances）、贫穷（poverty）等挑战（challenges）。中国制造（Chinese manufacturing）走向世界，一些中国品牌（Chinese brand）还存留问题。

（2）东西方文化均衡报道

在报道里约奥运会时，Sixth Tone 强调了奥林匹克这种竞技被包括中国在内的全世界各国的认可，这种竞技潜移默化地影响了人们，中西方文化在不断地融合。其中，Sixth Tone 以古希腊植物神阿多尼斯引出宁泽涛，讲述人们喜爱宁泽涛，其实是中国人对西方文化中的个性和男性美的推崇。并且，Sixth Tone 描述了击剑运动和 BMX 越野自行车深受中国少年的喜爱。作为欧洲中世纪骑士文化的一部分，击剑是一项高雅的运动（noble sport）；BMX 自行车越野则是代表西方的冒险精神，这与西方的受众很好地关联起来。Sixth Tone 在为数不多的报道中，讲述科技给中国围棋带来了改变，以及与围棋相关的中国哲学，如太极（taiji）、阴阳（yin and yang）、宇宙（universe），既增加了东方古国的神秘感，也强调了中国文化的改变。

五　研究结论

本文将国家形象具象化，将奥运赛事这样典型的公共仪式在国际传播中，媒介对国家形象的塑造给予框架化呈现。如前文所述，从米氏"政治剧场中仪式使用"切入，借鉴了拉斯韦尔政治象征分析词频统计的方法，进行词频类聚，利用话语框架和议题框架对里约奥运赛事涉及 Sixth Tone 对本国的报道做了详尽的分析，得出以下结论。

（一）国家形象在仪式、权利和情感三个维度生成

在里约奥运的剧场仪式中，Sixth Tone 抛开了中国夺冠的宏大场面，选择了作为个体的运动员进行报道，以及奥运相关的日常叙事。Sixth Tone 在国家与社会互动中，淡化奥运强国观念，展示人性日常的一面，回归奥运的本质。同时，Sixth Tone 对奥运赛事持复杂的情感，在人性关怀、国家复兴、经济繁荣和阶级流动肯定的背后，批评了运动员使用兴奋剂违背人性与公平、禁止运动员商业化的规定阻碍了体育视频创业的发展，对区域发展不平等和贫穷地区担忧。

（二）政治仪式中淡化主体色彩，回归个体

在奥运赛事剧场的仪式中，Sixth Tone 淡化国家整体色彩，以故事化的方式展示个体和国家的日常，使其自然化。无论是"小鲜肉"宁泽涛、求婚的秦凯，还是使中国杠铃走向世界的张志国，都是一个个鲜活的人物。其中希腊神话中的阿多尼斯，以及象征贵族的骑士运动项目击剑，都满足了西方受众的偏好。正如我国儒释道文化所推崇一般，我国的国家形象就是以人文为本的形象，尊崇个体，回归本性。

（三）均衡报道，媒介权利话语的转移

在奥运赛事报道中，Sixth Tone 以中立性框架均衡报道来塑造国家形象。Sixth Tone 改变北京奥运奖牌榜、优势项目强化国民意识的报道风格，转而回归日常叙事，在褒奖中国体育这些年取得的成绩之余，同时对中国国民奥运心态和中国奥运留下的遗产进行反思，对地区发展不平衡的担忧，以及对中国现存的运动员制度遗留问题进行评议，实现媒介权利话语的转移。雷蒙德（Raymond）在创立《纽约时报》时，其办报方针就是"客观、公正"。后来，《纽约时报》在新闻专业主义道路上孜孜不倦地追求，使其在西方媒体中脱颖而出。Sixth Tone 在国际传播中，兼顾中国的发展与挑战，讲述这是一个东西方文化兼容并蓄的中国。

（作者单位：瞿旭晟，方朝晖系上海理工大学出版印刷与艺术设计学院；
王巧月系中国传媒大学新闻学院）

［本文为国家社科基金青年项目"移动舆论场重构与记者职业网络流动的关系研究"（项目编号：15CXW002）、教育部人文社会科学研究青年基金"'执政方式现代化'视野下的新媒体政治传播策略研究"（项目编号：13YJC860014）的阶段性成果。］

注释

［1］澎湃新闻出海：上线 Sixth Tone，想成为海外了解中国的第一入口［EB/OL］. 钛媒体（2016 - 4 - 7）. http://www.tmtpost.com/1668720.html.

[2] 吴小坤，李喆. 中国阅兵礼在西方舆论场中的国家意义及生成条件——基于国家自然化理论的分析 [J]. 新闻与传播研究，2016（12）：5 – 24.

[3] 乔尔·S. 米格代尔. 社会中的国家 [M]. 李杨、郭一聪译. 南京：江苏人民出版社，2013：141 – 169.

[4] 张洪忠. 大众传播学的议程设置理论与框架理论关系探讨 [J]. 西南民族学院学报（哲学社会科学版），2001（10）：89.

[5] 潘忠党. 架构分析：一个亟需理论澄清的领域 [J]. 传播与社会学刊，2006（1）：20.

[6] 〔美〕盖伊·塔奇曼. 做新闻 [M]. 麻争旗等译. 北京：华夏出版社，2008：30.

[7] 〔美〕兰德尔·柯斯林. 互动仪式链 [M]. 杜聚维等译. 北京：商务印书馆，2009：36 – 167.

[8] 周勇，黄雅兰.《新闻联播》：从媒介信息到政治仪式的回归 [J]. 国际新闻界，2015（11）：108.

[9] 王海洲. 后现代视域中的政治仪式——一种基于戏剧隐喻的考察 [J]. 南京大学学报（哲学·人文科学·社会科学版），2010（2）：148.

[10] 〔英〕诺曼·费尔克拉夫. 话语与社会变迁 [M]. 殷晓蓉译. 北京：华夏出版社，2003：80 – 92.

[11] 刘小燕，Nancy Van Leuven. 从西方三大通讯社对北京奥运会开幕式报道框架看舆论同化现象 [J]. 新闻与传播研究，2010（4）：36.

[12] 刘朝霞.《纽约时报》和《人民日报》北京奥运报道框架比较分析——对提升我国体育新闻报道的思考 [J]. 南京体育学院学报，2009（12）：26 – 27.

[13] 周翔. 传播学内容分析研究与应用 [M]. 重庆：重庆大学出版社，2014：151.

[14] 周琳. 新闻报道框架"梯次模型" [J]. 东南传播，2011（1）：78.

[15] 张路黎. 以人为本的国家形象与北京奥运会的文化传播 [J]. 理论月刊，2008（4）：75.

[16] Adonis：阿多尼斯，在希腊神话中，他是各种神秘宗教的中心人物，是每年死而复生的植物神，受到女性的崇拜。它的名字经常用到现代的英俊的青年身上，引申为美男子。[EB/OL]. 维基百科. https://en.wikipedia.org/wiki/Adonis.

[17] 黄剑. 陌生人社会中日常生活的确定性及其运行框架 [J]. 中央民族大学学报（哲学社会科学版），2016（6）：31.

[18] 王晴川，方舒. 北京奥运与建构国家形象的思考 [J]. 当代传播，2008（4）：51.

他山之石

美国近三年舆论学的研究图景

——对美国《舆论季刊》2015～2017 年 164 篇论文的梳理分析

唐远清　吴晓虹

摘　要　近年来，国内舆论学界已经出现对国外舆论学热点的研究，但比较遗憾的是，对作为舆论学发源地的美国的舆论学的研究尚不多见。本文梳理分析了国际舆论学研究权威期刊美国《舆论季刊》（*Public Opinion Quarterly*）2015～2017 年的全部论文共 164 篇，发现美国舆论学近三年的研究热点主要集中在调查方法及效度的研究，之后依次为政治层面、社会层面、态度心理及行为层面、互联网与媒体层面及文化层面。与国内研究相比，美国舆论学更注重微观层面，如态度、心理与行为等方面的研究，选题广泛而精细，值得国内舆论学界关注及借鉴。

关键词　美国舆论学　《舆论季刊》　梳理分析

The Study of American Public Opinion in the Last Three Years

—Literature Review from 2015 to 2017 of *Public Opinion Quarterly*

Tang Yuanqing　Wu Xiaohong

Abstract　It is true that public opinion research from abroad has been extensively discussed by domestic scholars, however, the study of American public opinion are still scanty. Based on literature review of *Public Opinion Quarterly* from 2015 to 2017, this paper tends to represent current issues concerned by American academia. And we find that methods and validity are of special concern in America, then followed by five aspects of politics, society, attitude, psychology and behavior, internet and media and culture. By contrast with do-mestic study, micro level issues, which are diverse ranging and deserve particu-lar attentions, are the biggest concern of American academia.

Keyword American Public Opinion; *Public Opinion Quarterly*; Literature Review

近年来，舆论学在国内逐渐成为显学。在梳理归纳的基础上，参考、借鉴国外舆论学的研究成果，是推进国内舆论学研究的有效路径之一。为满足学科建设及发展需要，文章梳理了三年间在美国舆论学领域的重要期刊文献及其呈现出的热点议题，在此基础上解读美国舆论学研究进程，为我国学科建设提供参考。

一 美国《舆论季刊》2015～2017 年研究热点分析

《舆论季刊》创刊于 1937 年的普林斯顿大学。当时，时逢美国传播学研究兴起，美国传播学研究与"二战"前后有关宣传、公共舆论、劝服及民意测量这类研究密切相关，有关这方面的研究有相当部分发表在《舆论季刊》上，来服务于美国的心理战争。[1]本文通过对《舆论季刊》2015～2017 年的 164 篇论文①（不含书评）的梳理分析，试图增强对美国舆论学当前研究热点及发展阶段的认知。结果发现，对调查方法及效度、政治、社会问题的探讨是近三年美国舆论学界关注的主要方面。

经梳理统计后发现，在 164 篇论文中，有 54 篇文章与调查方法及效度相关，特别是调查方法层面，包括受访者回应、问卷编制及抽样策略等；有 47 篇文章涉及对政治层面的讨论，包括选举、投票、党派、法制、政策等；有 28 篇涉及对社会问题的探讨，包括堕胎、枪支、同性恋、种族、移民、医疗保健、肥胖等；有 24 篇涉及对态度、心理及行为等微观方面的探讨，具体来说，包括偏见、说服等态度层面，复仇、焦虑、愤怒等心理层面及支持、拒绝、接触等行为层面；有 6 篇涉及互联网、媒体与舆论，包

---

① 本文梳理研究了除书评外的所有学术论文。其中 2015 年 42 篇，2016 年 42 篇，2017 年 43 篇。

括大数据、媒体选择、在线新闻等；有 5 篇涉及文化与舆论，研究主要集中在跨文化传播层面。梳理结果如图 1 所示。

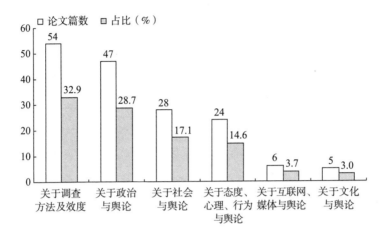

图1　2015～2017 年美国《舆论季刊》文献梳理结果①

基于以上思考，通过对美国《舆论季刊》三年间的文献进行梳理分析，以期了解美国当前舆论学的发展进程，给国内舆论学界以有益的启示。

二　当前美国舆论学研究进程分析

依据上述分类，文章随后分别从调查方法及效度、政治与舆论、社会与舆论、态度、心理、行为与舆论、媒体与舆论、文化与舆论六个方面进行概述。

（一）关于调查方法及效度的研究

现代效度理论认为，效度主要涉及分数的解释和使用的论证：在多大程度上能够证明一项测试的解释和使用是合理的。[2]影响效度的因素不一而足，综合来看，主要与调研主体、调研方法、调研客体相关。《舆论季

---

① 以上结果依据文章所涉及的主要研究议题进行划分，因而可能出现同一篇文章涉及多个议题的现象。

刊》的这类文献几乎皆集中于对调查方法的探讨，其中讨论最多的是与受访者回应相关的内容，其次是问卷编制，最后是调查方法的探讨与应用。

1. 受访者回应

在受访者回应层面，现有文献主要集中于对回应率和无应答偏差的研究，如表1所示。

表1 关于受访者回应的相关文献

期刊来源	题目原文	题目翻译
Volume 81，2017	Web Surveys by Smartphone and Tablets：Effects on Survey Responses	智能手机和平板电脑的网络调查：对调查回应的影响
	Nonresponse Bias for Univariate and Multivariate Estimates of Social Activities and Roles	对社会活动和社会角色单变量和多变量评估的无应答偏差
	Factors Associated with Participation in the Collection of Saliva Samples by Mail in a Survey of Older Adults	邮件收集唾液样本调查中老年人参与行为的相关因素
	The Low Response Score（LRS）：A Metric to Locate，Predict，and Manage Hard-to-Survey Populations	低回应率：一个定位、预测和管理难以调查的人口的测量
	Nonresponse in Organizational Surveying：Attitudinal Distribution Form and Conditional Response Probabilities' Impact on Patterns of Bias	组织调查中的无回应：态度分布形式和条件回应概率对偏差模式的影响
	Are Survey Nonrespondents Willing to Provide Consent to Use Administrative Records? Evidence from a Nonresponse Follow-Up Survey in Germany	调查无回应者是否同意使用行政记录？来自德国无回应者后续调查的证据
	Fieldwork Effort，Response Rate，and the Distribution of Survey Outcomes：A Multilevel Meta-analysis	实地调查、回应率和调查结果分布：一项多级荟萃分析
	Apples to Oranges or Gala versus Golden Delicious?：Comparing Data Quality of Nonprobability Internet Samples to Low Response Rate Probability Samples	大相径庭还是不分伯仲?：非概率网络样本的数据质量和低回应概率样本的对比
	Effects of Mobile versus PC Web on Survey Response Quality：A Crossover Experiment in a Probability Web Panel	移动端与PC端网页调查对回应质量的影响：概率网络小组的一项交叉实验

续表

期刊来源	题目原文	题目翻译
Volume 81，2017	The Effect of Large Monetary Incentives on Survey Completion：Evidence from a Randomized Experiment with the Survey of Consumer Finances	大额货币刺激对调查完成的影响：来自消费者财务调查随机实验的证据
Volume 80，2016	Breaking Out of the Lab：Measuring Real-Time Responses to Televised Political Content in Real-World Settings	突破实验室：对现实世界中政治内容电视化实时回应的测量
Volume 79，2015	How Much Gets You How Much？Monetary Incentives and Response Rates in Household Surveys	付出与回报对等？家庭调查中的货币奖励和回应率
	Response Rates，Nonresponse Bias，and Data Quality：Results from a National Survey of Senior Healthcare Leaders	回应率、无应答偏差和数据质量：来自高级医疗保健引领者的全国性调查结果
	The Effects of the Direction of Rating Scales on Survey Responses in a Telephone Survey	电话调查中等级量表方向对调查回应的影响
	Where to Start：An Evaluation of Primary Data-Collection Modes in an Address-Based Sampling Design	何处开始：基于网址的抽样设计中，对主要数据收集模式的评估
	A Comparison of Branched Versus Unbranched Rating Scales for the Measurement of Attitudes in Surveys	调查中，分支与无分支等级量表在态度测量方面的比较
	Exploring the Effects of Removing "Too Fast" Responses and Respondents from Web Surveys	探究网络调查中消除"太快"的回应和受访者的影响
	Response Quality in Telephone Surveys：Do Prepaid Cash Incentives Make a Difference？	电话调查中的回应质量：预付现金刺激有作用吗？
	Comparing Multiple Imputation and Propensity-Score Weighting in Unit-Nonresponse Adjustments：A Simulation Study	个案无反应中多重替代法和倾向指数的权重调整对比：一项模拟研究
	Are Incentive Effects on Response Rates and Nonresponse Bias in Large-scale，Face-to-face Surveys Generalizable to Germany？Evidence from Ten Experiments	德国普遍推广的大规模面对面调查中对回应率和无反应偏差的激励效应？来自十个实验的证明
	Do Attempts to Improve Respondent Attention Increase Social Desirability Bias？	提升受访者关注度的尝试增加了社会期望偏差？
	Effects of Sequential Prepaid Incentives and Envelope Messaging in Mail Surveys	邮件调查中，顺序预付费激励和信件消息的作用

续表

期刊来源	题目原文	题目翻译
Volume 79，2015	Using Call-Level Interviewer Observations to Improve Response Propensity Models	以调用级采访观察方式来提升回应倾向模型
	Effects of a General Response Style on Cross-Cultural Comparisons：Evidence from the Teaching and Learning International Survey	整体回应风格对跨文化比较研究的影响：来自教与学国际调查的证据

调查方法的效度评估研究是回应率研究的重要组成部分，对这部分内容的探讨主要集中在邮件调查方法的回应质量之上，如 "Where to Start：An Evaluation of Primary Data-Collection Modes in an Address-Based Sampling Design" 一文认为，在获得数据方面，邮件较手机优先以较低的成本实现了较高的收益率；"How Much Gets You How Much？Monetary Incentives and Response Rates in Household Surveys" 一文发现，邮件调查中提供的预付奖励措施对回应的影响最大。

对回应率的探讨还体现在对回应质量的权衡。如 "Effects of Mobile versus PC Web on Survey Response Quality：A Crossover Experiment in a Probability Web Panel"，比较了移动手机与 PC 网页对回应质量的影响。研究发现，使用智能手机的人只要为他们提供在小触屏上易于使用的问题格式，即使手机使他们的注意力更加分散，他们仍可以提供高质量的回应。"Are Incentive Effects on Response Rates and Nonresponse Bias in Large-scale，Face-to-face Surveys Generalizable to Germany？Evidence from Ten Experiments" 一文的研究结果表明，回应随着激励的货币价值而增加；现金奖励比彩票更能影响回应倾向；而预付的奖励可能比有条件的激励更有成本效益。

提升回应质量必然要考察影响回应率的相关因素。"The Effect of Large Monetary Incentives on Survey Completion：Evidence from a Randomized Experiment with the Survey of Consumer Finances" 一文中提到，预付款激励措施增加了受访者的电话访问和整体回应率；"Response Rates，Nonresponse Bias，and Data Quality：Results from a National Survey of Senior Healthcare Leaders" 认为，"精度和统计能力提升了回应率"；"The Effects of the Direction of Rating Scales on Survey Responses in a Telephone Survey" 的研究结果表明，改变量表的方向可以影响调查回应，具体而言，"评级量表方向显著影响

受访者对高分级国家的评级。具体来说，当数值从一个大的数字开始时，会比从小的数字开始更能使那些国家得到一个高的评分"。"A Comparison of Branched Versus Unbranched Rating Scales for the Measurement of Attitudes in Surveys"则证明，"分支形式的量表具有极高反应率"。"Web Surveys by Smartphone and Tablets：Effects on Survey Responses"通过比较智能手机、平板电脑和笔记本电脑获得的应答，证明屏幕尺寸这一因素对受访者回应几乎没有影响。

而无应答偏差方面的研究则主要集中于降低无应答偏差的方法之上。如"Fieldwork Effort，Response Rate，and the Distribution of Survey Outcomes：A Multilevel Meta-analysis"一文主要探讨了"回应率与无反应偏差之间关系的强度"；"Comparing Multiple Imputation and Propensity-Score Weighting in Unit-Nonresponse Adjustments：A Simulation Study"中，指出了社会调查中个案无反应偏差检测和调整的方法，利用完全模拟的数据，研究PSW（倾向评分加权）和MI（多重填补）在各种条件下的估计性能。

对调查方法及效度的研究功底集中体现了美国舆论学的历史积淀和发展进程，相比之下，中国国内对于调查方法及其效度本身进行探究的文献较少，实证研究发展程度不高。

2. 问卷编制

通过对表2中所列文献进行梳理后发现，对问卷编制方面的探讨主要集中于如何设置问卷以提升回应率。

表2　关于问卷编制的相关文献

期刊来源	题目原文	题目翻译
Volume 79，2015	Why Are Negative Questions Difficult to Answer? On the Processing of Linguistic Contrasts in Surveys	为什么负面问题难以回答？关于调查中语言对比的处理
	Within-Household Selection in Mail Surveys：Explicit Questions Are Better Than Cover Letter Instructions	邮件调查中的家庭选择：明确的问题优于附信说明
Volume 80，2016	Measuring Generalized Trust：An Examination of Question Wording and the Number of Scale Points	普遍信任测量：一项对问题措辞和量表数量的考察

续表

期刊来源	题目原文	题目翻译
Volume 80，2016	Assessing the Scientific Knowledge of the General Public：The Effects of Question Format and Encouraging or Discouraging Don't Know Responses	评估公众科学知识：问题格式与鼓励或劝阻不知道回答的影响
	Cheating on Political Knowledge Questions in Online Surveys：An Assessment of the Problem and Solutions	在线调查中有关政治知识问题中的作弊现象：对问题和解决方案的评估
	Establishing Limits for Supplemental Items on a Standardized National Survey	为标准化的国家调查的补充条目设立限制
Volume 79，2015	Using Motivational Statements in Web-Instrument Design to Reduce Item-Missing Rates in a Mixed-Mode Context	使用网络工具设计中的动机性陈述来降低混合模式语境下的选项缺失率
	Do Attempts to Improve Respondent Attention Increase Social Desirability Bias?	提升受访者关注度的尝试增加了社会期望偏差？
	Comparing Extreme Response Styles between Agree-Disagree and Item-Specific Scales	比较同意不同意反应量表和特定项目量表之间的极端反映风格

　　针对问卷编制中的问题设置方面，研究内容包括问题的正负面、明确与否、问题措辞及格式等对回应率的影响。如"Why Are Negative Questions Difficult to Answer? On the Processing of Linguistic Contrasts in Surveys"一文中发现，负面问题比正面问题重读时的时间更长，次数也更多。当答复者对否定问题回答"不"而不是"是"时尤其如此；"Within-Household Selection in Mail Surveys：Explicit Questions Are Better Than Cover Letter Instructions"一文证实，明确的问题显著提高了相对于其他两种设计的选择准确度，产生了更接近国家标准的样本组合，并且不影响项目无回应率；"Measuring Generalized Trust：An Examination of Question Wording and the Number of Scale Points"则研究了问题措辞和量表标准点的使用数量来评估普遍信任问题，认为广义信任最好用最小均衡问题措辞附加 7 点或 11 点量表来衡量；"Assessing the Scientific Knowledge of the General Public：The Effects of Question Format and Encouraging or Discouraging Don't Know Responses"测试了"不知道回应"的影响，认为只有当知识的猜测比盲目的猜测增加时，阻止 DKs（从而鼓励猜测）才能提高知识的测量；"Using Motivational Statements in Web-Instrument Design to Reduce Item-Missing

Rates in a Mixed-Mode Context"指出，在某一条项目之后的动机性陈述优于在调查中某一位置靠后的动机性陈述。使用这种即时的措施能够减少无应答。

而在问卷编制中规则设立方面，主要集中于问卷调查中受访者的应答机制的讨论。如"Do Attempts to Improve Respondent Attention Increase Social Desirability Bias?"中提到，警告可能是增加注意力的有效方法；"Cheating on Political Knowledge Questions in Online Surveys: An Assessment of the Problem and Solutions"中测试了各种减少作弊的方法，认为承诺机制在在线调查中更加有效。

国内的文献多集中于对量表、问卷的设计与使用上，而对问卷中问题的设置方法少有涉及；同时，在问卷规则设立方面，国内文献在国外研究结论的基础之上，多集中于对某一机制在具体行业或领域使用时的话语分析与对比研究，而美国多以提升回应质量为目的，集中于问卷设置对受访者心理、行为等的影响研究。

3. 调查方法探讨与实践

对表3所示文献进行内容梳理后发现，此部分既有对调查方法总体趋势等的探讨，也包含对具体调查方法在实际应用中的研究。

表3　关于调查方法探讨与实践的相关文献

期刊来源	题目原文	题目翻译
Volume 81，2017	Necessary but Insufficient: Why Measurement Invariance Tests Need Online Probing as a Complementary Tool	必要不充分：为何不变性检验测量需要在线探测作为补充工具
	Fieldwork Effort, Response Rate, and the Distribution of Survey Outcomes: A Multilevel Meta-analysis	实地调查、回应率和调查结果分布：一项多级荟萃分析
	Is There a Future for Surveys?	调查有未来吗？
	Theory and Practice in Nonprobability Surveys: Parallels between Causal Inference and Survey Inference	非概率调查中的理论与实践：因果推论与调查推论之间的相似性
	Assessing Changes in Coverage Bias of Web Surveys in the United States	评估美国网络调查报道偏差的变化

续表

期刊来源	题目原文	题目翻译
Volume 81，2017	A Modeling Approach for Administrative Record Enumeration in the Decennial Census	十年一次人口普查中行政记录计数的建模方法
	When Boundaries Collide：Constructing a National Database of Demographic and Voting Statistics	边界碰撞：构建国家人口和投票统计的数据库
	Missing Nonvoters and Misweighted Samples：Explaining the 2015 Great British Polling Miss	失踪的非选民和非加权的样本：对 2015 年英国民意调查的失误的解释
	Using Wikipedia to Predict Election Outcomes：Online Behavior as a Predictor of Voting	使用维基百科来预测选举结果：在线行为可以预测投票
Volume 80，2016	Reliability Concerns in Measuring Respondent Skin Tone by Interviewer Observation	通过记者观察法来测量受访者肤色的可靠性
	Explaining Political Engagement with Online Panels：Comparing the British and American Election Studies	解释在线样本的政治参与：英美选举的比较研究
	Targeted Appeals for Participation in Letters to Panel Survey Members	专门调查小组成员信件参与中的定向诉求
	Using Person-Fit Measures to Assess the Impact of Panel Conditioning on Reliability	使用个人拟合方法评估固定样本调查条件对可靠性的影响
	Research in and Prospects for the Measurement of Health Using Self-Rated Health	健康自评的测量方式的前景研究
Volume 79，2015	Optimal Allocation of Cell-Phone and Landline Respondents in Dual-Frame Surveys？	对偶框架调查中手机和固定电话受访者的最佳比例
	Examining Variation in Surveying Attitudes on Same-Sex Marriage：A Meta-Analysis	考察同性婚姻中的态度测量变量：一项多元荟萃分析
	Respondent Screening and Revealed Preference Axioms：Testing Quarantining Methods for Enhanced Data Quality in Web Panel Surveys	受访者普查和显示性偏好公理：网络小组调查中增强数据质量的检疫方法测试
	Using Call-Level Interviewer Observations to Improve Response Propensity Models	以调用级采访观察来提升回应倾向模型
	Cross-Cultural Issues in Survey Methodology	调查方法中的跨文化问题
	Resources for Conducting Cross-National Survey Research	开展跨国家调查研究的资源

从宏观层面来看，首先包括调查方法的前景研究。譬如 "Is There a Future for Surveys?" 中提出，在未来的调查实践中，调查数据将逐渐成为信息产品的组成部分；"Research in and Prospects for the Measurement of Health Using Self-Rated Health" 研究了影响受访者健康评级的因素，为未来自评健康测量研究提供了框架。同时，还涉及调查方法在跨文化当中的实践探讨，如 "Resources for Conducting Cross-National Survey Research" 一文，主要描述了网络中一些对开展跨文化传播研究有价值的资源。

从微观层面来看，现有文献大多论述某种具体的社会调查方法在实际问题中的应用，如 "Fieldwork Effort, Response Rate, and the Distribution of Survey Outcomes：A Multilevel Meta-analysis" 中使用多级荟萃分析方法对调查结果分布如何随着面对面的家庭采访调查中的重复调用发生变化进行了探讨；"Explaining Political Engagement with Online Panels：Comparing the British and American Election Studies" 中通过比较研究方法，对比英国、美国全国选举研究中访谈和在线调查的回应，研究年龄如何影响政治参与，结果发现，在线调查更具有政治参与性；"Using Person-Fit Measures to Assess the Impact of Panel Conditioning on Reliability" 分析了一种新型的 paradata 的用法，以调用级别的面试观察的形式来增加倾向模型的预测能力。此外，还涉及观察法、二维映射、加权、个人拟合方法的探讨和应用。

对比两个层面的研究发现，美国舆论学界对具体某种社会调查方法的研究比重远高于其对宏观层面的探讨。

（二）关于政治与舆论的研究

政治舆论在一定程度上反映了民众的政治认同。[3] 从表 4 可以看出，政治层面的研究内容大多涉及政治选举、宗教、投票行为、民意调查等，且这类选题多采用实证方法进行相关研究。如 "Using Wikipedia to Predict Election Outcomes：Online Behavior as a Predictor of Voting" 一文认为，维基百科的页面浏览量显著增加了民意调查的能力，以在选举日前 28 周内预测选举结果；"Cognitive Dissonance, Elections, and Religion：How Partisanship and the Political Landscape Shape Religious Behaviors" 一文发现，政治身份的力量和能力会影响非政治行为：当共和党或民主党执政时，民主党或共和党更有可能报道参加宗教活动，而当一名共产党员是总统时，有关宗教行为的报道比例将会下降；"Measuring Voter Registration and Turnout in Surveys: Do Official Government Records Yield More Accurate Assessments?" 一文在探讨投票甄选工作的可行性中发现，匹配错误严重低估了注册率，同时，也降低了"验证"的投票率估计。

其次，公众意见对政策、制度或决策的影响也是政治层面研究的一个重要关注点。如"Size Matters: The Effects of Political Orientation, Majority Status, and Majority Size on Misperceptions of Public Opinion" 一文在验证大多数成员是否提供更准确的公众意见的实验中发现，多数群体对共识意见的测量精准度要高于少数群体；"Holding Steady on Shifting Sands: Countermajoritarian Decision Making in the US Courts of Appeals" 一文验证了公众舆论在塑造最高法院或上诉法庭决策中的作用，认为联邦诉讼当事人的上诉与舆论密切相关。

此外，还可以发现一个重要的特征，即政治层面的研究多与态度改变、情绪与行为表现相关。在态度改变层面，如"Revisiting the Myth: New Evidence of a Polarized Electorate" 研究发现，共和党人的种族态度变得更加保守，而在民主党人中，种族态度既没有随着时间的推移而改变，也没有变得更有力；在心理层面，如"Americans' Attitudes Toward the Political Parties and the Party System" 发现，美国人对党派制度表现出高度的矛盾心理。一方面，很多人认为主要党派没有做好代表人民的工作，而且国家需要第三个政党；另一方面，怀疑第三方不会提高美国民主的质量。又如"A Cross-Cutting Calm: How Social Sorting Drives Affective Polarization" 认为，社会分类却激发了人们对所有威胁和保证的愤怒和热情。在行为层面，"Racial Salience, Viability, and the Wilder Effect: Evaluating Polling Accuracy for Black Candidates" 发现，选举的种族化导致民意调查显著高估了对国家黑人候选人和奥巴马总统的支持。此外，认知、偏好、暗示、满意、期望、说服、拒绝、接纳等元素在文献中多次呈现，特别是对于偏见的探讨，在"Gay Rights in Congress: Public Opinion and (Mis) representation" "True Colors: White Conservative Support for Minority Republican Candidates" "Who Lies About Electoral Gifts?: Experimental Evidence from Latin America" "The Political Consequences of Latino Prejudice against Blacks" 等多篇文献中均有研究。

表4 关于政治与舆论的相关文献

期刊来源	题目原文	题目翻译
	Effects of Equivalence Framing on the Perceived Truth of Political Messages and the Trustworthiness of Politicians	政治信息的真相感知与政客信任的等效框架效应
	Authoritarianism and Affective Polarization：A New View on the Origins of Partisan Extremism	威权主义与情感极化：党派极端主义渊源新论
	Why can't We Agree on ID？Partisanship，Perceptions of Fraud，and Public Support for Voter Identification Laws	为何无法在身份上达成共识？关于选民身份证法的党派偏见、欺骗感知及公众支持
	Reacting to Neighborhood Cues？：Political Sophistication Moderates the Effect of Exposure to Immigrants	对邻域线索作出响应？：政治成熟缓和了移民接触的影响
	Misinformation and Motivated Reasoning：Responses to Economic News in a Politicized Environment	记忆错觉和动机性推理：在政治化环境中对经济新闻的回应
	Public Opinion on the US Supreme Court，1973 - 2015	1973～2015年关于美国最高法院的公众舆论
Volume 81，2017	Breaking Down Bipartisanship：When and Why Citizens React to Cooperation across Party Lines	打破两党制：公民对跨党派合作的回应时机和原因
	Income and Outcomes：Social Desirability Bias Distorts Measurements of the Relationship between Income and Political Behavior	收入和结果：社会期望偏误对收入与政治行为间的关系的扭曲
	When Boundaries Collide：Constructing a National Database of Demographic and Voting Statistics	边界碰撞：构建国家人口和投票统计的数据库
	Missing Nonvoters and Misweighted Samples：Explaining the 2015 Great British Polling Miss	失踪的非选民和非加权的样本：对2015年英国民意调查的失误的解释
	Using Wikipedia to Predict Election Outcomes：Online Behavior as a Predictor of Voting	使用维基百科来预测选举结果：在线行为可以预测投票
	The Decline in Diffuse Support for National Politics：The Long View on Political Discontent in Britain	对国家政治广泛支持的下降：对英国政治不满的长期看法
	The Interdependence of Perceived Ideological Positions：Evidence from Three Survey Experiments	意识形态立场的相互依存：来自三项调查实验的证据

续表

期刊来源	题目原文	题目翻译
Volume 80，2016	Democracy's Denominator：Reassessing Responsiveness with Public Opinion on the National Policy Agenda	民主的衡量尺度：重新评估公众对国家政策议程的意见
	The Political Consequences of Latino Prejudice against Blacks	拉丁裔对黑人偏见的政治后果
	Breaking Out of the Lab：Measuring Real-Time Responses to Televised Political Content in Real-World Settings	打开实验室：现实世界设置中电视政治内容的实时响应测量
	Numeracy and the Persuasive Effect of Policy Information and Party Cues	政策信息和党派暗示的计算力和说服效果
	Measuring Voter Registration and Turnout in Surveys：Do Official Government Records Yield More Accurate Assessments？	测量调查中的选民登记和票数：政府的官方记录量能否更准确地进行评估？
	Change in Institutional Support for the US Supreme Court：Is the Court's Legitimacy Imperiled by the Decisions It Makes？	美国最高法院的制度性支持变更：法院出台的政策是否危及它的合法性？
	Explaining Political Engagement with Online Panels：Comparing the British and American Election Studies	解释在线样本的政治参与：英美选举的比较研究
	Should Researchers Abandon Questions about "Democracy"？：Evidence from Latin America	研究人员应否放弃对"民主"的质疑？来自拉美的证据
	Cognitive Dissonance，Elections，and Religion：How Partisanship and the Political Landscape Shape Religious Behaviors	认知失调、选举与宗教：党派与政治格局如何塑造宗教行为
	Changing the Clock：The Role of Campaigns in the Timing of Vote	改变时间：投票时机在竞选中的作用
	Predicting Acceptance of Mormons as Christians by Religion and Party Identity	通过宗教和党派认同预测基督教徒对摩门教徒的认可
	Ethnic Cueing across Minorities：A Survey Experiment on Candidate Evaluation in the United States	少数民族中的民族暗示：美国候选人评估调查实验
	Cheating on Political Knowledge Questions in Online Surveys：An Assessment of the Problem and Solutions	在线调查中有关政治知识问题中的作弊现象：对问题和解决方案的评估
	Gay Rights in Congress：Public Opinion and（Mis）representation	议会对同性恋权利的回应：公众舆论和（失实）陈述

期刊来源	题目原文	题目翻译
Volume 80，2016	For Whom the Poll Airs：Comparing Poll Results to Television Poll Coverage	民意测验为谁而播：民意调查结果和电视民意测验报道的对比
	Representing the Preferences of Donors, Partisans, and Voters in the US Senate	美国参议院中捐助者、无党派人士和选民的偏好呈现
	Fair and Balanced? Quantifying Media Bias through Crowdsourced Content Analysis	公正和平衡？通过众包内容分析量化媒体偏见
	Party Polarization, Media Choice, and Mass Partisan-Ideological Sorting	党派极化、媒体选择和民众党派意识形态分类
	Revisiting the Myth：New Evidence of a Polarized Electorate	回顾神话：一个极化选区的新证据
	A Cross-Cutting Calm：How Social Sorting Drives Affective Polarization	一种交叉性平静：社会分类如何驱动情感极化
	（Mis）perceptions of Partisan Polarization in the American Public	美国公众对党派极化的（误解）认知
Volume 79，2015	Size Matters：The Effects of Political Orientation, Majority Status, and Majority Size on Misperceptions of Public Opinion	样本规模：关于政治取向，多重身份和多数样本对公众舆论知觉错误的影响
	True Colors：White Conservative Support for Minority Republican Candidates	真实的色彩：白人对少数共和党候选人的保守支持
	Political Ideology, Skin Tone, and the Psychology of Candidate Evaluations?	政治意识形态、肤色和候选人评估的心理
	Holding Steady on Shifting Sands：Countermajoritarian Decision Making in the US Courts of Appeals	变化中的稳定：美国上诉法院中的反多数决策
	How Institutions Affect Gender Gaps in Public Opinion Expression	制度如何影响公众意见表达的性别鸿沟
	Predicting Elections：Considering Tools to Pool the Polls	预测选举：联营的民意调查工具
	Who Lies About Electoral Gifts?：Experimental Evidence from Latin America	关于选举礼物谁在撒谎?：来自拉丁美洲的实验证据
	Americans' Attitudes Toward the Political Parties and the Party System	美国人对政党和党的制度的态度
	Issue-Specific Opinion Change：The Supreme Court and Health Care Reform	特定议题观念的变化：最高法院和医疗改革
	Regulating Disinformation：Poll Embargo and Electoral Coordination	管制虚假信息：投票禁止和选举协调

续表

期刊来源	题目原文	题目翻译
Volume 79，2015	Racial Salience，Viability，and the Wilder Effect：Evaluating Polling Accuracy for Black Candidates	种族凸显、可行性和维尔德效应：评估黑人候选人民意调查的精确性
	Surveys in Context：How Timing in the Electoral Cycle Influences Response Propensity and Satisficing	背景调查：时机在选举周期中如何影响回应倾向性和满意度

（三）关于社会与舆论的研究

在西方学术界，"阶级""社会性别"和"种族"是人类社会与历史的基本分析范畴，也是建构社会权利关系的三个轴心。[4]通过表5中的相关文献可以观察到，对社会与舆论层面的研究便多集中于由三大轴心元素引发的社会后果之上，如种族、宗教偏见、同性恋合法化、人口、移民、贫穷、堕胎、枪支管控、食品安全、肥胖、两极分化……"Adolescent Determinants of Abortion Attitudes：Evidence from the Children of the National Longitudinal Survey of Youth"一文证实，宗教信仰和孕产妇性别角色价值也是成人堕胎意见的重要预测因素。青少年宗教信仰比宗教教派对承认堕胎的态度更相关；而"Examining Variation in Surveying Attitudes on Same-Sex Marriage：A Meta-Analysis"一文发现，对"同性婚姻"的支持比对承认同性伴侣婚姻的合法性的支持更少。

此外，在27篇社会与舆论的研究文献中，涉及态度、心理与行为的文为到21篇，达到77.8%的占比，其中，涉及态度的文献有9篇，占据33.3%的比重。由此可见，美国舆论学的社会研究多与公众态度的改变相关。如"Should Mary and Jane Be Legal？：Americans'Attitudes toward Marijuana and Same-Sex Marriage Legalization，1988－2014""Will Conflict Tear Us Apart？The Effects of Conflict and Valenced Media Messages on Polarizing Attitudes toward EU Immigration and Border Control""Attitudes about Food and Food-Related Biotechnology""Poverty""Party Identification，Contact，Contexts，and Public Attitudes toward Illegal Immigration"等，均涉及对受众对待某一社会问题或现象的态度改变研究。具体而言，主要集中于对公众对某

一社会问题的态度呈现、态度改变的原因及其对行为导向的影响研究之上。

表 5　关于社会与舆论的相关文献

期刊来源	题目原文	题目翻译
Volume 81，2017	Testing Contact Theory and Attitudes on Transgender Rights	测试接触理论和对待跨性别者权利的态度
	THE POLLS：Obesity	民意调查：肥胖
	Should Mary and Jane Be Legal？：Americans' Attitudes toward Marijuana and Same-Sex Marriage Legalization，1988 – 2014	玛丽和简是否合法？1988～2014年，美国人对大麻和同性恋婚姻合法化的态度
	Motivated Reasoning in the Perceived Credibility of Public Opinion Polls	民意测验认知可信度中的动机推理
	Will Conflict Tear Us Apart? The Effects of Conflict and Valenced Media Messages on Polarizing Attitudes toward EU Immigration and Border Control	冲突会分裂我们吗？（媒体报道）冲突和效价媒介信息的极化态度对欧盟移民和边界管制的影响
	Attitudes about Food and Food-Related Biotechnology	关于食品和食品相关生物技术的态度
	A Modeling Approach for Administrative Record Enumeration in the Decennial Census	十年一次人口普查中行政记录计数的建模方法
	Poverty	贫穷
Volume 80，2016	Party Identification，Contact，Contexts，and Public Attitudes toward Illegal Immigration	政党认同、接触、情境及公众对非法移民的态度
	Bias in the Flesh：Skin Complexion and Stereotype Consistency in Political Campaigns	肉体偏见：政治竞选中的肤色和刻板印象
	Adolescent Determinants of Abortion Attitudes：Evidence from the Children of the National Longitudinal Survey of Youth	关于堕胎态度的青少年决定因素：来自全国青少年纵向调查中的儿童的证据
	Support for Government Provision of Health Care and the *Patient Protection and Affordable Care Act*	支持政府卫生保健和《患者保护与平价医疗法案》的条款
	Cross-National Trends in Religious Service Attendance	宗教服务出席的跨国趋势
	Exploring the Correlates of Parental Consent for Children's Participation in Surveys：An Intergenerational Longitudinal Study	探索父母同意对儿童参与调查的相关性：代际纵向研究

续表

期刊来源	题目原文	题目翻译
Volume 80，2016	Cognitive Dissonance，Elections，and Religion：How Partisanship and the Political Landscape Shape Religious Behaviors	认知失调，选举与宗教：党派与政治格局如何塑造宗教行为
	Predicting Acceptance of Mormons as Christians by Religion and Party Identity	通过宗教和党派认同预测基督教徒对摩门教徒的认可
	Ethnic Cueing across Minorities：A Survey Experiment on Candidate Evaluation in the United States	少数民族中的民族暗示：美国候选人评估调查实验
	Identifying and Interpreting the Sensitivity of Ethnic Voting in Africa	识别和解读非洲族群投票的敏感性
	Gay Rights in Congress：Public Opinion and（Mis）representation	议会对同性恋权利的回应：公众舆论和（失实）陈述
	Mass Polarization：Manifestations and Measurements	群体极化：表现及测量
Volume 79，2015	True Colors：White Conservative Support for Minority Republican Candidates	真实的色彩：白人对少数共和党候选人的保守支持
	Political Ideology，Skin Tone，and the Psychology of Candidate Evaluations？	政治意识形态、肤色和候选人评估的心理
	Examining Variation in Surveying Attitudes on Same-Sex Marriage：A Meta-Analysis	考察同性婚姻中测量态度的变量：一项多元荟萃分析
	Ethnic Change，Personality，and Polarization Over Immigration in the American Public	美国公众移民的民族变迁、个性与极化
	An Analysis of the Mixed Collection Modes for two Business Surveys Conducted by the US Census Bureau	美国人口普查局进行的两次商业调查的混合收集模式分析
	Racial Salience，Viability，and the Wilder Effect：Evaluating Polling Acc uracy for Black Candidates	种族凸显、可行性和维尔德效应：评估黑人候选人民意调查的精确性
	The Comparability of Measurements of Attitudes toward Immigration in the European Social Survey：Exact versus Approximate Measurement Equivalence	欧洲社会调查中移民态度测量的可比性：精确与近似测量等价性

（四）关于态度、心理、行为与舆论的研究

心理学科在美国舆论学发展中占据重要席位。通过上文归纳可以看

出，社会心理学科与其他各个学科之间联系紧密。通过对表 6 中的相关文献进行梳理、统计后发现，在近三年的研究中，关于态度研究的文献达到 20 篇，占 74.1%，关于情绪研究的文献有 4 篇，占 14.8%，关于行为研究的文献 3 篇，占 11.1%。

在态度改变方面，主要体现在态度改变的影响因素研究以及特定群体对于某类社会伦理问题的态度测量。经过梳理发现，关于信息、行为等对于态度改变的影响研究较多。在信息改变态度的相关研究中，"Will Conflict Tear Us Apart? The Effects of Conflict and Valenced Media Messages on Polarizing Attitudes toward EU Immigration and Border Control" 一文发现，冲突强化了政策态度，甚至导致了政策态度的两极分化，而信息效价则可以改变人们的态度，从而减少在态度上的差异；"Internet Effects in Times of Political Crisis: Online Newsgathering and Attitudes toward the European Union" 一文在持久经济危机的背景下，评估了在线消息对欧盟态度的影响；"Numeracy and the Persuasive Effect of Policy Information and Party Cues" 则研究了定量信息对政治态度的改变。而在行为改变态度方面，主要表现为对接触行为的研究，如 "Testing Contact Theory and Attitudes on Transgender Rights" 一文认为，与跨性别者接触会影响对跨性别者及其权利的态度；而 "Party Identification, Contact, Contexts, and Public Attitudes toward Illegal Immigration" 一文则提出，人际接触对于公众对非法移民的态度没有效果。此外，"Income and Outcomes: Social Desirability Bias Distorts Measurements of the Relationship between Income and Political Behavior" "A Cross-Cutting Calm: How Social Sorting Drives Affective Polarization" "The Political Consequences of Latino Prejudice against Blacks" 等文献还探讨了收入、情绪、种族等因素对态度改变的影响。而关于公众对某类社会伦理问题的态度测量方面主要涉及的议题有，公众对待大麻、同性恋合法化的态度，如 "Should Mary and Jane Be Legal?: Americans' Attitudes toward Marijuana and Same-Sex Marriage Legalization, 1988 – 2014"；公众对于转基因食品及其相关生物技术发展的态度，如 "Attitudes about Food and Food-Related Biotechnology" 以及青少年宗教依从性对于堕胎现象的态度影响，如 "Adolescent Determinants of Abortion Attitudes: Evidence from the Children of the National Longitudinal Survey of Youth" 认为，青少年的宗教依从性相较于其宗教教

派而言，对未成年人堕胎问题的态度影响更大等。

在传播心理方面，对信心、复仇、焦虑、愤怒等情绪的探究较多。在公众信心研究层面，主要集中于消费者信心的研究。如 "Mediated Uncertainty：The negative impact of uncertainty in economic news on consumer confidence" 一文中提到，经济新闻的不确定性在控制实际经济发展和新闻调控之后，降低了消费者的信心；"The Usefulness of Consumer Sentiment：Assessing Construct and Measurement" 一文认为，ICS（消费者信心指数）是消费者信心的可靠指标，该措施表现出有效性，但是指数本身（虽然不是其组成部分）在耐用品支出方面的预测有效性方面略有下降。复仇情绪在 "Revenge in US Public Support for War against Iraq" 有所体现，而焦虑、偏见、支持等多与政治相关，这一现象在 "The Anxious and Ambivalent Partisan：The Effect of Incidental Anxiety on Partisan Motivated Recall and Ambivalence" "Bias in the Flesh：Skin Complexion and Stereotype Consistency in Political Campaigns" 等文章中都有体现。

在对行为的研究方面，往往与态度研究相关。如 "Income and Outcomes：Social Desirability Bias Distorts Measurements of the Relationship between Income and Political Behavior" 认为，收入是个人态度和行为的关键决定因素；"Do Interviewer Postsurvey Evaluations of Respondents' Engagement Measure Who Respondents Are or What They Do? A Behavior Coding Study" 一文通过调查数据和行为编码，来预测受访者的合作、兴趣、友好度和健谈程度等。

表6　关于态度、心理、行为与舆论的相关文献

期刊来源	题目原文	题目翻译
Volume 81，2017	Do Interviewer Postsurvey Evaluations of Respondents' Engagement Measure Who Respondents Are or What They Do? A Behavior Coding Study	访问者对受访者参与度的后测评估能够测量受访者及其行为吗？一项行为编码研究
	Education is Related to Greater Ideological Prejudice	教育与更大的意识形态偏见有关
	Testing Contact Theory and Attitudes on Transgender Rights	测试接触理论和对跨性别者权利的态度

续表

期刊来源	题目原文	题目翻译
Volume 81，2017	Mediated Uncertainty：The negative impact of uncertainty in economic news on consumer confidence	媒介不确定性：经济新闻不确定性对消费者信心的负面影响
	The Informed Consent to Record Linkage in Panel Studies：Optimal Starting Wave, Consent Refusals, and Subsequent Panel Attrition	固定样本研究中的知情同意记录链接：最优滤波、同意拒绝和连续的样本消耗
	Should Mary and Jane Be Legal？：Americans' Attitudes toward Marijuana and Same-Sex Marriage Legalization, 1988–2014	玛丽和简是否合法？：1988~2014年，美国人对大麻和同性恋婚姻合法化的态度
	Will Conflict Tear Us Apart？The Effects of Conflict and Valenced Media Messages on Polarizing Attitudes toward EU Immigration and Border Control	冲突会分裂我们吗？（媒体报道）冲突和效价媒介信息的极化态度对欧盟移民和边界管制的影响
	Income and Outcomes：Social Desirability Bias Distorts Measurements of the Relationship between Income and Political Behavior	收入和结果：社会期望偏误扭曲收入与政治行为间的关系的测量
	Attitudes about Food and Food-Related Biotechnology	关于食品和食品相关生物技术的态度
	Revenge in US Public Support for War against Iraq	美国公众对伊战争支持中的复仇情绪
Volume 80，2016	Party Identification, Contact, Contexts, and Public Attitudes toward Illegal Immigration	政党认同、接触、情境对公众非法移民态度的影响——政策类
	Bias in the Flesh：Skin Complexion and Stereotype Consistency in Political Campaigns	肌肤偏见：政治运动中的肤色和刻板印象
	Adolescent Determinants of Abortion Attitudes：Evidence from the Children of the National Longitudinal Survey of Youth	关于堕胎态度的青少年决定因素：来自全国青少年纵向调查中的儿童的证据
	Sticker Shock：How Information Affects Citizen Support for Public School Funding	价签休克：信息如何影响公民对公立学校资助的支持
	Support for Government Provision of Health Care and the *Patient Protection and Affordable Care Act*	支持政府卫生保健和《患者保护与平价医疗法案》的条款
	Internet Effects in Times of Political Crisis：Online Newsgathering and Attitudes toward the European Union	互联网在政治危机时期的作用：在线新闻聚焦和对欧盟的态度
	The Anxious and Ambivalent Partisan：The Effect of Incidental Anxiety on Partisan Motivated Recall and Ambivalence	党派的焦虑和矛盾心理：偶然焦虑对党派动机回忆和矛盾心理的影响

续表

期刊来源	题目原文	题目翻译
Volume 80，2016	The Political Consequences of Latino Prejudice against Blacks	拉丁裔对黑人偏见的政治后果
	Numeracy and the Persuasive Effect of Policy Information and Party Cues	政策信息和党派暗示的计算力和说服效果
	Cognitive Dissonance, Elections, and Religion: How Partisanship and the Political Landscape Shape Religious Behaviors	认知失调、选举与宗教：党派与政治格局如何塑造宗教行为
	Representing the Preferences of Donors, Partisans, and Voters in the US Senate	美国参议院中捐助者、无党派人士和选民的偏好呈现
	A Cross-Cutting Calm: How Social Sorting Drives Affective Polarization	一种交叉性平静：社会分类如何驱动情感极化
Volume 79，2015	Support for Defense and Military Spending	支持国防和军费
	The Usefulness of Consumer Sentiment: Assessing Construct and Measurement	消费者情绪的有用性：评估结构和测量
	Current Knowledge and Considerations Regarding Survey Refusals: Executive Summary of the AAPOR Task Force Report on Survey Refusals	关于调查拒绝的当前认知和考虑事项：AAPOR 工作组关于调查拒绝报告的执行总结
	Issue-Specific Opinion Change: The Supreme Court and Health Care Reform	特定议题观念的变化：最高法院和医疗改革
	Surveys in Context: How Timing in the Electoral Cycle Influences Response Propensity and Satisficing	背景调查：时机在选举周期中如何影响回应倾向性和满意度

（五）关于媒体与舆论的研究

从李普曼（Walter Lippmann）的《舆论学》开始，美国新闻界对于社会舆论和传媒关系的研究不断深化。通过对表 7 的梳理、统计之后可以发现，近三年美国舆论学对于二者关系的研究更加细致与创新。在媒体研究层面，研究领域开始涉及新型媒体对于态度、意识形态等的影响。如 "Internet Effects in Times of Political Crisis: Online Newsgathering and Attitudes toward the European Union" 在持久经济危机的背景下，评估了在线消息对欧盟态度的影响，研究发现，在网上搜寻政治信息的爱尔兰公民更容易将国家经济状况糟糕的情况归咎于欧盟；"Filter Bubbles, Echo Chambers, and

Online News Consumption"中，通过检查经常阅读在线新闻的5万名位于美国的用户的网络浏览历史后发现，社交网络和搜索引擎与个人意识形态距离的增加有关；绝大多数的在线新闻消费是由个人简单地访问他们最喜欢的、典型的主流新闻媒体的主页，而不是最近技术变化的积极和消极的结果。

同时，更加关注媒介技术变革在社会变革中的作用。如"Social Media Analyses for Social Measurement"在对社交媒体内容能否补充甚至取代调查研究的探讨中证实，社交媒体内容可能不需要传统意义上的人口覆盖率来有效地预测社会现象，社交媒体内容提炼或总结的更广泛的对话却也需要通过调查来衡量；"Filter Bubbles, Echo Chambers, and Online News Consumption"发现，社交网络和搜索引擎与个人意识形态距离的增加有关；"Big Data in Survey Research：AAPOR Task Force Report"认为，大数据带来了调查研究的范式转变，文章提供了不同类型的大数据案例，并对大数据调查研究的潜力和其面临的挑战进行了分析。

表7 关于媒体与舆论研究的相关文献

期刊来源	题目原文	题目翻译
Volume 80，2016	Social Media Analyses for Social Measurement	社交媒体的社会测量分析
	Internet Effects in Times of Political Crisis：Online Newsgathering and Attitudes toward the European Union	互联网在政治危机时期的作用：在线新闻聚焦和对欧盟的态度
	Fair and Balanced? Quantifying Media Bias through Crowdsourced Content Analysis	公正和平衡？通过众包内容分析量化媒体偏见
	Party Polarization, Media Choice, and Mass Partisan-Ideological Sorting	党派极化、媒体选择和民众党派意识形态分类
	Filter Bubbles, Echo Chambers, and Online News Consumption	过滤泡泡、回音室和在线新闻消费
Volume 79，2015	Big Data in Survey Research：AAPOR Task Force Report	调查研究中的大数据：AAPOR工作组报告

（六）关于文化与舆论

近三年关于文化与舆论的研究多在跨文化视角下开展，更加注重调查方法在跨文化语境下的问题与实践，如表8所示。"Cross-Cultural Issues in

Survey Methodology" 中指出了目前调查方法在跨文化传播研究中面临的挑战，文章认为，除需要提高调查方法在跨文化传播中的可靠性和有效性之外，也需要考虑测量的可比性和数据收集的应用；"The Practice of Cross-Cultural Cognitive Interviewing" 一文提出了针对跨文化交流工具认知测验的适当方法，为促进 CCCI（跨文化认知测验）未来的实践提出建议。

与美国相比，中国的跨文化传播研究也存在对调查方法应用的探讨，但讨论重点大多集中于阐释某一现象或问题，而非调查方法本身的设计与应用，这与美国的研究有着本质的不同。

表 8　关于文化与舆论的相关文献

期刊来源	题目原文	题目翻译
Volume 79，2015	Cross-Cultural Issues in Survey Methodology	调查方法中的跨文化问题
	Traditional Values and the Inglehart Constructs	传统价值与英格勒哈特构造
	Measurement Equivalence of a Concise Customer Engagement Metric across Country, Language, and Customer Types	跨国家、语言和客户类型背景下、简明顾客契合度的等价测量
	The Practice of Cross-Cultural Cognitive Interviewing	跨文化认知访谈技术实践
	Resources for Conducting Cross-National Survey Research	开展跨国家调查研究的资源

三　研究结论

通过梳理分析近三年《舆论季刊》127 篇文章发现，美国舆论学在研究热点、研究方法、研究进程等方面与国内皆存在差异。

在研究热点层面，文献首先多集中于对调查方法及效度的探讨之上，其中，调查回应率是美国舆论学最为关注的话题。其次是对政治层面的探讨，特别是在政治选举研究中发现，选民的态度、认知与候选人的种族、肤色等相关。体现出美国舆论学研究在宏观与微观研究相结合的基础上，对态度、心理和行为等微观层面研究更具倾向性的特点。

在研究方法层面，以量化研究为主，大多探讨社会现象或问题的产生原因、影响因素，而对解决问题的策略研究少有提及。实证研究方法的盛行与美国的实用主义传统有关。美国人主张在解决实际问题的过程中学习和使用概念，而杜威的实用主义教育理论更是强化了美国人的这一特征。[5]同时，对应用问题的高度关注决定了美国传播学研究必须考虑到研究对象的可观察性，[1]这就使操作性更强、更为科学严谨的实证主义研究方法得到大量采用。从微观层面来看，美国多集中在对调查方法本身的研究之上，而国内的研究多在国外研究的基础上对某一社会现象或问题进行阐释。

从学科角度来看，舆论学与社会心理学密切相关。通过上述归纳可以看到，无论是调查方法及效度层面、政治层面、社会与媒体层面的研究，亦或是文化层面的探索，均与社会心理这一领域密切相关。首先，对态度、行为与情绪的探讨是该领域关注的重点内容。此三者并非孤立存在，往往相互组合对问题进行解释与论证，譬如行为对态度的改变或情绪对行为及态度的影响等等，进而得出科学、有力的论断。其次，公众对社会伦理问题所持态度的探讨。这类伦理问题均与复杂议题相关，如人权、宗教或新技术等。此类研究始终将人放在研究的核心地位，以其态度、情感、行为等作为观察研究的对象，使社会心理学科发展得更加完备，人类社会更加有序运行。

这些研究结果对我国目前舆论学的研究进程提供了一定启发。国内舆论学应加强微观层面的研究和创新，如完善调查方法及效度研究、融合新技术、多学科来论证与阐释现实问题，为公共决策、管理提供更加科学的依据。

四 本文意义及对后续研究的建议

本文的探索对于了解国际舆论学研究现状及前沿发展，认清国内舆论学发展的现状和短板，创新该领域的理论和实践，以及预测未来国际、国内舆论学研究的发展方向具有一定启示意义。

但本文的研究可能存在以下两点缺憾。一是由于《舆论季刊》主要服务于美国对内对外心理战争，因此对该刊的梳理分析只能在一定程度上反映当前国外舆论学研究的发展进程；二是本文通过文献梳理法、归纳法，仅对《舆论季刊》三年的文章进行了主题归纳和观点提炼，但由于时间及篇幅所限，本文未对论文作者、合作机构、引用情况等进行分析，因此在结构的完整性上有一定欠缺。

针对这些不足，建议后续研究可以增加对其他代表性期刊的研究，同时借助数据分析工具，如 Citespace 等，会进一步提高对舆论学发展进程判断的准确性及文章结构的完整性。

（作者单位：中国传媒大学新闻学院）

注释

［1］柯泽. 美国传播学研究与社会心理学的关系——传播学研究文献分析［J］. 深圳大学学报（人文社会科学版），2012（6）：148－149，153.

［2］关丹丹、车宏生. 现代效度理论与效验方法述评［J］. 心理科学，2010（3）：654－656.

［3］徐家林. 网络政治舆论的极端情绪化与民众的政治认同［J］. 马克思主义与现实，2011（3）：174.

［4］曹晋. 媒介与社会性别研究的理论建构［J］. 南京大学学报（哲学·人文科学），2008（4）：50.

［5］侯钧生. 西方社会学理论教程［M］. 南京：南开大学出版社，2006：10.

《新媒体与社会》辑刊征稿启事

　　《新媒体与社会》辑刊是中国新闻史学会中国舆论学研究会的会刊，由上海市哲学社会科学创新研究基地——上海交通大学新媒体与社会研究中心、上海市人民政府决策咨询研究基地——谢耘耕工作室、上海交通大学舆论学研究院主办，为中文社会科学引文索引（CSSCI）来源辑刊。辑刊创刊于 2011 年 10 月，是国内第一本以新媒体与社会为基本研究范畴的学术辑刊，每年出版四辑。该刊以跨学科的研究视角，介绍全球新媒体的最新动态及发展趋势，探讨新媒体对全球政治、经济、文化等社会领域的影响和变革以及各国迎接新媒体机遇与挑战的经验和做法。

　　《新媒体与社会》辑刊设有"观点荟萃""圆桌论坛""专题策划""研究报告""学海瞭望""学术沙龙""个案研究""人物访谈""他山之石"等栏目。"观点荟萃"主要摘录新媒体研究领域权威专家的新锐观点；"圆桌论坛"主要报道国内外权威的新媒体学术会议；"专题策划"每辑围绕一个社会热点话题进行专题研究；"研究报告"集纳权威研究机构独家发布的研究报告；"学海瞭望"主要对新媒体研究的最新成果进行梳理；"学术沙龙"主要发表新媒体与社会研究领域的前沿性学术论文；"个案研究"选取新媒体领域典型案例进行深入解读；"人物访谈"主要是对业界、学界名流大家的专访；"他山之石"主要介绍海外新媒体研究和实践的最新动态和发展趋势。

　　《新媒体与社会》辑刊是新媒体及相关领域的学者、从业者、政界人士交流分享的平台，既强调前沿性，也注重学术性，是广大读者了解新媒体、认知新媒体的案头读物，是学界、业界、政界深入研究新媒体的参考资料。欢迎对新媒体与社会研究感兴趣的业者、学者、研究生积极投稿！

　　投稿须知：（1）论文稿件应系作者原创，投稿请保证作品的完全著作权（版权），并保证该作品没有侵犯他人权益；谢绝第三方投稿；（2）投稿明确标示本稿件"专投《新媒体与社会》"，切勿一稿多投；（3）论文稿件主题内容不限，与"新媒体与社会发展"相关研究即可，字数 7000～10000 字最佳；（4）投稿论文必须包含内容模块：标题、作者简介、摘要、关键词、正文、注释。其中姓名、标题、摘要、关键词须附英语译文。全国、省部级及重要基金项目需注明项目名称、编号。论文以课题组署名须注明课题组主要成员姓名及工作单位。

投稿邮箱：sjtuydsy@163.com，请将论文电子版发送至指定邮箱，邮件主题标注为"《新媒体与社会》辑刊投稿－姓名－学校－论文标题－联系方式"。

如有疑问，请咨询：021－34204837。

《新媒体与社会》辑刊编辑部75，95－98，312，341－345

图书在版编目（CIP）数据

新媒体与社会. 第二十二辑／谢耘耕，陈虹主编
. -- 北京：社会科学文献出版社，2018.11
ISBN 978 - 7 - 5201 - 3757 - 7

Ⅰ.①新… Ⅱ.①谢… ②陈… Ⅲ.①媒体（新闻）-
社会学 - 研究 Ⅳ.①G206.2 - 05

中国版本图书馆 CIP 数据核字（2018）第 238789 号

新媒体与社会（第二十二辑）

主　　编／谢耘耕　陈　虹

出 版 人／谢寿光
项目统筹／王　绯
责任编辑／孙燕生

出　　版／社会科学文献出版社·社会政法分社（010）59367156
　　　　　地址：北京市北三环中路甲 29 号院华龙大厦　邮编：100029
　　　　　网址：www. ssap. com. cn
发　　行／市场营销中心（010）59367081　59367083
印　　装／三河市东方印刷有限公司

规　　格／开　本：787mm × 1092mm　1/16
　　　　　印　张：24.5　字　数：391 千字
版　　次／2018 年 11 月第 1 版　2018 年 11 月第 1 次印刷
书　　号／ISBN 978 - 7 - 5201 - 3757 - 7
定　　价／68.00 元

本书如有印装质量问题，请与读者服务中心（010 - 59367028）联系